FRM金融风险管理师零基础编程

# Python
# 金融风险管理
# FRM（实战篇）

姜伟生 涂升 主编
安然 芦苇 张丰 编著

清华大学出版社
北京

## 内 容 简 介

金融风险管理已经成为各个金融机构必备的职能部门。特别是随着全球金融一体化不断地深入发展，金融风险管理越发重要，也日趋复杂。金融风险管理师(FRM)就是在这个大背景下推出的认证考试，FRM现在已经是金融风险管理领域顶级权威的国际认证考试。本丛书以FRM考试第一、二级考纲内容为中心，并且突出介绍实际工作所需的金融建模风险管理知识。本丛书将金融风险建模知识和Python编程有机地结合在一起，配合丰富的彩色图表，由浅入深地将各种金融概念和计算结果可视化，帮助读者理解金融风险建模核心知识，提高数学和编程水平。

本书是本系列图书的第二册，共分12章。本书的第1章讲解金融数据波动率计算，其中主要包括MA、ARCH、GARCH等模型。第2章介绍随机过程，比如马尔可夫过程、马丁格尔策略、维纳过程、伊藤引理和几何布朗运动等内容。第3章探讨蒙特卡罗模拟，特别是股价模拟和期权定价内容。第4章介绍常见的几种回归分析，比如线性回归、逻辑回归、多项式回归、岭回归和套索回归。第5、6和7章内容探讨期权定价和分析，第5章以二叉树为主，第6章介绍BSM模型条件下的期权定价，第7章介绍希腊字母。第8、9和10章内容介绍风险管理，分别是市场风险、信用风险和交易对手信用风险。第11和12章探讨投资组合相关内容。

本书适合所有金融从业者阅读，特别适合金融编程零基础读者参考学习。本书适合FRM考生备考参考学习，可以帮助FRM持证者实践金融建模，另外，本书也是巩固金融知识、应对金融笔试和面试的利器。

本书封面贴有清华大学出版社防伪标签，无标签者不得销售。

版权所有，侵权必究。举报：010-62782989，beiqinquan@tup.tsinghua.edu.cn。

**图书在版编目(CIP)数据**

Python 金融风险管理 FRM. 实战篇 / 姜伟生，涂升主编；安然，芦苇，张丰编著. —北京：清华大学出版社，2021.10（2024.11重印）
(FRM 金融风险管理师零基础编程)
ISBN 978-7-302-58829-0

Ⅰ.①P… Ⅱ.①姜… ②涂… ③安… ④芦… ⑤张… Ⅲ.①软件工具－程序设计－应用－金融风险－风险管理 Ⅳ.① F830.49

中国版本图书馆 CIP 数据核字 (2021) 第 158135 号

责任编辑：栾大成
封面设计：姜伟生　涂　升
责任校对：徐俊伟
责任印制：丛怀宇

出版发行：清华大学出版社
　　　　网　　址：https://www.tup.com.cn, https://www.wqxuetang.com
　　　　地　　址：北京清华大学学研大厦 A 座　　　邮　编：100084
　　　　社 总 机：010-83470000　　　　　　　　　　邮　购：010-62786544
　　　　投稿与读者服务：010-62776969, c-service@tup.tsinghua.edu.cn
　　　　质 量 反 馈：010-62772015, zhiliang@tup.tsinghua.edu.cn
印 装 者：涿州汇美亿浓印刷有限公司
经　　销：全国新华书店
开　　本：188mm×260mm　　　　印　张：26.5　　　　字　数：819 千字
版　　次：2021 年 12 月第 1 版　　印　次：2024 年 11 月第 2 次印刷
定　　价：169.00 元

产品编号：087889-01

# Preface
# 前言

人以"血"为"气之母"。金融之于一个国家,犹如血液之于人的身体。风险管理作为必不可少的金融行业之一,时时刻刻都在管理着金融"血液"的流动,监控着金融"血液"的各项指标,是预防各类金融"血液"问题发生的重要管理手段。

现代金融风险管理是由西方世界在二战以后系统性地提出、研究和发展起来的。一开始,还只是简单地使用保险产品来规避个人或企业由于意外事故而遭受的损失。到了20世纪50年代,此类保险产品不仅难以面面俱到而且费用昂贵,风险管理开始以其他的形式出现。例如,利用金融衍生品来管理风险,并在70年代开始崭露头角,至80年代已风靡全球。到90年代,金融机构开始开发内部的风险管理模型,全球性的风险监管陆续介入并扮演起管理者的角色。如今,风险管理在不断完善过程中,已经成为各金融机构的必备职能部门,在有效地分析、理解和管理风险的同时,也创造了大量的就业机会。

金融风险管理的进化还与量化金融的发展息息相关。量化金融最大的特点就是利用模型来解释金融活动和现象,并对未来进行合理的预测。1827年,当英国植物学家罗伯特·布朗 (Robert Brown) 盯着水中做无规则运动的花粉颗粒时,他不会想到几十年后的1863年,法国人朱尔斯·雷诺特 (Jules Regnault) 根据自己多年股票经纪人的经验,首次提出股票价格也服从类似的运动。到了1990年,法国数学家路易斯·巴切里尔 (Louis Bachelier) 发表了博士论文《投机理论》。从此,布朗运动被正式引入和应用到了金融领域,树立了量化金融史上的首座里程碑。

而同样历史性的时刻,直到1973年和1974年才再次出现。美国经济学家费希尔·布莱克 (Fischer Black)、迈伦·斯科尔斯 (Myron Scholes) 和罗伯特·默顿 (Robert Merton) 分别于这两年提出并建立了Black-Scholes-Merton模型。该模型不仅实现了对期权产品的定价,其思想和方法还被拓展应用到了其他的各类金融产品和领域中,影响极其深远。除了对随机过程的应用,量化金融更是将各类统计模型、时间序列模型、数值计算技术等五花八门的神兵利器都招致麾下,大显其威。而这些广泛应用的模型、工具和方法,无疑都为金融风险管理提供了巨大的养分和能量,也成为了金融风险管理的重要手段。例如,损益分布、风险价值VaR、波动率、投资组合、风险对冲、违约概率、信用评级等重要的概念,就是在这肥沃的土壤上结出的果实。

纵观我国历史,由西周至唐,历经银本位的宋元明,清之后近代至今,中华文明本身就是一段璀璨瑰丽的金融史,并曾在很长一段时间位于世界前列。在当今变幻莫测的国际局势中,金融更是一国重器，金融风险管理人才更是核心资源。特别是随着全球一体化的深入，金融风险管理越发重要，也日趋复杂。

金融风险管理师 (FRM) 就是在这样的大背景下应运而生的国际专业资质认证。本丛书以FRM考试第一、二级考纲为中心，突出介绍实际工作所需的金融风险建模和管理知识，并且将Python编程有机地结合到内容中。就形式而言，本丛书另一大特点是通过丰富多彩的图表和生动贴切的实例，深入浅出地将烦琐的金融概念和复杂的计算结果进行了可视化，能有效地帮助读者领会知识要点并提高编程水平。

贸易战、金融战、货币战这些非传统意义的战争，虽不见炮火硝烟，但所到之处却是哀鸿遍野。安得广厦千万间，风雨不动安如山。笔者希望这一套丛书，能为推广金融风险管理的知识尽一份微薄之力，为国内从事该行业的读者提供一点助益。在这变幻莫测的全球金融浪潮里，为一方平安保驾护航，为盛世永驻尽心尽力。

在这里，笔者衷心地感谢清华大学出版社的栾大成老师，以及其他几位编辑老师对本丛书的大力支持，感谢身边好友们的倾情协助和辛苦工作。最后，借清华大学校训和大家共勉——天行健，君子以自强不息；地势坤，君子以厚德载物。

*Nothing and no one can destroy the Chinese people. They are relentless survivors. They are the oldest civilized people on earth. Their civilization passes through phases but its basic characteristics remain the same. They yield, they bend to the wind, but they never break.*

——赛珍珠 (Pearl S. Buck)

## About Authors and Reviewers
# 作者和审稿人
(按姓氏拼音顺序)

### 安然
博士，现就职于道明金融集团道明证券 (TD Securities)，从事交易对手风险模型建模，在金融模型的设计与开发以及金融风险的量化分析等领域具有丰富的经验。曾在密歇根大学、McMaster大学、Sunnybrook健康科学中心从事飞秒激光以及聚焦超声波的科研工作。

### 姜伟生
博士，FRM，现就职于MSCI明晟 (MSCI Inc)，负责为美国对冲基金客户提供金融分析产品RiskMetrics RiskManager的咨询和技术支持服务。建模实践超过10年。跨领域著作丰富，在语言教育、新能源汽车等领域出版中英文图书超过15种。

### 李蓉
财经专业硕士，现就职于某央企金融机构，从事财务管理、资金运营超过15年，深度参与多个金融项目的运作。

### 梁健斌
博士，现就职于McMaster Automotive Resource Center，多语言使用时间超过10年。曾参与CRC Taylor & Francis图书作品出版工作，在英文学术期刊发表论文多篇。为丛书Python系列数据可视化提供大量支持。

### 芦苇
博士，硕士为金融数学方向，现就职于加拿大五大银行之一的丰业银行 (Scotiabank)，从事金融衍生品定价建模和风险管理工作。编程建模时间超过十年。曾在密歇根州立大学、多伦多大学从事中尺度气候模型以及碳通量反演的科研工作。

### 邵航

金融数学博士，CFA，博士论文题目为《系统性风险的市场影响、博弈论和随机金融网络模型》。现就职于OTPP (Ontario Teachers' Pension Plan，安大略省教师退休基金会)，从事投资业务。曾在加拿大丰业银行从事交易对手风险模型建模和管理工作。多语言建模实践超过10年。

### 涂升

博士，FRM，现就职于CMHC (Canada Mortgage and Housing Corporation，加拿大抵押贷款和住房管理公司，加拿大第一大皇家企业)，从事金融模型审查与风险管理工作。曾就职于加拿大丰业银行，从事IFRS9信用风险模型建模，执行监管要求的压力测试等工作。多语言使用时间超过10年。

### 王伟仲

博士，现就职于美国哥伦比亚大学，从事研究工作，参与哥伦比亚大学多门研究生级别课程教学工作，MATLAB建模实践超过10年，在英文期刊杂志发表论文多篇。参与本书的代码校对工作，并对本书的信息可视化提供了很多宝贵意见。

### 张丰

金融数学硕士，CFA，FRM，现就职于OTPP，从事一级市场等投资项目的风险管理建模和计算，包括私募股权投资、并购和风投基金、基础建设、自然资源和地产类投资。曾就职于加拿大蒙特利尔银行，从事交易对手风险建模。

# Acknowledgement
# 致谢

To our parents.
谨以此书献给我们的父母亲。

Book Reviews
# 推荐语

本丛书作者结合MATLAB及Python编程将复杂的金融风险管理的基本概念用大量图形展现出来，使读者能用最直观的方式学习和理解知识点。书中提供的大量源代码使读者可以亲自实现书中的具体实例。真的是市场上少有的、非常实用的金融风险管理资料。

——张旭萍 | 资本市场部门主管 | 蒙特利尔银行

投资与风险并存，但投资不是投机，如何在投资中做好风险管理一直是值得探索的课题。一级市场中更多的是通过法律手段来控制风险，而二级市场还可以利用量化手段来控制风险。本丛书基于MATLAB及Python从实操上教给读者如何量化并控制投资风险的方法，这"术"的背后更是让读者在进行案例实践的过程中更好地理解风险控制之"道"，更深刻地理解风控的思想。

——杜雨 | 风险投资人 | 红杉资本中国基金

作为具有十多年FRM培训经验的专业讲师，我深刻感受到，每一位FRM考生都希望能将理论与实践结合，希望用计算机语言亲自实现FRM中学习到的各种产品定价和金融建模理论知识。而MATLAB及Python又是金融建模设计与分析等领域的权威软件。本丛书将编程和金融风险建模知识有机地结合在一起，配合丰富的彩色图表，由浅入深地将各种金融概念和计算结果可视化，帮助读者理解金融风险建模核心知识。本丛书特别适合FRM备考考生和通过FRM考试的金融风险管理从业人员，同时也是金融风险管理岗位笔试和面试的"葵花宝典"，甚至可以作为金融领域之外的数据可视化相关岗位的绝佳参考书，非常值得学习和珍藏。

——Cate程黄维 | 高级合伙人兼金融项目学术总监 | 中博教育

千变万化的金融创新中，风险是一个亘古不变的议题。坚守风险底线思维，严把风险管理关口，是一个金融机构得以长期生存之本，也是每一个员工需要学习掌握的基础能力。本丛书由浅入深、图文生动、内容翔实、印刷精美，是一套不可多得的量化金融百科；不论作为金融普及读物，还是FRM应试图书，乃至工作后常备手边的工具书，本丛书都是一套不可多得的良作。

——单硕 | 风险管理部风险经理 | 建信信托

# How to Use the Book
# 使用本书

欢迎读者订阅本书微信公众号，获取图书配套代码源文件，以及更多风控资讯。

## 本书的重要特点

- 以FRM一、二级考纲为基础，和读者探讨更多金融建模实践内容；
- 由浅入深，突出FRM考试和实际工作的联系；
- 强调理解，绝不一味罗列金融概念和数学公式；
- 将概念、公式变成简单的Python代码；
- 全彩色印刷，赏心悦目地将各种金融概念和数据结果可视化；
- 中英文对照，扩充个人行业术语库。

## 本书适用读者群体

- 如果你是FRM备考考生，本书将帮助你更好地理解FRM核心考点；
- 如果你是FRM持证者，本书是FRM证书联结实际工作的桥梁；
- 如果你要准备金融类面试，本书将帮助你巩固金融知识，应对复杂面试题目；
- 如果你并非金融科班出身，有志在金融行业发展，本书可能是金融Python编程最适合零基础入门、最实用的图书。

### 丛书公开课视频资源

◀ 本书代码请扫下方二维码下载,下载平台不定期提供更多资源:

◀ 作者专门为本丛书读者开设公开课,讲授图书主要内容。请读者登录https://www.bilibili.com 或https://www.zhihu.com网站或App,搜索"生姜DrGinger"频道。本丛书公开课将陆续在频道推出,欢迎读者订阅转载。

B站　　　　　知乎

### 请读者注意

◀ 本书为了方便读者学习,在围绕FRM考纲的基础上对内容设计有所调整;

◀ 本书采用的内容、算法和数据均来自公共领域,包括公开出版发行的论文、网页、图书、杂志等;本书不包括任何知识产权保护内容;本书观点不代表任何组织立场;水平所限,本书作者并不保证书内提及的算法及数据的完整性和正确性;

◀ 本书所有内容仅用于教学,代码错误难免;任何读者使用本书任何内容进行投资活动,本书笔者不为任何亏损和风险负责。

# Contents
# 目录

## 第1章 波动率 ... 1
- 1.1 回报率 ... 2
- 1.2 历史波动率 ... 10
- 1.3 移动平均(MA)计算波动率 ... 13
- 1.4 自回归条件异方差模型ARCH ... 21
- 1.5 广义自回归条件异方差模型GARCH ... 25
- 1.6 波动率估计 ... 29
- 1.7 隐含波动率 ... 31

## 第2章 随机过程 ... 38
- 2.1 随机变量与随机过程 ... 40
- 2.2 马尔可夫过程 ... 43
- 2.3 马丁格尔 ... 46
- 2.4 随机漫步 ... 49
- 2.5 维纳过程 ... 54
- 2.6 伊藤引理 ... 56
- 2.7 几何布朗运动 ... 60

## 第3章 蒙特卡罗模拟 ... 65
- 3.1 蒙特卡罗模拟的基本思想 ... 66
- 3.2 定积分 ... 66
- 3.3 估算圆周率 ... 75
- 3.4 股价模拟 ... 78
- 3.5 具有相关性的股价模拟 ... 81

| | | |
|---|---|---|
| 3.6 | 欧式期权的定价 | 85 |
| 3.7 | 亚式期权的定价 | 87 |
| 3.8 | 马尔可夫链蒙特卡罗 | 90 |

## 第4章 回归分析 · 97

| | | |
|---|---|---|
| 4.1 | 回归分析概述 | 99 |
| 4.2 | 回归模型的建模与评估 | 102 |
| 4.3 | 线性回归 | 105 |
| 4.4 | 逻辑回归 | 113 |
| 4.5 | 多项式回归 | 118 |
| 4.6 | 岭回归 | 121 |
| 4.7 | 套索回归 | 128 |

## 第5章 期权二叉树 · 133

| | | |
|---|---|---|
| 5.1 | 期权市场 | 134 |
| 5.2 | 标的物二叉树 | 140 |
| 5.3 | 欧式期权二叉树 | 145 |
| 5.4 | 美式期权二叉树 | 151 |
| 5.5 | 二叉树步数影响 | 157 |
| 5.6 | 其他二叉树 | 160 |

## 第6章 BSM期权定价 · 171

| | | |
|---|---|---|
| 6.1 | BSM模型 | 172 |
| 6.2 | 时间价值和内在价值 | 176 |
| 6.3 | 外汇期权 | 181 |
| 6.4 | 期货期权和债券期权 | 184 |
| 6.5 | 数字期权 | 185 |

## 第7章 希腊字母 · 199

| | | |
|---|---|---|
| 7.1 | 希腊字母 | 200 |
| 7.2 | Delta | 201 |
| 7.3 | Gamma | 211 |
| 7.4 | Theta | 218 |
| 7.5 | Vega | 226 |
| 7.6 | Rho | 230 |

## 第8章 市场风险 · 235

| | | |
|---|---|---|
| 8.1 | 市场风险及其分类 | 236 |
| 8.2 | 市场风险度量 | 237 |
| 8.3 | 风险价值 | 241 |

| | | |
|---|---|---|
| 8.4 | 参数法计算风险价值 | 247 |
| 8.5 | 历史法计算风险价值 | 253 |
| 8.6 | 蒙特卡罗法计算风险价值 | 256 |

## 第9章　信用风险 · 262

| | | |
|---|---|---|
| 9.1 | 信用风险的定义和分类 | 263 |
| 9.2 | 信用风险的度量 | 263 |
| 9.3 | 信用风险数据分析与处理 | 265 |
| 9.4 | 信用风险评分卡模型 | 275 |
| 9.5 | 信用评级机构 | 291 |
| 9.6 | 自展法求生存率 | 291 |
| 9.7 | 奥特曼Z分模型 | 294 |

## 第10章　交易对手信用风险 · 297

| | | |
|---|---|---|
| 10.1 | 交易对手信用风险概念 | 298 |
| 10.2 | 交易对手信用风险度量 | 299 |
| 10.3 | 预期正敞口和最大潜在未来风险敞口 | 303 |
| 10.4 | 远期合同的交易对手信用风险 | 306 |
| 10.5 | 利率互换的交易对手信用风险 | 307 |
| 10.6 | 货币互换的交易对手信用风险 | 315 |
| 10.7 | 交易对手信用风险缓释 | 316 |
| 10.8 | 信用估值调整 | 318 |
| 10.9 | 错向风险 | 323 |

## 第11章　投资组合理论 I · 325

| | | |
|---|---|---|
| 11.1 | 均值方差理论 | 326 |
| 11.2 | 拉格朗日函数优化求解 | 334 |
| 11.3 | 总体最小风险资产组合 | 335 |
| 11.4 | 有效前沿 | 339 |
| 11.5 | 有效前沿实例 | 345 |
| 11.6 | 不可卖空有效前沿 | 355 |

## 第12章　投资组合理论 II · 366

| | | |
|---|---|---|
| 12.1 | 包含无风险产品的投资组合 | 367 |
| 12.2 | 最佳风险投资组合及实例分析 | 371 |
| 12.3 | 无差别效用曲线 | 376 |
| 12.4 | 最佳完全投资组合实例分析 | 378 |
| 12.5 | 资产定价理论 | 398 |

**备忘** · 403

# 第 1 章 波动率
# Volatility

> 对于了解自己的投资者来说，波动率创造了机会。
> *For the investor who knows what he is doing, volatility creates opportunity.*
> ——约翰·特雷恩 (John Train)

> 在低的波动率下持续超越市场是不可能的。我在30多年里超越了市场，但这不是在低的波动率下。
> *Outperforming the market with low volatility on a consistent basis is an impossibility. I outperformed the market for 30-odd years, but not with low volatility.*
> ——乔治·索罗斯 (George Soros)

　　"波浪无时潮失信"，金融市场或许会有风平浪静，但是更多的是"失信"的潮水和"无时"的波浪。在金融市场上，无论是股票、利率、汇率、大宗商品的价格，甚至波动本身，每时每刻都涌动着"潮水"和"波浪"，金融市场本身就是一个波动的市场。

　　波动率作为衡量金融资产价格波动程度的一个指标，毫无疑问地成为金融领域一个非常重要的概念，它不仅反映了资产收益的不确定性，而且也反映了金融资产的风险水平。波动率越高，金融资产价格的变动越剧烈，资产收益率的不确定性和金融风险就越高；波动率越低，金融资产价格的变动越平缓，资产收益率的确定性就越强，对应的金融风险就越低。

## Core Functions and Syntaxes
## 本章核心命令代码

- ◀ `arch.arch_model().fit()` ARCH模型拟合
- ◀ `arch.archmodel.params` 打印输出模型参数
- ◀ `ax.get_xlim()` 获取x轴范围
- ◀ `ax.get_ylim()` 获取y轴范围
- ◀ `ax.hist()` 绘制柱状图
- ◀ `DataFrame.cumprod()` 计算累积回报率
- ◀ `DataFrame.ewm()` 计算指数权重移动平均
- ◀ `DataFrame.expanding().std()` 产生扩展标准差
- ◀ `DataFrame.ffill()` 按前差法补充数据
- ◀ `DataFrame.pct_change()` 生成回报率
- ◀ `matplotlib.pyplot.gca().xaxis.set_major_formatter()` 设定主标签格式
- ◀ `mdates.DayLocator()` 设定日期选择
- ◀ `pandas.to_datetime()` 转换为日期格式
- ◀ `Series.resample()` 对序列重新组合，可选择周、双周、月等参数
- ◀ `Series.rolling().std()` 产生流动标准差

# 1.1 回报率

回报率是一个非常宽泛的概念，比如经常提到的**投资回报率** (Return On Investment, ROI)，顾名思义是指通过投资而获得的回报，它利用投资的增量与初始投资的比值来表示，如图1-1所示。

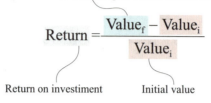

图1-1 投资回报率

其中，投资的增量 $Value_f - Value_i$ 被称为**净回报** (net return)。

下面以某股票的价格为例详细讨论股票的回报率。这里只考虑**工作日** (Business Day) 的收盘价。如图1-2所示，$t$ 时刻的股票价格为 $S_t$，相应的，$t-i$ 时刻的股票价格为 $S_{t-i}$。如果已知 $t$ 时刻和 $t-1$ 时刻的股票价格，通过式(1-1)可以计算出相应的**损益** (Profit and Loss, PnL, P&L)。

$$PnL_t = S_t - S_{t-1} \tag{1-1}$$

在不考虑分红的情况下，如果 $PnL_t > 0$，则 $t-1$ 时刻买进的股票，$t$ 时刻卖出，投资者会从股票获利；反之，如果 $PnL_t < 0$，$t-1$ 时刻买进的股票，$t$ 时刻卖出，投资者则会由于投资该股票而导致亏损。

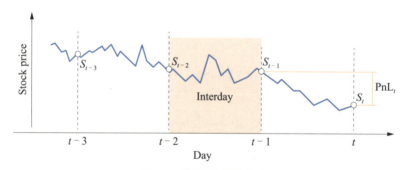

图1-2 某股票的价格变动

在没有**分红** (dividend) 的情况下，单日**简单回报率** (simple return) 可以通过式(1-2)计算。

$$r_t = \frac{S_t - S_{t-1}}{S_{t-1}} \tag{1-2}$$

通过下面的例子可以帮助理解日简单回报率。首先利用如下代码，下载亚马逊公司 (Amazon) 在2020年12月21日到28日的股票的调整收盘价格。

`B2_Ch1_1_A.py`

```python
import numpy as np
import pandas_datareader
```

```python
ticker = 'AMZN'
stock = pandas_datareader.data.DataReader(ticker, data_source='yahoo',
start='12-21-2020', end='12-28-2020')['Adj Close']
print(stock)
```

展示结果如下。

```
Date
2020-12-21    3206.179932
2020-12-22    3206.520020
2020-12-23    3185.270020
2020-12-24    3172.689941
2020-12-28    3283.959961
Name: Adj Close, dtype: float64
```

根据前面对于回报率介绍的公式，用Python写出计算式，并计算日简单回报率。

B2_Ch1_1_B.py

```python
#via formula
returns_daily = (stock / stock.shift(1)) - 1
print(returns_daily)
```

日简单回报率如下。

```
Date
2020-12-21         NaN
2020-12-22    0.000106
2020-12-23   -0.006627
2020-12-24   -0.003949
2020-12-28    0.035071
Name: Adj Close, dtype: float64
```

Python中还提供了一个单独的函数pct_change()来计算日简单回报率，如果借助这个函数，代码如下所示。

B2_Ch1_1_C.py

```python
#alternative via pct_change() function
returns_daily = stock.pct_change()
print(returns_daily)
```

得到的日简单回报率结果如下所示，可见这与前面根据公式计算的结果完全相同。

```
Date
2020-12-21         NaN
2020-12-22    0.000106
2020-12-23   -0.006627
2020-12-24   -0.003949
2020-12-28    0.035071
Name: Adj Close, dtype: float64
```

另外，对于股价的分析，常常会用到对数回报率，其数学表示式为：

$$r_t = \ln\left(\frac{S_t}{S_{t-1}}\right) = \ln(S_t) - \ln(S_{t-1}) \tag{1-3}$$

相应地，下面代码可以用来计算对数回报率。

```
B2_Ch1_1_D.py
```

```python
#log return
log_return_daily = np.log(stock / stock.shift(1))
print(log_return_daily)
```

对数回报率结果如下。

```
Date
2020-12-21         NaN
2020-12-22    0.000106
2020-12-23   -0.006649
2020-12-24   -0.003957
2020-12-28    0.034470
Name: Adj Close, dtype: float64
```

回报率是经过一段时间的回报，前面例子介绍的是时间为一天的回报，如果经过的时间为$k$天，那么简单回报率公式为：

$$\begin{aligned} r_t(k) &= \frac{S_t - S_{t-k}}{S_{t-k}} \\ &= \frac{S_t}{S_{t-k}} - 1 \\ &= \frac{S_t}{S_{t-1}} \frac{S_{t-1}}{S_{t-2}} \cdots \frac{S_{t-k+1}}{S_{t-k}} - 1 \\ &= (r_t + 1)(r_{t-1} + 1) \cdots (r_{t-k+1} + 1) - 1 \end{aligned} \tag{1-4}$$

相应地，单周简单回报率可以通过式(1-5)求得。

$$r_t(5) = \frac{S_t - S_{t-5}}{S_{t-5}} \tag{1-5}$$

双周简单回报率可以通过式(1-6)求得。

$$r_t(10) = \frac{S_t - S_{t-10}}{S_{t-10}} \tag{1-6}$$

单月简单回报率可以通过式(1-7)求得。

$$r_t(20) = \frac{S_t - S_{t-20}}{S_{t-20}} \tag{1-7}$$

下面的代码从**弗莱德数据库** (FRED：https://fred.stlouisfed.org) 获得从2010年12月28日到2020年12月28日十年间**标普指数** (S&P500) 的价格数据，并进行了绘图展示。

```python
B2_Ch1_2_A.py
import pandas_datareader
import matplotlib.pyplot as plt

#sp500 price
sp500 = pandas_datareader.data.DataReader(['sp500'], data_source='fred', start='12-28-2010', end='12-28-2020')
#plot sp500 price
plt.plot(sp500['sp500'], color='dodgerblue')
plt.title('S&P 500 price')
plt.xlabel('Date')
plt.ylabel('Price')
plt.gca().spines['right'].set_visible(False)
plt.gca().spines['top'].set_visible(False)
plt.gca().yaxis.set_ticks_position('left')
plt.gca().xaxis.set_ticks_position('bottom')
```

如图1-3所示为上述代码运行结果。从图中可以看出，标普指数的价格总体趋势为上升，这与全球经济在这十年中的走势相符。但是，价格的波动始终伴随其中，有时甚至会有巨大的上升或者下降。比如，从图中明显可见，2020年标普指数的价格出现了断崖式下降，这是因为新型冠状病毒对全球经济的巨大冲击。

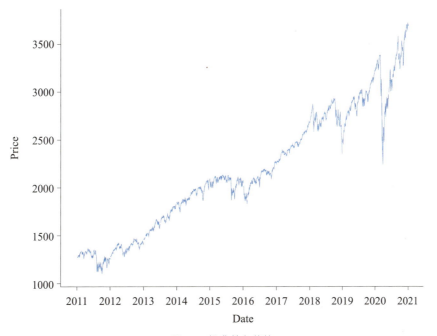

图1-3　标准普尔价格

套用最初介绍的日简单回报率计算公式，可以用下面代码，绘制标普指数的日回报率曲线，如图1-4所示。

```
B2_Ch1_2_B.py

#daily return
sp500['return_daily'] = sp500['sp500'].pct_change()
sp500.dropna(inplace=True)
#plot daily return
plt.plot(sp500['return_daily'], color='dodgerblue')
plt.title('S&P 500 daily returns')
plt.xlabel('Date')
plt.ylabel('Daily return')
plt.gca().spines['right'].set_visible(False)
plt.gca().spines['top'].set_visible(False)
plt.gca().yaxis.set_ticks_position('left')
plt.gca().xaxis.set_ticks_position('bottom')
```

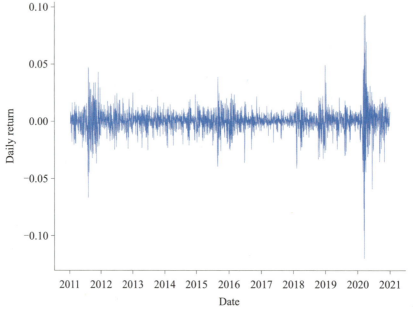

图1-4 标普指数日回报率

利用下面代码，可以很容易地计算月回报率，并绘制如图1-5所示的曲线图。代码中函数resample('M')可以计算月回报率，如果需要得到周回报率、双周回报率，将该函数的参数相应改为'W'、'BW'即可。这个函数非常有用，大家可以修改代码进行尝试，以更好掌握该函数。

```
B2_Ch1_2_C.py

#monthly return
sp500_monthly_returns = sp500['sp500'].resample('M').ffill().pct_change()
#plot monthly return
plt.plot(sp500_monthly_returns, color='dodgerblue')
plt.title('S&P 500 monthly returns')
plt.xlabel('Date')
plt.ylabel('Monthly return')
```

```
plt.gca().spines['right'].set_visible(False)
plt.gca().spines['top'].set_visible(False)
plt.gca().yaxis.set_ticks_position('left')
plt.gca().xaxis.set_ticks_position('bottom')
```

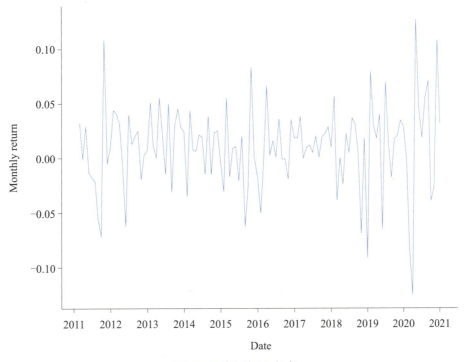

图1-5　标普指数月回报率

前面介绍的日回报率、月回报率等可以帮助理解投资回报的单日或单月等的波动程度，为了计算投资的回报，通常要利用总回报，这就需要计算**累积回报率** (cumulative return)。下面代码，利用 cumprod() 函数计算得到累积回报率，并绘制了如图1-6所示的曲线图。

```
B2_Ch1_2_D.py

#daily cumulative return
sp500_cum_returns_daily = (sp500['return_daily'] + 1).cumprod()
#plot daily cumulative return
plt.plot(sp500_cum_returns_daily, color='dodgerblue')
plt.title('S&P 500 daily cumulative returns')
plt.xlabel('Date')
plt.ylabel('Cumulative return')
plt.gca().spines['right'].set_visible(False)
plt.gca().spines['top'].set_visible(False)
plt.gca().yaxis.set_ticks_position('left')
plt.gca().xaxis.set_ticks_position('bottom')
```

大家可以发现，图1-6与代表标普指数价格的图1-3除了坐标以外，完全一致，这是因为累积回报实际上是价格的标准化，即假定初始投资为一个货币单位，之后得到的回报。

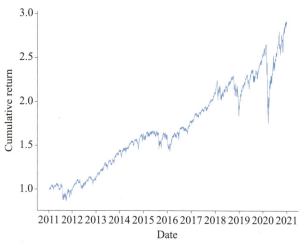

图1-6　标普指数累积日回报率

类似的，利用以下代码可以计算并可视化累积月回报率。

```
B2_Ch1_2_E.py

#monthly cumulative return
sp500_cum_returns_monthly = (sp500_monthly_returns + 1).cumprod()
#plot monthly cumulative return
plt.plot(sp500_cum_returns_monthly, color='dodgerblue')
plt.title('S&P 500 daily cumulative returns')
plt.xlabel('Date')
plt.ylabel('Cumulative return')
plt.gca().spines['right'].set_visible(False)
plt.gca().spines['top'].set_visible(False)
plt.gca().yaxis.set_ticks_position('left')
plt.gca().xaxis.set_ticks_position('bottom')
```

如图1-7所示即为上述代码生成的累积月回报率曲线，由于平均效应，曲线要比日累积回报率平滑许多。

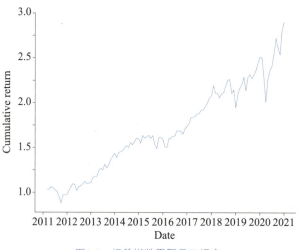

图1-7　标普指数累积月回报率

在实际工作中，经常遇到数据量不足的问题。比如，假设一年有252个工作日，如果每周只采集一次单周回报率，只能得到50个数据。但是，如果每天都向前回溯一周，采集一个单周回报率，即每天都能得到新的过去一周的回报率。也就是，以周为单位的数据窗口每天都随着时间不停向前移动，这样在一年之中就可以得到247个周回报率数据。这种周回报率也称为**重叠** (overlapping) 单周回报率，类似的，其概念也可以用到其他的时间单位上，比如月、季度和年。相较于**非重叠** (non-overlapping) 回报率，重叠回报率大大增加了数据量。但需要注意的是，由于数据存在较高的自相关性，重叠回报率样本序列的波动率会降低。

非重叠单周回报率和重叠单周回报率如图1-8所示。

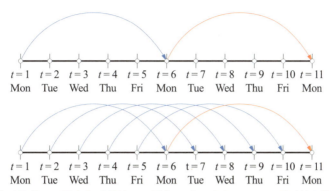

图1-8　非重叠单周回报率和重叠单周回报率　(本图来自MATLAB系列丛书第二本第1章)

前面的讨论均没有涉及存在分红的情况，那么如果考虑分红，股票的回报率则可以由公式(1-8)计算得到。

$$y_t = \frac{S_t - S_{t-1} + D_t}{S_{t-1}} \tag{1-8}$$

其中，$D$为**分红收益率** (dividend rate)。

在回报率已知的情况下，可以很容易地计算投资的损益，比如，对于某个**投资组合** (investment portfolio)，如果只包含有同一股票，当前这个投资组合的价值为$A_t$，那么$t$时刻投资组合的损益可以通过式(1-9)计算得到。

$$Q_t = A_t \frac{S_t - S_{t-1}}{S_{t-1}} \tag{1-9}$$

对于回报率，既可以用**小数** (decimal) 表示，也可以用**百分数** (percentage) 来表示。前面的介绍，主要涉及简单回报率，但是也提及了对数回报率。对数回报率实质上是**连续回报率** (continuously compounded return)。通常来说，简单回报率广泛用于各种会计计算，而连续回报率则在各种数学模型中得到大量应用。

连续回报率与简单回报率有着密切的关系。比如，当$S_t/S_{t-1}$的比值很小时，对数回报率$\ln(S_t/S_{t-1})$和$(S_t - S_{t-1})/S_{t-1}$很接近。此外，采用连续回报率可以简化多阶段收益率的计算。对于横跨几个时间单位的多期连续回报率，可以通过式(1-10)得到。

$$\begin{aligned} r_t(k) &= \ln\left(\frac{S_t}{S_{t-k}}\right) \\ &= \ln(S_t) - \ln(S_{t-k}) \\ &= [\ln(S_t) - \ln(S_{t-1})] + [\ln(S_{t-1}) - \ln(S_{t-2})] + \cdots + [\ln(S_{t-k+1}) - \ln(S_{t-k})] \\ &= r_t + r_{t-1} + \cdots + r_{t-k+1} \end{aligned} \tag{1-10}$$

下面的公式变换，展示了连续回报率和简单回报率的关系，在这里为了区别，连续回报率标记为 $r_t$，简单回报率标记为 $y_t$。

$$r_t = \ln\left(\frac{S_t - S_{t-1} + S_{t-1}}{S_{t-1}}\right) = \ln(y_t + 1) \tag{1-11}$$

另外，通过观察下面的泰勒展开式，也可以看到在回报率数值较小的情况下，连续回报率和简单回报率的差别非常小。

$$\begin{aligned}\ln(y_t + 1) &= \sum_{n=1}^{\infty} \frac{(-1)^{n+1}}{n}(y_t)^n \\ &= y_t - \frac{y_t^2}{2} + \frac{y_t^3}{3} - \frac{y_t^4}{4} + \frac{y_t^5}{5} \cdots, \forall y_t \in (-1, +\infty)\end{aligned} \tag{1-12}$$

# 1.2 历史波动率

**波动率** (volatility) 是用统计的方法对资产价格偏离基准程度的一个度量，通常用希腊字母 $\sigma$ 表示。在金融数学中，波动率实质就是资产价格变化的标准差。期权定价中使用的波动率通常以一年作为时间单位，因此此时波动率为一年连续复利回报率的标准差；而风险控制领域的波动率通常以一天为时间单位，此时的波动率对应每天连续复利回报率的标准差。

如图1-9所示，波动率一般可以分为两种：一种是利用历史数据计算得到，称为**历史波动率** (historical volatility)，它是通过回溯并分析历史上已经出现的价格而得到的，因此也叫**回望波动率** (backward looking volatility)；另外一种是根据当前市场的期权价格，用Black-Scholes期权定价模型反推出来，称为**隐含波动率** (implied volatility)，它是对资产未来价格波动率的预测，因此也称为**前瞻波动率** (forward looking volatility)。本节中会对它们分别进行详细介绍。

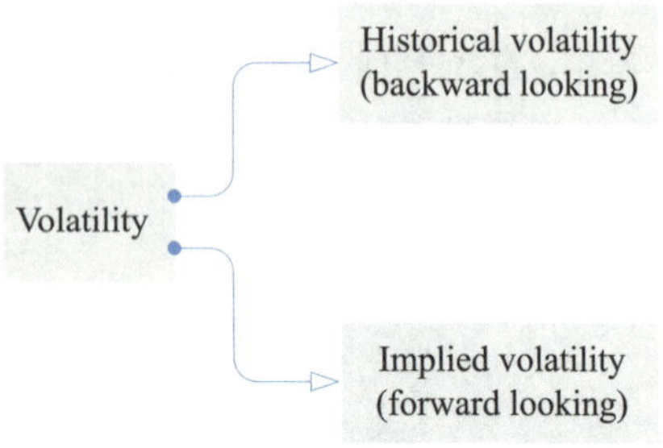

图1-9 波动率分类

在计算波动率时，通常使用交易的天数，而不是日历天数，这是因为波动率植根于交易，累积的是不同交易日的"交易的不确定性"，当然，也有解释认为波动率的值在交易日要远高于非交易日，因此在波动率的计算中，非交易日可以忽略。在日回报独立同分布，且具有相同方差的假设下，$T$天回报的方差为$T$与日回报率的乘积，也就是说，$T$天回报的标准差为日回报标准差的 $\sqrt{T}$ 倍。这与大家熟知的"不确定性随时间长度的平方根增长"这一法则是一致的。

使用单日连续回报率，单日波动率可以通过式(1-13)求得。

$$\sigma_{daily} = \sqrt{\frac{1}{N-1}}\sqrt{\sum_{i=1}^{N}(r_i - \mu)^2} \tag{1-13}$$

其中，$N$为样本数据个数，比如一年单日数据一般取工作日天数$N = 250$或252；$r$为对数回报率，这里是单日对数回报率；$\mu$为对数回报率的平均值。

回报率的方差，也就是波动率的平方，可以通过式(1-14)求得。

$$\text{var} = \frac{\sum_{i=1}^{N}(r_i - \mu)^2}{N-1} \qquad (1\text{-}14)$$

公式中的每个回报值减去所有回报值的均值得到的数据叫作**去均值数据** (demeaned data)，也叫作**均值中心化数据** (mean-centered data)。均值$\mu$则可以通过式(1-15)求得。

$$\mu = \frac{\sum_{i=1}^{N} r_i}{N} \qquad (1\text{-}15)$$

一般情况下，这个平均值近似为0，往往可以忽略。另外，当$N$足够大时，$N-1$可以被$N$替换。因此，方差的公式可以简化为：

$$\text{var} = \frac{\sum_{i=1}^{N}(r_i)^2}{N} \qquad (1\text{-}16)$$

因此，单日波动率的计算可以简化为：

$$\sigma_{\text{daily}} = \sqrt{\frac{\sum_{i=1}^{N}(r_i)^2}{N}} \qquad (1\text{-}17)$$

下面的代码，从Fred数据库获取了标普指数一年的价格数据，计算了每天的对数回报率，并根据前面介绍的公式，计算得到年化回报率。

```
B2_Ch1_3.py

import matplotlib as mpl
import numpy as np
import matplotlib.pyplot as plt
import pandas_datareader

#sp500 price
sp500 = pandas_datareader.data.DataReader(['sp500'], data_source='fred',
start='12-28-2019', end='12-28-2020')

#daily log return
log_return_daily = np.log(sp500 / sp500.shift(1))
log_return_daily.dropna(inplace=True)

#calculate daily standard deviation of returns
daily_std = np.std(log_return_daily)[0]

#annualize daily standard deviation
std = daily_std * 252 ** 0.5
```

```python
#Plot histograms
mpl.style.use('ggplot')
fig, ax = plt.subplots(1, 1, figsize=(10, 6))
n, bins, patches = ax.hist(
    log_return_daily['sp500'],
    bins='auto', alpha=0.7, color='dodgerblue', rwidth=0.85)

ax.set_xlabel('Log return')
ax.set_ylabel('Frequency of log return')
ax.set_title('Historical volatility for SP500')

#get x and y coordinate limits
x_corr = ax.get_xlim()
y_corr = ax.get_ylim()

#make room for text
header = y_corr[1] / 5
y_corr = (y_corr[0], y_corr[1] + header)
ax.set_ylim(y_corr[0], y_corr[1])

#print historical volatility on plot
x = x_corr[0] + (x_corr[1] - x_corr[0]) / 30
y = y_corr[1] - (y_corr[1] - y_corr[0]) / 15
ax.text(x, y , 'Annualized volatility: ' + str(np.round(std*100, 1))+'%',
    fontsize=11, fontweight='bold')
x = x_corr[0] + (x_corr[1] - x_corr[0]) / 15
y -= (y_corr[1] - y_corr[0]) / 20

fig.tight_layout()
```

代码运行的结果如图1-10所示，年化回报率为35.2%。另外，从图中可以看到，通过分析回报率的具体分布情况，可以对投资情况进行考量和评估。

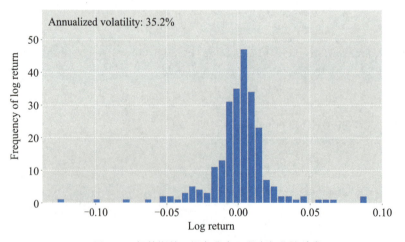

图1-10　标普指数回报率分布及历史年化波动率

## 1.3 移动平均(MA)计算波动率

**移动平均** (Moving Average, MA) 又称**滑动平均**、**滚动平均** (running average, rolling average),是一个统计学的概念,是指通过创建总体数据中一系列子集的平均数来对总体数据进行分析的一种技术手段。移动平均可以分为简单移动平均、累积移动平均和加权移动平均等。

**简单移动平均** (Simple Moving Average, SMA) 是指周期性计算某确定数量数据的平均值,如图1-11所示。

$$\bar{p}_n = \frac{p_1 + p_2 + \cdots + p_n}{n} = \frac{1}{n}\sum_{i=1}^{n} p_i \qquad (1\text{-}18)$$

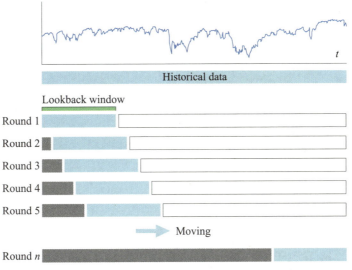

图1-11 简单移动平均

在每次计算时,剔除最老的数据,加入最新的数据,形成一个新的子数据,再进行取平均计算。但是,没有必要对整个子数据集进行求和再取平均的计算,可以直接借助上一步已经得到的均值,简化的计算公式为:

$$\bar{p}_n = \bar{p}_{n-1} + \frac{1}{n}(p_n - \bar{p}_{n-1}) \qquad (1\text{-}19)$$

**Pandas**运算包提供了一种非常简单的方法来计算简单移动平均波动率,即通过rolling().std() 函数计算某**移动窗口** (rolling window) 的标准差,下面的代码利用获取的标普指数10年的历史数据,分别以5天、50天、100天和250天为移动窗口,绘制相应的历史波动率的曲线。

```
B2_Ch1_4.py

import numpy as np
import pandas_datareader
import matplotlib.pyplot as plt

#sp500 price
```

```python
df = pandas_datareader.data.DataReader(['sp500'],
data_source='fred', start='12-28-2010', end='12-28-2020')
df.dropna(inplace=True)

#daily log return
df['Daily return squared'] = np.log(df['sp500'] /
df['sp500'].shift(1))*np.log(df['sp500'] / df['sp500'].shift(1))
df.dropna(inplace=True)

#calculate simple moving average
win_list = [5, 50, 100, 250]
for win in win_list:
    ma = df['sp500'].rolling(win).std()
    df[win] = ma
    df.rename(columns={win:'Vol via '+str(win)+' days MA'}, inplace=True)

#plot dataframe
fig, (ax1, ax2, ax3) = plt.subplots(3, 1, figsize=(12, 12))
#sp500 price
ax1.plot(df['sp500'])
ax1.set_title('SP500 price')
ax1.set_xlabel("Date")
ax1.set_ylabel("Price")
ax1.spines['right'].set_visible(False)
ax1.spines['top'].set_visible(False)
ax1.yaxis.set_ticks_position('left')
ax1.xaxis.set_ticks_position('bottom')
#daily log return squared
ax2.plot(df['Daily return squared'])
ax2.set_title('Daily return squared')
ax2.set_xlabel("Date")
ax2.set_ylabel("Daily return squared")
ax2.spines['right'].set_visible(False)
ax2.spines['top'].set_visible(False)
ax2.yaxis.set_ticks_position('left')
ax2.xaxis.set_ticks_position('bottom')
#ma vol
ax3.plot(df.loc[:, (df.columns != 'sp500') & (df.columns != 'Daily return squared')])
ax3.legend(df.loc[:, (df.columns != 'sp500') & (df.columns != 'Daily return squared')].columns)
ax3.set_title('SP500 price volatility via moving average analysis')
ax3.set_xlabel("Date")
ax3.set_ylabel("Volatility")
ax3.spines['right'].set_visible(False)
ax3.spines['top'].set_visible(False)
ax3.yaxis.set_ticks_position('left')
ax3.xaxis.set_ticks_position('bottom')
```

```
fig.tight_layout()
```

如图1-12所示，简单移动平均使得数据曲线更加平滑，便于从冗杂的数据中整理出较为清晰的脉络，以此可以帮助分析隐含于数据中的真正趋势。随着移动窗口的变大，数据曲线会变得更简单平滑，但是需要注意，数据的细节在这个过程中会丢失，因此需要根据具体情况，合理地选择移动窗口的大小。

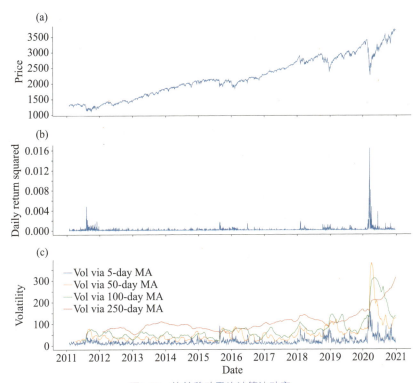

图1-12　简单移动平均计算波动率

与简单移动平均类似，**累积移动平均** (Cumulative Moving Average, CMA) 也是周期性计算一系列数据的平均值，公式为：

$$\text{CMA}_n = \frac{p_1 + p_2 + \cdots + p_n}{n} = \frac{1}{n}\sum_{i=1}^{n} p_i \tag{1-20}$$

但是，不同于简单移动平均，移除旧的数据，加入新的数据，累积移动平均会考虑所有的数据。具体地说，累积移动平均通过有序加入新的数据，并对该数据与原来所有数据进行平均，得到平均值，直到当前数据点为止，如图1-13所示。

同样，类似于简单移动平均，在每次计算中，没有必要计算所有数据的总和，然后除以数据个数，得到平均值。累积移动平均在得到新的数据后，可以简单地更新累积平均值，用式(1-21)来简化计算。

$$\text{CMA}_{n+1} = \frac{p_{n+1} + n \times \text{CMA}_n}{n+1} \tag{1-21}$$

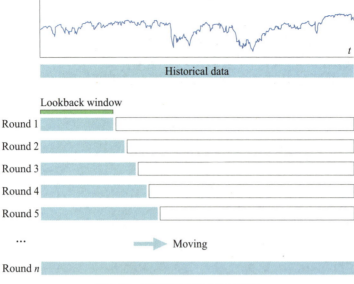

图1-13 累积移动平均方法示意图

前面介绍过的简单移动平均，可以利用rolling()函数进行计算。对于累积移动平均，Pandas运算包也提供了一个函数——expanding().std()来计算累积移动标准差，rolling()函数移动窗口的大小会被预先设定，因此是固定的，而expanding()函数移动窗口是不断变化的，即每次移动窗口会加1，也正因如此，该函数名被称为"**扩展**"（expanding）。

下面的代码利用获取的标普指数10年的历史数据，通过expanding().std()函数计算累积波动率，并绘制曲线。

```python
B2_Ch1_5.py

import pandas_datareader
import matplotlib.pyplot as plt

#sp500 price
df = pandas_datareader.data.DataReader(['sp500'],
data_source='fred', start='12-28-2010', end='12-28-2020')
df.dropna(inplace=True)

#calculate cumulative moving average
df['cma'] = df['sp500'].expanding(1).std()
df.dropna(inplace=True)
#df.rename(columns={win:'Vol via '+str(win)+' days MA'}, inplace=True)

#plot dataframe
fig, (ax1, ax2) = plt.subplots(2, 1, figsize=(12, 12))
ax1.plot(df['sp500'])
ax1.set_title('SP500 price')
ax1.set_xlabel("Date")
ax1.set_ylabel("Price")
ax1.spines['right'].set_visible(False)
```

```python
ax1.spines['top'].set_visible(False)
ax1.yaxis.set_ticks_position('left')
ax1.xaxis.set_ticks_position('bottom')

ax2.plot(df['cma'])
ax2.set_title('S&P500 price cumulative volatility via moving average analysis')
ax2.set_xlabel("Date")
ax2.set_ylabel("Volatility")
ax2.spines['right'].set_visible(False)
ax2.spines['top'].set_visible(False)
ax2.yaxis.set_ticks_position('left')
ax2.xaxis.set_ticks_position('bottom')

fig.tight_layout()
```

累积移动平均是考虑所有数据的叠加，如图1-14所示，它对于累积的数据曲线具有平滑的作用，但是，与简单移动平均不同，它并不能很好地反映整个数据的走势。

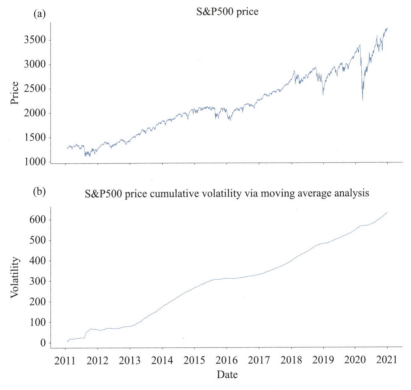

图1-14 累积移动平均波动率

前面介绍的，无论是简单移动平均还是累积移动平均，对于所有数据，无论距离当前时刻的远近，它们的权重是相同的，但是在实际应用中，近期的数据往往对当前数据有相对较大的影响，也更能反映当前以及未来的趋势。基于以上的认知，出现了**加权移动平均法** (weighted moving average)，它是根据数据的时间序列，赋予不同的权重，再依照权重求得移动平均值。如前所述，采用加权移动平均法，近期值对预测值有较大影响，它更能反映近期变化的趋势。如图1-15所示对比了未加权与加权移动平均的不同。

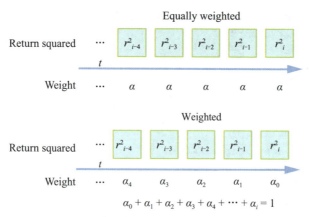

图1-15 未加权与加权移动平均对照图

**指数移动加权平均** (Exponentially Weighted Moving Average, EWMA) 是常用的一种加权平均方法，是指各数值的加权系数随时间呈指数式递减，越靠近当前时刻的数值加权系数就越大。如图1-16所示为指数加权移动平均的权重以指数形式的变化。

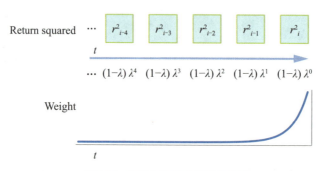

图1-16 指数加权移动平均示意图

指数加权移动平均在波动率上的应用最初是由RiskMetrics于1996年首次提出的。理论上，这种方法需要计算如图1-16所示一系列权重的序列，但是在实际应用上，通常会用到式(1-22)。

$$\sigma_n^2 = \lambda \sigma_{n-1}^2 + (1-\lambda) r_{n-1}^2 \tag{1-22}$$

其中：$\lambda$ 为**衰减因子** (decay factor)；$\sigma_n$ 是当前时刻的波动率；$\sigma_{n-1}$ 是上一时刻的波动率；$r_{n-1}$ 是上一时刻的回报率。

为了方便大家理解，通过下面的例子进行简单推导，讨论衰减因子如何影响波动率计算。

如下列出 $n$、$n-1$、$n-2$ 和 $n-3$ 四个时间点的EWMA波动率计算式为：

$$\begin{cases} \sigma_n^2 = \lambda \sigma_{n-1}^2 + (1-\lambda) r_{n-1}^2 \\ \sigma_{n-1}^2 = \lambda \sigma_{n-2}^2 + (1-\lambda) r_{n-2}^2 \\ \sigma_{n-2}^2 = \lambda \sigma_{n-3}^2 + (1-\lambda) r_{n-3}^2 \\ \sigma_{n-3}^2 = \lambda \sigma_{n-4}^2 + (1-\lambda) r_{n-4}^2 \end{cases} \tag{1-23}$$

对它们依次代入，即将 $\sigma_{n-3}$ 代入 $\sigma_{n-2}$，然后将 $\sigma_{n-2}$ 代入 $\sigma_{n-1}$，最后 $\sigma_{n-1}$ 代入 $\sigma_n$，可以得到式(1-24)。

$$\sigma_n^2 = (1-\lambda)\left(r_{n-1}^2 + \lambda r_{n-2}^2 + \lambda^2 r_{n-3}^2 + \lambda^3 r_{n-4}^2\right) + \lambda^4 \sigma_{n-4}^2 \tag{1-24}$$

把推导出来的这个等式与图1-17对照，可以看到离当前时刻越远，其权重随指数衰减越厉害。较大的衰减因子，意味着较慢的衰减。以RiskMetrics使用的94%衰减因子为例，前一天的权重为 (1 − 0.94) × 0.94⁰ = 6%，之前第二天权重为 (1 − 0.94) × 0.94¹ = 5.64%，之前第三天权重则为 (1 − 0.94) × 0.94² = 5.30%。

EWMA波动率迭代公式告诉我们，当前一天的波动率是前一天波动率的函数，这也提供了一种用过去波动率预测未来波动率的方法。这种方法，不需要保存过去所有的数值，而且计算量较小，因此在实际中广泛应用。

下面的例子，首先从Fred数据库中提取了标准普尔指数一年的价格数据，然后利用ewm() 函数计算指数移动平均。ewm()+函数使得EWMA的计算变得非常方便，但是它并没有直接指定衰减因子，而是提供了与平滑系数α的转换关系。衰减因子λ与平滑系数α有下面的关系。

$$\lambda = 1 - \alpha \tag{1-25}$$

其中，alpha为平滑系数α，且 $0 < \alpha \leq 1$。

ewm() 函数衰减参数介绍如下。com为根据质心指定衰减，α可以通过式(1-26)计算得到。

$$\alpha = \frac{1}{1+\text{com}}, \text{com} \geq 0 \tag{1-26}$$

span为根据范围指定衰减，α可以通过式(1-27)计算得到。

$$\alpha = \frac{2}{1+\text{span}}, \text{span} \geq 1 \tag{1-27}$$

halflife为根据半衰期指定衰减，α可以通过式(1-28)计算得到。

$$\alpha = 1 - \exp\left(\frac{\ln(0.5)}{\text{halflife}}\right), \text{halflife} > 0 \tag{1-28}$$

下面的代码，通过指定平滑系数为0.01、0.03和0.06，即衰减因子分别为0.99、0.97和0.94，计算得到波动率曲线。感兴趣的读者，可以修改代码，尝试用其他几种方式来指定衰减。

```
B2_Ch1_6.py
```

```python
import pandas_datareader
import matplotlib.pyplot as plt
import numpy as np

#sp500 price
df = pandas_datareader.data.DataReader(['sp500'], data_source='fred', start='12-28-2010', end='12-28-2020')
df.dropna(inplace=True)

#daily log return
df['Daily return squared'] = np.log(df['sp500'] / df['sp500'].shift(1))*np.log(df['sp500'] / df['sp500'].shift(1))
```

```python
df.dropna(inplace=True)

#calculate exponentially weighted moving average
alpha_list = [0.01, 0.03, 0.06]
for alpha in alpha_list:
    ma = df['sp500'].ewm(alpha=alpha, adjust=False).std()
    df[alpha] = ma
    df.rename(columns={alpha:'$\lambda$ = '+str(1-alpha)}, inplace=True)

#plot dataframe
#sp500 price
fig, (ax1, ax2, ax3) = plt.subplots(3, 1, figsize=(12, 12))
ax1.plot(df['sp500'])
ax1.set_title('SP500 price')
ax1.set_xlabel("Date")
ax1.set_ylabel("Price")
ax1.spines['right'].set_visible(False)
ax1.spines['top'].set_visible(False)
ax1.yaxis.set_ticks_position('left')
ax1.xaxis.set_ticks_position('bottom')

#daily log return squared
ax2.plot(df['Daily return squared'])
ax2.set_title('Daily return squared')
ax2.set_xlabel("Date")
ax2.set_ylabel("Daily return squared")
ax2.spines['right'].set_visible(False)
ax2.spines['top'].set_visible(False)
ax2.yaxis.set_ticks_position('left')
ax2.xaxis.set_ticks_position('bottom')
#ewma vol
ax3.plot(df.loc[:, (df.columns != 'sp500') & (df.columns != 'Daily return squared')])
ax3.legend(df.loc[:, (df.columns != 'sp500') & (df.columns != 'Daily return squared')].columns)
ax3.set_title('SP500 price volatility via EWMA analysis')
ax3.set_xlabel("Date")
ax3.set_ylabel("Volatility")
ax3.spines['right'].set_visible(False)
ax3.spines['top'].set_visible(False)
ax3.yaxis.set_ticks_position('left')
ax3.xaxis.set_ticks_position('bottom')

fig.tight_layout()
```

代码运行后，生成图1-17，可见，衰减系数越小，估算的波动率峰值越高，而且波动也会越显著。

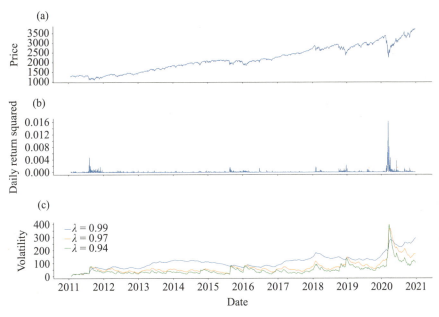

图1-17　指数权重移动平均计算波动率

# 1.4 自回归条件异方差模型ARCH

传统的计量经济学假定时间序列变量的方差 (波动率) 是固定不变的，然而，这与实际情况是不相符的。比如，股票收益的波动率就是随着时间而变化的。因此，传统的计量经济学在分析许多实际问题时，陷入了困境。

1982年美国统计学家**罗伯特·弗莱·恩格尔三世** (Robert Fry Engle Ⅲ) 在研究英国通货膨胀率的波动性问题时，提出了**自回归条件异方差模型** (Autoregressive Conditional Heteroscedasticity model, ARCH)，即**ARCH模型**。在这里，**异方差** (heteroscedasticity) 是指一系列的随机变量值的方差不同。这个模型以自回归方式，通过刻画随时间变异的条件方差，成功解决了时间序列的波动性问题。正是因为在ARCH模型上的杰出贡献，罗伯特·弗莱·恩格尔三世在2003年获得了诺贝尔经济学奖。

Robert F. Engle Ⅲ (1942–) Developed methods to study the volatility properties of time series in economics, particular in financial markets. His method (ARCH) could, in particular, clarify market developments where turbulent periods, with large fluctuations, are followed by calmer periods, with modest fluctuations. (Sources: https://www.nobelprize.org/prizes/economic-sciences/2003/engle/facts/)

观察波动率曲线，可以看到波动率变化大往往会持续一段时间，这就是**波动率聚集** (volatility clustering) 现象，传统计量经济学的模型中，干扰项的方差均被假定为常数，这对波动率来说，显然是不适合的。ARCH模型则将波动率定义为条件标准差，收益率序列是前后不相关的，但是前后也并不独立，而是用一系列滞后值的线性组合来表示。

为了简便，对于ARCH模型的具体讲解，在这里只考虑波动率项，即令$\mathrm{E}(Z_t)=0$。在实际处理收益率的历史数据时，可以通过归一化移除其期望值，来达到处理后的数据期望值为零的效果。

假设收益率$\{X_t\}$服从期望为零的独立同分布随机过程，在时刻$t$的收益率可表达为：

$$X_t = \sigma_t Z_t \qquad (1\text{-}29)$$

其中，随机变量$Z_t$可以服从标准正态分布，也可以服从$t$-分布。$\sigma_t^2$则可以表示为：

$$\sigma_t^2 = \omega + \sum_{i=1}^{L_1} \alpha_i X_{t-i}^2 \qquad (1\text{-}30)$$

其中，$\omega > 0$，$\alpha_i \geq 0$，$L_1 > 0$，即各期收益以非负数线性组合，常数项为正数，这是为了保证波动率为正值。为了保证**协方差的平稳性** (covariance stationarity)，还需要满足$\sum_{i=1}^{L_1}\alpha_i < 1$。$L_1$是模型中含有的滞后序列的个数。这就是ARCH模型的基本表示式。在这个表示式的等号右侧的滞后序列均没有新增的随机项，为确定函数，所以ARCH模型属于确定性的波动率模型。

另外，分析上面模型的结构，如果存在较大的随机变化，将导致条件异方差变大，因此有取绝对值较大的值的趋势。反映在ARCH模型上，即大的随机变化出现后，紧接着会有倾向继续出现另一个大的随机变化，这与波动率聚集现象非常相似。

当$L_1 = 1$时，便是经常用到的ARCH(1)模型，其表示式为：

$$\sigma_t^2 = \omega + \alpha X_{t-1}^2 \qquad (1\text{-}31)$$

即时刻$t$的波动率平方$\sigma_t^2$等于一个常数$\omega$加上时刻$t-1$的收益率$X_{t-1}$的平方。可见，此时的波动率依赖于已知观测值，所以是一个**条件波动率** (conditional volatility)。

下面考察，收益率$X$的$m$阶**矩** (moment)，它与其在时间序列上的观测值$\{X_t\}$有如下关系：

$$\mathrm{E}(X^m) = \mathrm{E}(\mathrm{E}_t(X^m)) = \mathrm{E}(X_t^m) \qquad (1\text{-}32)$$

当$m = 2$时：

$$\mathrm{E}(X^2) = \sigma^2 = \mathrm{E}(X_t^2) = \mathrm{E}(\sigma_t^2 Z_t^2) = \mathrm{E}(\sigma_t^2) \qquad (1\text{-}33)$$

将其代入ARCH(1)模型中可以得到：

$$\sigma^2 = \mathrm{E}(\omega + \alpha X_{t-1}^2) = \omega + \alpha \sigma^2 \qquad (1\text{-}34)$$

因此，式(1-35)成立。

$$\sigma^2 = \frac{\omega}{1-\alpha} \qquad (1\text{-}35)$$

注意，与ARCH(1) 模型自身的表达式不同的是，此处 $\sigma^2$ 的解与具体时刻无关，也不直接依赖之前的收益率观测值，所以它被称为**无条件波动率** (unconditional volatility)。

下面的代码获取了从2009年12月28 日到2020年12月28日标准普尔指数11年的历史价格数据，并利用Arch运算包的arch_model() 函数进行拟合。在参数设定时，vol设定为 'ARCH'，p设定为1，即要使用的拟合模型为ARCH(1)。在完成拟合之后，打印出这个模型的所有汇总信息，并利用内建的函数对标准残差和条件波动率直接进行了可视化操作，如图1-18所示。

```python
B2_Ch1_7_A.py

import numpy as np
import pandas_datareader
import matplotlib.pyplot as plt
from arch import arch_model

#sp500 price
sp500 = pandas_datareader.data.DataReader(['sp500'],
data_source='fred', start='12-28-2009', end='12-28-2020')

#daily log return
log_return_daily = np.log(sp500 / sp500.shift(1))
log_return_daily.dropna(inplace=True)

#ARCH(1) model
arch=arch_model(y=log_return_daily,mean='Constant',
lags=0,vol='ARCH',p=1,o=0,q=0,dist='normal')
archmodel=arch.fit()
archmodel.summary()
archmodel.plot()
```

拟合ARCH模型所有信息汇总。

```
"""
                   Constant Mean - ARCH Model Results
==============================================================================
Dep. Variable:                  s&p500   R-squared:                      -0.001
Mean Model:              Constant Mean   Adj. R-squared:                 -0.001
Vol Model:                        ARCH   Log-Likelihood:                7797.43
Distribution:                   Normal   AIC:                          -15588.9
Method:            Maximum Likelihood    BIC:                          -15571.5
                                         No. Observations:                 2417
Date:                Fri, Jan 08 2021    Df Residuals:                     2414
Time:                        13:58:58    Df Model:                            3
                                 Mean Model
==============================================================================
                 coef    std err          t      P>|t|      95.0% Conf. Int.
------------------------------------------------------------------------------
```

```
mu             7.6186e-04  1.934e-04      3.939  8.184e-05 [3.828e-04,1.141e-03]
                                  Volatility Model
============================================================================
                 coef      std err         t      P>|t|      95.0% Conf. Int.
----------------------------------------------------------------------------
omega          6.7599e-05  5.039e-06     13.415  4.920e-41 [5.772e-05,7.748e-05]
alpha[1]        0.4500    8.258e-02      5.449  5.057e-08  [  0.288,  0.612]
============================================================================

Covariance estimator: robust
"""
```

从图1-18可以看出，标准化残差近似为一个平稳序列，这也说明该模型具有较好的表现力。

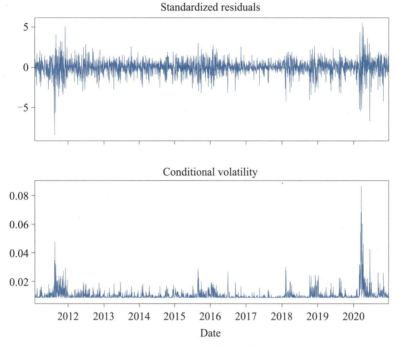

图1-18　ARCH(1)模型标准残差和条件波动率

另外，利用下面代码，可以把日回报率和条件波动率用图形展示出来。

**B2_Ch1_7_B.py**

```
plt.figure(figsize=(12,8))
plt.plot(log_return_daily,label='Daily return')
plt.plot(archmodel.conditional_volatility, label='Conditional volatility')
plt.legend()
plt.xlabel('Date')
plt.ylabel('Return/Volatility')
```

如图1-19中的蓝色线代表日回报率的波动，橘色线代表条件波动率即条件异方差，由图可见，条件异方差曲线很好地反映了日回报率的变化趋势。

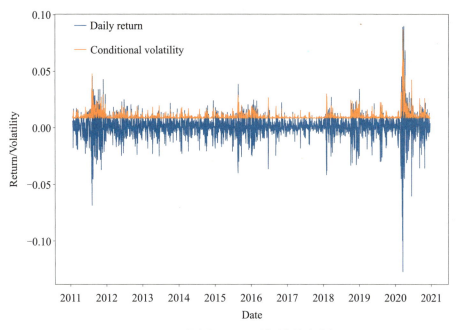

图1-19 日回报率和ARCH(1)模型条件波动率

通过查前面输出的汇总表，或者简单地输入下面的命令，可以得到ARCH(1)模型的参数。

```
archmodel.params
```

模型参数输出如下。

```
mu           0.000762
omega        0.000068
alpha[1]     0.450000
Name: params, dtype: float64
```

因此，上面例子最终拟合得到的ARCH(1)模型为：

$$\sigma_t^2 = 0.000068 + 0.45 X_{t-1}^2 \tag{1-36}$$

# 1.5 广义自回归条件异方差模型GARCH

ARCH模型形式非常简单，也可以很好地描述波动率，但是为了保证条件方差为正值，往往需要引入很多滞后值，建立高阶模型，这就需要很多的参数。为了解决这个问题，丹麦经济学家**提姆·波勒斯勒夫** (Tim Bollerslev) 在ARCH模型基础上，通过引用条件方差滞后值，在1986年提出了**广义自回归条件异方差模型** (generalized ARCH model, GARCH)，即**GARCH模型**。GARCH模型是对ARCH波动率建模的一种重要推广，迅速在金融领域得到了巨大的成功。在其提出之后，又有诸如NGARCH、IGARCH、EGARCH等一系列针对不同应用的衍生模型相继出现。

 Tim Bollerslev (1958–) is a Danish economist, currently the Juanita and Clifton Kreps Professor of Economics at Duke University. Professor Bollerslev conducts research in the areas of time-series econometrics, financial econometrics, and empirical asset pricing finance. He is particularly well known for his developments of econometric models and procedures for analyzing and forecasting financial market volatility. (Sources: https://scholars.duke.edu/person/tim.bollerslev)

GARCH模型的表达式如下：

$$\sigma_t^2 = \omega + \sum_{i=1}^{L_1} \alpha_i X_{t-i}^2 + \sum_{j=1}^{L_2} \beta_j \sigma_{t-j}^2 \tag{1-37}$$

可见，GARCH模型在形式上与ARCH模型相似，本质上它是在ARCH模型的基础上，引入了滞后的波动率平方项 $\sigma_{t-j}^2$。另外，表达式中的 $L_1$ 和 $L_2$ 是模型中含有的滞后序列的个数，分别对应之前时刻的收益率$X$项和波动率$\sigma$项。在表达式中，需要满足$\omega > 0$，$\alpha_i \geq 0$，$\beta_j \geq 0$，$L_1 > 0$以及$L_2 > 0$，这可以确保得到正的波动率。另外，为了保证模型的无条件方差有限且不变，并且条件方差可以随时间变化，参数$\alpha_i$和$\beta_j$还需要满足式(1-38)。

$$0 < \sum_{i=1}^{L_1} \alpha_i + \sum_{j=1}^{L_2} \beta_j < 1 \tag{1-38}$$

对于GARCH模型，当 $L_1 = 1$，$L_2 = 1$ 时，便是其中形式最简单的GARCH(1,1) 模型，即时刻$t$的波动率平方 $\sigma_t^2$ 等于一个大于0的常数 $\omega$，加上时刻$t-1$的收益率 $X_{t-1}$ 的平方项，再加上时刻$t-1$的波动率 $\sigma_{t-1}$ 的平方，即：

$$\sigma_t^2 = \omega + \alpha X_{t-1}^2 + \beta \sigma_{t-1}^2 \tag{1-39}$$

式(1-39)中的 $\sigma_{t-1}^2$ 项，在ARCH模型中没有，它的引入使得历史波动率的影响能在模型中体现，从而弥补了ARCH模型的不足。

下面还是以最简单的GARCH(1,1)模型为例研究GARCH模型的性质。GARCH(1,1) 模型的无条件波动率可以做如下的变换与推导。

$$\sigma^2 = E\left(\omega + \alpha_1 X_{t-1}^2 + \beta_1 \sigma_{t-1}^2\right) = \omega + \alpha \sigma^2 + \beta \sigma^2 \tag{1-40}$$

从而得到：

$$\sigma^2 = \frac{\omega}{1 - \alpha - \beta} \tag{1-41}$$

无论从ARCH模型和GARCH模型的表达式还是实际意义来看，都可以认为ARCH模型是GARCH模型的特殊形式，即ARCH模型是GARCH模型中波动率平方项 $\sigma_{t-j}^2$ 前系数 $\beta_j = 0$ 时的情况。因此，也与ARCH模型一样，GARCH模型可以很好地反映波动率聚集现象，在条件方差变大的情况下，后面会倾向于出现较大的对数收益率。另外，相对于ARCH模型高阶的情况，GARCH往往会给出一个更加简洁有效的波动率模型。

下面的代码使用了与1.4节完全相同的标准普尔的数据，计算对数回报率。接着，同样地利用 arch_model() 函数进行拟合，但是在设定这个函数的参数时，需要设定参数vol为'GARCH'，p为1，q为1，即这个拟合模型为GARCH(1,1)。通过拟合，最终打印输出GARCH模型的拟合结果汇总，以及绘制标准残差和条件波动率的图形，如图1-20所示。

B2_Ch1_7_C.py

```
#GARCH(1,1) model
garch=arch_model(y=log_return_daily,mean='Constant',lags=0,vol='GARCH',
p=1,o=0,q=1,dist='normal')
garchmodel=garch.fit()
garchmodel.summary()
garchmodel.plot()
```

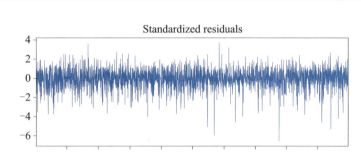
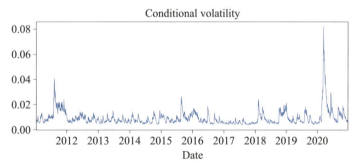

图1-20　GARCH(1,1)模型标准残差和条件波动率

GARCH模型结果汇总如下。

```
"""
                  Constant Mean - GARCH Model Results
==============================================================================
Dep. Variable:                  sp500   R-squared:                      -0.001
Mean Model:             Constant Mean   Adj. R-squared:                 -0.001
Vol Model:                      GARCH   Log-Likelihood:                8152.99
Distribution:                  Normal   AIC:                          -16298.0
Method:            Maximum Likelihood   BIC:                          -16274.8
                                        No. Observations:                 2417
Date:                Fri, Jan 08 2021   Df Residuals:                     2413
Time:                        14:24:52   Df Model:                            4
                               Mean Model
==============================================================================
```

```
                 coef      std err         t      P>|t|      95.0% Conf. Int.
------------------------------------------------------------------------------
mu           8.1981e-04  3.342e-06   245.339      0.000  [8.133e-04,8.264e-04]
                              Volatility Model
==============================================================================
                 coef      std err         t      P>|t|      95.0% Conf. Int.
------------------------------------------------------------------------------
omega        2.4582e-06  1.055e-11  2.331e+05     0.000  [2.458e-06,2.458e-06]
alpha[1]         0.2000  2.885e-02      6.933  4.121e-12  [    0.143,    0.257]
beta[1]          0.7800  2.247e-02     34.707  6.180e-264 [    0.736,    0.824]
==============================================================================

Covariance estimator: robust
"""
```

观察图1-20，标准化残差近似为一个平稳序列，这从一个角度说明GARCH(1, 1) 模型对于分析该问题是适合的。

另外，利用下面代码，也可以把日回报率和条件波动率用图形展示出来。

`B2_Ch1_7_D.py`

```
plt.figure(figsize=(12,8))
plt.plot(log_return_daily,label='Daily return')
plt.plot(archmodel.conditional_volatility, label='Conditional volatility')
plt.legend()
plt.xlabel('Date')
plt.ylabel('Return/Volatility')
```

图1-21中反映出本例子中所用的GARCH(1,1)模型，条件异方差非常好地表现了波动率的变化。

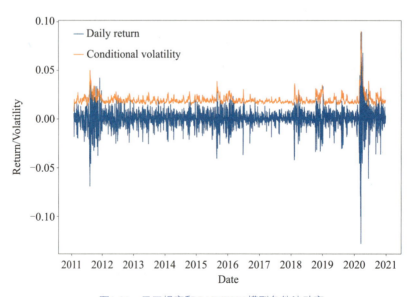

图1-21　日回报率和GARCH(1)模型条件波动率

同样地，GARCH(1,1) 模型参数也可以通过查阅汇总表格或者运行下面命令而获得。

```
garchmodel.params
```

拟合得到的模型参数输出如下。

```
mu         0.000820
omega      0.000002
alpha[1]   0.200000
beta[1]    0.780000
Name: params, dtype: float64
```

因此，该GARCH(1,1)模型的表达式为：

$$\sigma_t^2 = 0.000002 + 0.2X_{t-1}^2 + 0.78\sigma_{t-1}^2 \tag{1-42}$$

## 1.6 波动率估计

本章前面几节分别介绍了几种分析波动率的方法和模型。表1-1展示了EWMA、ARCH和GARCH三种方法的公式对比，可以看到三种方法的内在联系。如前面提到过的，当GARCH(1, 1)模型的参数$\beta$为零时，即为ARCH(1)模型；而当$\omega = 0, \alpha = 1-\lambda, \beta = \lambda$时，GARCH(1, 1)模型变换成为EWMA模型。

表1-1　EWMA、ARCH与GARCH数学表达式对比

| 模型 | 表达式 |
| --- | --- |
| EWMA | $\sigma_n^2 = \lambda\sigma_{n-1}^2 + (1-\lambda)r_{n-1}^2$ |
| ARCH | $\sigma_t^2 = \omega + \sum_{i=1}^{L_1} \alpha_i X_{t-i}^2$ |
| ARCH(1) | $\sigma_t^2 = \omega + \alpha X_{t-1}^2$ |
| GARCH | $\sigma_t^2 = \omega + \sum_{i=1}^{L_1} \alpha_i X_{t-i}^2 + \sum_{j=1}^{L_2} \beta_j \sigma_{t-j}^2$ |
| GARCH(1,1) | $\sigma_t^2 = \omega + \alpha X_{t-1}^2 + \beta\sigma_{t-1}^2$ |

对于这几个模型的介绍，前面主要侧重于分析具体的数据并建立模型。而借助这些模型，也可以对波动率进行预测。下面的例子，对于EWMA模型，利用了通常用的0.94，即JP摩根RiskMetrics采用的设定。而另外的ARCH(1)模型和GARCH(1, 1)模型则采用了前面拟合得到的参数。三个模型具体如下所示。

$$\begin{cases} \sigma_n^2 = 0.94\sigma_{n-1}^2 + (1-0.94)r_{n-1}^2 \\ \sigma_t^2 = 0.000068 + 0.45X_{t-1}^2 \\ \sigma_t^2 = 0.000002 + 0.2X_{t-1}^2 + 0.78\sigma_{t-1}^2 \end{cases} \tag{1-43}$$

下面代码继续使用标准普尔的历史数据，分别利用上面三个模型估算了2009年12月28日到2020年12月28日的波动率。

`B2_Ch1_8.py`

```python
import numpy as np
import pandas_datareader
import matplotlib.pyplot as plt
import datetime
import matplotlib.dates as mdates


#sp500 price
sp500 = pandas_datareader.data.DataReader(['sp500'],
    data_source='fred', start='12-28-2009', end='12-28-2020')

#daily log return
log_return_daily = np.log(sp500 / sp500.shift(1))
log_return_daily.dropna(inplace=True)

n = 250
r = log_return_daily.iloc[-n:]

#volatility prediction by EWMA with λ=0.94
lmd = 0.94
vol_ewma = np.zeros(n)
vol_ewma[0] = log_return_daily[(-n+1):(-n+6)].std()
for i in range(n-1):
    vol_ewma[i+1] = np.sqrt(lmd*vol_ewma[i]**2 + (1-lmd)*r.iloc[i]**2)

#volatility prediction by ARCH(1)
omega_arch = 0.000068
alpha1 = 0.45
vol_arch = np.zeros(n)
vol_arch[0] = np.sqrt(omega_arch + alpha1*log_return_daily.iloc[-n-1]**2)
for i in range(n-1):
    vol_arch[i+1] = np.sqrt(omega_arch + alpha1*r.iloc[i]**2)

#GARCH(1,1)
omega = 0.000002
alpha1 = 0.2
beta1 = 0.78

vol_garch = np.zeros(n)
vol_garch[0] = log_return_daily[-n+1:-n+6].std()
for i in range(n-1):
    vol_garch[i+1] = np.sqrt(omega + alpha1*r.iloc[i]**2 + beta1*vol_garch[i]**2)
```

```python
#plot the curves
xdate=(r.index+datetime.timedelta(days=1))
plt.figure(figsize=(12,8))
plt.xlabel('Date')
plt.ylabel('Volatility')
plt.title('Volatility comparison')
plt.plot(xdate,vol_arch, label='ARCH(1)')
plt.plot(xdate,vol_garch, label='GARCH(1,1)')
plt.plot(xdate,vol_ewma, label='EWMA')

plt.gca().xaxis.set_major_formatter(mdates.DateFormatter('%m/%d/%Y'))
plt.gca().xaxis.set_major_locator(mdates.DayLocator(15))
plt.xticks(rotation=30)
plt.legend()
plt.gca().spines['right'].set_visible(False)
plt.gca().spines['top'].set_visible(False)
plt.gca().yaxis.set_ticks_position('left')
plt.gca().xaxis.set_ticks_position('bottom')
```

如图1-22所示绘制了这三种方法估算的波动率，可以发现它们的预测结果总体趋势是大致相似的。大家可以尝试改变预测天数，以及调整参数深化对这三种模型的理解。在实际应用中，需要根据具体的情况，灵活选用适合的模型。

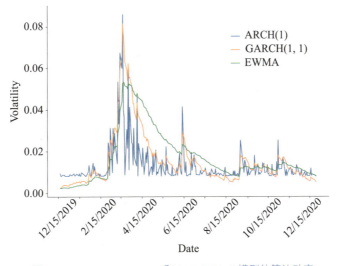

图1-22　EWMA、ARCH(1)和GARCH(1, 1)模型估算波动率

## 1.7 隐含波动率

通过对本书前面关于Black-Scholes模型的章节的学习，我们利用五个基本参数，即**标的物价格** (underlying price)、**到期时间** (time to maturity)、**无风险利率** (risk-free interest rate)、**期权执行价格**

(strike price)、**资产价格回报波动率** (volatility)，可以对期权进行定价，如图1-23所示。

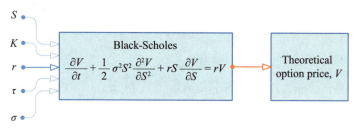

图1-23　Black-Scholes模型期权定价示意图

相应地，如图1-24所示，如果将从市场获取的期权交易价格代入Black-Scholes模型，利用其他参数，可以反推出波动率的数值，这个数值被称为**隐含波动率** (implied volatility)。隐含波动率反映了投资者所投资的资产未来一段时间内波动的预期。通常来说，隐含波动率与历史波动率会有一些差别，但是一般会比较接近。

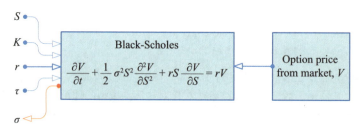

图1-24　Black-Scholes模型期权定价模型推导隐含波动率

下面的代码，首先定义了一个基于Black-Scholes模型的计算期权价格的函数option_price_BS()，然后利用这个函数构建了一个借助**二分法** (bisection method) 估算隐含波动率的函数implied_vol()。最后，用这个函数计算了一个期权类型为看涨期权，标的物价格为586.08，期权执行价格为585，距离到期时间为30天，无风险利率为0.0002的期权的隐含波动率。

```
B2_Ch1_9.py

import numpy as np
from scipy import stats

#function to calculate price of options (call or put) by BS
def option_price_BS(option_type, sigma, s, k, r, T, q=0.0):
    d1 = (np.log(s / k) + (r - q + sigma ** 2 * 0.5) * T) / (sigma * np.sqrt(T))
    d2 = d1 - sigma * np.sqrt(T)
    if option_type == 'call':
        option_price = np.exp(-r*T) * (s * np.exp((r - q)*T) * stats.norm.cdf(d1) - k * stats.norm.cdf(d2))
        return option_price
    elif option_type == 'put':
        option_price = np.exp(-r*T) * (k * stats.norm.cdf(-d2) - s * np.exp((r - q)*T) * stats.norm.cdf(-d1))
        return option_price
    else:
        print('Option type should be call or put.')
```

```python
#funciton to calculate implied volatility by bisection method
def implied_vol(option_type, option_price, s, k, r, T, q):
    precision = 0.00001
    upper_vol = 500.0
    lower_vol = 0.0001
    iteration = 0
    
    while iteration >= 0:
        
        iteration +=1
        mid_vol = (upper_vol + lower_vol)/2.0
        price = option_price_BS(option_type, mid_vol, s, k, r, T, q)
        
        if option_type == 'call':
            lower_price = option_price_BS(option_type, lower_vol, s, k, r, T, q)
            if (lower_price - option_price) * (price - option_price) > 0:
                lower_vol = mid_vol
            else:
                upper_vol = mid_vol
            if abs(price - option_price) < precision:
                break
        
        elif option_type == 'put':
            upper_price = option_price_BS(option_type, upper_vol, s, k, r, T, q)
            
            if (upper_price - option_price) * (price - option_price) > 0:
                upper_vol = mid_vol
            else:
                lower_vol = mid_vol
            if abs(price - option_price) < precision:
                break
        
        if iteration == 100:
            break
    print('Implied volatility: %.2f' % mid_vol)
    return mid_vol

implied_vol('call', 17.5, 586.08, 585, 0.0002, 30.0/365, 0.0)
```

隐含波动率计算结果如下。

```
Implied volatility: 0.25
```

对于具有相同到期时间和标的资产价值的欧式期权，隐含波动率会随着执行价格的变化而变化。如果对一系列该类期权的隐含波动率的执行价格绘制曲线图，往往会得到一个凹线，即**虚值期权** (out of money) 和**实值期权** (in the money) 的波动率高于**平值期权** (at the money) 的波动率，使得波动率曲线看起来像是一个人在微笑，这就是著名的**波动率微笑** (volatility smile)，如图1-25所示。从图中可以看出，具有相同到期时间和标的资产价值而执行价格不同的期权，其执行价格偏离标的资产现货价格越远，其实值程度或虚值程度越大，通过Black-Scholes公式计算得到的隐含波动率也会越大。

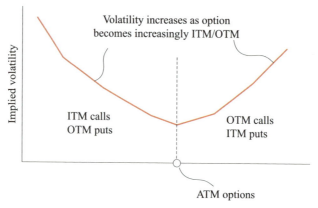

图1-25　波动率微笑

波动率微笑的形状取决于标的资产和市场的状况，而波动率并不总是微笑的，如图1-26所示，其曲线有可能是偏斜的，被称为**波动率偏斜** (volatility skew)。波动率偏斜通常指的是低行权价的隐含波动率高于高行权价隐含波动率的波动率曲线。但是，有时也泛指各种偏斜形状的波动率曲线。

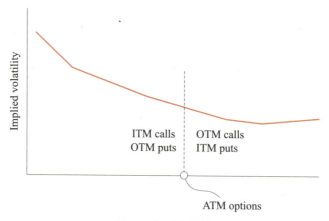

图1-26　波动率偏斜

在外汇期权市场，更多地会看到"波动率微笑"，而在股票期权市场，则常常会看到"波动率偏斜"。

波动率微笑以及波动率偏斜是金融领域的一个热点研究课题。对于其出现的原因从不同角度有一些探讨和解释。

首先，从隐含波动率的来源，即推导隐含波动率的Black-Scholes模型来看，它的一个前提假设是收益率服从正态分布，但是实际的金融资产的收益率一般会有厚尾现象，也就是收益率出现极端值的概率高于正态分布。因此，使用Black-Scholes模型计算的隐含波动率会低估到期时期权价值变为实值与虚值的概率，亦即低估了深度实值和深度虚值期权的价格。另外，Black-Scholes模型采用的是**风险中性** (risk neutral) 定价，并假设资产价格服从带漂移项的维纳过程，而现实市场的资产价格在很多情况下会有发生跳跃的可能，这会导致期权的市场价格与理论价格发生偏离。

其次，从期权的市场交易机制来看。理论上，期权从平值状态变为实值状态和虚值状态的概率应该基本相同，并且在平值状态时其时间价值最大。但是，深度实值期权的Delta接近1，在投资中的杠杆作用最大，相应市场需求量很大，然而，深度实值期权的市场供应量却很小，因此，供需的不平衡会导致其溢价较高。相应地，这也推高了隐含波动率。在市场交易中，对于市场巨幅动荡的担忧，会导致交易员对深度虚值看跌期权赋予较大的价值，从而造成较高的波动率。另外，交易成本的不对称，买卖价差的不对称，尤其对于深度实值和深度虚值期权，买卖差价会更明显。这些原因都可能导致波动率微笑或者波动率偏斜的产生。

为了帮助大家更加感性地理解波动率微笑，下面代码绘制了基于真实市场数据的波动率微笑曲线。首先，从芝加哥期货交易所数据库 (http://www.cboe.com/delayedquote/quote-table-download) 获取2021年1月15日标普指数头寸期权的数据，存入csv文件，然后根据**叫价**(ask)和**成交价**(bid) 的平均计算期权的价格。

B2_Ch1_10_A.py

```python
from mibian import BS
import pandas as pd
import matplotlib.pyplot as plt

#convert data to dataframe and initialize "Implied volatility" column
option_data = pd.read_csv(r"C:\Users\Ran\Dropbox\FRM Book\Volatility\SPX_Option.csv")
option_data['date'] = pd.to_datetime(option_data['date'])
option_data['Implied volatility'] = 0
option_data.head
```

展示前五行，预览数据。

```
<bound method NDFrame.head of         date Expiration Date   ... days to maturity  Implied volatility
0  2021-01-15      2022-01-21   ...             266                   0
1  2021-01-15      2022-01-21   ...             266                   0
2  2021-01-15      2022-01-21   ...             266                   0
3  2021-01-15      2022-01-21   ...             266                   0
4  2021-01-15      2022-01-21   ...             266                   0
..        ...             ...   ...             ...                 ...
74 2021-01-15      2022-01-21   ...             266                   0
75 2021-01-15      2022-01-21   ...             266                   0
76 2021-01-15      2022-01-21   ...             266                   0
77 2021-01-15      2022-01-21   ...             266                   0
78 2021-01-15      2022-01-21   ...             266                   0

[79 rows x 16 columns]>
```

接着，定义计算隐含波动率的函数compute_implied_volatility()，并应用于每一列。当然，也可以通过读入每一行，进行计算，但是计算速度会很慢，感兴趣的读者可以自行尝试，并对比两种方法的运算速度。

B2_Ch1_10_B.py

```python
#function to calculate implied volatility
def compute_implied_volatility(row):
    underlyingPrice = row['underlying value']
    strikePrice = row['strike']
```

```
    interestRate = 0.002
    daysToMaturity = row['days to maturity']
    optionPrice = row['call price']
    result = BS([underlyingPrice, strikePrice, interestRate,
daysToMaturity], callPrice= optionPrice)
    return result.impliedVolatility

option_data['Implied volatility'] =
option_data.apply(compute_implied_volatility, axis=1)
```

通过绘制隐含波动率相对于行权价格的曲线，可以得到波动率微笑，如图1-27所示。

`B2_Ch1_10_C.py`

```
#plot volatility smile
option_data = option_data[option_data['date'] == pd.to_datetime('1/15/2021')]
plt.plot(option_data['strike'], option_data['Implied volatility'])
plt.title('Volatility smile')
plt.ylabel('Implied volatility')
plt.xlabel('Strike price')

plt.gca().spines['right'].set_visible(False)
plt.gca().spines['top'].set_visible(False)
plt.gca().yaxis.set_ticks_position('left')
plt.gca().xaxis.set_ticks_position('bottom')
```

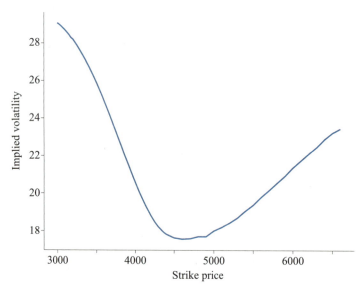

图1-27 隐含波动率微笑曲线

图1-27展示了一个典型的波动率微笑。感兴趣的读者可以从前面介绍的网站，下载更多期权价格数据，修改代码，自行绘制更多波动率曲线。

本章从基本的回报率谈起，紧接着介绍了历史波动率，以及分析历史波动率的几种方法，大家可以借助图1-28回顾介绍过的EWMA、ARCH、GARCH等模型，更加系统地加深对这些重要且基本的方法的理解，这些方法不但应用于本章的波动率，对**风险价值** (Value at Risk) 等金融度量也有着重要的应用。

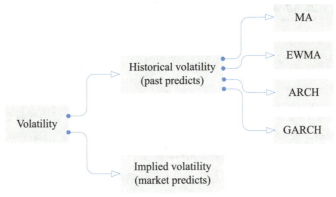

图1-28　波动率概览

并且用可视化的方法比较了上述几种模型。最后，介绍了隐含波动率，并分析了波动率微笑产生的原因。时至今日，对于波动率曲面的研究仍然是热点领域。另外，除了本章介绍的几种波动率模型，随机波动率模型、局部波动率模型等也是实际工作中常常用到的波动率模型，有兴趣的读者可以翻阅相关资料。"大海浩瀚，逐波而动"，希望大家通过本章的学习，立足于波动率的基本概念，更加深切体会"波动"对于"金融海洋"的重要意义。

# 第 2 章　随机过程

## Stochastic Process

> 真是无比的奇妙：一门源自博弈游戏的科学，最终发展成为人类知识中最重要的课题。
> *It is remarkable that a science which began with the consideration of games of chance should have become the most important object of human knowledge.*
>
> ——皮埃尔-西蒙·拉普拉斯 (Pierre-Simon Laplace)

无论是宇宙的起源、生物的进化，还是股市的涨跌、天气的变化，都伴随着不确定性。人类在探索世界的过程中，越来越深刻地意识到不确定性因素无时无刻不在发挥着重要作用。随机过程就是对这些不确定性因素进行描述的一种数学方法。

源于对物理现象的研究，包括玻尔兹曼、爱因斯坦在内的许多物理学家对随机过程理论的发展发挥了巨大的推动作用。苏联数学家**柯尔莫哥洛夫** (Andrey Nikolayevich Kolmogorov) 和美国数学家**杜布** (Joseph Leo Doob) 的杰出贡献最终奠定了随机过程的理论基础。现在，随机过程已经广泛应用于物理、化学、生物、信息、计算机等诸多领域。而由于金融市场内在的不确定性，随机过程很自然地渗透进了金融领域，尤其在衍生品的估价和风险管理方面业已成为一种应用广泛的建模方法。

Biography: Joseph Leo Doob (1910—2004), a pioneer in the study of the mathematical foundations of probability theory and its remarkable interplay with other areas of mathematics. In 1940, he began a systematic development of martingale theory, the focus of one of the chapters, nearly 100 pages long, in his 1953 book "Stochastic Processes." This treatise of over 650 pages has been one of the most important and influential books on probability since Laplace's 1812 book. (Sources: https://math.illinois.edu/resources/department-history/faculty-memoriam/joseph-doob)

Biography: Andrey Nikolayevich Kolmogorov, (born April 25 [April 12, Old Style], 1903, Tambov, Russia—died Oct. 20, 1987, Moscow), Russian mathematician whose work influenced many branches of modern mathematics, especially harmonic analysis, probability, set theory, information theory, and number theory. A man of broad culture, with interests in technology, history, and education, he played an active role in the reform of education in the Soviet Union. He is best remembered for a brilliant series of papers on the theory of probability. (Sources: https://www.britannica.com/biography/Andrey-Nikolayevich-Kolmogorov)

## Core Functions and Syntaxes
### 本章核心命令代码

- `ax.scatter3D()` 绘制三维立体散点图
- `DataFrame.pct_change()` 计算变化率
- `isoweekday()` 返回一星期中的每几点，星期一为1
- `matplotlib.pyplot.axes(projection='3d')` 定义一个三维坐标轴
- `numpy.concatenate()` 将多个数组进行连接
- `numpy.cumsum()` 产生沿某一轴的数据元素的相加累积值
- `numpy.random.choice()` 从一组数据中随机选取元素，并将选取结果放入数组中返回
- `pandas.date_range()` 指定日期范围
- `pandas.Timedelta()` 设定时间增量
- `pandas.to_datetime(date, format = "%Y-%m-%d")` 依照设定格式转换产生日期格式数据
- `to_series()` 创建一个索引和值都等于索引键的序列

## 2.1 随机变量与随机过程

在本丛书的概率与统计章节中，已经介绍过随机变量的概念，它主要是针对"静态"随机现象的统计规律进行描述。而如果随机变量随着时间发生演化，那么对于这种"动态"随机现象的统计规律的描述，则被称为**随机过程** (stochastic process, or random process)。图2-1所示为随机变量与随机过程。

在数学上，随机过程可以作如下定义。对于一指标集合$T$，如果有参数$t \in T$的一组随机变量$X = \{X(t), t \in T\}$，那么这组随机变量的序列就被称为随机过程。参数$t$常常解释为时间。因此，简单来说，随机过程是遵照时间序列的一系列随机变量的集合。如果指标集$T$为离散集，则$\{X_t, t \in T\}$为**离散时间随机过程** (discrete time stochastic process)；如果指标集$T$是连续的，则$\{X_t, t \in T\}$被称为**连续时间随机过程** (continuous time stochastic process)。

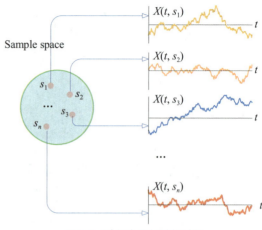

图2-1　随机变量与随机过程

以抛硬币为例，每次的结果为随机变量，而如果每隔一分钟抛一次硬币，连续抛一小时，就可以看作产生了一系列随时间而变化的随机变量，这就是一个离散时间随机过程。而股票价格的变化，就是一个连续时间随机过程。另外，随机过程的状态空间可能为离散或者连续。抛硬币的结果只可能为正面或者反面，因此其状态空间就是包含这两个结果的离散状态空间。而股票价格可能出现无限多种情况，其状态空间为连续的。

根据时间和状态空间为连续或者离散的情况，可以把随机过程分为如图2-2所示的四种类型。

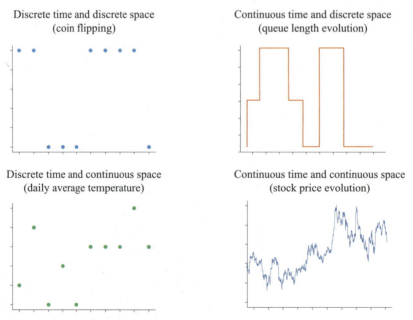

图2-2　随机过程类型(离散/连续的空间/时间)

金融领域的股票和汇率的波动都与随机过程的走势非常相像。下面的代码，提取了推特公司(Twitter) 2018年10月1日至2020年10月1日两年间股票价格的数据，并绘制了曲线图。同时，利用随机过程模拟了某股票价格的变化，并绘制曲线。推特公司股票的曲线与随机过程模拟的股票价格曲线的对比，如图2-3所示。

```python
B2_Ch2_1.py

from matplotlib import pyplot as plt
import numpy as np
import pandas_datareader
import matplotlib as mpl
mpl.style.use('ggplot')

##real stock price
#stock: Twitter Inc
ticker = 'TWTR'

#calibration period
start_date = '2018-10-1'
end_date = '2020-10-1'

#extract and plot historical stock data
stock = pandas_datareader.data.DataReader(ticker,
data_source='yahoo', start=start_date, end=end_date)['Adj Close']

##simulated stock price
np.random.seed(66)
def gbm(S,v,r,T):
    return S * np.exp((r - 0.5 * v**2) * T + v * np.sqrt(T) * np.random.normal(0,1.0))

#initial
S0 = 26.68
#volatility
vol = 0.8865
#mu
mu = 0.35
#time increment
dt = 1/252
#maturity in year
T = 2
#step numbers
N = int(T/dt)

path=[]
S=S0
for i in range(1,N+1):
```

```
    S_t = gbm(S,vol,mu,dt)
    S= S_t
    path.append(S_t)
##plot stock price
rows = 2
cols = 1
fig, (ax1, ax2) = plt.subplots(rows, cols, figsize=(14,8))
#real stock price
ax1.plot(stock)
ax1.set_title('(a) Stock price for TWTR', loc='left')
ax1.set_xlabel('Time')
ax1.set_ylabel('Real Stock price')
#simulated stochastic process
ax2.plot(path)
ax2.set_title('(b) Simulated stochastic process', loc='left')
ax2.set_xlabel('t')
ax2.set_ylabel('S')
plt.tight_layout()
```

代码运行后，生成了图2-3。其中，图2-3 (a) 展示的是推特公司2018年10月1日到2020年10月1日两年间的股票价格。图2-3 (b) 展示了利用随机过程模拟的一个演化曲线。这两幅图，一个是股票价格，另一个是随机过程，它们的走势是完全不同的，但是在直观上，它们又存在非常明显的相似性。

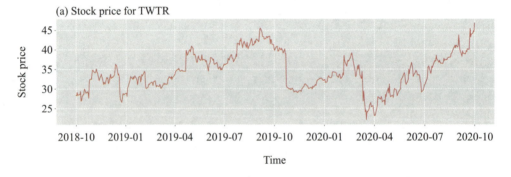

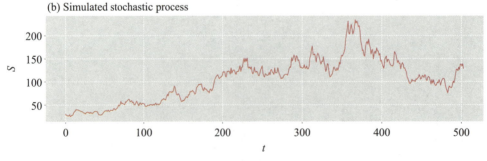

图2-3　股价变化与随机过程

在短期上，它们都表现出随机的波动性，而在长期上，又都表现出确定的走势。这也正是随机过程在金融领域运用的一个实例。这里不对代码进行过多介绍，仅希望大家对随机过程与金融应用的结合有个感性的印象。本章后面的内容，对利用随机过程模拟股票价格会有更加详细的解讲。

## 2.2 马尔可夫过程

**马尔可夫过程** (Markov process) 是指具备了**马尔可夫性质** (Markov property) 的随机过程，因俄国数学家**安德烈·马尔可夫** (Andrey A. Markov) 首次研究而得名。

Biography: Andrey A. Markov (1856–1922) was a Russian mathematician who is best known for his work in probability and for stochastic processes especially Markov chains. He is also known for his work in number theory and analysis. (Sources: https://mathshistory.st-andrews.ac.uk/Biographies/Markov/)

所谓马尔可夫性质亦称**无后效性**或**无记忆性**，即"未来"只与"现在"有关，而与"过去"无关。为了方便理解和记忆，如图2-4直观地展示了"只问当下，无问过去"的马尔可夫性质。

$$P(\text{future} \mid \text{present, past}) = P(\text{future} \mid \text{present})$$

图2-4 马尔可夫性质

马尔可夫过程可以具备离散状态或者连续状态。具备离散状态的马尔可夫过程，通常被称为**马尔可夫链** (Markov chain)。若$X(t)$代表一个离散随机变量，那么马尔可夫链的数学表示式为：

$$P(X_{n+1}=x \mid X_1=x_1, X_2=x_2,\ldots,X_n=x_n) = P(X_{n+1}=x \mid X_n=x_n) \tag{2-1}$$

马尔可夫链的最广泛的应用理论是静态分布定理，亦被称为马尔可夫链基本定理。马尔可夫链除了具有马尔可夫性质外，还具有不可约性、正常返性、周期性和遍历性。其中，如果一个马尔可夫链上具有不可约非周期和正常返的性质，那么它被称为严格平稳的马尔可夫链，会拥有唯一的平稳分布。从另外一个角度说，并不是所有马尔可夫链都适用于静态分布定理。

下面以一个最简单形式的马尔可夫链为例，帮助大家理解马尔可夫链的状态空间最终收敛为一个稳定态的性质。

假设某股票有上涨和下跌两个状态，那么可以把该股票看作一个拥有两个状态的马尔可夫链，这两个状态分别标记为$U$和$D$。也就是说，状态空间包含"上涨"和"下跌"，即状态空间集合为$\{U, D\}$，指标集合则为天数$t$。假定股票现在状态为上涨，继续上涨的概率为0.75，转而下跌的概率为0.25；如果现在状态为下跌，继续下跌的概率为0.35，转而上涨的概率为0.65。其**过渡矩阵** (transition matrix) 可以直观展示，如表 2-1所示。

表2-1 过渡矩阵

|   | $U$ | $D$ |
|---|---|---|
| $U$ | 0.75 | 0.25 |
| $D$ | 0.65 | 0.35 |

亦即各自的概率可以表示为：

$$P(U \mid U) = 0.75, \ P(D \mid U) = 0.25, \ P(D \mid D) = 0.35, \ P(U \mid D) = 0.65 \tag{2-2}$$

马尔可夫链本质上是随机变量随时间从一种状态变为另一种状态的表示，而在图形上，可以理解为变量如何围绕图形"走动"。如图2-5展示了马尔可夫链的"走动"过程。

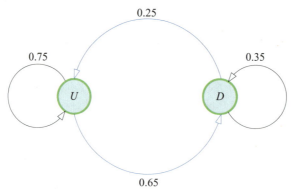

图2-5 过渡矩阵示意图

对于状态空间有限的马尔可夫链的分析，矩阵是一种常用的表示方法。如图2-6所示，等号左侧为时间为 $n+1$ 时的概率分布所组成的行向量，等号右侧为时间为 $n$ 时的概率分布所组成的行向量乘以转移矩阵。这种方法，将随时间的概率分布演变简化成了行向量乘以矩阵的形式。

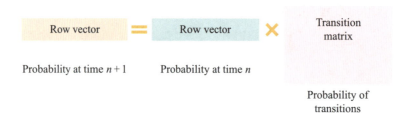

图2-6 马尔可夫链矩阵表示图

假设今天的股价上涨，用行向量表示为 $I = [1, 0]$，即股价上涨的概率为1，下跌的概率为0。下面的式子计算了随后三天股价上涨或下跌的概率，其中，乘号代表了矩阵乘法。

◂ 第一天后股价上涨或下跌概率分布：$S_1 = I \times T$
◂ 第二天后股价上涨或下跌概率分布：$S_2 = S_1 \times T$
◂ 第三天后股价上涨或下跌概率分布：$S_3 = S_2 \times T$

其中，过渡矩阵 $T$ 为：

$$T = \begin{bmatrix} 0.75 & 0.25 \\ 0.65 & 0.35 \end{bmatrix} \tag{2-3}$$

结合上面的运算公式，并利用下面的代码，可以计算第一、第二、第三天之后，股价上涨或者下跌的概率，并显示出来。

`B2_Ch2_2.py`

```python
import numpy as np

#today: stock price up
I = np.matrix([[1, 0]])

#transition matrix
T = np.matrix([[0.75, 0.25],
               [0.65, 0.35]])
```

```python
n = 3
for i in range(0, n):
    T_tmp = I * T
    I = T_tmp
    #print ('The probability of stock price up/down after  day: ' , T)
    print ('The probability of stock price up/down after %d day: ' % (i+1), I)
```

结果显示如下。

```
The probability of stock price up/down after 1 day:  [[0.75 0.25]]
The probability of stock price up/down after 2 day:  [[0.725 0.275]]
The probability of stock price up/down after 3 day:  [[0.7225 0.2775]]
```

从结果可知，三天之后，股价上涨的概率为0.7225，下跌的概率为0.2775。

那么如果在不知道今天股价上涨或下跌的情况下，如何知道三天之后，股价上涨或下跌的概率呢？这似乎并不是一个可以立即回答的问题，我们可以做如下尝试。首先设定起始矩阵*I* = [0.5, 0.5]，然后根据计算公式编制下面代码，并把起始矩阵代入运行。

B2_Ch2_3.py

```python
import numpy as np

#Current state
I = np.matrix([[0.5, 0.5]])

#Transition Matrix
T = np.matrix([[0.75, 0.25],
               [0.65, 0.35]])

n = 3
for i in range(0, n):
    T_tmp = I * T
    I = T_tmp
    print ('The probability of stock price up/down after %d day: ' % (i+1), I)
```

结果展示如下。

```
The probability of stock price up/down after 1 day:  [[0.7 0.3]]
The probability of stock price up/down after 2 day:  [[0.72 0.28]]
The probability of stock price up/down after 3 day:  [[0.722 0.278]]
```

对比已知今天股价的情况，在未知今天股价的情况，一天、两天和三天后，股价上涨的概率有略微的下跌，但是其差别正逐渐减小。大家可以尝试把代码中的n设定为更大的值，比如30，可以一目了然地看到无论是否知道股价上涨或者下跌的初始概率，最终概率都会收敛为同一个值。

相信通过上述例子，大家对于具有**平稳分布** (stationary distribution) 的马尔可夫链可以有更加深入的理解。需要再次强调的是，并不是所有的马尔可夫链都具有平稳分布，只有满足转移概率不变、状态间可互相转换以及非简单循环等条件的马尔可夫链才具有这种性质。马尔可夫链的平稳分布，提供了估计随机过程的一种办法，从而可以对随机过程进行预测。

马尔可夫链在许多重要的领域都有应用，比如奠定互联网基础的PageRank算法、语音识别、气象预测、体育博彩等。在金融领域，马尔可夫链被应用于股指建模、时间序列分析、组合预测模型等方面，并且对量化金融的发展起到了重要的推动作用。

## 2.3 马丁格尔

如果对于一个随机过程，当前值是对未来期望的最佳预测，那么这个过程被称为**马丁格尔**(Martingale)，又被称为**鞅**。

马丁格尔最初是一种在赌输后加倍下赌注的赌博策略，起源于18世纪的法国，并迅速风靡欧洲，号称"稳赚不赔"。比如一个抛硬币的赌盘，自始到终只压某一面，如果输钱，就将输钱的金额加倍作为新赌注，继续压，一直到赢，而这每一次赢就可以将前面所有的亏损全部赢回并多赢第一次所压的金额。如图2-7所示，如果初始赌注为1美元，在一轮赢，则获得1美元，如果第一轮输，则第二轮加倍赌注为2美元，第二轮赢，则赢2美元，但需要减去第一轮输掉的1美元，所以净获利仍为1美元；如果第二轮仍然输，则输2美元，在第三轮赌注加倍为4美元；如果第三轮赢，则赢4美元，减去第一轮输的1美元和第二轮输的2美元，净获得依旧为1美元；以此类推，可以知道，只要坚持这个策略投注，在第一次赢，就可挽回之前所有损失，并净赚最初的赌注1美元。

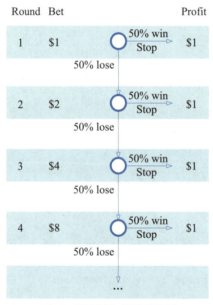

图2-7 马丁格尔策略示意图

通过下面的代码，可以更加直观地了解马丁格尔策略。在初始赌注为1美元，直到第八轮才迎来第一次赢。下面的代码产生了每轮的收益，并绘制了相应图形。

`B2_Ch2_4.py`

```python
import pandas as pd
import matplotlib.pyplot as plt
```

```python
first_win = 8
win_prob = 0.5
profit = 0

toss_list = []
bet_list = []
profit_list = []
winlose_list = []

#toss = 1
bet = 1
bet_list.append(bet)
for toss in range(1, first_win):
    toss_list.append(toss)
    winlose_list.append('Lose')
    
    profit -= bet
    bet *= 2
    
    bet_list.append(bet)
    profit_list.append(profit)
    
    toss += 1

if toss == first_win:
    toss_list.append(toss)
    winlose_list.append('Win')
    profit += bet
    profit_list.append(profit)

results = pd.DataFrame(
    {
      'Toss': toss_list,
      'Bet': bet_list,
      'Win/Lose': winlose_list,
      'Profit': profit_list
    }
  )

print(results)

results.plot.bar(x='Toss')
plt.xlabel('Toss')
plt.ylabel('Bet/Profit')
plt.title('Bet and profit')
```

运行结果如下。

```
   Toss  Bet  Win/Lose  Profit
0   1     1    Lose       -1
1   2     2    Lose       -3
2   3     4    Lose       -7
3   4     8    Lose      -15
4   5    16    Lose      -31
5   6    32    Lose      -63
6   7    64    Lose     -127
7   8   128    Win         1
```

从结果可知，前七轮共输127美元，但坚持马丁格尔策略进行投注，在第八轮第一次赢时，不但赚回前七轮的所有亏损，并且获利1美元，其图形展示如图2-8所示。

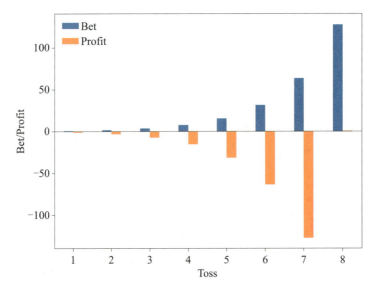

图2-8　马丁格尔策略第八轮赌赢每轮赌注与收益

马丁格尔在数学领域被认知的时间并不久远，直到20世纪中期才第一次从数学上被描述。马丁格尔实质是一个过程，在这个过程中，如果要基于之前所有的值预测下一个值，则当前值为最佳的预测。

在数学上，马丁格尔过程需要满足的条件如下所示。

(1) 绝对可积，也就是式(2-4)所示。

$$E(|X(t;\omega)|) < \infty \tag{2-4}$$

(2) 对于给定的所有信息$L_t$，期望值等于当前值，即：

$$E(X(t+s;\omega)|L_t) = X(t+s;\omega), \quad s \geq 0 \tag{2-5}$$

马丁格尔过程在金融中的连续时间序列、期货期权模型、对冲模型等多方面量化建模等领域都有着广泛的应用。马丁格尔策略号称永远不会亏损，但是这只存在于理想状态，因为在现实情况下，要受到资金限制、投资者心理能力等多方面因素影响，反而有着巨大的风险，会造成巨大的损失。

因此，一种与马丁格尔策略类似的投资策略——**反马丁格尔**(anti-Martingale) 策略也受到了大量关注。反马丁格尔策略是在某个赌盘里，当每次赢钱时，以2的倍数再增加赌注，若一直赢，就再加倍赌注。感兴趣的读者可以根据本节的介绍，通过修改上述代码，更深入地了解反马丁格尔策略。

## 2.4 随机漫步

**随机漫步** (random walk) 是指从起始点开始移动的一个随机过程。随机漫步的每一步均无"记忆性",即每一步对其他步无任何影响,因此随机漫步具有马尔可夫链的性质。随机漫步可以处于不同的维度,本节会依次介绍一维、二维和三维随机漫步。

首先从最简单的**一维随机漫步** (one-dimensional random walk) 开始介绍。如图2-9所示,假定图中的红点,从原点处开始在数轴上移动。它可以随机地向前或向后移动一格,向前移动一格为+1,向后移动一格为-1,向前或向后移动的概率是相同的,均为50%。图2-9详细展示了随机移动五步的示意图。

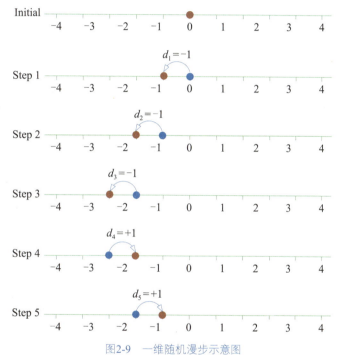

图2-9 一维随机漫步示意图

假设这五步移动的距离分别为$d_1$、$d_2$、$d_3$、$d_4$和$d_5$,则移动五步后,红点的位置$L$可以用数学式表示为:

$$L = d_1 + d_2 + d_3 + d_4 + d_5 \tag{2-6}$$

那么,如果多次重复这个试验,位置的坐标值的平均是多少呢?因为对于任何一次移动,要么向前,要么向后,概率又是相等的,所以每一次移动距离的平均为0,如式(2-7)所示。

$$\bar{d}_1 = \bar{d}_2 = \bar{d}_3 = \bar{d}_4 = \bar{d}_5 = 0 \tag{2-7}$$

因此,多次试验后,其位置坐标值的平均为:

$$\bar{L} = \bar{d}_1 + \bar{d}_2 + \bar{d}_3 + \bar{d}_4 + \bar{d}_5 = 0+0+0+0+0 = 0 \tag{2-8}$$

但是,多次移动后位置坐标值的平均,对于这个红点最终在数轴上的真正位置,无法给出有价值的信息。换一个角度考虑,因为位置坐标值的平方,即$L^2$一定不为负值,通过求$L^2$移动的平均值,则可以进一步得到$L$的位置的坐标。以$N$次移动为例，通过式(2-9)可以计算$L^2$。

$$\overline{L^2} = \overline{(d_1 + d_2 + d_3 + \cdots + d_N)^2} \tag{2-9}$$
$$= \overline{(d_1 + d_2 + d_3 + \cdots + d_N)(d_1 + d_2 + d_3 + \cdots + d_N)}$$
$$= \left(\overline{d_1^2} + \overline{d_2^2} + \overline{d_3^2} + \cdots + \overline{d_N^2}\right) + 2\left(\overline{d_1 d_2} + \overline{d_1 d_3} + \cdots + \overline{d_1 d_N} + \overline{d_2 d_3} + \cdots \overline{d_2 d_N} + \cdots\right)$$

很明显，$d_i$值为+1或-1，因此$\overline{d_i^2}$为1。$\overline{d_i d_j}$包含两个不同的移动步，所以为0。由此可知：

$$\overline{L^2} = (1 + 1 + 1 + \cdots + 1) + 2 \times (0 + 0 + 0 + \cdots + 0) = N \tag{2-10}$$

即距离的平方的平均值为$N$，那么在$N$次移动后，红点距离原点的距离为：

$$|L| = \sqrt{\overline{L^2}} = \sqrt{N} \tag{2-11}$$

比如，如果移动了9步，那么这时红点距离原点的期望距离为3，当然这只是期望值，这并不代表每次移动9步后，红点距离原点的距离恰好为3。

使用下面的代码，可以模拟5个一维随机漫步的路径。代码中，使用了Numpy运算包中的random.choice()函数，来随机产生每一步。设定的步数为10000步。

```
B2_Ch2_5.py

import numpy as np
import matplotlib.pyplot as plt

#define parameters
dims = 1
step_num = 500
path_num = 10
move_mode = [-1, 1]
origin = np.zeros((1, dims))

for path in range(path_num):
    #random walk
    step_shape = (step_num, dims)
    steps = np.random.choice(a=move_mode, size=step_shape)
    path = np.concatenate([origin, steps]).cumsum(0)
    start = path[:1]
    stop = path[-1:]
    #plot path
    plt.plot(np.arange(step_num+1), path, marker='+', markersize=0.02);
    plt.plot(0, start, c='green', marker='s')
    plt.plot(step_num, stop, c='red', marker='o')

plt.title('Random Walk in 1D')
plt.xlabel('Step')
plt.ylabel('Position')
plt.gca().spines['right'].set_visible(False)
```

```
plt.gca().spines['top'].set_visible(False)
plt.gca().yaxis.set_ticks_position('left')
plt.gca().xaxis.set_ticks_position('bottom')
```

运行代码后，生成了图2-10。在图中，因为其随机性，五条路径虽然都是从绿方格起始，但是红圆点代表的终止点均不相同。

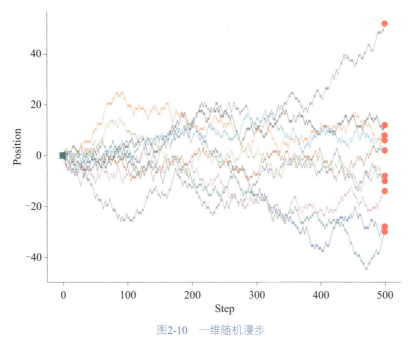

图2-10　一维随机漫步

**二维随机漫步** (two-dimensional random walk) 是指在一个二维平面上四个可能方向上随机游走。如图2-11所示，从绿方格起始，在红圆点处终止。

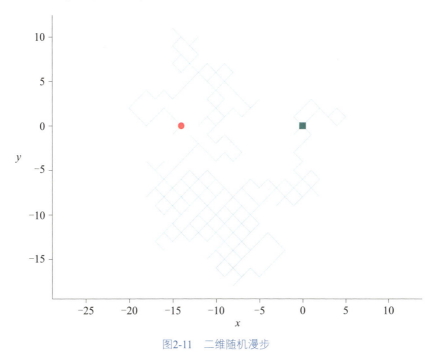

图2-11　二维随机漫步

请读者运行以下代码绘制图2-11。

```
B2_Ch2_6.py

import numpy as np
import matplotlib.pyplot as plt

dims = 2
step_num = 500
path_num = 1
move_mode = [-1, 1]
origin = np.zeros((1, dims))

for path in range(path_num):
    #random walk
    step_shape = (step_num, dims)
    steps = np.random.choice(a=move_mode, size=step_shape)
    path = np.concatenate([origin, steps]).cumsum(0)
    start = path[:1]
    stop = path[-1:]
    #plot path
    plt.plot(path[:,0], path[:,1], marker='+', markersize=0.02, c='lightblue');
    plt.plot(start[:,0], start[:,1], marker='s', c='green')
    plt.plot(stop[:,0], stop[:,1], marker='o', c='red')

plt.title('Random Walk in '+str(dims)+'D')
plt.xlabel('x')
plt.ylabel('y')
plt.gca().spines['right'].set_visible(False)
plt.gca().spines['top'].set_visible(False)
plt.gca().yaxis.set_ticks_position('left')
plt.gca().xaxis.set_ticks_position('bottom')
```

**三维随机漫步** (three-dimensional random walk) 则是在三维空间随机游走。下面的代码模拟了一个三维随机漫步的过程。

```
B2_Ch2_7.py

import numpy as np
import matplotlib.pyplot as plt
from mpl_toolkits.mplot3d import Axes3D

dims = 3
step_num = 500
move_mode = [-1, 0, 1]
origin = np.zeros((1, dims))

#random walk
step_shape = (step_num, dims)
```

```
steps = np.random.choice(a=move_mode, size=step_shape)
path = np.concatenate([origin, steps]).cumsum(0)
start = path[:1]
stop = path[-1:]

#plot path
fig = plt.figure()
ax = plt.axes(projection='3d')
ax.plot3D(path[:,0], path[:,1], path[:,2],c='lightblue', marker='+');
ax.plot3D(start[:,0], start[:,1], start[:,2],c='green', marker='s')
ax.plot3D(stop[:,0], stop[:,1], stop[:,2],c='red', marker='o')
ax.set_title('Random Walk in '+str(dims)+'D')
```

运行代码生成了图2-12。这里的三维随机漫步也是从绿方格处起始，在红圆点处终止。起始点与终止点之间的路径完全遵从随机过程，每次运行代码都会产生完全不同的另外一幅路径图形。

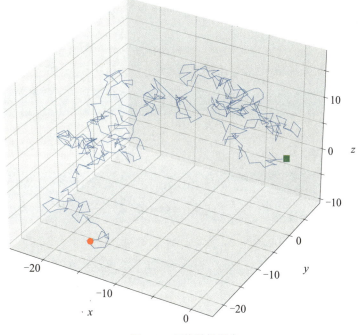

图2-12　三维随机漫步

随机漫步是非常奇妙且有意思的一种现象。在现实世界中，粒子的布朗运动、觅食动物的搜索路径、基质中的活细胞、股票价格的变化等都是随机漫步。

在金融领域，随机漫步理论认为证券价格的波动是无规律的随机漫步，这是因为证券市场的透明性，证券的价格会基本反映其本身价值。造成市场波动的主要原因是突发的新的经济、政治事件。而这些事件是随机的，无法进行预测的。在1967年6月，《福布斯》杂志的编辑做了一个非常有趣的试验，用将飞镖投向《纽约时报》的股票市场专栏的办法选出了一组普通股股票的投资组合。在漫长的17年后，历经越南战争、水门事件、古巴导弹危机、能源危机等重大事件，在1984年6月对这组用飞镖选出的投资组合进行评估时，它不可思议地以每年9.5%的复利增值，击败了绝大多数的基金经理。这个有趣的试验被认为印证了金融市场是符合随机漫步理论的。

当然，对于随机漫步理论的质疑也一直存在，他们认为股价并不能完全反映出所有的影响因素，可以预见，对于它的讨论将继续进行下去。

# 2.5 维纳过程

**维纳过程** (Wiener process) 是指在单位时间内变量变化的期望值服从标准正态分布的一种随机过程，它是一个马尔可夫过程。对于维纳过程的探寻，可以追溯到1827年英国植物学家**罗伯特·布朗** (Robert Brown) 观察到的花粉微粒的无规则运动，因此维纳过程也被称作**布朗运动** (Brownian motion)。但是严格来说，布朗运动是一种物理现象，它是泛指悬浮在液体中的微小颗粒表现出的无规则运动，而维纳过程则是模拟布朗运动现象的模型。在实际的应用当中，大家往往对二者不加区分。

Robert Brown, (1773—1858), Scottish botanist
Best known for his descriptions of cell nuclei and of the continuous motion of minute particles in solution, which came to be called Brownian motion.
(Source: https://www.britannica.com/)

数学上对布朗运动现象的严谨定义描述，直到1918年才由美国数学家**诺伯特·维纳** (Norbert Wiener) 正式提出，也由此得名维纳过程。维纳过程通常表示为

$$W(t), t \in [0,T] \tag{2-12}$$

维纳过程通过下列三个假设定义。
(1) 初始值为0，其概率为0，即：

$$P(W(0)=0)=0$$
$$P(W(0)=0)=0 \tag{2-13}$$

(2) 增量在任意两个不同的时间段独立，即：

$$W(t_1)-W(t_0), W(t_2)-W(t_1), \cdots, W(t_n)-W(t_{n-1}), \quad 0 \leq t_0 \leq t_1 \leq t_2 \leq \cdots \leq t_n \tag{2-14}$$

任意两两独立。
(3) 增量服从如式(2-15)所示的高斯分布。

$$W(t)-W(s) \sim N(0, t-s), \quad 0 \leq s \leq t \tag{2-15}$$

维纳过程是基于增量定义的，但是结合前述假设1和假设3，可以得到：

$$W(t) \sim N(0,t) \tag{2-16}$$

从上式可知，维纳过程是一个在每个时间点都以线性增长的$t$为方差的正态分布的随机过程。
广义维纳过程是维纳过程与另一个漂移率恒定过程的叠加，其数学表达式为：

$$X(t) = \mu t + \sigma W(t) \tag{2-17}$$

其中，$t$代表时间，$\mu$表示均值，$\sigma$为标准差。
图2-13为广义维纳过程示意图。

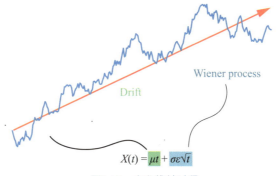

图2-13 广义维纳过程

下面的代码模拟了以下三种维纳过程：(1) 均值为0，标准差为1；(2) 均值为0，标准差为0.5；(3) 均值为0.8，标准差为0.5。

```
B2_Ch2_8.py
import numpy as np
import matplotlib.pyplot as plt

N = 1000
T = 10
sigma = 0.5
mu = 0.8
dt = T / float(N)
t = np.linspace(0.0, N*dt, N+1)
W0 = [0]

#simulate the increments by normal random variable generator
np.random.seed(666)
increments = np.random.normal(0, 1*np.sqrt(dt), N)
Wt1 = W0 + list(np.cumsum(increments))
Wt2 = sigma*np.array(Wt1)
Wt3 = mu*t + sigma*np.array(Wt1)
#plt.figure(figsize=(15,10))
plt.plot(t, Wt1, label='W(t)')
plt.plot(t, Wt2, label='$\sigma$W(t)')
plt.plot(t, Wt3, label='$\mu$t+$\sigma$W(t)')
plt.plot(t, mu*t, '--', label='$\mu$t')
plt.legend()
plt.xlabel('Time')
plt.ylabel('X(t)')

plt.gca().spines['right'].set_visible(False)
plt.gca().spines['top'].set_visible(False)
plt.gca().yaxis.set_ticks_position('left')
plt.gca().xaxis.set_ticks_position('bottom')
```

从图2-14可以看到，所有三条曲线都呈现出了随机的波动性。其中，蓝色曲线要比橘黄色曲线的波动幅度更大，这是因为其标准差大。而同时具有非零恒定项和漂移项的广义维纳过程 (绿色曲线)，漂移项会围绕恒定项直线 (红色) 不断波动。建议大家调整均值和标准差的大小，重新运行程序，观察生成的图形，以便更好地理解这两个参数对维纳过程的影响。

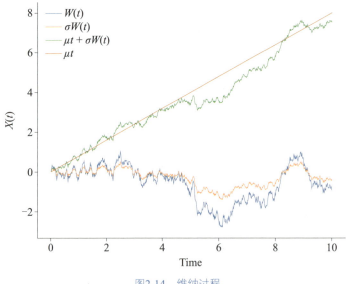

图2-14　维纳过程

## 2.6 伊藤引理

如前所述，随机过程是一系列随机变量的集合，而从函数角度看，它也是一个不可微分的函数。比如2.5节中介绍的维纳过程，虽然它是连续的函数，然而却处处不可微分。如图2-14所示，每一条轨迹都呈现出随机的上下波动，与一般的连续函数平滑的轨迹完全不同。因此，**经典微积分** (classical calculus) 对于这个问题束手无策，遇到了严重的瓶颈。直到日本数学家**伊藤清** (Itô Kiyoshi) 提出了后来以其名字命名的**伊藤微积分** (Itô calculus)，这个难题才最终得以解决，伊藤微积分大大促进了随机分析的进一步发展，奠定了现代金融数学的基础。

Kiyosi Itô (1915—2008) is one of the pioneers of probability theory, and the originator of Ito Calculus. First published in 1942 in Japanese, this epoch-making theory of stochastic differential equations describes nondeterministic and random evolutions. The so-called Ito formula has found applications in other branches of mathematics as well as in various other fields including, e.g., conformal field theory in physics, stochastic control theory in engineering, population genetics in biology, and most recently, mathematical finance in economics.. (Sources: http://www.kurims.kyoto-u.ac.jp/~kenkyubu/past-director/ito/ito-kiyosi.html)

**伊藤引理** (Itô's Lemma) 是伊藤微积分对于一个随机过程的函数作微分的规则。下式是著名的**伊藤规则** (Itô rules)。

$$\begin{cases} (dW_t)^2 = dt \\ dW_t dt = 0 \\ (dt)^2 = 0 \end{cases} \tag{2-18}$$

在几乎所有涉及随机微积分的计算当中，几乎都要用到伊藤规则。鉴于其重要性，下面在数学上对其进行推导。

对于 $(dt)^2 = 0$ 的推导，其过程为：

$$\begin{aligned} (dt)^2 &= \int_0^t (ds)^2 \\ &= \lim_{\Delta t \to 0} \sum^n (\Delta t)^2 \\ &= \lim_{\Delta t \to 0} \left[ n \cdot (\Delta t)^2 \right] \\ &= n \cdot \lim_{\Delta t \to 0} (\Delta t) \cdot \lim_{\Delta t \to 0} (\Delta t) \\ &= 0 \times 0 \\ &= 0 \end{aligned} \tag{2-19}$$

接下来，推导 $(dW_t)^2 = dt$。在推导过程中，把时间 $t$ 分成长度为 $\Delta t$ 的 $n$ 份，因此有 $t = n\Delta t$，其中 $t$ 为固定值。

$$\begin{aligned} (dW_t)^2 &= \int_0^t (dW_s)^2 \\ &= \lim_{\Delta t \to 0} \sum_{i=1}^n (\Delta W_{\Delta t_{i-1}})^2 \\ &= \lim_{\Delta t \to 0} \sum_{i=1}^n (W_{\Delta t_i} - W_{\Delta t_{i-1}})^2 \end{aligned} \tag{2-20}$$

如果作如下定义。

$$X_i = W_{\Delta t_i} - W_{\Delta t_{i-1}} \tag{2-21}$$

则式(2-20)可以写为如下形式。

$$(dW_t)^2 = \int_0^t (dW_s)^2 = \lim_{n \to \infty} (X_1^2 + X_2^2 + \cdots + X_n^2) \tag{2-22}$$

对式(2-22)括号中的部分做如下变换。

$$X_1^2 + X_2^2 + \cdots + X_n^2 = t \left\{ \frac{1}{n} \left[ \left( \frac{X_1^2}{\Delta t} \right) + \left( \frac{X_2^2}{\Delta t} \right) + \cdots + \left( \frac{X_n^2}{\Delta t} \right) \right] \right\} \tag{2-23}$$

因为 $t = n\Delta t$ 是固定的，所以当 $\Delta t \to 0$ 时，$n \to \infty$。所以式(2-23)大括号中的部分：

$$\frac{1}{n} \left[ \left( \frac{X_1^2}{\Delta t} \right) + \left( \frac{X_2^2}{\Delta t} \right) + \cdots + \left( \frac{X_n^2}{\Delta t} \right) \right] \tag{2-24}$$

可看作 $n$ 个独立的伽玛分布 $\chi^2(1)$ 变量的平均。根据大数定理，可知随着 $n$ 的增大，最终这个均值会收敛于数值1，如式(2-25)所示。

$$\lim_{n\to\infty}\left(\frac{1}{n}\left[\left(\frac{X_1^2}{\Delta t}\right)+\left(\frac{X_2^2}{\Delta t}\right)+\cdots+\left(\frac{X_n^2}{\Delta t}\right)\right]\right)=1 \quad (2\text{-}25)$$

进一步，整理得到下面的表示式。

$$\begin{aligned}&\lim_{n\to\infty}\left(X_1^2+X_2^2+\cdots+X_n^2\right)\\&=\lim_{n\to\infty}\left(t\left\{\frac{1}{n}\left[\left(\frac{X_1^2}{\Delta t}\right)+\left(\frac{X_2^2}{\Delta t}\right)+\cdots+\left(\frac{X_n^2}{\Delta t}\right)\right]\right\}\right)\\&=t\end{aligned} \quad (2\text{-}26)$$

可以得到下面两式。

$$\begin{aligned}\int_0^t (dW_s)^2 &= t\\ \int_0^t dt &= t\end{aligned} \quad (2\text{-}27)$$

通过对照这两个式子，最终得到：

$$(dW_t)^2 = dt \quad (2\text{-}28)$$

而对于 $dW_t dt = 0$，同样可以借助与前面类似的极限方法，很容易地推导得到。

对于伊藤引理，也可以换一个角度来理解，它实际上是把**泰勒展开** (Taylor expansion) 应用于随机过程。这其中的核心就是伊藤乘法表，如图2-15所示。归纳伊藤乘法表，可以简单记忆为：$dt$、$dt$ 的平方和 $dt dW(t)$ 均为零，可忽略不计，只有 $dW(t)$ 的平方为 $dt$。

|  | $dt$ | $dW_t$ |
|---|---|---|
| $dt$ | $(dt)^2=0$<br>$\int_0^t (ds)^2$ | $dW_t dt = 0$<br>$\int_0^t dW_s\, ds$ |
| $dW_t$ | $dW_t dt = 0$<br>$\int_0^t dW_s\, ds$ | $(dW_t)^2=dt$<br>$\int_0^t (dW_s)^2$ |

图2-15　伊藤乘法表

接下来，以维纳函数 $W_t$ 为例讲述泰勒展开应用于随机过程。假设 $f$ 为 $W_t$ 的连续平滑函数。式(2-29)为对其微分的表达式。

$$df = \left(\frac{dW_t}{dt} f'(W_t)\right) dt \quad (2\text{-}29)$$

但是，由于 $W_t$ 不可微分，即无法直接求解 $\dfrac{dW_t}{dt}$，所以无法对式(2-29)进一步求解。但是，经过变换，抵消掉d$t$，可以把式(2-29)转换为下面的形式。

$$\mathrm{d}f = f'(W_t)\mathrm{d}W_t \tag{2-30}$$

对于一般的函数，泰勒展开如式(2-31)所示。

$$\begin{aligned}\Delta f(x) &= f(x+\Delta x) - f(x) \\ &= f'(x)(\Delta x) + \frac{1}{2}f''(x)(\Delta x)^2 + \frac{1}{6}f'''(x)(\Delta x)^3 + \cdots\end{aligned} \tag{2-31}$$

式(2-31)第二行等号右侧的表达式中，除了第一项$f'(x)(\Delta x)$以外，其他的所有各项相对于第一项都是高阶小量，可以被忽略，所以式(2-32)成立。

$$\mathrm{d}f(x) = f'(x)\mathrm{d}x \tag{2-32}$$

对于维纳过程，同样套用泰勒展开，得到式(2-33)。

$$\begin{aligned}\Delta f(W_t) &= f(W_t + \Delta W) - f(W_t) \\ &= f'(W_t)(\Delta W) + \frac{1}{2}f''(W_t)(\Delta W)^2 + \frac{1}{6}f'''(W_t)(\Delta W)^3 + \cdots\end{aligned} \tag{2-33}$$

在式(2-33)中，除了一阶项$f'(W_t)(\Delta W)$以外，二阶项$\frac{1}{2}f''(W_t)(\Delta W)^2$却不能被忽略，这与一般函数的泰勒展开是不同的，其原因为维纳过程的二次微分不为零，相对于一阶项不是更高阶的小量，实质上是同阶的，因此不能被忽略，而从第三项之后，相对于前两项，则是可以被忽略的高阶小量。利用式(2-34)，对上述泰勒展示式进行变换。

$$(\mathrm{d}W_t)^2 = \mathrm{d}t \tag{2-34}$$

得到伊藤引理的最基本形式。

$$df(W_t) = f'(W_t)\mathrm{d}W_t + \frac{1}{2}f''(W_t)\mathrm{d}t \tag{2-35}$$

如图2-16 (a) 和 (b) 对比了经典微积分对于一个普通的关于时间$t$和标量$x$的函数$f(t, x)$的微分，以及另外一个伊藤微积分对于关于时间$t$和维纳过程$W_t$的函数的微分。可见，由于伊藤引理中，对于二次微分不可忽略，因此，伊藤微积分对比经典微积分，要多一个额外的二次项。伊藤微积分也正是基于此变化，从而将微积分成功地运用到了随机过程的运算当中。

(a) classical calculus
$$\mathrm{d}f(t,x) = \frac{\partial f}{\partial t}\mathrm{d}t + \frac{\partial f}{\partial x}\mathrm{d}x$$

(b) Itō calculus
$$\mathrm{d}f(t,W_t) = \frac{\partial f}{\partial t}\mathrm{d}t + \frac{\partial f}{\partial W_t}\mathrm{d}W_t + \frac{1}{2}\frac{\partial^2 f}{\partial (W_t)^2}(\mathrm{d}W_t)^2$$

图2-16 经典微积分与伊藤微积分对照图

# 2.7 几何布朗运动

**几何布朗运动** (Geometric Brownian Motion, GBM) 是一种连续时间情况下的随机过程,因为其中随机变量的对数遵循维纳过程 (布朗运动),所以也被称为**指数布朗运动** (exponential Brownian motion)。

前面在介绍维纳过程时,讨论过用维纳过程对股票价格进行建模。而几何布朗运动被认为可以更精确地预测股价,因此是最为常用的描述股票价格的模型。著名的布莱克-舒尔斯 (Black-Scholes) 期权定价模型就是基于几何布朗运动进行推导的。

之所以几何布朗运动是描述股票价格变化的一种理想的模型,主要基于其下面几个特点。

- 几何布朗运动与股票价格一样,其取值只能为正值。
- 几何布朗运动与股票的价格轨迹呈现出类似的无序性。
- 几何布朗运动的期望与股票价格是独立的。
- 几何布朗运动的计算相对简单。

但是,也需要注意几何布朗运动存在以下缺陷。

- 几何布朗运动中,波动是不随时间变化的,而实际股票价格的波动却随时间变化。
- 几何布朗运动模拟的股票收益率的对数服从正态分布,其方差与时间呈正比,而实际股票的短期收益率为白噪声,并不服从正态分布。

几何布朗运动的数学表达式非常简洁。如果一个随机过程 $S_t$ 满足如式(2-36)所示的**随机偏微分方程** (Stochastic Differential Equation, SDE),那么 $S_t$ 遵循几何布朗运动。

$$dS_t = \mu S_t dt + \sigma S_t dW_t \qquad (2\text{-}36)$$

其中,$W_t$ 为维纳过程 (布朗运动),等号右边第一项包含为常数的漂移率 $\mu$,反映了模型的确定性的走势;后面一项包含亦为常数的波动率 $\sigma$,反映了模型中随机不确定性的部分。

下面将详细介绍几何布朗运动 $S$ 的求解。根据前面介绍过的伊藤引理,对于一个关于时间 $t$ 和维纳过程 $S$ 的函数 $f(t, S)$ 进行微分,数学表达式为:

$$\begin{aligned} df(t,S) &= \frac{\partial f}{\partial t}dt + \frac{\partial f}{\partial S}dS + \frac{1}{2}\frac{\partial^2 f}{\partial S^2}(dS)^2 \\ &= \frac{\partial f}{\partial t}dt + \frac{\partial f}{\partial S}dS + \frac{1}{2}\frac{\partial^2 f}{\partial S^2}(\mu S dt + \sigma S dW_t)^2 \\ &= \frac{\partial f}{\partial t}dt + \frac{\partial f}{\partial S}dS + \frac{1}{2}\frac{\partial^2 f}{\partial S^2}\left[\mu^2 S^2 (dt)^2 + \sigma^2 S^2 (dW_t)^2 + 2\mu\sigma S^2 dt \cdot dW\right] \end{aligned} \qquad (2\text{-}37)$$

结合伊藤乘法表,可以获得下式。

$$df(t,S) = \frac{\partial f}{\partial t}dt + \frac{\partial f}{\partial S}dS + \frac{1}{2}\frac{\partial^2 f}{\partial S^2}\sigma^2 S^2 dt \qquad (2\text{-}38)$$

如果把 $f(t, S)$ 用下式替换:

$$f(S) = \ln(S) \qquad (2\text{-}39)$$

则有以下结论:

$$\begin{cases} \dfrac{\partial f}{\partial t} = 0 \\ \dfrac{\partial f}{\partial S} = \dfrac{1}{S} \\ \dfrac{\partial^2 f}{\partial S^2} = -\dfrac{1}{S^2} \end{cases} \quad (2\text{-}40)$$

结合以上各项,可以推导如下:

$$\begin{aligned} df(t,S) &= \frac{\partial f}{\partial t} dt + \frac{\partial f}{\partial S} dS + \frac{1}{2}\frac{\partial^2 f}{\partial S^2} \sigma^2 S^2 dt \\ &= 0 \cdot dt + \frac{1}{S} dS - \frac{1}{2}\sigma^2 dt \\ &= \frac{1}{S}(\mu S dt + \sigma S dW_t) - \frac{1}{2}\sigma^2 dt \\ &= \left(\mu - \frac{\sigma^2}{2}\right) dt + \sigma dW_t \end{aligned} \quad (2\text{-}41)$$

对式(2-41)左右两边从0到$t$积分可以得到:

$$\begin{aligned} \int_0^t df(t,S) &= \int_0^t \left(\mu - \frac{\sigma^2}{2}\right) ds + \int_0^t \sigma dW_s \\ \ln(S(t)) - \ln(S(0)) &= \left(\mu - \frac{\sigma^2}{2}\right)t + \sigma W(t) \end{aligned} \quad (2\text{-}42)$$

其中,$S(0)$和$S(t)$为在时刻0和$t$时函数的值。因此,求解$S(t)$的值可以用下式表示。

$$S(t) = S(0)\exp\left(\left(\mu - \frac{\sigma^2}{2}\right)t + \sigma W(t)\right) \quad (2\text{-}43)$$

可以进一步求解$S(t)$的期望和方差,其结果分别为:

$$\begin{cases} \mathrm{E}(S(t)) = S(0)\exp(\mu t) \\ \mathrm{Var}(S(t)) = S(0)^2 \exp(2\mu t)\left(\exp(\sigma^2 t) - 1\right) \end{cases} \quad (2\text{-}44)$$

在实际的模拟中,往往需要用到$S(t)$的离散表达式,其形式如下式所示。

$$\begin{aligned} \ln(S(t+\Delta t)) - \ln(S(t)) &= \left(\mu - \frac{\sigma^2}{2}\right)\Delta t + \sigma \varepsilon \sqrt{\Delta t} \\ S(t+\Delta t) &= S(t)\exp\left[\left(\mu - \frac{\sigma^2}{2}\right)\Delta t + \sigma \varepsilon \sqrt{\Delta t}\right] \end{aligned} \quad (2\text{-}45)$$

前面的推导用到了一些数学上的公式,在接下来的介绍中,会结合具体的例子,对几何布朗运动预测股票价格进行详细的讲解。

下面的代码首先从雅虎数据库中提取了从2010年9月1日到2020年9月30日十年之间苹果公司股票的收盘价格,然后对其进行了可视化,如图2-17所示。

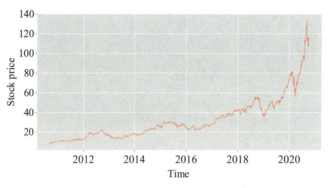

图2-17　苹果公司股票历史数据(2010-09-01~2020-09-30)

```
B2_Ch2_9_A.py

import pandas as pd
import numpy as np
import pandas_datareader
import matplotlib.pyplot as plt
import matplotlib as mpl
mpl.style.use('ggplot')

#stock: Apple Inc.
ticker = 'AAPL'

#calibration period
start_date = '2010-9-1'
end_date = '2020-9-30'

#extract and plot historical stock data
stock = pandas_datareader.data.DataReader(ticker,
data_source='yahoo', start=start_date, end=end_date)['Adj Close']
stock.plot(figsize=(15,8), legend=None, c='r')
plt.title('Stock price for AAPL')
plt.xlabel('Time')
plt.ylabel('Stock price')
```

从图2-17可以看到，苹果公司股票价格遵循一个"蜿蜒曲折"的路径，但是其整体趋势是在不断升高的，这反映了股票价格的长期走势，但是在短期上价格频繁地上下变化，反映了股票价格随机的波动性。

利用前面推导出的几何布朗运动的公式，建立模型，可以对股票价格进行预测。模型需要的参数如下所示。

◂ $S_0$：股票初始价格；
◂ $\mu$：历史对数日回报率平均值；
◂ $\sigma$：历史对数日回报率标准差；
◂ $\varepsilon$：维纳过程。

在使用模型进行预测之前，首先要进行**模型校准** (model calibration)，即从历史数据中分析得到模型的参数。这个模型中需要漂移常数和波动率两个参数。通过下面的代码，分析2010年9月1日到2020年9月30日苹果公司股票的历史数据，可以校准得到这两个参数的数值。

```python
B2_Ch2_9_B.py

#stock log returns
log_returns = np.log(1 + stock.pct_change())

#initial stock price
S0 = stock.iloc[-1]
#time increment
dt = 1
#end date of prediction
pred_end_date = '2020-10-31'
#days of prediction time horizon
T = pd.date_range(start = pd.to_datetime(end_date, format = "%Y-%m-%d") + pd.Timedelta('1 days'),
                  end = pd.to_datetime(pred_end_date, format = "%Y-%m-%d")).to_series().map(lambda x: 1 if x.isoweekday() in range(1,6) else 0).sum()

#simulation steps
N = int(T / dt)
#mean
mu = np.mean(log_returns)
print('Model mean: %.3f' % mu)
#volitality
vol = np.std(log_returns)
print('Model volatility: %.3f' % vol)
```

模型漂移常数和波动率。

```
Model mean: 0.001
Model volatility: 0.018
```

在校准得到模型参数之后，利用刚才推导的公式，以漂移常数0.001，波动率0.018模拟了股票在一个月内的价格走势，并绘制了股价走势图2-18。

```python
B2_Ch2_9_C.py

S = [None] * (N+1)
S[0] = S0
for t in range(1, N+1):
    #calculate drift and diffusion
    drift = (mu - 0.5 * vol**2) * dt
    diffusion = vol * np.random.normal(0, 1.0)
    #predict stock price
    daily_returns = np.exp(drift + diffusion)
    S[t] = S[t-1]*daily_returns
```

```python
#plot simulations
plt.figure(figsize = (15,8))
plt.title("Stock price prediction ")
plt.plot(pd.date_range(start = stock.index.max(),
                    end = pred_end_date, freq = 'D').map(lambda x: x if
x.isoweekday() in range(1, 6) else np.nan).dropna(),
         S)
plt.xlabel('Time')
plt.xticks(rotation = 45, ha='center')
plt.ylabel('Stock price')
```

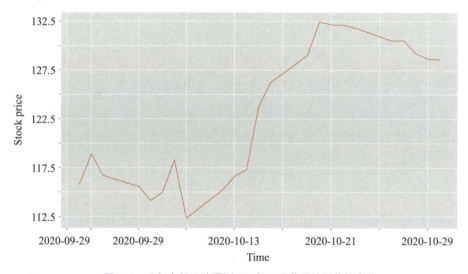

图2-18　几何布朗运动预测2020年10月苹果股票价格变化

如图2-18所示仅为一次模拟的结果，感兴趣的读者可以多次运行代码，可以发现，每次模拟结果都互不相同，这是由于模型中随机项的影响。因此在实际应用中，一般会利用蒙特卡罗方法进行模拟，本书第3章蒙特卡罗模拟会对此有详细介绍。

本章从随机变量谈起，首先引入随机过程的概念。接着，依次介绍了几个重要的随机过程——马尔可夫过程、马丁格尔、维纳过程、随机漫步以及几何布朗运动。这几个随机过程的重要性，体现在了它们在金融分析建模中的广泛应用。并且，这几个过程并不是孤立的，它们互相之间有着紧密的内在联系，比如维纳过程是具有连续时间和连续空间状态的马尔可夫过程，以及一维随机漫步也可以看作一个状态空间是整数的马尔可夫链等。另外，本章还介绍了著名的伊藤引理。伊藤引理以及伊藤微积分解决了随机过程进行微分和积分的难题，大大促进了现代金融数学的发展。本章最后，通过代码详细解释了一个用几何布朗运动模型预测股票价格的例子，这个示例秉承简洁明了的原则，主要目的是力求使读者对随机过程应用于实际有更加感性的认识。

# 第 3 章 蒙特卡罗模拟
## Monte Carlo Simulation

> 任何考虑用算术手段来产生随机数的人当然都是有原罪的。
> *Anyone who considers arithmetical methods of producing random digits is, of course, in a state of sin.*
> ——约翰·冯·诺伊曼 (John Von Neumann)

早在17世纪时，人们就发现可以用事件发生的频率来估计事件发生的概率。18世纪时，法国博物学家和数学家**蒲丰** (Georges-Louis Leclerc, Comte de Buffon) 创造性地解决了几何概率方面后来以他的名字命名的**蒲丰投针问题** (Buffon's needle problem)，而其利用的方法已经体现了蒙特卡罗方法估算圆周率 π 的萌芽。

随着计算机技术的迅速发展，蒙特卡罗方法受到了更多的关注。在1930年，物理学家**恩里科·费米** (Enrico Fermi) 首次尝试使用蒙特卡罗模拟进行中子扩散的研究，但是他的成果没有公开发表。在20世纪40年代，美国洛斯阿拉莫斯国家实验室的**斯塔尼斯拉夫·乌拉姆** (Stanislaw Ulam) 和**冯·诺伊曼** (John von Neumann) 等在为"**曼哈顿计划**" (Manhattan Project) 工作时，创造并应用了现代意义上的**蒙特卡罗模拟** (Monte Carlo Simulation) 方法。蒙特卡罗模拟方法是以概率为基础的方法，它以乌拉姆的叔叔经常光顾的摩纳哥的蒙特卡罗赌场而得名。

在20世纪六七十年代，**大卫·赫兹** (David B. Hertz) 和**菲利姆·鲍伊尔** (Phelim Boyle) 先后把蒙特卡罗模拟引入金融领域的不同方面。作为能充分体现金融模型思想的工具，蒙特卡罗模拟毫无疑问已经成为金融领域中最重要的数值方法之一。

Stanislaw Ulam (1909—1984) was a Polish-American mathematician. He solved the problem of how to initiate fusion in the hydrogen bomb. He also devised the 'Monte-Carlo method' widely used in solving mathematical problems using statistical sampling.

John von Neumann (1903—1957) was a Hungarian-born mathematician and polymath who made contributions to quantum physics, functional analysis, set theory, topology, economics, computer science, numerical analysis, hydrodynamics, statistics and many other mathematical fields as one of history's outstanding mathematicians. Most notably, von Neumann was a pioneer of the modern digital computer and the application of operator theory to quantum mechanics, a member of the Manhattan Project and the Institute for Advanced Study at Princeton, and the creator of game theory and the concept of cellular automata. (Sources: https://cs.mcgill.ca/~rwest/wikispeedia/wpcd/wp/j/John_von_Neumann.htm)

### Core Functions and Syntaxes
### 本章核心命令代码

- ◀ `matplotlib.pyplot.annotate()` 在图像中绘制箭头
- ◀ `matplotlib.patches.Rectangle()` 绘制通过定位点以及设定宽度和高度的矩形
- ◀ `mcint.integrate()` 计算蒙特卡罗积分
- ◀ `numpy.linalg.cholesky()` Cholesky分解

## 3.1 蒙特卡罗模拟的基本思想

**蒙特卡罗模拟** (Monte Carlo simulation) 是一种数值计算方法，它是通过产生大量的符合一定规则的随机样本，用统计的方法对模拟得到的随机样本的数字特征进行分析，进而得到实际问题的数值解。因此，蒙特卡罗方法对于没有或者很难得到解析解的问题，是一种有效甚至唯一可行的办法。如图3-1所示为蒙特卡罗模拟解决问题基本思路的示意图。

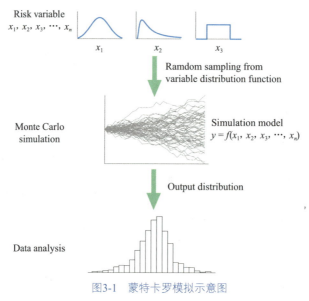

图3-1　蒙特卡罗模拟示意图

蒙特卡罗方法从原理上非常容易理解，而且对于问题的处理具有极大的灵活性。在金融数学领域，比如金融衍生产品 (期权、期货、掉期等) 的定价及交易风险的估算中所谓 "**维数的灾难**" (curse of dimensionality)，即由于变量的个数 (维数) 可能高达数千，而随维数的增加呈指数增长，一般的数值方法遇到了瓶颈，而蒙特卡罗方法不依赖维数，绕开了维数的灾难。

当然，蒙特卡罗方法需要大量的模拟才能得到稳定结论，因此对于计算机的运行速度有较高的要求。

## 3.2 定积分

在前面的章节中，介绍过函数的积分，在这里稍做回顾。如果求解式(3-1)所示函数在区间 [l, h] 的积分。

$$f(x) = x^4 + x^3 + x^2 \tag{3-1}$$

可以把如图3-2所示函数曲线下面的区域看作N个矩形依次排列在一起，对这个函数的积分就可以用这N个矩形面积之和来估计，如下式所示。

$$\int_{l}^{h} f(x)\,\mathrm{d}x \approx \sum_{i=1}^{N} A_i \qquad (3\text{-}2)$$

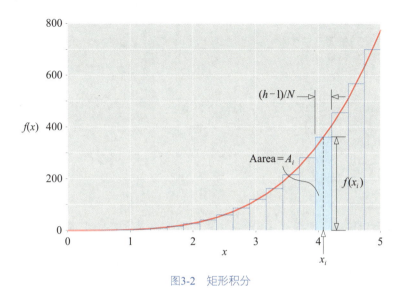

图3-2 矩形积分

对于第$i$个矩形，假如宽度的中点的$x$轴坐标为$x_i$，那么矩形高度为$f(x_i)$，宽度则为$(h-1)/N$。面积计算公式为：

$$A_i = f(x_i) \times \frac{b-a}{N} \qquad (3\text{-}3)$$

上面介绍的利用大量的矩形来估计积分的过程，可以用下面的代码诠释，图3-2即为运行该代码后绘制产生的图形。在代码中，为了更简洁直观，选择用了20个矩形，即$N=20$，很显然，估计的精度会随着矩形数量的增加而增加。大家可以尝试修改代码，用更多的矩形进行估算，由此体会估算精度和矩形个数的关系。

```
B2_Ch3_1.py
```

```python
import numpy as np
import matplotlib.pyplot as plt
import matplotlib as mpl

#number of rectangle
N = 20

#integration domain
l = 0.
h = 5.

#function to be integrated
def func(x):
    return x**4 + x**3 + x**2
```

```python
x = np.linspace(l, h, N)

#height for each rectangle
fvalue = func(x)

#area for each rectangle
area = fvalue * (h - l)/N
intgr = sum(area)

print("Integration result: ", round(intgr))

mpl.style.use('ggplot')
plt.plot(x, func(x), color='r')
for i in range(1,len(x)):
    a = x[i-1]
    b = x[i]
    plt.plot([a,a], [0, func((a+b)/2)], color='#3C9DFF', alpha=0.5)
    plt.plot([b,b], [0, func(b)], color='#3C9DFF', alpha=0.5)
    plt.plot([a,b], [func((a+b)/2), func((a+b)/2)], color='#3C9DFF', alpha=0.5)

width = x[N-4]-x[N-5]
height = 0.5*(func(x[N-4])+func(x[N-5]))
Xi = 0.5*(x[N-5]+x[N-4])

rect = mpl.patches.Rectangle((x[N-5],0), width, height, color='#DBEEF4')
plt.gca().add_patch(rect)

#mark Xi
plt.annotate('Xi', xy=(Xi, 0), xytext=(Xi, 40),
horizontalalignment='center', verticalalignment='center',
             arrowprops=dict(arrowstyle="-|>",
                             connectionstyle="arc3",
                             mutation_scale=10,
                             color='r',
                             fc="w"))
plt.text(Xi, 0.5*height, 'Ai', horizontalalignment='center', verticalalignment='center')

#mark width
plt.annotate(r'',
          xy=(x[N-5], height+10),
          xytext=(x[N-4], height+10),
          arrowprops=dict(arrowstyle="<|-|>",
                          connectionstyle="arc3",
                          mutation_scale=20,
                          color='coral',
                          fc="w")
           )
```

```
plt.text(Xi, height+20, '(h-l)/N', horizontalalignment='center', verticalalignment=
'center')

#mark height
plt.annotate(r'',
             xy=(x[N-4]+0.05, 0), #xycoords='data',
             xytext=(x[N-4]+0.05, height), #textcoords='data',
             arrowprops=dict(arrowstyle="<|-|>",
                             connectionstyle="arc3",
                             mutation_scale=20,
                             color='coral',
                             fc="w")
             )
plt.text(x[N-4]+0.1, height/2, 'f(Xi)', horizontalalignment='center', verticalalignment=
'center')

plt.xlim([0,5])
plt.ylim([0,800])
plt.xlabel('x')
plt.ylabel('f(x)')
```

运行结果如下。

```
Integration result:    882.0
```

接下来，换另外一种思路，不再像上面例子中用连续的矩形，而是用蒙特卡罗模拟随机产生矩形的方法来估计函数的积分值，也就是矩形的位置是随机的。程序代码如下。

`B2_Ch3_2.py`

```
import numpy as np
import matplotlib.pyplot as plt
import matplotlib as mpl

##monte carlo
#number of rectangle
MC_num = 20

#integration domain
l = 0.
h = 5.

#function to be integrated
def func(x):
    return x**4 + x**3 + x**2


mpl.style.use('ggplot')
xx = np.linspace(l, h, 100)
```

```python
plt.plot(xx, func(xx), color='r')
area_list = []
for _ in range(0, MC_num):
    
    #randomly generate mid point for rectangle
    x = l + (h-l)/MC_num *np.random.randint(1, MC_num-1)
    
    #height for each rectangle
    fvalue = func(x)
    
    #area for each rectangle
    area = fvalue * (h - l)/MC_num
    area_list.append(area)
    
    a = x-(h-l)/(2*MC_num)
    b = x+(h-l)/(2*MC_num)
    plt.plot([a,a], [0, func((a+b)/2)], color='#3C9DFF', alpha=0.5)
    plt.plot([b,b], [0, func((a+b)/2)], color='#3C9DFF', alpha=0.5)
    plt.plot([a,b], [func((a+b)/2), func((a+b)/2)], color='#3C9DFF', alpha=0.5)

intgr = sum(area_list)
print("Integration result: ", round(intgr))

plt.xlim([0,5])
plt.ylim([0,800])
plt.xlabel('x')
plt.ylabel('f(x)')
```

运行结果如下。

```
Integration result:  988
```

运行代码后,可以生成图3-3。因为程序随机选择矩形位置,所以同样的矩形可能会多次出现在同一个位置,在图3-3中,人为地分开了这些重合的矩形,来方便大家理解。

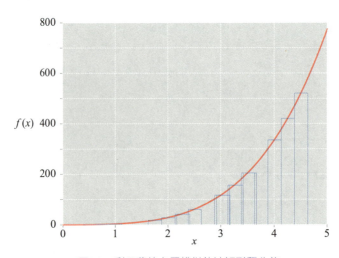

图3-3 利用蒙特卡罗模拟估计矩形积分值

这个例子中，蒙特卡罗模拟随机选择的矩形甚至无法大致覆盖整个积分区域，即使不做任何数学上的分析，也可以非常明显地看出在这种情况下，如果模拟的次数过少，利用蒙特卡罗模拟没有任何优势，反而有更低的精度。

另外，同样是利用蒙特卡罗模拟，也可以用产生随机点的办法估计积分的值。首先，在以积分限和函数值围成的矩形区域，随机产生数据点，函数曲线把这个区域分成上下两部分。矩形区域的面积很容易求出，而通过统计在函数曲线以下的点的数量占总产生的点的数量的比值，可以得到函数曲线以下部分占矩形面积的比例，从而得到函数曲线下面的部分，即得到了函数的积分。下面的代码模拟了上述过程。

`B2_Ch3_3.py`

```python
import numpy as np
import matplotlib.pyplot as plt
import pandas as pd

MC_num = 2000

#integration domain
l = 0.
h = 5.

#function to be integrated
def func(x):
    return x**4 + x**3 + x**2

#plot function
X = np.linspace(l, h, 100)
plt.plot(X, func(X))

#rectangle region
y1 = 0
y2 = func(h)
area = (h-l)*(y2-y1)

underneath_list = []
x_list = []
y_list = []
for _ in range(MC_num):
    x = np.random.uniform(l,h,1)
    x_list.append(x)
    y = np.random.uniform(y1,y2,1)
    y_list.append(y)
    if abs(y)>abs(func(x)) or y<0:
        underneath_list.append(0)
    else:
        underneath_list.append(1)
```

```python
#integration result
intgr = np.mean(underneath_list)*area
print("Integration result: ", round(intgr,2))

#visualize the process
df = pd.DataFrame()
df['x'] = x_list
df['y'] = y_list
df['underneath'] = underneath_list

plt.scatter(df[df['underneath']==0]['x'],
df[df['underneath']==0]['y'], color='red')
plt.scatter(df[df['underneath']==1]['x'],
df[df['underneath']==1]['y'], color='blue')
plt.xlim([0,5])
plt.ylim([0,800])
plt.xlabel('x')
plt.ylabel('f(x)')
```

利用上述产生随机点的方法得到的积分值如下。

```
Integration result:  802.12
```

如图3-4所示为运行以上代码生成的图形,可以方便理解上述方法。

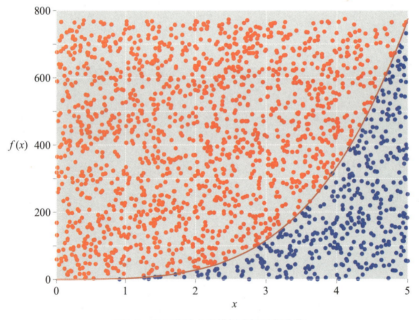

图3-4 利用蒙特卡罗模拟求矩形积分值

但是,对于类似的低维积分,无论其变换形式如何,蒙特卡罗方法均无法体现出其优势。而对于涉及多个变量的高维积分,蒙特卡罗方法可以通过在被积函数的各个维度的取值区间进行随机抽样,然后计算这些抽样点的函数值,最后对这些函数值取平均值,即为估计得到的函数积分的近似值。这种方法植根于中心极限定理,其估计值的误差不随积分维数的改变而改变,而只与蒙特卡罗模拟次数有关。因此,对于高维积分,蒙特卡罗方法展现了比其他数值解法更大的优势。

下面是一个常用来解释蒙特卡罗多维积分的例子，其积分形式为：

$$\int_0^{2\pi}\int_0^{\pi}\int_0^{\pi}\int_0^{2\pi}\int_0^{\pi}\int_0^{+\infty}\left(\exp(-W/kT)-1\right)\left(r^2\sin\beta\sin\theta\right)\mathrm{d}r\,\mathrm{d}\theta\,\mathrm{d}\varphi\,\mathrm{d}\alpha\,\mathrm{d}\beta\,\mathrm{d}\gamma \tag{3-4}$$

在这里，定义函数 $W$ 的数学式为：

$$W = -\ln(\theta \cdot \beta) \tag{3-5}$$

很显然，这是一个十分复杂的多重积分，糅合了对数、指数、三角函数等运算形式，但是通过使用蒙特卡罗模拟，产生随机数来绕开对于这些积分的直接运算，具体的代码如下所示，例子中使用了 Mcint 运算包执行蒙特卡罗积分。

```
B2_Ch3_4_A.py
```

```python
import mcint
import random
import math
import matplotlib.pyplot as plt

def w(r, theta, phi, alpha, beta, gamma):
    return (-math.log(theta * beta))

def integrand(x):
    r     = x[0]
    theta = x[1]
    alpha = x[2]
    beta  = x[3]
    gamma = x[4]
    phi   = x[5]
    k = 1.
    T = 1.
    ww = w(r, theta, phi, alpha, beta, gamma)
    return (math.exp(-ww/(k*T)) - 1.)*r*r*math.sin(beta)*math.sin(theta)

def sampler():
    while True:
        r     = random.uniform(0.,1.)
        theta = random.uniform(0.,2.*math.pi)
        alpha = random.uniform(0.,2.*math.pi)
        beta  = random.uniform(0.,2.*math.pi)
        gamma = random.uniform(0.,2.*math.pi)
        phi   = random.uniform(0.,math.pi)
        yield (r, theta, alpha, beta, gamma, phi)

domainsize = math.pow(2*math.pi,4)*math.pi*1
expected = 16*math.pow(math.pi,5)/3.

MC_num_list = [50000, 100000, 500000, 1000000, 5000000, 10000000,
```

```python
               50000000, 100000000]
relative_error_list = []
for MC_num in MC_num_list:
    random.seed(1)
    #monte carlo integration via mcint library
    result, error = mcint.integrate(integrand, sampler(),
measure=domainsize, n=MC_num)
    diff = abs(result - expected)
    relative_error = diff/expected
    relative_error_list.append(relative_error)
    print("Monte Carlo simulation number: ", MC_num)
    print("Monte Carlo simulation result: ", round(result,2), " estimated error: ",
round(error,2))
    print ("True result = ", round(expected,2))
    print ("Relative error: {:.2%}".format(relative_error))
```

代码运行结果如下。

```
Monte Carlo simulation number:  50000
Monte Carlo simulation result:  1654.95  estimated error:  58.22
True result =  1632.1049855215008
Relative error: 1.40%
Monte Carlo simulation number:  100000
Monte Carlo simulation result:  1646.73  estimated error:  41.34
True result =  1632.10
Relative error: 0.90%
Monte Carlo simulation number:  500000
Monte Carlo simulation result:  1643.39  estimated error:  18.46
True result =  1632.10
Relative error: 0.69%
Monte Carlo simulation number:  1000000
Monte Carlo simulation result:  1640.67  estimated error:  13.03
True result =  1632.10
Relative error: 0.52%
Monte Carlo simulation number:  5000000
Monte Carlo simulation result:  1647.84  estimated error:  5.83
True result =  1632.10
Relative error: 0.96%
Monte Carlo simulation number:  10000000
Monte Carlo simulation result:  1635.52  estimated error:  4.12
True result =  1632.10
Relative error: 0.21%
Monte Carlo simulation number:  50000000
Monte Carlo simulation result:  1631.90  estimated error:  1.84
True result =  1632.10
Relative error: 0.01%
Monte Carlo simulation number:  100000000
Monte Carlo simulation result:  1631.60  estimated error:  1.30
True result =  1632.10
```

```
Relative error: 0.03%
```

可以用下面代码，对相对误差与模拟次数作图，展示二者之间的关系。

```
B2_Ch3_4_B.py
plt.plot(MC_num_list, relative_error_list, 'ro')
plt.xscale('log')
plt.xlabel('Monte Carlo simulation number')
plt.ylabel('Relative error')
plt.gca().spines['right'].set_visible(False)
plt.gca().spines['top'].set_visible(False)
plt.gca().yaxis.set_ticks_position('left')
plt.gca().xaxis.set_ticks_position('bottom')
```

如图3-5所示为不同的模拟次数产生多重积分结果的相对误差。随着模拟次数的增加，相对误差从整体趋势上呈现逐渐减小的趋势。

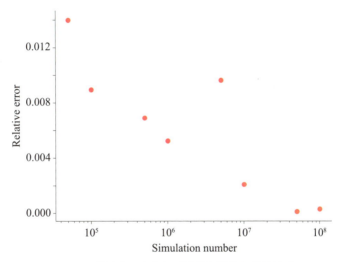

图3-5　蒙特卡罗积分相对误差与模拟次数的关系

# 3.3 估算圆周率

估算圆周率 π 是介绍蒙特卡罗方法的一个常用例子。在这里，借用3.2节介绍的投点计算积分的办法。首先，在圆的周围，创建一个以圆心为中心、以直径为边长的正方形。其次，在这个正方形区域内产生足够多的数据点。最后，统计圆内的数据点个数与总数据点个数的比值，这个比值即为圆面积和正方形面积之比——π∶4，进一步可以得到圆周率 π 的值，如下式所示。

$$\frac{A_{circle}}{A_{square}} = \frac{\pi}{4} \Rightarrow \pi = 4 \times \frac{A_{circle}}{A_{square}} \tag{3-6}$$

下面的代码，就是通过上述方法估算圆周率。

`B2_Ch3_5.py`

```python
import matplotlib.pyplot as plt
import seaborn as sns
import random

l = 2
ax, ay = -l/2, l/2
bx, by = -l/2, -l/2
cx, cy = l/2, l/2
dx, dy = l/2, -l/2

ox, oy = int((ax+cx)/2), int((ay+by)/2)

point_num_list = [10, 50, 200, 500, 1000, 10000]

rows = 3
cols = 2
fig, ax = plt.subplots(rows, cols, figsize=(14,8))
fign = 0
fig_label = ['(a)', '(b)', '(c)', '(d)', '(e)', '(f)']

for i in range(rows):
    for j in range(cols):
        print('Figure #: ', [i, j])
        inside = 0
        for _ in range(point_num_list[fign]):
            x_inside = []
            y_inside = []
            x_outside = []
            y_outside = []
            
            x = random.uniform(-l/2, l/2)
            y = random.uniform(-l/2, l/2)
            if (x-ox)**2+(y-oy)**2 <= (l/2)**2:
                inside += 1
                x_inside.append(x)
                y_inside.append(y)
            else:
                x_outside.append(x)
                y_outside.append(y)
        sns.scatterplot(x=x_inside, y=y_inside, color='g', ax=ax[i, j])
        sns.scatterplot(x=x_outside, y=y_outside, color='r', ax=ax[i, j])
        ax[i, j].set_title(fig_label[fign], loc='left')
        ax[i, j].set_aspect('equal')
```

```
            ax[i, j].set_xticks([-1, 0, 1])
            ax[i, j].set_yticks([-1, 0, 1])
        pi = 4*inside/point_num_list[fign]
        print('Estimated /pi is %.4f based on %s points simulation.' %(pi, point_num_list[fign]))
        fign+=1
```

圆周率估算结果如下。

```
Figure #:  [0, 0]
Estimated /pi is 3.6000 based on 10 points simulation.
Figure #:  [0, 1]
Estimated /pi is 3.4400 based on 50 points simulation.
Figure #:  [0, 2]
Estimated /pi is 3.2000 based on 200 points simulation.
Figure #:  [1, 0]
Estimated /pi is 3.1200 based on 500 points simulation.
Figure #:  [1, 1]
Estimated /pi is 3.1880 based on 1000 points simulation.
Figure #:  [1, 2]
Estimated /pi is 3.1336 based on 10000 points simulation.
```

图3-6为不同的模拟次数估计的圆周率，随着次数的增加，估计得到的圆周率也更加精确。

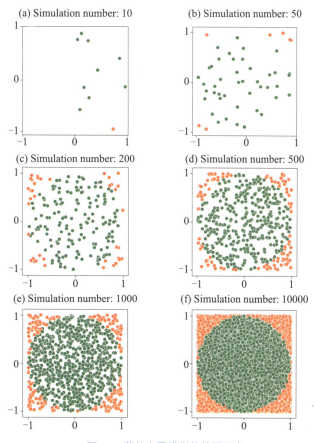

图3-6  蒙特卡罗模拟估算圆周率

## 3.4 股价模拟

在第2章随机过程，讲解过利用公式直接计算得到股票的价格。众所周知，股票价格的变动经常被认为是一个随机的过程，下面，将用蒙特卡罗模拟来预测股票价格。如图3-7所示为利用蒙特卡罗模拟进行股价预测的流程图。首先基于历史数据估计模型的参数，然后利用蒙特卡罗模拟预测未来股价走势。

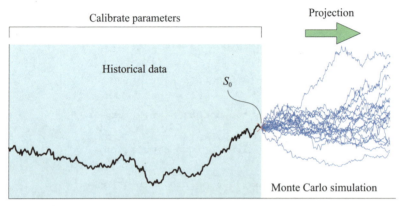

图3-7 蒙特卡罗模拟预测未来股价走势

在这里，假定已知某股票昨天股价为$S_{t-1}$，日收益为$r$，那么今天的股价$S_t$为：

$$S_t = S_{t-1} \times \exp(r) \tag{3-7}$$

通过式(3-7)可知，只要能够预测股票的日收益率，就可以得到股票的价格。股票的日收益率被认为是随机的，可以用一个随机过程来产生，在这里用维纳过程来模拟。日收益率为漂移项与波动项之和。漂移项为历史日收益率的平均值与方差的一半的差。波动项则为历史波动率与一个服从标准正态分布的随机数的积。

$$r = \left(\mu - \frac{1}{2}\sigma^2\right) + \sigma \cdot \varepsilon(t) \tag{3-8}$$

其中，$\varepsilon(t)$是服从标准正态分布的随机数。

综合以上两式，可以得到预测今日股价的公式：

$$S_t = S_{t-1} \times \exp\left(\left(\mu - \frac{1}{2}\sigma^2\right) + \sigma \cdot \varepsilon(t)\right) \tag{3-9}$$

以苹果公司股票为例，首先需要确定式(3-9)的参数，也就是建模中的模型校准，一般可以通过分析历史数据得到。下面的代码，可以提取从2010年1月1日至2019年12月31日苹果公司股票的调整收盘价，并作图展示，如图3-8所示。

`B2_Ch3_6_A.py`

```
import numpy as np
import pandas as pd
```

```python
import pandas_datareader
import matplotlib.pyplot as plt
import matplotlib as mpl
import seaborn as sns
from scipy.stats import norm
import random

mpl.style.use('ggplot')
#extract stock data
ticker = 'AAPL'
stock = pd.DataFrame()
stock[ticker] = pandas_datareader.data.DataReader(ticker,
data_source='yahoo', start='2010-1-1', end='2019-12-31')['Adj Close']

stock.plot(figsize=(15,8), legend=None, c='r')
plt.title('Stock price for AAPL')
plt.xlabel('Time')
plt.ylabel('Stock price')
```

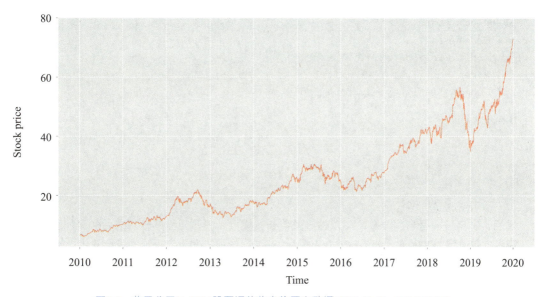

图3-8　苹果公司(AAPL)股票调整收盘价历史数据(2010.01.01—2019.12.31)

如下面代码，利用历史数据，可以计算股票的日对数收益率，如图3-9所示为日对数收益率的分布。

`B2_Ch3_6_B.py`

```python
#logarithmic returns
log_returns = np.log(1 + stock.pct_change())
ax = sns.distplot(log_returns.iloc[1:])
ax.set_xlabel("Daily Log Return")
ax.set_ylabel("Frequency")
ax.set_yticks([10, 20, 30, 40])
```

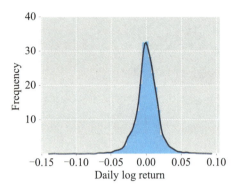

图3-9　苹果公司(AAPL)股票日对数收益率的分布

通过前面得到的日对数收益率，利用下面代码，可得到模型的参数。

```
B2_Ch3_6_C.py
```

```python
#drift and volatility
u = log_returns.mean()
var = log_returns.var()
drift = u - (0.5*var)
stdev = log_returns.std()
print('Model mean: %.3f' % u)
print('Model variance: %.4f' % var)
print('Model drift: %.3f' % drift)
print('Model volatility: %.3f' % stdev)
```

模型的参数如下。

```
Model mean: 0.001
Model variance: 0.0003
Model drift: 0.001
Model volatility: 0.016
```

最后，利用校准得到的参数，可以进行蒙特卡罗模拟。下面为程序预测之后60天的股价变化情况，模拟次数设定为2000次。如图3-10 (a) 所示为2000次模拟的60天内每天的股价变化。如图3-10 (b) 所示为最后一天，即第60天时股价的分布情况。

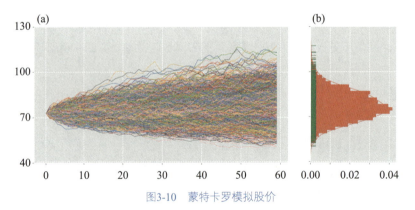

图3-10　蒙特卡罗模拟股价

配合之前代码，以下代码绘制图3-10。

```
B2_Ch3_6_D.py

#daily returns and simulations
days = 60
MC_trials = 2000
random.seed(66)
Z = norm.ppf(np.random.rand(days, MC_trials))
daily_returns = np.exp(drift.values + stdev.values * Z)

price_paths = np.zeros_like(daily_returns)
price_paths[0] = stock.iloc[-1]
for t in range(1, days):
    price_paths[t] = price_paths[t-1]*daily_returns[t]

#plot paths and distribution for last day
rows = 1
cols = 2
fig, (ax1, ax2) = plt.subplots(rows, cols, figsize=(14,5), gridspec_kw={'width_ratios': [3, 1]})
ax1.plot(price_paths, lw=0.5)
ax1.set_yticks([40, 70, 100, 130])
ax1.set_title('(a)', loc='left')
ax2 = sns.distplot(price_paths[-1], rug=True, rug_kws={"color": "green", "alpha": 0.5, "height": 0.06, "lw": 0.5}, vertical=True, label='(b)')
ax2.set_yticks([40, 70, 100, 130])
ax2.set_title('(b)', loc='left')
```

## 3.5 具有相关性的股价模拟

3.4节介绍了单一股票的股价模拟，而对于一个投资组合，一般会包含多支股票。虽然这些股票各自的回报均为随机的，但是它们之间很可能存在相关性，所以不能用3.4节的办法简单地分别对每支股票进行模拟。在本节将介绍模拟具有一定相关性的股价走势。下式为几何布朗过程计算对数回报率矩阵 $X$。

$$X = \left( \mu - \frac{(\text{diag}(\Sigma))^{\text{T}}}{2} \right) \Delta t + ZR\sqrt{\Delta t} \tag{3-10}$$

其中，$Z$ 为服从标准正态分布的二元随机数组，随机数独立分布；$R$ 为上三角矩阵，通过Cholesky分解协方差矩阵 $\Sigma$ 得到；$\mu$ 为年化期望收益率向量。

如图3-11所示为一个多路径的几何布朗运动离散式的矩阵运算过程的概念图。图3-11中矩阵 $X$ 每一列代表一支股票的模拟回报率，根据该数据可以很容易得到股价模拟轨迹。

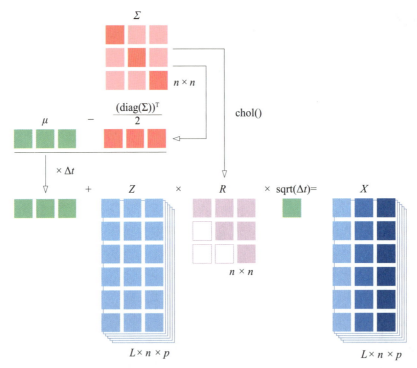

图3-11　几何布朗运动离散式的矩阵运算过程

接下来，以苹果公司和亚马逊公司的股票为例模拟两支具有相关性的股价走势。首先，获取这两个公司从2016年1月15日到2021年1月15日共5年的股价数据，并进行展示。

B2_Ch3_7_A.py

```
import matplotlib.pyplot as plt
import numpy as np
import pandas as pd
import pandas_datareader
import matplotlib as mpl

tickers = ['AAPL','AMZN']
ticker_num = len(tickers)
price_data = []
for ticker in range(ticker_num):
    prices = pandas_datareader.DataReader(tickers[ticker], start='2016-01-15',
end = '2021-01-15', data_source='yahoo')
    price_data.append(prices[['Adj Close']])
    df_stocks = pd.concat(price_data, axis=1)
df_stocks.columns = tickers

mpl.style.use('ggplot')
fig, axs = plt.subplots(2, 1, figsize=(14,8))
axs[0].plot(df_stocks['AAPL'], label='AAPL')
axs[0].set_title('(a) AAPL', loc='left')
axs[0].set_xlabel('Time')
```

```
axs[0].set_ylabel('Stock price')
axs[1].plot(df_stocks['AMZN'], label='AMZN')
axs[1].set_title('(b) AMZN', loc='left')
axs[1].set_xlabel('Time')
axs[1].set_ylabel('Stock price')
plt.tight_layout()
```

运行代码后,生成图3-12,图中展示了这两个公司股票的历史走势。

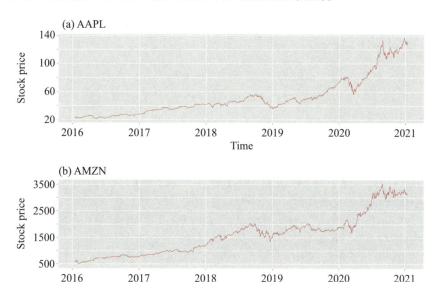

图3-12 苹果公司和亚马逊公司股票历史走势

然后,根据前面的介绍,可以计算对数回报率、参数以及进行Cholesky分解。

```
B2_Ch3_7_B.py
```

```
#calculate log returns
stock_return = []
for i in range(ticker_num):
    return_tmp = np.log(df_stocks[[tickers[i]]]/df_stocks[[tickers[i]]].shift(1))[1:]
    return_tmp = (return_tmp+1).cumprod()
    stock_return.append(return_tmp[[tickers[i]]])
    returns = pd.concat(stock_return,axis=1)
returns.head()

#calculate mu and sigma
mu = returns.mean()
sigma = returns.cov()

#cholesky decomp
R = np.linalg.cholesky(returns.corr())
```

最后,假设预测时间为1年,并分成252个节点(对应252个工作日),进行100个轨迹的蒙特卡罗模拟,代码如下所示。

```
B2_Ch3_7_C.py
#parameters
T = 1
N = 252
Stock_0 = df_stocks.iloc[0]
dim = np.size(Stock_0)
t = np.linspace(0., T, int(N))
stockPrice = np.zeros([dim, int(N)])
stockPrice[:, 0] = Stock_0

#monte carlo simulations
MC_num = 100
mpl.style.use('ggplot')
fig, axs = plt.subplots(2, 1, figsize=(14,8))
for num in range(MC_num):
    for i in range(1, int(N)):
        drift = (mu - 0.5 * np.diag(sigma)) * (t[i] - t[i-1])
        Z = np.random.normal(0., 1., dim)
        diffusion = np.matmul(Z, R) * (np.sqrt(t[i] - t[i-1]))
        stockPrice[:, i] = stockPrice[:, i-1]*np.exp(drift + diffusion)
    axs[0].plot(t, stockPrice.T[:,0], label='AAPL')
    axs[0].set_title('(a) AAPL', loc='left')
    axs[0].set_xlabel('Time')
    axs[0].set_ylabel('Stock price')
    axs[1].plot(t, stockPrice.T[:,1], label='AMZN')
    axs[1].set_title('(b) AMZN', loc='left')
    axs[1].set_xlabel('Time')
    axs[1].set_ylabel('Stock price')
    plt.tight_layout()
    num+=1
```

运行代码，生成的图3-13展示了蒙特卡罗模拟产生的100条两支股票价格各自的路径。

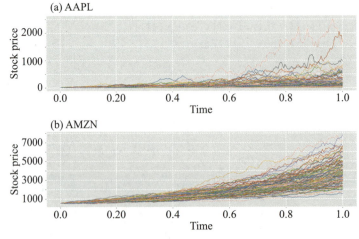

图3-13 苹果公司和亚马逊公司股票模拟价格

## 3.6 欧式期权的定价

在前面的章节中，已经对期权的概念及定价进行了介绍。期权是一种金融合约，期权购买者有权利以合约商定的在未来某时间和某价格买入或卖出标的资产。期权作为一种最基础的金融衍生产品，其定价方法一直是金融领域的研究热点之一。蒙特卡罗方法就是其中一种极其重要的数值方法，其实质是通过大量地模拟产生标的资产在一个时间序列上的价格，计算这些价格的平均回报，从而估计出期权的价格，如图3-14所示。

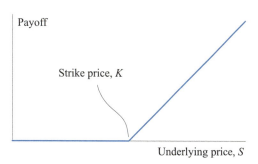

图3-14 买入欧式看涨期权收益折线

欧式期权只有在到期日才能被执行，其定价公式为：

$$C_T = \max(0, S_T - K) \tag{3-11}$$

其中，$T$为到期日，$S_T$为到期日时标的资产的价格，$K$为行权价格。欧式看涨期权的购买者有权利在到期日以确定的行权价格购买标的资产。如果标的资产价格大于行权价格，则获利为$S_T - K$；否则获利为0。也就是说，该欧式看涨期权的价格为$C_T$。

对于期权的定价，首先产生大量到期日标的物的价格，从而计算期权的相应收益，然后对其平均，折算得到最终价格。

以如下欧式期权为例：期权类型为看涨期权，标的物当前价格为857.29；期权执行价格为900；距离到期时间为30天；年化无风险利率为0.0014，年化波动为0.2076。下面的代码，首先模拟了标的资产在到期日时的价格。

B2_Ch3_8_A.py

```python
import numpy as np
import matplotlib.pyplot as plt
import matplotlib as mpl
import datetime

#underlying price
S0 = 857.29
#volatility
v = 0.2076
#risk free interest rate
r = 0.0014 #rate of 0.14%
#maturity
```

```python
T = (datetime.date(2020,9,30) - datetime.date(2020,9,1)).days / 252.0
#strike price
K = 900.
#monte carlo simulation numbers
MC_num = 1000

ST_list = []
payoff_list = []
discount_factor = np.exp(-r * T)
#monte carlo simulation
for i in range(MC_num):
    ST = S0 * np.exp((r - 0.5 * v**2) * T + v * np.sqrt(T) * np.random.normal(0,1.0))
    ST_list.append(ST)
    payoff = max(0.0, ST-K)
    payoff_list.append(payoff)

#plot simulated asset price
mpl.style.use('ggplot')
plt.plot(ST_list, 'o', color='#3C9DFF', markersize=5)
plt.hlines(S0, 0, MC_num, colors='g', linestyles='--',label='Initial asset price')
plt.text(MC_num+1, S0, 'Initial asset price')
plt.hlines(K, 0, MC_num, colors='r', linestyles='--',label='Strike price')
plt.text(MC_num+1, K, 'Strike price')
plt.title("Monte Carlo simulation for asset price")
plt.xlabel("Number of simulations")
plt.ylabel("Simulated asset price")
```

如图3-15所示即为1000次蒙特卡罗模拟得到的标的资产在到期日时的价格。图中，红线代表行权价格，绿线代表初始的标的资产价格。

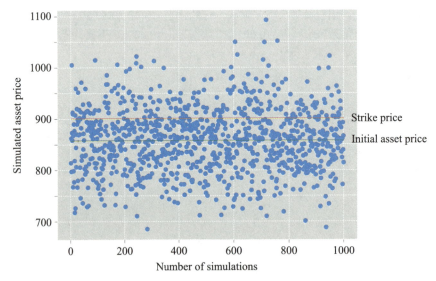

图3-15　蒙特卡罗模拟标的资产价格

运行下面代码，即可计算并输出上述欧式期权的价格。

```
B2_Ch3_8_B.py
```
```python
option_price = discount_factor * (sum(payoff_list) / float(MC_num))
print ('European call option price: %.2f' % option_price)
```

蒙特卡罗模拟得到的价格展示如下。

```
European call option price: 9.39
```

## 3.7 亚式期权的定价

**亚式期权** (Asian option) 又称为**平均价格期权** (average value option)，是一种依赖路径的**奇异期权** (exotic option)，它不采用标的物的市场价格，而是期权合同期内某段时间 (平均期) 标的物价格的平均值作为市场价格，如图3-16所示。

图3-16 亚式期权示意图

对于价格平均，有算术平均和几何平均两种方式，因此亚式期权相应的分为两种：**算术平均亚式期权** (arithmetic Asian option) 和**几何平均亚式期权** (geometric Asian option)，其中算术平均亚式期权更为常见，下面以算术平均亚式期权为例。当然，对于亚式期权的执行价格，也有**固定执行价格** (fixed strike) 的**浮动执行价格** (floating strike) 两种，在这里不做详细介绍。

对于算数平均亚式期权固定执行价格，看涨期权到期时刻的价值为：

$$C_T = \max\left(0, \frac{1}{N}\sum_{i=0}^{N-1} S_{t_i} - K\right) \tag{3-12}$$

其中，参数$i$为蒙特卡罗模拟的步数，$S_{t_i}$为在时间点$t_i$的价格，$K$为执行价格，$N$为做平均的节点个数。

亚式期权是最重要的奇异期权之一，因为蒙特卡罗模拟会遍历整个路径，所以非常适合对路径依赖的亚式期权的定价。亚式期权与欧式期权相同，都只能在确定的到期日执行期权合约。欧式期权的价格仅依据到期日时的股价，但是亚式期权则依赖整个合同期中某时间段的价格平均。

亚式期权的定价步骤如下。

◀ 从评估日开始，用随机过程模拟标的资产价格在时间范围内的变化，从而得到标的资产价格的一条路径。反复这个过程，得到预设数量的路径。
◀ 计算亚式期权平均期内每个节点的平均股票价格。
◀ 计算在每个节点期权的价值，并根据折扣因子得到现值。
◀ 对平均期内所有期权价值取平均，得到亚式期权的价格。

期权的定价是与标的资产的价格紧密相关的。下面的代码把标的资产的定价封装为一个函数。

B2_Ch3_9_A.py

```python
import numpy as np
import matplotlib.pyplot as plt
import matplotlib as mpl
import pandas as pd

def MC_sim_asset_price(S0, r, v, steps_per_year, T_year, MC_sim_num):
    np.random.seed(666)
    sim_steps = steps_per_year*T_year
    dt = 1/steps_per_year
    drift = (r-0.5*v*v)*dt
    voli = v*np.sqrt(dt)
    St = np.zeros(shape=(sim_steps,MC_sim_num))
    St[0,] = S0
    for i in range(1,sim_steps):
        for j in range(0,MC_sim_num):
            e = np.random.randn(1)
            St[i,j] = St[i-1,j]*np.exp(drift+voli*e)
    return St
```

运行下面代码，调用该函数产生了模拟前九步的示意图，如图3-17所示。

B2_Ch3_9_B.py

```python
#stock price simulation
stock_price_sim = MC_sim_asset_price(S0=100, r=0.03, v=0.3, steps_per_year=252, T_year=2, MC_sim_num=10000)

mpl.style.use('ggplot')
#show first 9 steps of simulation
plt.plot(pd.DataFrame(stock_price_sim).head(10))
plt.title("Monte Carlo simulations for stock price")
plt.xlabel("Number of simulations")
plt.ylabel("Simulated stock prices")
```

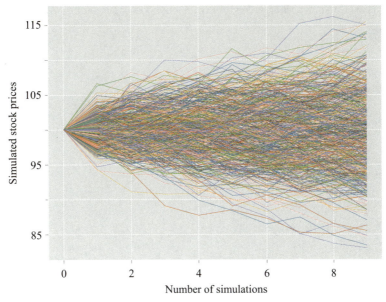

图3-17 股票价格蒙特卡罗模拟前九步示意图

下面的代码计算了一个亚式看涨期权的价格,并与欧式看涨期权进行了对比。

`B2_Ch3_9_C.py`

```python
#European call options
#discount interest rate
r = 0.03
#strike price
K = 90
#simulation steps per year
steps_per_year = 252
#maturity
T_year = 2
#monte carlo simulation number
MC_sim_num = 10000

sim_stocks = pd.DataFrame(stock_price_sim)
payoffs_eur = []

sim_steps = steps_per_year*T_year
for j in range(0, MC_sim_num):
    payoffs_eur.append(max(sim_stocks.iloc[sim_steps-1, j]-K,0)*np.exp(-r*T_year))

european_opt_price  = np.mean(payoffs_eur)

print('The price for the European call option: %.2f' % european_opt_price)
```

欧式看涨期权价格如下。

```
The price for the European call option: 24.23
```

下面的代码计算了一个亚式看涨期权的价格，并与欧式看涨期权进行了对比。

`B2_Ch3_9_D.py`

```python
#Asian call options
#discount interest rate
r = 0.03
#strike price
K = 90
#simulation steps per year
steps_per_year = 252
#maturity
T_year = 2
#monte carlo simulation number
MC_sim_num = 10000
#average time in days
ave_period = 10

sim_stocks = pd.DataFrame(stock_price_sim)
ave_prices = []
payoffs_asian = []

sim_steps = steps_per_year*T_year
for i in range(sim_steps-ave_period, sim_steps):
    #arithmetic mean for each step
    ave_prices.append(np.mean(sim_stocks [i]))
    payoffs_asian.append(max(np.mean(sim_stocks [i])-K,0)*np.exp(-r*(i/steps_per_year)))

asian_opt_price = np.mean(payoffs_asian)

print('The price for the Asian call option: %.2f' % asian_opt_price)
```

亚式看涨期权价格如下。

```
The price for the Asian call option: 7.70
```

通常来说，相比于欧式期权或者美式期权亚式期权的价格较低，这是因为亚式期权的平均效应降低了市场波动对期权价格的影响。

## 3.8 马尔可夫链蒙特卡罗

**马尔可夫链蒙特卡罗** (Markov Chain Monte Carlo, MCMC) 是一种常用的从分布中抽样的算法。从它的名字就可以看出，这种算法结合了"马尔可夫链"和"蒙特卡罗"两个概念，简单地说，它是使用马尔可夫链的蒙特卡罗积分，在随机过程一章和本章的前面几节中，对这两个概念都进行过介绍。

如图3-18所示，这种算法通过构造具有所需分布作为其平稳分布的马尔可夫链，然后通过蒙特卡罗方法在稳态分布中进行大量抽样。

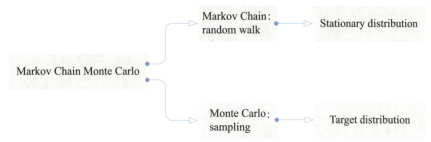

图3-18　马尔可夫链蒙特卡罗概念图

从前面的介绍，可以知道马尔可夫链可能不存在稳态分布，也可能存在多个稳态分布。只有具有**不可约** (irreducibility)、**非周期** (non-recurrence) 和**正常返** (recurrence) 性质的马尔可夫链才具有唯一的稳态分布，此时，转移概率的极限分布是马尔可夫链的平稳分布。在这种情况下，马尔可夫链是"殊途同归"，也就是虽然初始状态不同，但是最终会收敛为唯一的稳态分布。马尔可夫链蒙特卡罗正是针对待采样的目标分布，构造一个符合这种条件的马尔可夫链，然后从任何一个初始状态出发，沿着马尔可夫链进行状态转移，最终得到的状态转移矩阵会收敛到稳态分布，亦即目标分布，马尔可夫链采样得到我们需要的样本集。

在解决马尔可夫链蒙特卡罗问题时，常常会讨论马尔可夫链的**细致平稳条件** (detailed balance condition)，它是指对于一个状态转移矩阵为 $P$ 的马尔可夫链 $X_n$，如果存在概率分布 $\pi(x)$ 对于任意的两个状态 $i$ 和 $j$，满足下列等式。

$$\pi(i)P(i,j) = \pi(j)P(j,i) \tag{3-13}$$

如果概率分布 $\pi(x)$ 为状态转移矩阵 $P$，该马尔可夫链对于 $\pi(x)$ 是可逆的，式(3-13)被称为细致平稳条件。细致平稳条件本质上是，如果在稳态时，开始一个马尔可夫链，则 $X_0 \sim \pi$。$\pi(i)P(i,j)$ 代表从状态 $i$ 到状态 $j$ 的随机漫步概率值的变化，恰好等于 $\pi(j)P(j,i)$，即从状态 $j$ 到状态 $i$ 的概率值变化，也就是说在状态 $i$ 到状态 $j$ 之间的变化没有概率的净变化，从而 $\pi(x)$ 是马尔可夫链的平稳分布。数学上的证明也很简单，由细致平稳条件可求得。

$$\sum_{i=1}^{+\infty} \pi(i)P(i,j) = \sum_{i=1}^{+\infty} \pi(j)P(j,i) = \pi(j)\sum_{i=1}^{+\infty} P(j,i) = \pi(j)$$
$$\Rightarrow \pi = \pi P \tag{3-14}$$

可见，$\pi$ 是方程 $\pi P = \pi$ 的解，所以 $\pi$ 是平稳分布。

由上可见，马尔可夫链的可逆性是更加严格的不可约性，即不仅可以在任意状态间转移，而且向各状态转移的概率是相等的，因此可逆马尔可夫链是平稳马尔可夫链的充分但非必要条件。在马尔可夫链蒙特卡罗的应用中，常常通过构建满足细致平衡条件的可逆马尔可夫链，来确保可以得到唯一的平稳分布。

一般的蒙特卡罗方法可以对目标概率分布模型进行随机抽样，从而得到该分布的近似数值解。但是，对于高维的情况，以及复杂的概率密度函数，则需要借助马尔可夫链蒙特卡罗方法。

在本丛书概率与统计的章节中，介绍过**贝叶斯原理** (Bayesian inference)，其具体形式如图3-19所示。

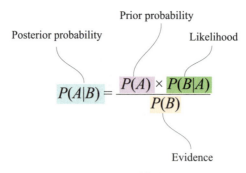

图3-19 贝叶斯原理

**贝叶斯推断** (Bayesian inference) 是基于贝叶斯原理，在有更多证据及信息时，更新假设概率的一种推论统计方法，其数学表达式为：

$$P(\theta \mid X) = \frac{P(\theta) \times P(X \mid \theta)}{P(X)} = \frac{P(\theta) \times P(X \mid \theta)}{\int_{\theta^*} P(\theta^*) \times P(X \mid \theta^*) \mathrm{d}\theta^*} \tag{3-15}$$

其中，$X$ 为观测的数据点，$\theta$ 为数据点分布的参数。

如图3-20所示为贝叶斯推断概念图，简单地说，即后验分布正比于先验分布与似然率的乘积。

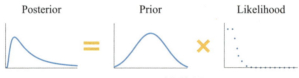

图3-20 贝叶斯推断

贝叶斯推断的核心就是通过先验知识不断更新后验概率密度来分析参数的可能性分布，观察到更多数据后，对先验概率进行调整，如果继续进行实验，之前的后验概率密度就变成了先验知识，这样最终会越来越接近参数的真实分布，似然函数则是对这个分布更确定一些的估计。但是作为分母的归一化因子，即证据，如果牵涉复杂的概率密度函数或者需要高维积分，往往难以得到。

在前面已经介绍过马尔可夫链蒙特卡罗在高维积分中的应用。接下来，我们结合下面的例子讨论其在贝叶斯推断中的应用。

在贝叶斯推断中，不断会有新的证据，即新的数据会被吸纳进似然函数，而成为新的似然函数的一部分。这个不断迭代的过程就是马尔可夫链蒙特卡罗采样方法的基本思想。

从给定的概率分布函数中获得有代表性的采样点。在刚开始采样时，形成的概率分布一般来说并不符合概率分布函数，但随着采样次数的增加，会越来越接近概率分布函数，并且其分布最终会达到稳态，这对应马尔可夫链的稳态 (马尔可夫链的节点是当前的概率分布)。对平稳分布的采样，就可以用来进行蒙特卡罗模拟。

在对新的观察结果进行抽样时，需要确定它是否沿着正确的方向，也就是需要决定新观察结果的存留，这个过程叫作验收拒绝抽样。然后检查收敛，确保数据收敛到合理的分布。收敛点后随机生成的值成为后验分布，估计后验分布，需要高维积分求得边缘概率。用马尔可夫链蒙特卡罗，可以从建议分布中抽取样本，而每次抽样只取决于上一次抽样，即抽样形成马尔可夫链。对于确定的马尔可夫链，有确定的稳态分布。另外，需要根据接受条件对比目标分布，来确保稳态分布即为后验分布。

**梅特罗波利斯-黑斯廷斯算法** (Metropolis-Hastings algorithm, MH) 是马尔可夫链蒙特卡罗中一种基本的抽样方法，如图3-21所示。它通过在取值空间取任意值作为起始点，按照先验分布计算，计算起始点的概率密度。然后随机移动到下一点，计算当前点的概率密度。接着，计算当前点和起始点概率密度的比值，并产生 (0,1) 之间的随机数。最后，对比这个比值与产生的随机数的大小来判断是否保留当前点，当前者大于后者，接受当前点，反之则拒绝当前点。这个过程一直循环，直到找到能被接受的模型参数。

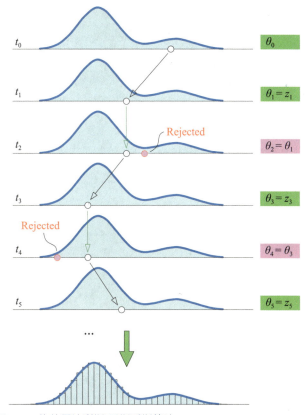

图3-21　梅特罗波利斯-黑斯廷斯算法(Metropolis-Hastings algorithm)

前面介绍过，马尔可夫链会在一定数量的模拟之后收敛于稳态分布，在此之后的抽样可以认为是从后验分布进行的抽样。

接下来，结合下面的例子，对MH算法进行详细介绍。如果$p(x)$为**建议分布** (proposal distribution)，在这里设定均值为0，方差为$\sigma$的正态分布$N(0, \sigma)$。$g(x)$为**目标分布** (target distribution)。那么应用MH算法，其步骤如下。

(1) 假定初始值为$\theta$，它对应于一个正的概率。通过$\Delta\theta \sim N(0, \sigma)$产生一个随机值，从而得到一个新的值$\theta_p$，$\theta_p = \theta + \Delta\theta$，其中$\Delta\theta \sim N(0, \sigma)$。

(2) 计算接受概率。

$$\rho = \min\left(1, \frac{p(X|\theta_p)p(\theta_p)}{p(X|\theta)p(\theta)}\right) \quad (3-16)$$

(3) 判断接受或拒绝。从[0,1] 均匀分布产生随机数$u$；如果$\rho \geq u$，接受该状态，设定$\theta = \theta_p$；如果$\rho < u$，拒绝该状态，设定$\theta = \theta$。

从图3-22可以看出，在经历大量的马尔可夫链蒙特卡罗抽样后，目标分布非常接近真实的后验分布。

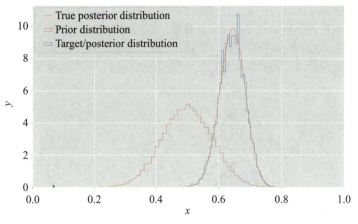

图3-22 马尔可夫链蒙特卡罗

下面的代码实现了上述的MH算法的迭代过程，并且绘制了先验分布和得到的后验分布 (目标分布) 图，并与真实后验分布进行了对照。

```
B2_Ch3_10_A.py
import matplotlib.pyplot as plt
import numpy as np
import scipy.stats as stats
import matplotlib as mpl

np.random.seed(66)

def target_dist(likelihood, prior_dist, n, k, theta):
    if theta < 0 or theta > 1:
        return 0
    else:
        return likelihood(n, theta).pmf(k)*prior_dist.pdf(theta)


likelihood = stats.binom
alpha = 20
beta = 20
prior = stats.beta(alpha, beta)
n = 100
k = 70

sigma = 0.2
theta = 0.3
accept_num = 0
MC_num = 50000

samples = np.zeros(MC_num+1)
samples[0] = theta
for i in range(MC_num):
```

```python
    theta_p = theta + stats.norm(0, sigma).rvs()
    rho = min(1, target_dist(likelihood, prior, n, k, 
theta_p)/target_dist(likelihood, prior, n, k, theta))
    #acceptation or rejection
    u = np.random.uniform()
    if rho > u:
        accept_num += 1
        theta = theta_p
    samples[i+1] = theta

#true posterior distribution
post = stats.beta(k+alpha, n-k+beta)
thetas = np.linspace(0, 1, 200)

#assume markov chain stationary after half MC simulation number
n_stationary = len(samples)//2

#visualization
mpl.style.use('ggplot')
plt.figure(figsize=(14, 8))
plt.hist(prior.rvs(n_stationary), 50, histtype='step', 
density=True, linewidth=1, label='Prior distribution')
plt.hist(samples[n_stationary:], 50, histtype='step', 
density=True, linewidth=1, label='Target/Posterior distribution')
plt.plot(thetas, post.pdf(thetas), c='red', linestyle='--', 
alpha=0.5, label='True posterior distribution')
plt.xlim([0,1])
plt.legend(loc='best')
```

下面的代码,把MH算法封装为一个函数,然后调用这个函数,绘制了5条马尔可夫链,它们都最终收敛于唯一的一个稳态分布,这个稳态分布即对应于后验分布。

B2_Ch3_10_B.py

```python
#MCMC: Metropolis-Hastings algorithm
def MCMC_MH(MC_num, n, k, theta, likelihood, prior_dist, sigma):
    samples = [theta]
    while len(samples) < MC_num:
        theta_p = theta + stats.norm(0, sigma).rvs()
        rho = min(1, target_dist(likelihood, prior_dist, n, k, 
theta_p)/target_dist(likelihood, prior_dist, n, k, theta ))
        u = np.random.uniform()
        if rho > u:
            theta = theta_p
        samples.append(theta)
    return samples

#parameters
```

```python
alpha = 20
beta = 20
prior = stats.beta(alpha, beta)
n = 100
k = 70
likelihood = stats.binom
sigma = 0.2
MC_num = 40

sample_list = [MCMC_MH(MC_num, n, k, theta, likelihood, prior,
sigma) for theta in np.arange(0.1, 1, 0.2)]

#Convergence of multiple chains
for sample in sample_list:
    plt.plot(sample, '-o', markersize=8)
plt.xlim([0, MC_num])
plt.ylim([0, 1]);
plt.xlabel('Monte Carlo simulation number')
plt.ylabel('Probability')
```

上述代码运行后，生成图3-23，直观显示了马尔可夫链蒙特卡罗的收敛性。

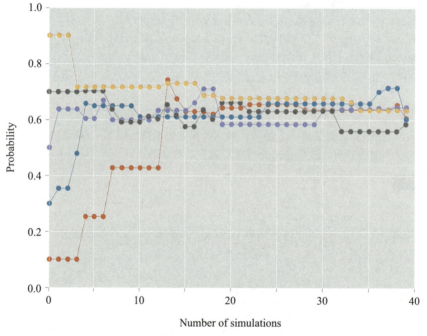

图3-23  马尔可夫链蒙特卡罗的收敛

本章详细讨论了蒙特卡罗模拟在定积分、估算圆周率、预测股价、期权定价以及马尔可夫链中的应用。在讲述过程中，通过具体的例子，结合Python代码，力求给予读者一个直观的理解，使读者真正消化吸收蒙特卡罗模拟这个重要的数值模拟方法的精髓，从而能够在实际工作中灵活地对其拓展运用。

# 第4章 回归分析
## Regression Analysis

在对于测量的探求中，我们总是测量可以进行的，而不是我们真正希望的，并且往往忘记它们之间的差别。

*In our lust for measurement, we frequently measure that which we can rather than that which we wish to measure... and forget that there is a difference.*

——乔治·乌德尼·尤尔 (George Udny Yule)

"夫物芸芸，各复归其根"，世间万物纷繁芜杂，但是均有其本质，且最终回归于本质。老子的悟道似乎与人们对于回归分析的探索有异曲同工之妙。

回归分析无论是在金融、数据处理，还是机器学习领域，都是重要且基本的分析工具，对于人们深入理解不同变量和不同事物间的关系，探寻事物的本质，都有着重要的意义。在本丛书概率与统计章节，介绍了变量相关性分析，通过变量相关性分析，可以对变量之间的非确定性的相关关系，即它们的共同变化的方向和强度进行分析研究，而回归分析是相关分析的进一步拓展，利用确定的函数关系式来更加准确地表达变量之间的关系，从而对未来进行预测。

Sir Francis Galton (1822—1911) was an eminent 19th century scientist, a polymath. He was a cousin of Charles Darwin and made significant contributions himself to subjects from meteorology to psychology, genetics, forensics and statistical methods. He is chiefly remembered for introducing the term 'eugenics' and for his enthusiastic advocacy of selective breeding in human populations, although this work has long been discredited. (Sources: http://www.galtoninstitute.org.uk/sir-francis-galton/)

George Udny Yule (1871—1951). was an English mathematician who is best known for his book: Introduction to the Theory of Statistics. He produced a series of important articles on the statistics of regression and correlation. Yule's work entitled On the Theory of Correlation was first published in 1897. He developed his approach to correlation via regression with a conceptually new use of least squares and by the 1920's his approach predominated in applications in the social sciences. He introduced the correlogram and he did fundamental work on the theory of autoregressive series. (Sources: https://mathshistory.st-andrews.ac.uk/Biographies/Yule/)

## 本章核心命令代码
Core Functions and Syntaxes

- `ax.grid(True)` 在图像中显示网格
- `ax.plot_surface()` 绘制三维曲面图
- `matplotlib.pyplot.annotate()` 在图像中绘制箭头
- `matplotlib.pyplot.tight_layout()` 自动调整子图参数，以适应图像区域
- `numpy.meshgrid(x,y)` 产生以向量 x 为行，向量 y 为列的矩阵
- `pandas.get_dummies()` 转换为指示变量
- `seaborn.countplot()` 绘制条形图
- `seaborn.heatmap()` 绘制热图
- `seaborn.set()` 可视化个性化设置
- `sklearn.linear_model.Lasso()` 套索回归拟合
- `sklearn.linear_model.LinearRegression()` 线性回归拟合
- `sklearn.linear_model.Ridge()` 岭回归拟合
- `sklearn.metrics.confusion_matrix()` 评估模型结果
- `sklearn.metrics.mean_squared_error()` 计算均方误差值
- `sklearn.metrics.r2_score()` 计算决定系数值
- `sklearn.pipeline.Pipeline()` 按顺序打包并处理各个节点的数据
- `sklearn.preprocessing.PolynomialFeatures()` 生成多项式特征
- `sklearn.model_selection.train_test_split()` 将数据划分为训练数据和测试数据
- `slope,intercept,r_value,p_value,std_err = scipy.stats.linregress()` 计算最小二乘线性回归，并返回参数值

## 4.1 回归分析概述

**回归** (regression) 最早是由英国统计学家**高尔顿** (Francis Galton) 在研究父代与子代身高关系时提出来的。高尔顿通过观察分析,发现不论父代过高或者过矮,他们的子代都会更趋近于同龄人的平均身高,从而使得身高的分布不会向高矮两个极端发展,而是呈现出回到中间值的趋势,所以称之为回归。

但是,现在讨论的**回归分析** (regression analysis) 是用来研究因变量和自变量之间关系的一种建模方法,所以并不等同于高尔顿提出的"回归"的字面意思。通过执行回归分析,可以研究自变量对于因变量的影响程度,从而对因变量的发展趋势进行预测。在金融领域,由于需要对大量的数据分析处理并且进行预测,因此回归分析成为金融分析和预测建模的一种重要工具。

如图4-1所示是四个回归分析的例子,展示的是用直线或者曲线函数来拟合数据点。这些拟合曲线是通过最小化数据点与曲线上对应点之间的差异得到的,因此对于所有数据点而言最具有代表性,继而可以根据得到的函数曲线对未来趋势进行预测。

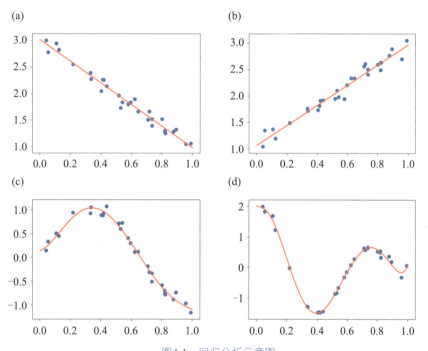

图4-1 回归分析示意图

图4-1中的数据点,是通过对函数添加"噪声"(即随机数)产生的,然后利用这些数据点进行多项式拟合。在本章后面的多项式回归一节中,会对多项式拟合有更详细的介绍,因此对于下面代码暂且不做过多解释。感兴趣的读者,可以尝试阅读并运行下列代码,初步了解回归分析。在讲完多项式回归一节后,相信会对此有更加深入的理解。

`B2_Ch4_1.py`

```python
import numpy as np
import matplotlib.pyplot as plt
from sklearn.pipeline import Pipeline
```

```python
from sklearn.preprocessing import PolynomialFeatures
from sklearn.linear_model import LinearRegression

#define functions for data point generation
def fun1(x):
    return -2*x+3

def fun2(x):
    return 2*x+1

def fun3(x):
    return np.sin(1.5 * np.pi * x)

def fun4(x):
    return np.cos(2.1 * np.pi * (x-1.))+np.cos(3 * np.pi * x)


np.random.seed(6)

num_sample = 30

X = np.sort(np.random.rand(num_sample))

rows = 2
cols = 2
fig, axs = plt.subplots(rows, cols, figsize=(14,8))

#fig1
y1 = fun1(X) + np.random.randn(num_sample) * 0.1
polynomial_features = PolynomialFeatures(degree=1, include_bias=False)
linear_regression = LinearRegression()
pipeline = Pipeline([("polynomial_features", polynomial_features),
                     ("linear_regression", linear_regression)])
pipeline.fit(X[:, np.newaxis], y1)

X_test = np.linspace(0, 1, 1000)
axs[0, 0].plot(X_test, pipeline.predict(X_test[:, np.newaxis]),
color='red', label="Fitting model")
axs[0, 0].scatter(X, y1)
axs[0, 0].set_yticks([1.0, 1.5, 2.0, 2.5, 3.0])
axs[0, 0].set_title('(a)', loc='left')

#fig2
y2 = fun2(X) + np.random.randn(num_sample) * 0.1
polynomial_features = PolynomialFeatures(degree=1, include_bias=False)
linear_regression = LinearRegression()
```

```python
pipeline = Pipeline([("polynomial_features", polynomial_features),
                     ("linear_regression", linear_regression)])
pipeline.fit(X[:, np.newaxis], y2)

X_test = np.linspace(0, 1, 1000)
axs[0, 1].plot(X_test, pipeline.predict(X_test[:, np.newaxis]),
color='red', label="Fitting model")
axs[0, 1].scatter(X, y2)
axs[0, 1].set_yticks([1.0, 1.5, 2.0, 2.5, 3.0])
axs[0, 1].set_title('(b)', loc='left')

#fig3
y3 = fun3(X) + np.random.randn(num_sample) * 0.1
polynomial_features = PolynomialFeatures(degree=5, include_bias=False)
linear_regression = LinearRegression()
pipeline = Pipeline([("polynomial_features", polynomial_features),
                     ("linear_regression", linear_regression)])
pipeline.fit(X[:, np.newaxis], y3)

X_test = np.linspace(0, 1, 1000)
axs[1, 0].plot(X_test, pipeline.predict(X_test[:, np.newaxis]),
color='red', label="Fitting model")
axs[1, 0].scatter(X, y3)
axs[1, 0].set_title('(c)', loc='left')

#fig4
y4 = fun4(X) + np.random.randn(num_sample) * 0.1
polynomial_features = PolynomialFeatures(degree=8, include_bias=False)
linear_regression = LinearRegression()
pipeline = Pipeline([("polynomial_features", polynomial_features),
                     ("linear_regression", linear_regression)])
pipeline.fit(X[:, np.newaxis], y4)

X_test = np.linspace(0, 1, 1000)
axs[1, 1].plot(X_test, pipeline.predict(X_test[:, np.newaxis]),
color='red', label="Fitting model")
axs[1, 1].scatter(X, y4)
axs[1, 1].set_yticks([-1.0, 0.0, 1.0, 2.0])
axs[1, 1].set_title('(d)', loc='left')
```

在前面章节介绍过相关性分析，它与回归分析都是研究两个或者两个以上变量之间关系的方法。相关性分析讨论的对象是一对没有次序的随机变量，关注的是两者间线性关系。而回归分析则将研究的对象分为因变量和自变量，自变量是确定的普通变量，而因变量是随机变量。另外，相关分析只是定性地描述两个变量之间的相关关系；而回归分析不仅可以揭示自变量对因变量的影响程度，还可以根据回归模型进行预测。所以，可以理解为相关分析是回归分析的基础，而回归分析是相关分析的发展。在实际应用中，往往先通过相关分析，得到相关系数，然后建立回归模型，最后用回归模型进行预测。

# 4.2 回归模型的建模与评估

**回归模型** (regression model) 是对两个或者多个变量之间的关系进行定量描述的一种数学模型。假设有自变量X和因变量Y，用b表示未知参数 (回归参数)，那么回归模型，就是将Y和一个关于X与b的函数f关联起来，如下式所示。

$$Y = f(X,b) + \varepsilon \tag{4-1}$$

在回归建模中，首先需要指定函数f的形式，这种函数的形式一般是建立在对自变量X和因变量Y关系的了解之上。而其中的ε称为**残差** (residual)，是观测值与函数预测值之差，也可以把残差看作误差的观测值。

多种不同的回归方法和技术被采用进行回归建模，而究其根源，这些技术主要由以下三个度量驱动——**自变量的个数** (number of independent variables)、**因变量的类型** (shape of the regression line) 和**回归线的形状** (type of dependent variables)，如图4-2所示。

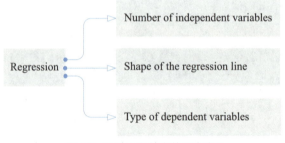

图4-2 驱动回归技术的三个度量

常见的回归模型包括：

◂ **线性回归** (Linear regression);
◂ **逻辑回归** (Logistic regression);
◂ **多项式回归** (Polynomial regression);
◂ **岭回归** (Ridge regression);
◂ **套索回归** (LASSO regression);
◂ **逐步回归** (Stepwise regression);
◂ **ElasticNet回归** (ElasticNet regression) 等等。

通过回归模型的创建，可以考察因变量与自变量的关系，并且考察多个自变量对一个因变量影响强度的大小。回归模型也可以帮助考察不同量纲的变量之间的相互影响。最终，利用回归模型进行预测。

对于变量之间存在明显的关系的，比如线性关系或者逻辑关系，一般会首先选择尝试线性模型或逻辑模型，但是在复杂的情况下，需要结合自变量和因变量的类型、数据的维数和其他数据特征去选择合适的回归模型。在选择回归模型前，首先需要对数据进行分析探索，尽量了解变量之间的关系和相互之间的影响。尝试多种可能的模型，并利用各种统计学度量 (例如显著性分析、决定系数等) 对它们进行比较和选择。交叉分析也常被用来评估模型。通过把数据分成训练组和测试组，从而在建模后，通过分析观察值和模型预测值之间的差别对模型进行评估。

对于模型的评估，通常需要考虑是否存在**过拟合** (overfitting) 或者**欠拟合** (underfitting) 现象。过拟合一般是指因为过度拟合数据点，甚至把噪声数据的特征也拟合入模型，使得模型仅对训练数据拟合得过于完美,但却未能抽象出模型的通用规律,导致模型的预测能力下降。通过增大训练组的数据量,以及采用正则化等方法,可以改善过拟合现象。欠拟合则是指模型未能充分归纳出数据的特征,从而导致不能准确地拟合数据。对于欠拟合,可以通过添加其他特征项、添加多项式特征、减少正则化参数等来防止和改进。

下面通过编制程序直观地解释过拟合和欠拟合。这个例子是通过在一个正弦函数基础上添加随机噪声,如下式所示。

$$y = \sin(1.5\pi \cdot x) + \varepsilon \tag{4-2}$$

其中,$\varepsilon$为随机的噪声。

首先,产生30个数据点,然后利用不同维度的多项式来对这些数据点进行拟合。此处的介绍,是为便于读者理解过拟合和欠拟合,对于例子中用到的多项式拟合,在后面会有详细介绍。

```
B2_Ch4_2.py
import numpy as np
import matplotlib.pyplot as plt
from sklearn.pipeline import Pipeline
from sklearn.preprocessing import PolynomialFeatures
from sklearn.linear_model import LinearRegression

def original_fun(X):
    return np.sin(1.5 * np.pi * X)

np.random.seed(6)

num_sample = 30
degrees = [1, 5, 15]
titles = ['(a) Underfitting', '(b) Optimalfitting', '(c) Overfitting']
X = np.sort(np.random.rand(num_sample))
y = original_fun(X) + np.random.randn(num_sample) * 0.1

rows = 1
cols = 3
fig, axs = plt.subplots(rows, cols, figsize=(14,5))

for i in range(len(degrees)):
    polynomial_features = PolynomialFeatures(degree=degrees[i],
                                             include_bias=False)
    linear_regression = LinearRegression()
    pipeline = Pipeline([("polynomial_features", polynomial_features),
                         ("linear_regression", linear_regression)])
    pipeline.fit(X[:, np.newaxis], y)

    X_test = np.linspace(0, 1, 100)
    axs[i].plot(X_test, pipeline.predict(X_test[:, np.newaxis]),
color='red', label="Fitting model")
    axs[i].plot(X_test, original_fun(X_test), color='lightblue',
```

```
label="Original function")
    axs[i].scatter(X, y, s=20, label="Samples")
    axs[i].set_xlim(0, 1)
    axs[i].set_ylim(-2, 2)
    axs[i].set_xticks([0.0, 0.5, 1.0])
    axs[i].set_yticks([-2, -1, 0, 1, 2])
    axs[i].legend(loc="best")
    axs[i].set_title(titles[i], loc='left')
```

图4-3所示即为上述代码产生的图形。图4-3(a) 由于特征项过少，模型未能归纳出数据点的规律，为欠拟合。图4-3(c) 中，模型试图对每一个数据点进行归纳，导致模型趋于复杂，并且不能得到数据的一般规律，为过拟合。图4-3(b) 选择了合适的特征项，从而可以较好地拟合数据，对数据规律进行预测。

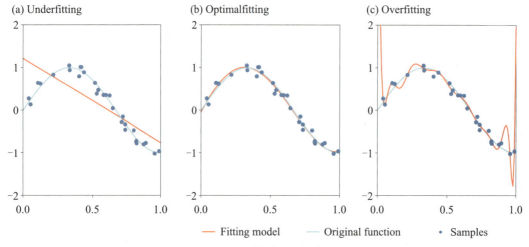

图4-3 过拟合和欠拟合

模型的误差有多个产生因素，比如数据本身的误差，但是数据本身的误差，通常由不确定性因素导致，无法避免。因此，模型的误差主要考虑以下两个来源：**偏差** (bias) 和**方差** (variance)。偏差是指模型预测值和真实数据之间的差异，通常是由于模型无法表示基本数据的复杂度而造成的；方差指的是模型之间的差异，一般是由于模型过于复杂，尤其是模型过拟合时产生的。如图4-4所示为解释偏差和方差经常用到的靶心图。假设红色的靶心区域是完美的预测值，黑色点为模型对样本的预测值。预测值越接近靶心，表示预测效果越好。先比较左边两图和右边两图，左边两图的绿色点比较集中，而右边两图比较分散，它们描述的是方差的两种情况，比较集中对应的方差较小，比较分散对应的方差较大。再比较上面两图和下面两图，上面两图黑色点与红色靶心区域比较接近，即偏差较小，下面两图离靶心较远，即偏差较大。

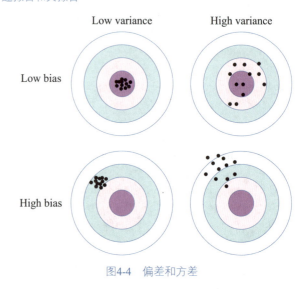

图4-4 偏差和方差

在实际建模中，降低模型误差一般需通过权衡偏差和方差。但是，在一般情况下，小的偏差和方差不可兼得，降低偏差，方差会提高；降低方差，偏差会提高，如图4-5所示。这就需要对模型的偏差和方差进行综合考量，使得模型达到最优。一般来说，简单的模型会有较大的偏差和较小的方差，即不能很好地拟合测试数据。复杂的模型则偏差较小方差较大，容易产生过拟合。所以，正确选择模型的复杂度是建模中的一个重要课题。

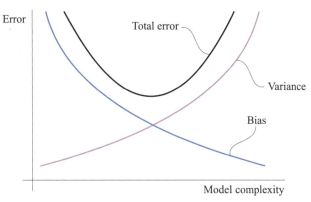

图4-5　模型误差与偏差、方差的关系

　　Python有"十八般武艺"可以处理回归分析问题，比如Sklearn、Scipy、Statsmodels及Numpy等运算包，并且每个运算包往往又有多个针对回归问题的函数。以线性回归为例，表4-1列举了5个运算包使用的不同函数及各自特点。在下面对于不同回归技术的介绍中，将以Sklearn和Scipy运算包为主，感兴趣的读者，可以尝试用其他运算包进行替代。

表 4-1　线性回归相关的运算包、函数及特点

| 运算包 | 函数 | 特点 |
| --- | --- | --- |
| Sklearn | linear_model.LinearRegression() | 在机器学习与大数据领域广泛应用，是一些交叉验证或者正则方法（比如岭回归和套索回归函数）的实质核心 |
| Scipy | stats.linregress() | 高度专门化的线性回归拟合函数，利用最小二乘法，快速简便 |
| Statsmodels | OLS() | 结果会与已有的统计包对比，输出数据结果的详细列表 |
| Scipy | optimize.curve_fit() | 通过最小二乘法对任何函数拟合 |
| Scipy | polyfit() | 适用于任何维度的多项式拟合，返回值是一个回归系数的数组 |
| Numpy | polyfit() | 适用于任何维度的多项式拟合，返回值是一个回归系数的数组 |
| Numpy | Linalg.lstsq | 利用矩阵因式分解计算线性方程组的最小二乘解，适用所有线性回归，返回系数与残差 |

# 4.3 线性回归

**线性回归** (linear regression) 是最为常用的回归建模技术，它是利用线性关系建立因变量与一个或多个自变量之间的联系，其中自变量既可以是连续的也可以是离散的，而因变量是连续的。其数学表达式为：

$$y = b_0 + b_1 x_1 + b_2 x_2 + \cdots + b_n x_n + \varepsilon \qquad (4\text{-}3)$$

其中，$b_1, b_2, \cdots, b_n$ 代表模型的参数，$\varepsilon$ 为残差项。

因变量只与一个自变量对应的线性回归模型，称为**简单线性回归** (Simple Linear Regression, SLR) 或**一元线性回归**，其数学表示式为：

$$y = b_0 + b_1 x + \varepsilon \tag{4-4}$$

其中，常数项参数 $b_0$ 称为**截距** (intercept)，$b_1$ 称为**斜率** (slope)。

如图4-6所示，对图中的**观察值** (observed value) 进行回归分析建模，首先根据对自变量与因变量的观察，可以尝试利用简单线性回归模型，即用一条直线——**回归线** (regression line) 进行拟合建模。如下式所示。

$$y = b_0 + b_1 x \tag{4-5}$$

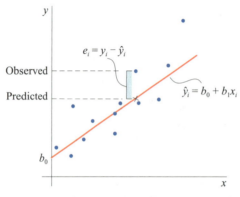

图4-6　简单线性回归模型

在确定了回归线可以用来表示因变量随自变量的变化后，那么如何确定这条回归线的参数呢？也就是如何确定式4-5中的 $b_0$ 与 $b_1$ 呢？**最小二乘法** (least square method) 是解决这个问题最常用的一种办法。它是通过使每个观察值与预测值差的平方和最小化来计算得到最佳的拟合回归线。在统计学中，"戴帽子"的变量 $\hat{y}$ 通常代表它是预测值，以区别于真实观测到的数值 $y_i$。预测值为：

$$\hat{y}_i = b_0 + b_1 x_i \tag{4-6}$$

使下式的值最小。

$$\min \sum_{i=1}^{n} e_i^2 = \min \sum_{i=1}^{n} (y_i - \hat{y}_i)^2 = \min_{b_0, b_1} \sum_{i=1}^{n} (y_i - b_0 - b_1 x_i)^2 \tag{4-7}$$

为了方便理解，跳过求解这个极值问题的中间过程，最终可以得到参数 $b_0$ 和 $b_1$ 的最小二乘法估值 $\hat{b}_0$ 和 $\hat{b}_1$。

$$\begin{cases} \hat{b}_1 = \dfrac{\sum (x_i - \bar{x})(y_i - \bar{y})}{\sum (x_i - \bar{x})^2} \\ \hat{b}_0 = \bar{y} - \hat{b}_1 \bar{x} \end{cases} \tag{4-8}$$

其中，$\bar{x}$ 和 $\bar{y}$ 分别为自变量 $x$ 和因变量 $y$ 的平均值。

于是，得到了模型的参数，基于简单线性回归的模型创建完成。这个模型观察值与预测值之间的不同，用残差来表示，数学式为：

$$\hat{\varepsilon}_i = y_i - \hat{y}_i = y_i - (\hat{b}_0 + \hat{b}_1 x_i) \tag{4-9}$$

它可以理解为误差$\varepsilon_i$的估计值，但不是真正统计意义上的估计值，这是因为$\varepsilon_i$是随机量，是不可估的。

在回归模型创建之后，很自然就要考虑这个模型是否能够很好地解释数据，即考察这条回归线对观察值的拟合程度，也就是所谓的**拟合优度** (goodness of fit)。简单地说，拟合优度是回归分析中考察样本数据点对于回归线的贴合程度。**决定系数** (coefficient of determination, $R^2$) 是定量化反映模型拟合优度的统计量。通过下面的例子，可以更好地对其深入理解。

假设一数据集包括$y_1, y_2, \cdots, y_n$共$n$个观察值，相对应的模型预测值分别为$\hat{y}_1, \hat{y}_2, \cdots, \hat{y}_n$。其残差为$\varepsilon_i = y_i - \hat{y}_i$。

显然，这组数据观察值的期望值为：

$$\bar{y} = \frac{1}{n}\sum_{i=1}^{n} y_i \tag{4-10}$$

**回归平方和** (Sum of Squares for Regression, SSR或者Explained Sum of Squares, ESS) 是指建模得到的回归方程所引起的因变量的变化，所以其数值和预测值与期望值之间的差相联系，数学表示式为：

$$SSR = \sum_{i=1}^{n}(\hat{y}_i - \bar{y})^2 \tag{4-11}$$

**残差平方和** (Sum of Squares for Error, SSE或者Residual Sum of Squares, RSS) 是指随机因素造成的因变量的变化，与观察值与预测值的差有关，数学表示式为：

$$SSE = \sum_{i=1}^{n}(y_i - \hat{y}_i)^2 \tag{4-12}$$

**总离差平方和** (Sum of Squares for Total, SST或者Total Sum of Squares, TSS) 是指因变量与所有观测值之间的差异，即观察值与期望值的差异，数学表示式为：

$$SST = \sum_{i=1}^{n}(y_i - \bar{y})^2 \tag{4-13}$$

因变量与所有观测值之间产生差异的原因，包括两个方面：自变量的取值以及其他的随机因素。也就是说，总离差平方和包含回归平方和以及残差平方和两部分。图4-7直观展示了三者之间的关系。

$$SST = \sum_{i=1}^{n}(y_i - \bar{y})^2 \quad = \quad SSR = \sum_{i=1}^{n}(\hat{y}_i - \bar{y})^2 \quad + \quad SSE = \sum_{i=1}^{n}(y_i - \hat{y}_i)^2$$

图4-7 总离差平方和(SST)、回归平方和(SSR)与残差平方和(SSE)

决定系数是回归平方和与总离差平方和的比值。回归平方和是由于自变量取值变化引起的，也就是可以由回归模型自变量的变化来解释。造成因变量与期望值之间差异的原因，除了回归模型中自变量的变化部分，还包含残差不确定的部分。而评估创建的回归模型，只评估回归模型对于解释因变量与期望值之间的差异占到了多大的比例。决定系数的大小反映了回归模型在解释总的离差的贡献程度，所以可以作为评估回归模型的指标。决定系数的数学式为：

$$R^2 = \frac{SSR}{SST} = 1 - \frac{SSE}{SST} \tag{4-14}$$

如图4-8 (a) 和图4-8 (b) 中的四个点位置是完全相同的，但是两条直线分别为其平均值线和线性回归线。图4-8(a) 中红色正方形表示对于平均值线情况下残差的平方，所有四个红色正方形面积之和为这种情况下的决定系数大小；图4-8(b) 中浅蓝色正方形表示回归模型残差的平方，同样地，所有四个浅蓝色正方形面积之和即为线性回归情况下的决定系数大小。很明显，线性回归模型的决定系数要远小于平均值线的情况。决定系数是没有单位的，其取值越接近于1，说明回归线对观测值的拟合越好；反之，其取值越小，说明回归线对观测值的拟合越差。

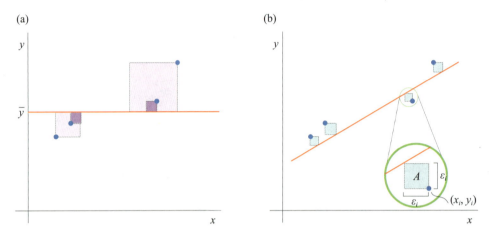

图4-8　决定系数(coefficient of determination)

Scipy运算包的Stats子包提供了一个简便的函数linregress()，可以对两组数据进行基于最小二乘法的简单线性拟合。这个函数的返回值，可以提供斜率、截距、$r$值 (其平方为决定系数)、$p$值和标准误差。下面的例子，提供了两组数据，一组是**德克萨斯中级原油价格** (West Texas Intermediate, WTI)，另一组是某能源公司的**风险比率** (hazard rate)。风险比率是反映违约概率的一个指标。能源公司的风险比率是与油气价格紧密相连的，油气价格高，其违约的概率就低，即能源公司的风险比率较低；反之，油气价格低，其违约的概率就高，风险比率较高。下面的代码尝试用简单线性回归模型对某油气公司的风险比率和德克萨斯中级原油价格进行建模。代码中，首先从一个csv文件中读取德克萨斯中级原油价格和某油气公司的风险比率的数据。

`B2_Ch4_3.py`

```python
import matplotlib.pyplot as plt
from scipy import stats
import pandas as pd
import datetime as dt

#WTI price
df_WTIPrice = pd.read_csv(r'C:\FRM Book\Regression\WTI.csv',
sep=',', usecols=['Date', 'Price'])
#hazard rate of an energy company
df_HazardRate = pd.read_csv(r'C:\FRM Book\Regression\HazardRate.csv', sep=',',
usecols=['Date', 'HazardRate'])
#merge harzard rate file and wti price file
df_dwr = df_HazardRate.merge(df_WTIPrice, left_on='Date',
right_on='Date', how = 'inner')
```

```python
df_dwr['Date'] = pd.to_datetime(df_dwr['Date'])
df_dwr = df_dwr[(df_dwr['Date']>=dt.datetime(2008, 8, 30))&(df_dwr['Date']<=dt.datetime(2008, 10, 30))]
xdata = df_dwr['Price']
ydata = df_dwr['HazardRate']
plt.plot(xdata, ydata, 'o', label='data')

#linear regression between hazard rate of an energy company and wti
slope, intercept, r_value, p_value, std_err = stats.linregress(xdata,ydata)
print('slope: %f, intercept: %f, r_value: %f, p_value: %f, std_err: %f' % (slope, intercept, r_value, p_value, std_err))

R_squared = r_value*r_value
print('R squared: %.2f' % R_squared)
rline = intercept + slope*xdata

plt.plot(xdata, rline,'r-')
plt.title('Simple Linear Regression')
plt.xlabel('WTI')
plt.ylabel('Hazard Rate')
plt.gca().set_yticks([0.005, 0.010, 0.015, 0.020])
plt.legend(['Observed Data', 'y=%5.4f+%5.5f×x, R²=%5.2f' % (intercept, slope, r_value**2)])

plt.gca().spines['right'].set_visible(False)
plt.gca().spines['top'].set_visible(False)
plt.gca().yaxis.set_ticks_position('left')
plt.gca().xaxis.set_ticks_position('bottom')
```

模型的斜率、截距、$r$值、$p$值和标准误差以及决定系数如下。

```
slope: -0.000332, intercept: 0.045095, r_value: -0.901436, p_value: 0.000000, std_err: 0.000025
R squared: 0.81
```

结果显示，这个模型的回归方程为：

$$y = 0.0451 - 0.00033 \cdot x \tag{4-15}$$

决定系数为0.81，即期望值与观察值间差异的81%可以由该模型解释。可见，简单线性模型较好地反映了原油价格与该原油企业风险比率的关系。如图4-9所示为代码运行产生的图形，该图形也从直观上印证了这个模型较好的表现能力。

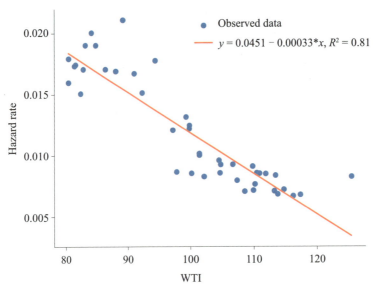

图4-9 简单线性回归

前面介绍的简单线性回归的因变量只与一个自变量对应，即其对应的**特征** (feature) 只有一个。如果因变量对应的特征多于一个，也就是自变量多于一个，那么就需要用**多重线性回归** (multiple linear regression) 对其进行描述。下面的例子是创建股票指数价格与利率和失业率关系的模型。同样地，这个例子仅仅是为了帮助大家理解多重线性回归模型，因为过于简化，并不具有太多的实际应用意义。

首先导入需要用到的所有运算包。

B2_Ch4_4_A.py

```python
import pandas as pd
import matplotlib.pyplot as plt
from sklearn.linear_model import LinearRegression
import numpy as np
import matplotlib as mpl
from mpl_toolkits.mplot3d import Axes3D
from sklearn.metrics import mean_squared_error, r2_score
```

然后从一个csv文件中读入股票指数价格、利率和失业率的数据，并显示前五行，可见显示的数据对应于年与月的利率、失业率和股票指数价格。如果要分析股票指数价格与利率和失业率的关系，也就是说将股票指数价格与这两个特征相联系，故而不能使用简单线性模型。

B2_Ch4_4_B.py

```python
#read data
df = pd.read_csv(r'C:\FRM Book\MultiLrRegrData.csv')
df.head()
```

前五行数据如下。

|   | Year | Month | InterestRate | UnemploymentRate | StockIndexPrice |
|---|------|-------|--------------|------------------|-----------------|
| 0 | 2017 | 12    | 2.75         | 5.3              | 1464            |
| 1 | 2017 | 11    | 2.50         | 5.3              | 1394            |

| 2 | 2017 | 10 | 2.50 | 5.3 | 1357 |
| 3 | 2017 | 9 | 2.50 | 5.3 | 1293 |
| 4 | 2017 | 8 | 2.50 | 5.4 | 1256 |

用下面代码可以分别显示股票指数价格与利率、失业率的关系，如图4-10所示。通过分析，尝试用两重线性模型进行拟合。

```
B2_Ch4_4_C.py

#plot stock index price vs interest rate and unemployment rate
mpl.style.use('ggplot')
fig, (ax1, ax2) = plt.subplots(1, 2, figsize=(14, 6), sharey=True)
ax1.scatter(df['InterestRate'], df['StockIndexPrice'], color='red')
ax1.set_title('(a) Stock index price VS interest rate', loc='left', fontsize=14)
ax1.set_xlabel('Interest rate', fontsize=14)
ax1.set_ylabel('Stock index price', fontsize=14)
ax1.set_yticks([700, 900, 1100, 1300, 1500])
ax1.grid(True)

ax2.scatter(df['UnemploymentRate'], df['StockIndexPrice'], color='green')
ax2.set_title('(b) Stock index price VS unemployment rate', loc='left', fontsize=14)
ax2.set_xlabel('Unemployment rate', fontsize=14)
ax2.set_ylabel('Stock index price', fontsize=14)
ax2.grid(True)
```

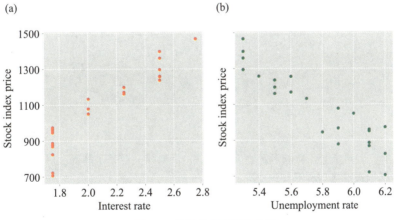

图4-10 原始数据可视化分析

下面的代码首先利用线性模型进行拟合，然后绘制出了同时包括两个特征(利率和失业率)的三维示意图，如图4-11所示。

```
B2_Ch4_4_D.py

#implement linear regression model
x = df[['InterestRate','UnemploymentRate']]
y = df['StockIndexPrice']
MultiLrModel = LinearRegression()
```

```python
MultiLrModel.fit(x, y)

#plot multiple regression model
fig = plt.figure()
ax = plt.axes(projection='3d')
zdata = df['StockIndexPrice']
xdata = df['InterestRate']
ydata = df['UnemploymentRate']
ax.scatter(xdata, ydata, zdata, c=zdata)
x3d, y3d = np.meshgrid(xdata, ydata)
z3d_pred = MultiLrModel.intercept_+MultiLrModel.coef_[0]*x3d+MultiLrModel.coef_[1]*y3d
ax.plot_surface(x3d, y3d, z3d_pred, color = 'grey', rstride = 100, cstride = 100, alpha=0.3)
ax.set_title('Multiple Linear Regression', fontsize=14)
ax.set_xlabel('Interest rate')
ax.set_ylabel('Unemployment rate')
ax.set_zlabel('Stock index price')
```

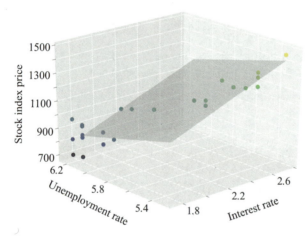

图4-11 多重线性回归三维图

从图4-11可见,股票指数价格随利率上升而下跌,同时随失业率下降而上涨,两重线性回归模型较好地表示出股票指数价格与利率和失业率的关系。

在创建模型完毕后,除了通过上述图形直观地了解外,一般还需要通过计算其均方根误差和决定系数对所建模型进行定量评估。下面代码的运行结果给出了这个模型的均方根误差和决定系数分别为66和0.90,显示这个模型较好地模拟了股票指数价格与利率、失业率的关系。

B2_Ch4_4_E.py

```python
zdata_pred = MultiLrModel.intercept_+MultiLrModel.coef_[0]*xdata+MultiLrModel.coef_[1]*ydata
rmse = (np.sqrt(mean_squared_error(zdata, zdata_pred)))
r2 = r2_score(zdata, zdata_pred)
print('RMSE of this polynomial regression model: %.2f' % rmse)
print('R square of this polynomial regression model: %.2f' % r2)
```

模型的均方根误差和决定系数如下。

```
RMSE of this polynomial regression model:   66.00
R square of this polynomial regression model:   0.90
```

## 4.4 逻辑回归

**逻辑回归** (logistic regression) 是线性回归之外的另一种重要的回归模型,既可以用来评估某件事情发生的可能性,也可以用来分析对于某个问题的影响因素。它是一种**广义线性模型** (generalized linear model),主要解决分类问题,与一般线性回归相比,逻辑回归的因变量为离散变量,属于分类数据,而一般线性回归的因变量为连续的定量数据,另外逻辑回归不要求自变量与因变量呈线性关系。

之所以说逻辑回归为广义线性回归,是因为逻辑回归实质上是把**逻辑函数**(sigmoid function),又称为**S函数** (Sigmoid function),应用于线性回归来进行预测。逻辑函数的表达式为:

$$p = \frac{1}{1+\exp(-y)} \tag{4-16}$$

4.3节介绍过线性回归,其表达式为:

$$y = b_0 + b_1 x_1 + b_2 x_2 + \cdots + b_n x_n + \varepsilon \tag{4-17}$$

将线性函数的结果映射到了逻辑函数中,可以得到逻辑回归的表达式为:

$$p = \frac{1}{1+\exp\left(-\left(b_0 + b_1 x_1 + b_2 x_2 + \cdots + b_n x_n + \varepsilon\right)\right)} \tag{4-18}$$

如图4-12所示为线性回归与逻辑回归的对比图。线性回归的取值没有限制,而逻辑回归的取值在0到1之间。通过对它们数学表示式的变形,也可以互相转化。

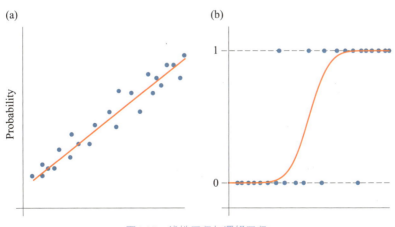

图4-12 线性回归与逻辑回归

利用下面的代码可以方便地绘出逻辑函数的曲线如图4-13所示。

```
B2_Ch4_5.py
import matplotlib.pylab as plt
import numpy as np

x = np.arange(-8, 8, 0.1)
sig = 1 / (1 + np.exp(-x))
plt.plot(x, sig)
plt.title('Sigmoid function')
plt.xlabel('x')
plt.ylabel('p')
plt.show()
```

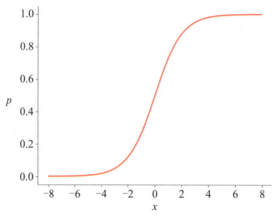

图4-13　逻辑函数

由图4-13可见，逻辑函数是一个S形的曲线，通过逻辑函数，可以得到一个事件在区间 [0, 1] 之间的概率，这个概率当取值为负无穷和正无穷时分别为0和1。或许有些读者会问：这条逻辑曲线给出的是0到1之间的概率值，但是逻辑回归只有0和1两种取值啊？是的，逻辑回归最终的分类是通过设定一个确定的概率值作为分类阈值来进行，比如默认0.5为分类阈值，当这个逻辑函数的值大于0.5时，将归于1 (正例：成功、是、真等等) 的类别，而当这个逻辑函数小于0.5时，则归于0 (反例：失败、否、假等等) 的类别。

根据输出因变量的个数，逻辑回归可以分为**二元逻辑回归** (binary logistic regression)、**多重逻辑回归** (multiple logistic regression) 和**有序逻辑回归** (ordinal logistic regression)。二元逻辑回归是指因变量只有两个可能的选择，如成功和失败、对和错等。多重逻辑回归是指因变量可以被归为三个或者更多个类别。有序逻辑回归则是指因变量是有序排列的。如图4-14所示为逻辑回归的分类。

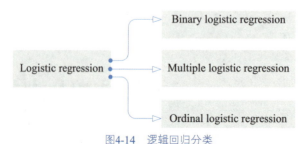

图4-14　逻辑回归分类

下面以某银行的某次电话市场调研数据为例，用逻辑模型预测客户是否会加入定期存储服务。首先声明，例子的目的是介绍逻辑回归模型，因此会选择对问题极大简化，所以模型的结果不代表实际的应用意义。例子中，选择这份调查中的6个项目进行分析：工作类型 (type of job)、婚姻状况 (marital status)、信用违约情况 (credit in default)、房产贷款 (housing loan)、个人贷款 (personal loan) 以及上次调查后的结果 (outcome of the previous marketing campaign)。

方便起见，首先导入所有将要用到的运算包。

`B2_Ch4_6_A.py`

```python
import pandas as pd
import matplotlib.pyplot as plt
from sklearn.linear_model import LogisticRegression
from sklearn.model_selection import train_test_split
import seaborn as sns
from sklearn.metrics import confusion_matrix
```

然后，读取一个csv文件中电话市场调研数据，并展示前五行，以便对数据有大致了解。

`B2_Ch4_6_B.py`

```python
bankdata = pd.read_csv(r'C:\FRM Book\BankTeleCompaign.csv')
bankdata = bankdata.dropna()
bankdata.head()
```

结果显示了前五个客户的信息。除了前面已经介绍过的五列，另外y列标明了客户是否已经加入了定期存储服务。

|   | job | marital | default | housing | loan | poutcome | y |
|---|---|---|---|---|---|---|---|
| 0 | blue-collar | married | unknown | yes | no | nonexistent | 0 |
| 1 | technician | married | no | no | no | nonexistent | 0 |
| 2 | management | single | no | yes | no | success | 1 |
| 3 | services | married | no | no | no | nonexistent | 0 |
| 4 | retired | married | no | yes | no | success | 1 |

为了更直观地观察要分析的数据，用下面的代码对相关的信息进行可视化操作。

`B2_Ch4_6_C.py`

```python
#plot related item/column
sns.set(palette="pastel")
fig, ax = plt.subplots(3, 2, figsize=(6, 8))
sns.countplot(y="job", data=bankdata, ax=ax[0, 0])
sns.countplot(x="marital", data=bankdata, ax=ax[0, 1])
sns.countplot(x="default", data=bankdata, ax=ax[1, 0])
sns.countplot(x="housing", data=bankdata, ax=ax[1, 1])
sns.countplot(x="loan", data=bankdata, ax=ax[2, 0])
sns.countplot(x="poutcome", data=bankdata, ax=ax[2, 1])
plt.tight_layout()
```

运行代码后，产生包含3×2个子图图形。如图4-15所示为工作类型的人数统计。如图4-16所示为婚姻状况、信用违约情况、房产贷款、个人贷款以及上次调查结果的人数统计。

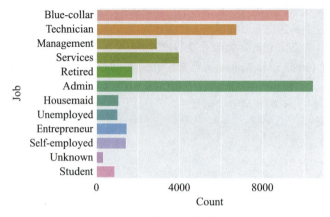

图4-15 客户工作类型的条状统计图

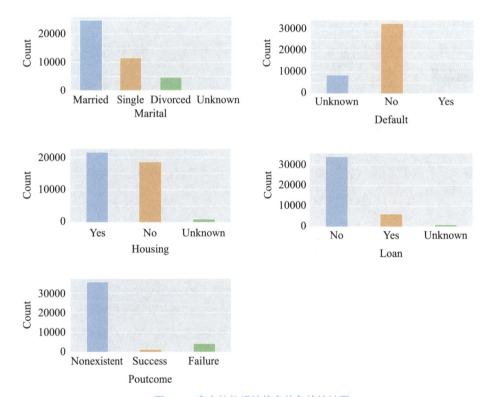

图4-16 客户其他相关信息的条状统计图

为便于用回归模型进行分析，把所有数据转换为均由0或者1显示，并检验独立变量间的相关性。如图4-17所示为相关性分析的热图显示。

```
B2_Ch4_6_D.py
#create dunny variables with only two values: 0 or 1
data = pd.get_dummies(bankdata, columns =['job', 'marital',
'default', 'housing', 'loan', 'poutcome'])
#drop unknow columns
data.drop([col for col in data.columns if 'unknow' in col], axis=1, inplace=True)
#plot correlation heatmap
sns.heatmap(data.corr(), square=True, cmap="YlGnBu",
```

```
linewidths=.01, linecolor='lightgrey', cbar_kws={"orientation":
"horizontal", "shrink": 0.3, "pad": 0.25})
```

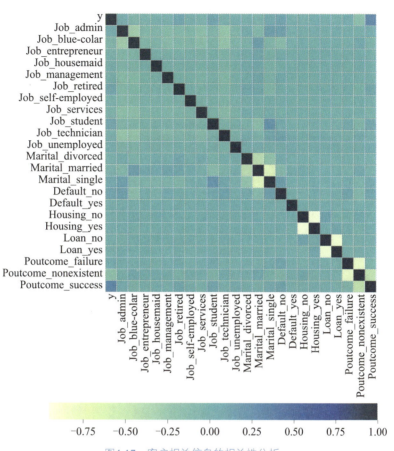

图4-17 客户相关信息的相关性分析

下面的代码,把数据分为训练数据和测试数据,并对训练数据应用逻辑回归模型。

B2_Ch4_6_E.py

```
#split data into training and test sets
X = data.iloc[:,1:]
y = data.iloc[:,0]
X_train, X_test, y_train, y_test = train_test_split(X, y, random_state=0)
#implement logistic regression model
modelclassifier = LogisticRegression(random_state=0)
modelclassifier.fit(X_train, y_train)
```

在模型创建完毕后,可以用confusion_matrix() 函数对模型的结果进行评估。

B2_Ch4_6_F.py

```
#evaluate model via confusion matrix
#evaluate performance of classification model on a set of test dataset with known true
values
y_pred = modelclassifier.predict(X_test)
```

```
confusion_matrix = confusion_matrix(y_test, y_pred)
print(confusion_matrix)
```

评估结果矩阵如下。

```
[[9046  110]
 [ 912  229]]
```

结果矩阵的解释参见表4-2。由此可见,有9046个原本为0的数据正确预测为0,有229个原本为1的数据正确预测为1。预测错误的则分别为110个和912个。

表4-2 逻辑模型评估结果

|  | 预测值:0 | 预测值:1 |
|---|---|---|
| 实际值:0 | 9046 | 110 |
| 实际值:1 | 912 | 229 |

另外,还可以使用score()函数来计算模型精度,从而评价模型。

B2_Ch4_6_G.py

```
#evaluate model by accuracy
model_score = modelclassifier.score(X_test, y_test)
print('Model accuracy on test set: {:.2f}'.format(model_score))
```

模型精度如下。

```
Model accuracy on test set: 0.90
```

结果显示,模型精度为90%,表明创建的模型能够以较高的精度预测客户是否会加入定期存储服务。

## 4.5 多项式回归

需要进行分析处理的数据不总是线性的,对于非线性数据,**多项式回归** (polynomial regression) 模型堪称这方面的"多面手"。多项式回归是指回归函数的自变量的指数大于1,即回归等式为多项式。在这种回归技术中,最佳拟合线不是直线,而是一条拟合了数据点的曲线。

多项式回归的最大优点就是可以通过增加自变量的高次项对数据进行逼近。在实际应用中,任一函数都可以用多项式来逼近,所以多项式回归在非线性问题的处理上有着广泛的应用,在回归分析中占有重要的地位。不论因变量与其他自变量的关系如何,一般都可以尝试用多项式回归来进行分析。

多项式回归模型的回归函数的表达式为:

$$y = b_0 + b_1 x_1 + b_2 x_2^2 + \cdots + b_n x_n^n + \varepsilon \tag{4-19}$$

式4-19实际上就是一个$n$次幂的多项式。

同样的,观察值与预测值之差为其残差。

$$\hat{\varepsilon}_i = y_i - \hat{y}_i \tag{4-20}$$

通过最小化残差的平方和即可得到模型的系数，这与简单线性回归完全一样。

多项式回归在实际运用中是以线性回归为基础，通过把原有特征进行多项式组合，并添加作为新的特征，从而解决非线性问题。比如Sklearn运算包就是按照这种思路，Sklearn运算包没有对多项式回归进行封装，可以通过下面的例子更加直观地理解。

首先，通过下面的代码导入需要的所有运算包。

`B2_Ch4_7_A.py`

```python
#importing libraries
import numpy as np
import matplotlib.pyplot as plt
import pandas as pd
from sklearn.linear_model import LinearRegression
import matplotlib as mpl
from sklearn.preprocessing import PolynomialFeatures
from sklearn.metrics import mean_squared_error, r2_score
```

接着，通过一个csv文件读入数据，并且对数据可视化，如图4-18所示。通过对数据的观察和分析，可以尝试用一元三次方程模型进行拟合。

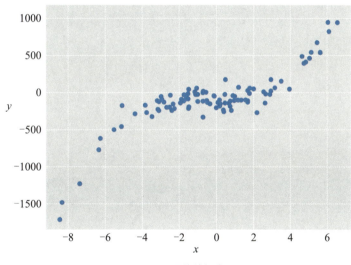

图4-18 原始数据点

`B2_Ch4_7_B.py`

```python
data = pd.read_csv(r'C:\FRM Book\Regression\PolyRegrData.csv')

#plot data
mpl.style.use('ggplot')
plt.figure(figsize=(14,8))
plt.scatter(data.iloc[:,0].values,data.iloc[:,1].values, c='#1f77b4')
plt.xlabel('x')
plt.ylabel('y')
plt.title('Raw Data')
```

下面代码中，通过PolynomialFeatures()函数对数据进行预处理，从而使之整合为适合进行线性回归处理的数据。在这里，设定参数degree为3，即表示进行拟合的模型为最高幂次为3的多项式。紧接着，把预处理完毕的数据用线性模型进行拟合，可以得到拟合方程为：

$$y = -99.30 + 2.66 \cdot x + 5.16 \cdot x^2 + 3.17 \cdot x^3 \tag{4-21}$$

并对拟合后的函数进行可视化，如图4-19所示。

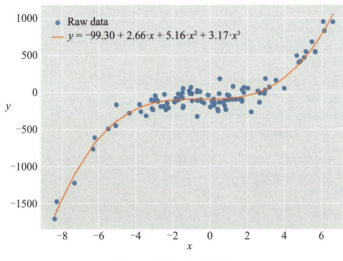

图4-19　多项式回归模型

```
B2_Ch4_7_C.py

#preprocess input data
x = data.iloc[:,0].values.reshape(-1, 1)
y = data.iloc[:,1].values.reshape(-1, 1)
polynomial_features= PolynomialFeatures(degree=3)
x_poly = polynomial_features.fit_transform(x)
#create and then fit model
LRmodel = LinearRegression()
LRmodel.fit(x_poly,y)
print('intercept:', LRmodel.intercept_)
print('slope:', LRmodel.coef_)

#plot
plt.plot(x,y,'o',c='#1f77b4')
y_poly_pred = LRmodel.predict(x_poly)
plt.plot(x,y_poly_pred,'red')
plt.legend(['Raw Data',
            'y=%5.2f+%5.2f*x+%5.2f*x²+%5.2f*x³' % (LRmodel.intercept_,
LRmodel.coef_[0][1],LRmodel.coef_[0][2],LRmodel.coef_[0][3])
            ], prop={'size': 8})
plt.title('Polynomial Regression Model')
```

从图4-19可以看出，所有数据点分布于一元三次函数模型周边，显示了该模型对于数据点具有较好的解释能力。

同样的，通过上述图形直观地对模型有了初步评估，一般还需要通过计算其均方根误差和决定系数对所建模型进行进一步的定量评估，运行下面代码。

```
B2_Ch4_7_D.py
#valuate model
rmse = np.sqrt(mean_squared_error(y,y_poly_pred))
r2 = r2_score(y,y_poly_pred)
print('RMSE of this polynomial regression model: %.2f' % rmse)
print('R square of this polynomial regression model: %.2f' % r2)
```

从结果可见，这个模型的均方根误差和决定系数分别为91.71和0.94，说明模型对原始数据的拟合比较精确，该模型对于原始数据具有较好的解释能力。

```
RMSE of this polynomial regression model: 91.71
R square of this polynomial regression model: 0.94
```

## 4.6 岭回归

利用最小二乘法的线性回归，通过最小化所有的观察值和模型预测值之间差别的平方和来确定模型参数。因拟合过程会考虑每一个数据点，这就造成了这种方法会对**异常值** (outliers) 非常敏感，所以异常值的存在通常会造成较大的模型误差。

参见下面的例子。用下面的代码首先从一个csv文件中读入一组数据，然后对所有数据点进行线性拟合，很明显，数据点中包括两个明显的异常值，线性拟合用的最小二乘法会考虑每一个数据点，拟合结果如图4-20中红色直线所示。

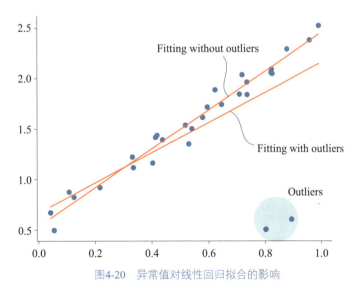

图4-20 异常值对线性回归拟合的影响

去除图4-20中的两个异常值，对其余的数据点进行线性拟合，结果如图4-20中虚线所示。可见，拟合函数有着明显的不同，即异常值带来了较大的误差，去除异常值的拟合是更为合理的模型。

```python
B2_Ch4_8.py

import pandas as pd
from scipy import stats
import matplotlib.pyplot as plt

df = pd.read_csv(r'C:\FRM Book\Regression\outliersimpact.csv')

X = df.x
y = df.y

plt.plot(X, y, 'bo')

slope1, intercept1, r_value1, p_value1, std_err1 = stats.linregress(X, y)
rline1 = intercept1 + slope1*X

plt.plot(X, rline1,'r-', label='Fitting with outliers')

plt.annotate('Fitting with outliers', xy=(0.6, intercept1 +
slope1*0.6), xytext=(0.6, 1.2),
             arrowprops=dict(arrowstyle="-|>",
                             connectionstyle="arc3",
                             mutation_scale=20,
                             fc="w"))

plt.annotate('outliers', xy=(0.802171, 0.5), xytext=(0.75, 0.6))#,
             #arrowprops=dict(arrowstyle="-|>",
             #                connectionstyle="arc3",
             #                mutation_scale=20,
             #                fc="w"))
plt.annotate('', xy=(0.89286, 0.6), xytext=(0.75, 0.6))#,
             #arrowprops=dict(arrowstyle="-|>",
             #                connectionstyle="arc3",
             #                mutation_scale=20,
             #                fc="w"))

#eliminate two outliers
df_nooutliers = df[(df['y']!=0.5) & (df['y']!=0.6)]

X = df_nooutliers.x
y = df_nooutliers.y

slope2, intercept2, r_value2, p_valu2e, std_err2 = stats.linregress(X, y)
rline2 = intercept2 + slope2*X
plt.plot(X, rline2,'r--', label='Fitting without outliers')
```

```
plt.annotate('Fitting without outliers', xy=(0.7, intercept2 +
slope2*0.7), xytext=(0.4, 2.2),
             arrowprops=dict(arrowstyle="-|>",
                             connectionstyle="arc3",
                             mutation_scale=20,
                             fc="w"))

plt.title('Impact on linear regression by outliers')
plt.gca().set_yticks([0.5, 1.0, 1.5, 2.0, 2.5])

plt.gca().spines['right'].set_visible(False)
plt.gca().spines['top'].set_visible(False)
plt.gca().yaxis.set_ticks_position('left')
plt.gca().xaxis.set_ticks_position('bottom')
```

最小二乘法是一种无偏估计，但是在自变量个数较多，且有些自变量之间具有**多重共线性**(multicollinearity)，即高度相关时，它们的方差会显著变大，使得观察值与真实值严重偏离。举个简单的例子，比如一个回归模型有两个自变量，一个是福特汽车公司的股票价格，另一个是通用汽车公司的股票价格，很明显，作为汽车制造商，它们的股票价格是高度相关的。这种自变量间的高度相关会使回归模型缺乏稳定性，样本的微小变化都会引来模型参数的显著变化，另外，也会造成参数的方差显著增加，导致模型的可解释性大大降低。

**正则化**(regularization)是解决多重共线性的一种重要方法。"正则化"这个名词看似"高冷"，其实是指对于模型的损失函数的某些参数加入一些限制，即所谓的"惩罚项"。对于线性回归模型来说，就是在平方误差的基础上增加正则项。正则化是最小二乘回归的一种补充，它损失了无偏性，来换取高的数值稳定性，从而得到较高的精度。最小二乘法尽可能拟合所有的数据点，包括噪声点，即容易导致过拟合的点，此时拟合函数的导数较大，因此参数较大。为了避免过拟合需要减小参数，正则化通过对参数进行惩罚以减小参数，从而得到具有较好的泛化性能的光滑拟合曲线。

岭回归即是正则化应用于线性回归的一个实例。线性回归拟合的核心为最小化平方误差，即最小化损失函数。岭回归所用的正则化为L2正则化，即在线性回归的损失函数上，增添模型参数平方的惩罚项。如图4-21为岭回归的损失函数，它有两个组成部分，第一部分为最小二乘项，即误差平方和，第二部分是L2正则化的惩罚项，即模型参数平方和的λ倍，λ为调节参数，用来缩小参数值，从而降低方差值。大家需要注意，在下面的介绍中，Python的运算包对于调节参数，经常会使用α来代表。

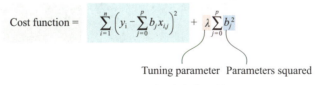

图4-21 岭回归损失函数

下面的例子将会解释如何进行岭回归建模，便于读者更加深入理解不同的调节参数对于岭回归模型的影响。

首先，用下面代码导入需要的运算包。

`B2_Ch4_9_A.py`

```
import pandas as pd
```

```python
import matplotlib.pyplot as plt
from sklearn.linear_model import Ridge
```

然后从一个csv文件中读入原始数据,这些数据是通过对余弦函数添加随机噪声产生的。图4-22是对这些数据的可视化。

B2_Ch4_9_B.py

```python
#extract and plot raw data
data = pd.read_csv(r'C:\FRM Book\Regression\RidgeRegrData.csv')
plt.plot(data['x'], data['y'], 'o')
plt.title('Raw Data')
plt.xlabel('x')
plt.ylabel('y')
plt.gca().spines['right'].set_visible(False)
plt.gca().spines['top'].set_visible(False)
plt.gca().yaxis.set_ticks_position('left')
plt.gca().xaxis.set_ticks_position('bottom')
```

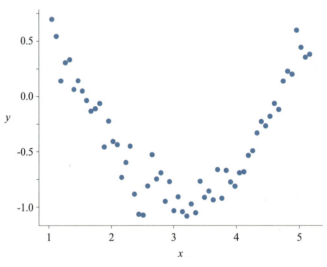

图4-22 原始数据

利用下面的代码,把列*x*的2到15次方各创建一列,添加到原数据中。

B2_Ch4_9_C.py

```python
#prepare data with powers up to 15
for i in range(2,16):
    colname = 'x_%d'%i
    data[colname] = data['x']**i
print(data.head())
```

结果展示如下。

```
     x    y   x_2  x_3  x_4  x_5  x_6  ...  x_9  x_10 x_11 x_12 x_13 x_14 x_15
0    1  0.7  1.1  1.1  1.2  1.3  1.3  ...  1.5  1.6  1.7  1.7  1.8  1.9  2
```

```
1  1.1  0.55  1.2  1.4  1.6  1.7  1.9  ...  2.7    3   3.4   3.8   4.2   4.7   5.3
2  1.2  0.14  1.4  1.7    2  2.4  2.8  ...  4.7  5.5   6.6   7.8   9.3    11    13
3  1.3  0.31  1.6    2  2.5  3.1  3.9  ...  7.8  9.8    12    16    19    24    31
4  1.3  0.34  1.8  2.3  3.1  4.1  5.4  ...   13   17    22    30    39    52    69

[5 rows x 16 columns]
```

下面的代码创建了一个函数ridge_regression_fit_plot(),这个函数对数据进行岭回归拟合,并绘制图形。其中函数Ridge()是Sklearn运算包提供的用于岭回归拟合的函数,这个函数可以设定不同的调节参数。在自建函数ridge_regression_fit_plot(data, predictors, alpha, alpha_subplotpos)中,通过对参数alpha_subplotpos进行设定,可以对选定的α值的回归结果可视化,并确定这些子图的位置。

B2_Ch4_9_D.py

```python
#create ridge regression fit and plot function
def ridge_regression_fit_plot(data, predictors, alpha, alpha_subplotpos):
    #fit ridge regression model
    ridgeregrmodel = Ridge(alpha=alpha, normalize=True)
    ridgeregrmodel.fit(data[predictors], data['y'])
    y_pred = ridgeregrmodel.predict(data[predictors])
    
    #plot for model with predefined alpha
    if alpha in alpha_subplotpos:
        plt.subplot(alpha_subplotpos[alpha])
        plt.tight_layout()
        plt.plot(data['x'], data['y'],'.')
        plt.plot(data['x'], y_pred, 'g-')
        plt.title('Ridge Regression:  $\\alpha$=%.3g'%alpha)
    
    #return results
    rss = sum((y_pred-data['y'])**2)
    ret = [rss]
    ret.extend([ridgeregrmodel.intercept_])
    ret.extend(ridgeregrmodel.coef_)
    return ret
```

下面的代码,建立了对应一系列α值的岭回归模型,并对其中的8个取值绘制了图形,如图4-23所示。

B2_Ch4_9_E.py

```python
#initialize predictors to be set of 15 powers of x
predictors=['x']
predictors.extend(['x_%d'%i for i in range(2,16)])
#set list of alpha values
alpha_list = [1e-20, 1e-10, 1e-5, 1e-3, 1e-2, 1e-1, 1, 2, 3, 5, 10, 20]
#store coefficients
col = ['rss','intercept'] + ['coef_x_%d'%i for i in range(1,16)]
ind = ['alpha_%.2g'%alpha_list[i] for i in range(0,len(alpha_list))]
```

```
coef_matrix_ridge = pd.DataFrame(index=ind, columns=col)
#alpha:subplot position
alpha_subplotpos = {1e-20:241, 1e-10:242, 1e-3:243, 1e-2:244,
1e-1:245, 1:246, 5:247, 20:248}
for i in range(len(alpha_list)):
    coef_matrix_ridge.iloc[i,] = ridge_regression_fit_plot(data,
predictors, alpha_list[i], alpha_subplotpos)
```

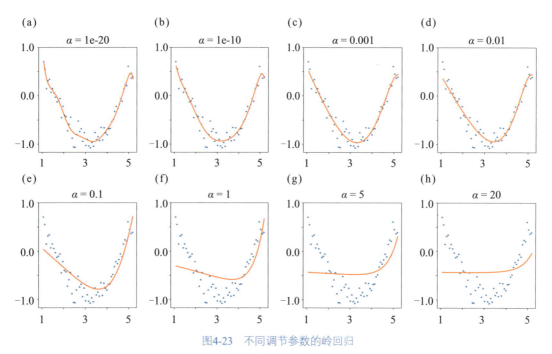

图4-23 不同调节参数的岭回归

从图4-23可以看出，随着$\alpha$值的增加，模型包含的特征减小，复杂性降低。较大的$\alpha$值可以避免过拟合，但是却造成了欠拟合。因此，需要慎重选择岭回归模型的$\alpha$值。一般会采用**交叉验证** (cross validation)，即尝试一系列$\alpha$值，最终选择具有较高交叉验证值的模型。

利用coef_matrix_ridge可以显示模型的参数，运行下面代码即可。从结果可见，尽管有些参数的值会非常接近于0，但是均不为0。

`B2_Ch4_9_F.py`

```
#show parameter matrix
pd.options.display.float_format = '{:,.2g}'.format
coef_matrix_ridge
```

模型参数如下。

```
             rss  intercept  coef_x_1  ...  coef_x_13  coef_x_14  coef_x_15
alpha_1e-20  0.86   6.1e+02  -3.3e+03  ...      0.022     -0.001    1.8e-05
alpha_1e-10  0.92        12       -30  ...    2.2e-07    2.3e-07   -2.3e-08
alpha_1e-05  0.96       1.9      -1.3  ...    2.1e-09   -4.9e-11   -1.7e-10
alpha_0.001     1       1.6      -1.1  ...     -1e-10   -3.1e-11   -9.8e-12
alpha_0.01    1.3       1.1     -0.73  ...   -2.5e-10   -6.6e-11   -1.6e-11
alpha_0.1     3.4      0.42     -0.35  ...   -5.5e-11   -2.5e-11   -7.5e-12
```

```
alpha_1       7.8    -0.21    -0.09     ...    8.2e-11    1.5e-11    2.7e-12
alpha_2       9.1    -0.33    -0.052    ...    7.1e-11    1.4e-11    2.6e-12
alpha_3       9.8    -0.37    -0.036    ...    6.2e-11    1.2e-11    2.3e-12
alpha_5       11     -0.41    -0.021    ...    4.9e-11    9.7e-12    1.9e-12
alpha_10      12     -0.44    -0.0092   ...    3.4e-11    6.8e-12    1.3e-12
alpha_20      13     -0.43    -0.0036   ...    2.2e-11    4.4e-12    8.6e-13

[12 rows x 17 columns]
```

下面代码利用coef_matrix_ridge['rss']计算残差平方和，并对残差平方和绘图。

`B2_Ch4_9_G.py`

```python
#plot rss of models
plt.plot(coef_matrix_ridge['rss'], 'o')
plt.title('RSS Trend')
plt.xlabel(r'$\alpha$')
plt.xticks(rotation=30)
plt.ylabel('RSS')
plt.gca().spines['right'].set_visible(False)
plt.gca().spines['top'].set_visible(False)
plt.gca().yaxis.set_ticks_position('left')
plt.gca().xaxis.set_ticks_position('bottom')
```

运行代码后，产生了岭回归调节参数与方差关系图，如图4-24所示。随着α值增加，残差平方和增大，亦即模型复杂性降低，导致出现欠拟合，在α值大于0.01时，残差平方和迅速增加。

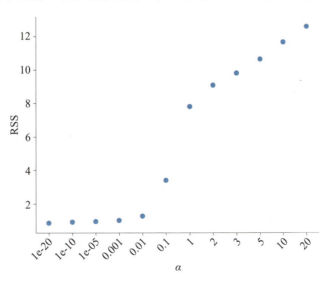

图4-24　岭回归调节参数与方差关系

通过显示的模型参数，可以大致看到没有为0的参数，通过下面的代码可以进一步验证每一个模型对应的参数为0的个数。结果显示，所有模型的参数均不为0。请读者记下结果，在4.7节将会与套索回归进行对比。

```
B2_Ch4_9_H.py
```

```
coef_matrix_ridge.apply(lambda x: sum(x.values==0),axis=1)
```

参数为0的个数统计如下。

```
alpha_1e-20    0
alpha_1e-10    0
alpha_1e-05    0
alpha_0.001    0
alpha_0.01     0
alpha_0.1      0
alpha_1        0
alpha_2        0
alpha_3        0
alpha_5        0
alpha_10       0
alpha_20       0
dtype: int64
```

## 4.7 套索回归

类似于岭回归，**套索回归** (Least Absolute Shrinkage and Selection Operator regression, LASSO regression) 也是一种利用正则化方法来解决多重共线性的建模方法，但是它使用的是L1正则化，即损失函数的惩罚项使用的是模型参数的绝对值，而不是岭回归的L2正则化中的平方值。因此，L1正则化会导致一些参数估计结果等于零，也就是说，如果有一些自变量高度相关，套索回归会选出其中一个而将其他收缩为零。

如图4-25所示为套索回归的损失函数示意图。如前所述，与岭回归非常相似，均为在最小二乘项基础上增添收缩项。只不过套索回归的收缩项为模型参数的绝对值。

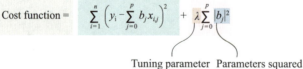

图4-25 套索回归损失函数

为了与岭回归进行对照，对于套索回归的介绍，也将延续岭回归的介绍方式。首先创建下面代码中的函数lasso_regression_fit_plot()，实现对数据进行套索回归拟合，并绘制图形函数。其中的函数Lasso() 是Sklearn运算包提供的用于套索回归拟合的函数。lasso_regression_fit_plot() 的设定与使用，与ridge_regression_fit_plot() 基本相同，不再做赘述。

```
B2_Ch4_10_A.py
```

```python
import pandas as pd
import matplotlib.pyplot as plt
from sklearn.linear_model import Lasso

#create lasso regression fit and plot function
def lasso_regression_fit_plot(data, predictors, alpha, alpha_subplotpos):
    #fit lasso regression model
    lassoregrmodel = Lasso(alpha=alpha, normalize=True, tol=0.1)
    lassoregrmodel.fit(data[predictors], data['y'])
    y_pred = lassoregrmodel.predict(data[predictors])
    
    #plot for model with predefined alpha
    if alpha in alpha_subplotpos:
        plt.subplot(alpha_subplotpos[alpha])
        plt.plot(data['x'], data['y'],'.')
        plt.plot(data['x'], y_pred, 'r')
        plt.title('$\\alpha$=%.3g'%alpha)
    plt.yticks([-1.0, -0.5, 0, 0.5, 1.0])
    
    #return results
    rss = sum((y_pred-data['y'])**2)
    ret = [rss]
    ret.extend([lassoregrmodel.intercept_])
    ret.extend(lassoregrmodel.coef_)
    return ret
```

本例子中使用的数据与岭回归完全相同。利用下面代码可以绘制6个不同调节参数取值的图形，如图4-26所示。可见，随着调节参数的增加，套索回归的模型复杂度降低。这与岭回归的规律是完全相同的。大家或许注意到，图4-26(e) 完全是一条直线，在后面会给出具体解释。

```
B2_Ch4_10_B.py
```

```python
#extract raw data
data = pd.read_csv(r'C:\FRM Book\Regression\RidgeRegrData.csv')

#prepare data with powers up to 15
for i in range(2,16):
    colname = 'x_%d'%i
    data[colname] = data['x']**i
#initialize predictors to be set of 15 powers of x
predictors=['x']
predictors.extend(['x_%d'%i for i in range(2,16)])

#set list of alpha values
alpha_list = [1e-20, 1e-10, 1e-5, 1e-3, 1e-2, 1e-1, 1, 2, 3, 5, 10, 20]
```

```python
#store coefficients
col = ['rss','intercept'] + ['coef_x_%d'%i for i in range(1,16)]
ind = ['alpha_%.2g'%alpha_list[i] for i in range(0,len(alpha_list))]
coef_matrix_lasso = pd.DataFrame(index=ind, columns=col)

#alpha:subplot position
alpha_subplotpos = {1e-20:231, 1e-10:232, 1e-5:233, 1e-3:234, 1e-2:235, 1e-1:236}
for i in range(len(alpha_list)):
    coef_matrix_lasso.iloc[i,] = lasso_regression_fit_plot(data, predictors, alpha_list[i], alpha_subplotpos)
```

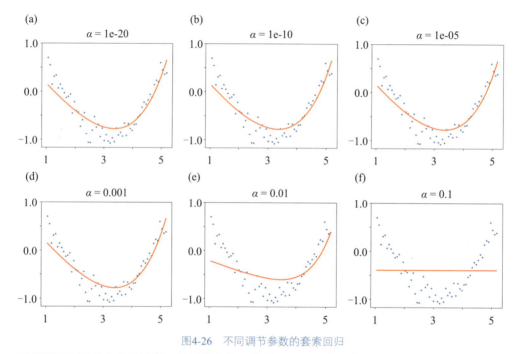

图4-26  不同调节参数的套索回归

同样利用下面的命令可以显示模型的参数。从结果可见，许多参数取值为0。

```
#show parameter matrix
pd.options.display.float_format = '{:,.2g}'.format
coef_matrix_ridge
```

模型参数如下。

|  | rss | intercept | coef_x_1 | ... | coef_x_13 | coef_x_14 | coef_x_15 |
|---|---|---|---|---|---|---|---|
| alpha_1e-20 | 2.7 | 0.86 | -0.75 | ... | -2.3e-12 | -1.5e-12 | -4.4e-13 |
| alpha_1e-10 | 2.7 | 0.86 | -0.75 | ... | -2.3e-12 | -1.5e-12 | -4.4e-13 |
| alpha_1e-05 | 2.7 | 0.86 | -0.75 | ... | -1.9e-12 | -1.4e-12 | -4.2e-13 |
| alpha_0.001 | 2.7 | 0.85 | -0.72 | ... | 0 | 0 | 0 |
| alpha_0.01 | 6.7 | 0.00099 | -0.21 | ... | 0 | 0 | 0 |
| alpha_0.1 | 15 | -0.39 | -0 | ... | 0 | 0 | 0 |
| alpha_1 | 15 | -0.39 | -0 | ... | 0 | 0 | 0 |

| | | | | | | | | |
|---|---|---|---|---|---|---|---|---|
| alpha_2 | 15 | -0.39 | -0 | ... | 0 | 0 | 0 |
| alpha_3 | 15 | -0.39 | -0 | ... | 0 | 0 | 0 |
| alpha_5 | 15 | -0.39 | -0 | ... | 0 | 0 | 0 |
| alpha_10 | 15 | -0.39 | -0 | ... | 0 | 0 | 0 |
| alpha_20 | 15 | -0.39 | -0 | ... | 0 | 0 | 0 |

[12 rows x 17 columns]

对比套索回归与岭回归，对于同样大小的调节参数，套索回归的参数要明显小于岭回归，并且套索回归有更大的残差平方和。可以利用下面代码通过函数coef_matrix_lasso['rss'] 计算残差平方和，并对残差平方和绘图。

```
B2_Ch4_10_D.py

#plot rss of models
plt.plot(coef_matrix_lasso['rss'], 'o')
plt.title('RSS Trend')
plt.xlabel(r'$\alpha$')
plt.xticks(rotation=30)
plt.ylabel('RSS')
plt.gca().spines['right'].set_visible(False)
plt.gca().spines['top'].set_visible(False)
plt.gca().yaxis.set_ticks_position('left')
plt.gca().xaxis.set_ticks_position('bottom')
```

运行代码后，会生成图4-27。

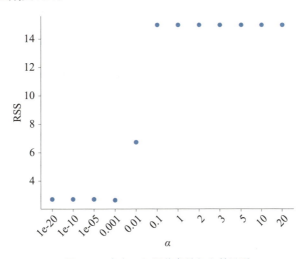

图4-27　套索回归调节参数与方差关系

运行下面代码，会得到每一个模型对应的参数为0的个数。

```
B2_Ch4_10_E.py

coef_matrix_lasso.apply(lambda x: sum(x.values==0),axis=1)
```

参数为0的个数统计如下。

```
alpha_1e-20    0
alpha_1e-10    0
alpha_1e-05    0
alpha_0.001    4
alpha_0.01     6
alpha_0.1     15
alpha_1       15
alpha_2       15
alpha_3       15
alpha_5       15
alpha_10      15
alpha_20      15
dtype: int64
```

结果显示，套索回归的参数会出现大量的0。也就是说，模型的系数出现了大量的0，这也解释了当调节参数为1时，拟合线为一条水平直线。因此，区别于岭回归，套索回归可以进行特征选择。

本章从回归分析的原理谈起，然后介绍了利用回归分析进行建模以及模型的评估，接着通过具体的例子详细讨论了几种最常见的回归模型——线性回归、逻辑回归、多项式回归、岭回归和套索回归。回归分析不仅在统计领域有着广泛的应用，更是目前大数据处理、机器学习领域的关键组成部分之一。

# 第5章 期权二叉树
## Binomial Option Pricing

金融衍生工具使企业和机构有效和经济地处理困扰其多年的风险成为了可能，世界也因之变得更加安全，而不是变得更加危险。

***Derivatives have made the world a safer place, not a more dangerous one. ... They have made it possible for firms and institutions to deal efficiently and cost effectively with risks and hazards that have plagued them for decades, if not centuries.***

——默顿·米勒 (Merton Miller)，1990年诺贝尔经济学奖获得者

### Core Functions and Syntaxes
### 本章核心命令代码

- `append()` 在列表末尾添加新的对象
- `import numpy` 导入运算包 numpy
- `matplotlib.pyplot.stem(x,y)` 绘制离散数据棉棒图，x是位置，y是长度
- `numpy.arange()` 根据指定的范围以及设定的步长，生成一个等差数组
- `numpy.exp()` 计算括号中元素的自然指数
- `numpy.floor()` 计算括号中元素的向下取整值
- `numpy.max()` 计算括号中元素的最大值
- `numpy.min()` 计算括号中元素的最小值
- `numpy.sqrt()` 计算括号中元素的平方根
- `numpy.zeros()` 返回给定形状和类型的新数组，用零填充
- `scipy.special.comb(n,k)` 从n个元素中取出k个元素的所有组合的个数

## 5.1 期权市场

期权是在特定时间里有效的合约，它反映了未来的一种选择权。期权的英文翻译是"option"，这个词源自拉丁语的"optio"，意思为自由意志或自由选择。期权作为金融衍生品有着漫长的历史，《圣经》中就记载了最早的期权萌芽的故事。大约在公元前1700年，雅克布为了和拉班的小女儿瑞切尔结婚而签订了一个类似期权的契约，即雅克布同意为拉班工作七年，得到同瑞切尔结婚的许可。从期权的定义来看，雅克布以七年劳动为"权利金"，获得了同瑞切尔结婚的"权利而非义务"。

期权的组成元素包括权利金、执行价和到期日。期权的买家支付**权利金** (premium)，被称为**持权人** (holder)；卖家收取权利金，被称为**立权人** (writer)。

按期权买方的权利划分，期权可分为看涨期权和看跌期权。在看涨期权中，持权人有权利按照合同约定的时间，从立权人手中以**执行价格** (exercise price, strike, strike price) 买入标的资产。在看跌期权中，持权人有权利向立权人以执行价格卖出标的资产。到期日是期权合约终止的日期。

对持权人而言，期权是一种权利而不是**义务** (obligation)，这是期权跟期货的区别之一。比如，假设小王担心手中持有的A股票价格下跌，但又不想售出股票、放弃股票继续上涨的收益，于是小王可以购买以A股票为标的物，执行价格为现价的看跌期权。如果未来价格下跌到执行价以下，小王仍然可以按执行价卖出股票；如果未来价格上涨，小王选择不行权，仍旧可以获得股价上涨的收益。另外，期权合约是有期限的，这是期权跟股票之间的区别。在到期日之后，期权不再具有任何价值——只有在到期日之前，持权人才有权利按照执行价买入或卖出标的物，赢得收益。

期权还可以按标的物划分为股票期权、股指期权、ETF期权，商品期权、利率期权、外汇期权等。

股指期权和股票期权成交的活跃得益于其悠久的历史，相对而言，ETF期权推出的时间较晚。从成交额来看，短期利率期权是成交额最高的期权品种，其次是股指期权和长期利率期权，股票期权和ETF期权的占比相对较低。

农产品之外，能源和金属期权也是很重要的商品期权品种。伦敦国际金融期货交易所 (LIFFE) 于1988年开始进行欧洲小麦期权交易。纽约商品交易所 (NYMEX) 是全球能源期权最大的交易市场，伦敦金属交易所 (LME) 则是全球最大的有色金属期货期权交易中心。

期权合约被标准化后就可以在金融衍生品交易所交易，称为**场内期权** (exchange-traded)。单独制定合约规则的期权被称为**场外期权** (over the counter)。对于场外期权，合约双方就规则直接协商，交易所不担任中介的角色。

另外，按行权的时间期限划分，期权可分为欧式期权、美式期权和百慕大期权。欧式期权是指仅在行权日能行权。美式期权则在行权时间截止前都能行权。百慕大期权是欧式期权和美式期权的混合体，可以在到期日前规定的时间内行权。

期权市场由不同的参与主体构成，包括交易所、做市商、投资者、清算公司等。在以个人投资者为主的市场环境下，期权市场的主要参与者将是个人客户；反之，以机构投资者为主的市场环境下，其主要参与者将是机构客户。个人投资者主要为国内、国外的个人，机构投资者包括保险公司、信托基金、私募基金、银行、养老金及政府等。

市场上比较流行的期权合约包括以下几种。美国的S&P500股指 (SPX) 期权，S&P100股指期权 (OEX)，纳斯达克100股指 (The Nasdaq 100 Inedx, NDX) 期权及道琼斯工业指数 (Dow Jones Industrial Index, DJX) 期权。欧洲Euro Stoxx 50股指期权、DAX股指期权和AEX股指期权。韩国证券交易所的KOSPI200股指期权。香港交易所的恒生指数期权和标智沪深300中国指数基金期权等。

我国的股票期权最早在20世纪90年代以权证的形式出现。第一支股票指数期权，上证50ETF期权，在2015年2月正式上市；2017年，增加了大连商品交易所的豆粕期权和郑州商品交易所的白糖期权；2018年9月份推出了上海期货交易所的铜期权。我国境内市场首个股指期权产品，沪深300股指期权2019年在中国金融期货交易所上市交易。此外上市的期权还包括黄金期权、橡胶期权、玉米期权、铁矿石期权等。

期权市场有四类参与者：**买入看涨期权**、**多头认购期权** (long call option)；**卖出看涨期权** (short call option)；**买入看跌期权** (long put option)；**卖出看跌期权** (short put option)。为方便记忆，假设参与者理性，这四类参与者对市场的行情判断可简称为看涨 (牛市)、不看涨 (不牛)、看跌 (熊市) 和不看跌 (不熊)。

首先讨论最简单的欧式期权的**收益** (payoff) 和**损益** (profit and loss, PnL, P&L) 情况。**买入欧式看涨期权**、**多头欧式认购期权** (long European call option) 的**到期收益** (payoff at maturity) 可以用如下数学式表达。

$$V_{\text{call}} = \max\left[(S-K), 0\right] \tag{5-1}$$

另外一种简洁的写法为：

$$V_{\text{call}} = (S-K)^{+} \tag{5-2}$$

其中，$S$代表到期时标的物的价格，$K$代表执行价格。

按照标的物价格和执行价格的关系，期权可分为：**实值期权**、**价内** (in-the-money, ITM)；**虚值期权**、**价外** (out-of-the-money, OTM) 和**两平期权**、**价平** (at-the-money, ATM)。通俗地讲，对于实值期权，买方立即行权可以获利；平值期权，买方立即行权不赔不赚；虚值期权，买方立即行权会亏损，因此买方会选择不行权。为了方便记忆，可以联想英语中in代表晋级 (赚钱)，out代表出局 (不赚钱)，一般情况下，只从**买入期权** (long position) 的角度讨论价内、价外和价平这几个概念。

如图5-1展示了以标的物价格为横轴，以到期收益为纵轴的折线图。对于看涨期权，执行价格左侧部分，即标的价格小于执行价格时为价外；执行价格右侧，及标的价格大于执行价格时为价内，如图5-1所示。对于虚值看涨期权，持权人虽然拥有以执行价格买入股票的权利，但此时标的价格已经小于执行价格，这个权利显得"虚"无缥缈；对于实值看涨期权，此时标的价格大于执行价格，持权人仍然可以用较低的执行价格买入股票，这个权利是"实"打实的。

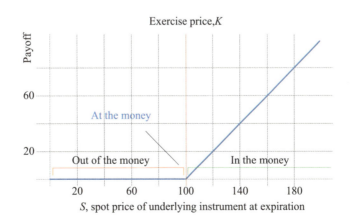

图5-1　买入欧式看涨期权到期收益折线

如图5-2展示了考虑期权费之后买入欧式看涨期权的到期损益折线。在本章节，先假设各个例子中期权费是常数值，不考虑期权费交易日期和期权到期日期的不同，也不考虑折算因子。在接下来的章节会介绍期权费的求解方法。图5-2中可以清楚看到，买入看涨期权亏损最大金额为期权费，但是潜在获利上不封顶。参与者对市场的行情判断是牛市 (看涨)。

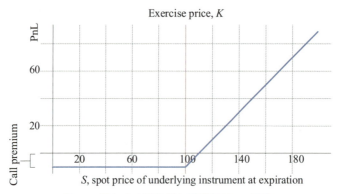

图5-2　买入欧式看涨期权到期损益PnL折线

如图5-3所示为**卖出欧式看涨期权** (short European call option) 的收益折线。这条折线是图5-2中折线关于横轴的镜面对称图像，即持权人 (买入期权) 和立权人 (卖出期权) 作为期权合约的甲方乙方，它们的损益之和为零，即这是一场**零和游戏** (zero-sum game)，合约中的一方赚钱，另一方就会亏钱。如图5-4，对于卖出欧式看涨期权，它的收益是有限的，也就是最高收益是期权费。但是，它的损失可以是无限的，因此风险也是无限的。参与者对市场的行情判断是不看涨。

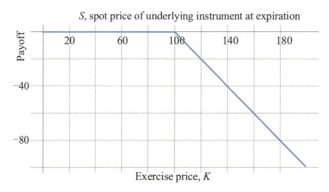

图5-3　卖出欧式看涨期权到期收益折线

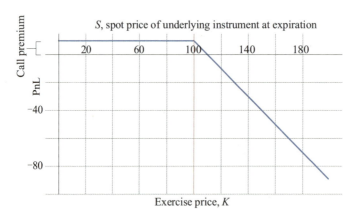

图5-4　卖出欧式看涨期权到期损益PnL折线

欧式看跌期权到期时的收益计算式为：

$$V_{\text{put}} = \max\left[(K-S), 0\right] \tag{5-3}$$

另外一种简洁的写法为：

$$V_{\text{put}} = (K-S)^+ \tag{5-4}$$

其中，$S$代表到期时标的物的价格，$K$代表执行价格。

类似的，欧式看跌期权的到期收益折线和损益折线，如图5-5所示。欧式看跌期权到期最大收益为$K$，也就是执行价格。当到期时标的物的价格为0时，欧式看跌期权可以收益$K$。和看涨期权相反，看跌期权在$K$的左边为价内，$K$的右边为价外。

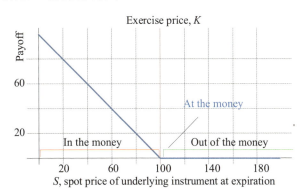

图5-5　买入欧式看跌期权到期收益折线

买入欧式看跌期权的最大收益为 $K$ – Premium，是一个有限值；它的最大亏损为 –Premium，也是一个有限值，如图5-6所示。

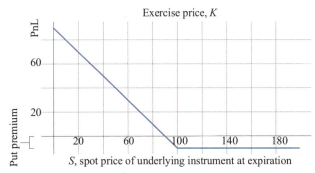

图5-6　买入欧式看跌期权到期损益折线

如图5-7所示为卖出欧式看跌期权的到期收益折线。如图5-8所示为卖出欧式看跌期权的损益折线。卖出欧式看跌期权的最大亏损是有限的，因此风险也有限。

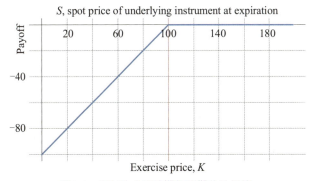

图5-7　卖出欧式看跌期权到期收益折线

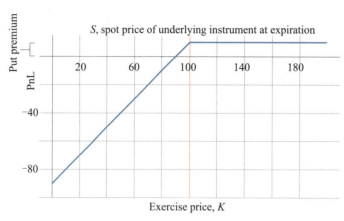

图5-8 卖出欧式看跌期权到期损益折线

如下代码可以获得图5-1～图5-8。

`B2_Ch5_1.py`

```python
import numpy as np
import matplotlib.pyplot as plt

def generic_payoff(buy_or_sell, put_call_indicator, strike, spot):
    payoff = buy_or_sell*np.maximum(put_call_indicator*(spot - strike),0)
    return payoff

def generic_pnl(buy_or_sell, put_call_indicator, strike, spot, premium):
    pnl = buy_or_sell*np.maximum(put_call_indicator*(spot - strike),0) - buy_or_sell*premium
    return pnl

def plot_decor(x, y, y_label):
    plt.figure()
    plt.plot(x, y)
    plt.xlabel('S, spot price of underlying at expiration', fontsize=8)
    plt.ylabel(y_label,fontsize=8)
    plt.gca().set_aspect(1)
    plt.gca().spines['right'].set_visible(False)
    plt.gca().spines['top'].set_visible(False)
    plt.gca().spines['left'].set_position(('data',0))
    plt.gca().spines['bottom'].set_position(('data',0))
    
    plt.axvline(x=strike, linestyle='--', color='r', linewidth = .5)
    
    plt.xticks(np.arange(0, 200, step=20))
    plt.yticks(np.arange(np.floor(np.min(pay_off)/10.0)*10.0, np.ceil(np.max(pay_off)/10.0)*10.0, step=20))
    plt.grid(linestyle='--', axis='both', linewidth=0.25, color=[0.5,0.5,0.5])

put_call_indicator = 1;
```

```python
#1 for call; -1 for put
buy_or_sell = 1;
#1 for buy ;-1 for sell
strike = 100
spot = np.arange(0,200,1)
premium = 10

#long a call

pay_off = generic_payoff(buy_or_sell,put_call_indicator,strike,spot)
y_label = 'Payoff';
plot_decor(spot, pay_off, y_label)

pnl = generic_pnl(buy_or_sell,put_call_indicator,strike,spot,premium)
y_label = 'PnL';
plot_decor(spot, pnl, y_label)

#short a call

put_call_indicator = 1;
buy_or_sell = -1;
pay_off = generic_payoff(buy_or_sell,put_call_indicator,strike,spot)
y_label = 'Pay off';
plot_decor(spot, pay_off, y_label)

pnl = generic_pnl(buy_or_sell,put_call_indicator,strike,spot,premium)
y_label = 'PnL';
plot_decor(spot, pnl, y_label)

#long a put

put_call_indicator = -1;
buy_or_sell = 1;
pay_off = generic_payoff(buy_or_sell,put_call_indicator,strike,spot)
y_label = 'Pay off';
plot_decor(spot, pay_off, y_label)

pnl = generic_pnl(buy_or_sell,put_call_indicator,strike,spot,premium)
y_label = 'PnL';
plot_decor(spot, pnl, y_label)

#short a put

put_call_indicator = -1;
buy_or_sell = -1;
pay_off = generic_payoff(buy_or_sell,put_call_indicator,strike,spot)
y_label = 'Pay off';
plot_decor(spot, pay_off, y_label)
```

```
pnl = generic_pnl(buy_or_sell,put_call_indicator,strike,spot,premium)
y_label = 'PnL';
plot_decor(spot, pnl, y_label)
```

## 5.2 标的物二叉树

二叉树是量化金融中的常见模型，经常用来计算欧式期权和美式期权的价格。最常见的二叉树便是Cox-Ross-Rubinstein (CRR) 模型，该模型的主要特点是建模过程比较直观，将时间离散化，分成几个阶段；并假设每个阶段只有两种结果。二叉树模型中有两棵树，标的物的价格二叉树，是第一棵树；期权的价格二叉树，是第二棵树。

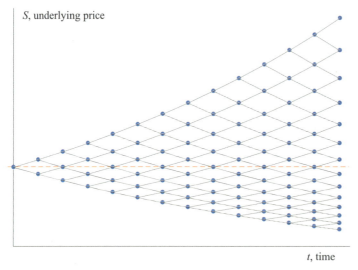

图5-9　标的物价格二叉树

首先介绍标的物二叉树。如图5-9所示为步数$n=13$的标的物价格二叉树的最终图形。二叉树的起点是标的物 (例如股票) 的**当前价格**。在起始点$t$时刻，股票的价格为$S_0$，如图5-10所示。从起始点延伸出两个路径，向上的分叉代表股票价格上涨，向下的分叉代表股票价格下降。二叉树的时间步长$\Delta t$是$(T-t)/n$。在下一时刻$t_1$，股票的价格有两种可能：上升到$S_u$；下降到$S_d$。$S_u$和$S_d$可以通过下式求得。

$$\begin{cases} S_u = S_0 u \\ S_d = S_0 d \end{cases} \quad (5\text{-}5)$$

其中，$u$为股票**价格上升的幅度** (factor by which the price rises)，$d$为股票**价格下降的幅度** (factor by which the price falls)。

假设股票价格**上升的概率** (the probability of a price rise) 为$p$，那么$1-p$就是股票价格下降的概率，因为二叉树中只有上升或下降两个可能。值得一提的是，如果是三叉树模型，就可以增加一个路径，即股票价格不变的情况。本章最后会介绍其他二叉树模型，如JD树模型和LR树模型。

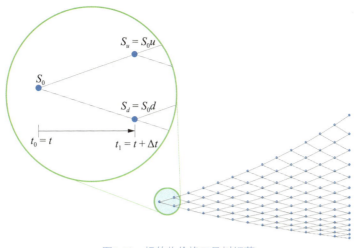

图5-10 标的物价格二叉树细节

二叉树每个节点都对应一个概率,对于二叉树第$n$步上的节点,股价上升$k$次,下降$n-k$次,到达每个节点对应的概率为:

$$\mathrm{pmf}(k) = C_n^k p^k (1-p)^{n-k} \tag{5-6}$$

在式(5-6)中的系数是到达节点的路径数量。例如对于第一步的两个节点 $n=1$,上侧节点上升一次,对应$k=1$,代入公式,其对应的概率是$p$;下侧节点,上升零次,下降一次,对应$k=0$,代入公式,其对应的概率是$1-p$,以此类推,可以得到任意步数上到达任意节点的概率。

在CRR模型中,$p$的具体计算式为:

$$p = \frac{\exp(r\Delta t) - d}{u - d} \tag{5-7}$$

用彩色点 ● 来表达20步CRR二叉树,标的物价格到达每个节点对应的概率,结果如图5-11所示。如图5-12所示为stem() 函数绘制标的物在$T=1$ year时刻二叉树节点概率。

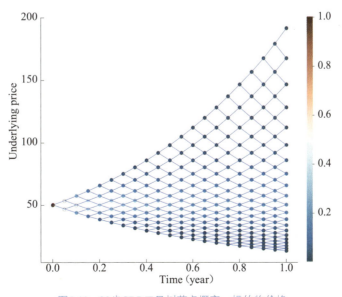

图5-11 20步CRR二叉树节点概率,标的物价格

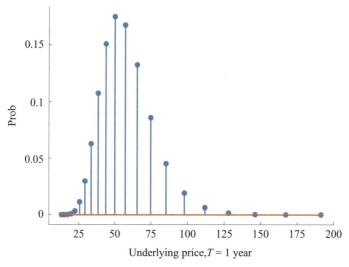

图5-12　stem()函数绘制标的物在 $T = 1$ year时刻二叉树节点概率

如下代码可以获得图5-11和图5-12。

```
B2_Ch5_2.py

import matplotlib.pyplot as plt
import numpy as np
import scipy.special

def Binomialtree(n, S0, K, r, vol, t, PutCall, EuropeanAmerican):
    deltaT = t/n
    u = np.exp(vol*np.sqrt(deltaT))
    d = 1./u
    p = (np.exp(r*deltaT)-d) / (u-d)

    #Binomial tree
    stockvalue = np.zeros((n+1,n+1))
    stockvalue[0,0] = S0
    for i in range(1,n+1):
        stockvalue[i,0] = stockvalue[i-1,0]*u
        for j in range(1,i+1):
            stockvalue[i,j] = stockvalue[i-1,j-1]*d

    #option value at final node
    optionvalue = np.zeros((n+1,n+1))
    for j in range(n+1):
        if PutCall=="Call": #Call
            optionvalue[n,j] = max(0, stockvalue[n,j]-K)
        elif PutCall=="Put": #Put
            optionvalue[n,j] = max(0, K-stockvalue[n,j])
    if deltaT != 0:
    #backward calculation for option price
        for i in range(n-1,-1,-1):
```

```python
                for j in range(i+1):
                    if EuropeanAmerican=="American":
                        if PutCall=="Put":
                            optionvalue[i,j] = max(0, K-stockvalue[i,j], np.exp(-r*deltaT)*(p*optionvalue[i+1,j]+(1-p)*optionvalue[i+1,j+1]))
                        elif PutCall=="Call":
                            optionvalue[i,j] = max(0, stockvalue[i,j]-K, np.exp(-r*deltaT)*(p*optionvalue[i+1,j]+(1-p)*optionvalue[i+1,j+1]))
                        else:
                            print("PutCall type not supported")
                    elif EuropeanAmerican=="European":
                        if PutCall=="Put":
                            optionvalue[i,j] = max(0, np.exp(-r*deltaT)*(p*optionvalue[i+1,j]+(1-p)*optionvalue[i+1,j+1]))
                        elif PutCall=="Call":
                            optionvalue[i,j] = max(0, np.exp(-r*deltaT)*(p*optionvalue[i+1,j]+(1-p)*optionvalue[i+1,j+1]))
                        else:
                            print("PutCall type not supported")
                    else:
                        print("Exercise type not supported")
    else:
        optionvalue[0,0] = optionvalue[n,j]

    scatter_x_stock = [0.0]
    scatter_y_stock = [stockvalue[0,0]]
    scatter_prob_stock = [1.0]

    plt.figure(1)

    for i in range(1,n+1):
        for j in range(1,i+1):

            x_stock_tree_u = [(i-1)*deltaT]
            x_stock_tree_d = [(i-1)*deltaT]
            y_stock_tree_upper = [stockvalue[i-1,j-1]]
            y_stock_tree_lower = [stockvalue[i-1,j-1]]

            x_temp = i*deltaT
            y_temp1 = stockvalue[i,j-1]
            y_temp3 = stockvalue[i,j]

            x_stock_tree_u.append(x_temp)
            x_stock_tree_d.append(x_temp)
            scatter_x_stock.append(i*deltaT)

            y_stock_tree_lower.append(y_temp1)
```

```python
                y_stock_tree_upper.append(y_temp3)
                scatter_y_stock.append(stockvalue[i,j-1])
                
                temp_prob = scipy.special.comb(i, j - 1, exact=True)*p**(j - 1)*(1 - p)**(i-j+1)
                scatter_prob_stock.append(temp_prob)
                
                plt.plot(np.array(x_stock_tree_u), np.array(y_stock_tree_upper),'b-',linewidth=0.4)
                plt.plot(np.array(x_stock_tree_d), np.array(y_stock_tree_lower),'b-',linewidth=0.4)
            
            temp_prob = scipy.special.comb(i, j, exact=True)*p**(j)*(1 - p)**(i-j)
            scatter_prob_stock.append(temp_prob)
            scatter_x_stock.append(i*deltaT)
            scatter_y_stock.append(stockvalue[i,j])
    
    colors = scatter_prob_stock
    plt.scatter(np.array(scatter_x_stock),np.array(scatter_y_stock),c=colors,alpha=0.5,cmap ='RdBu_r')
    plt.xlabel('Time (year)',fontsize=8)
    plt.ylabel('Underlying price',fontsize=8)
    plt.gca().spines['right'].set_visible(False)
    plt.gca().spines['top'].set_visible(False)
    plt.colorbar()
    
    plt.figure(2)
    plt.stem(scatter_y_stock[len(scatter_y_stock)-n-1::],scatter_prob_stock[len(scatter_y_stock)-n-1::])
    plt.xlabel('Underlying price, T = 1 year',fontsize=8)
    plt.ylabel('Prob',fontsize=8)
    plt.gca().spines['right'].set_visible(False)
    plt.gca().spines['top'].set_visible(False)
    
    return optionvalue[0,0]

    #Inputs
n = 20      #number of steps
S0 = 50     #initial underlying asset price
r = 0.01    #risk-free interest rate
K = 55      #strike price
vol = 0.3   #volatility

t = 1.0
y = Binomialtree(n, S0, K, r, vol, t, PutCall="Call", EuropeanAmerican="European")
```

## 5.3 欧式期权二叉树

至此已经建立了描述资产价格走势的二叉树模型,如图5-13所示,在此基础上可以构造衍生品价格的二叉树。

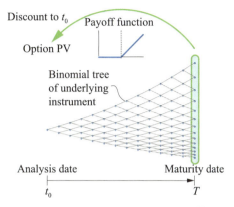

图5-13 在标的物二叉树基础上构建欧式看涨期权二叉树

以欧式看涨期权为例,在一步二叉树中,在到期时刻$T$,期权的价格有两种可能$V_u$和$V_d$,分别对应标的物价格二叉树中的$S_u$和$S_d$。

$$
\begin{aligned}
V_u &= \max\left[(S_0 u - K), 0\right] \\
V_d &= \max\left[(S_0 d - K), 0\right]
\end{aligned}
\tag{5-8}
$$

那么,如何得到当前时刻$t$的期权价格$V_0$?

如图5-14所示为到期收益方程连接了标的物二叉树和看涨期权二叉树。

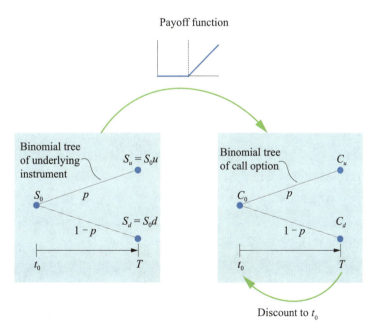

图5-14 到期收益方程连接了标的物二叉树和看涨期权二叉树

根据**风险中性市场** (risk-neutral world) 理论，资产在当前时刻的价格等于根据其未来风险中性概率计算的期望值的贴现值。其数学表达式为：

$$V_0 = e^{-r\Delta t}\left[pV_u + (1-p)V_d\right]$$
$$= e^{-r(T-t)}\left[pV_u + (1-p)V_d\right] \tag{5-9}$$

其中，$P$ 代表**风险中性测度** (risk-neutral measure) 落在上升路径的概率。

因此 $(pV_u + (1-p)V_d)$ 代表期权价格在风险中性概率下的数学期望。

再将期望值折算到当前时刻，得到的就是当前 $t$ 时刻欧式看涨期权的价值/价格 $V_0$。此处折算采用连续复利利率 $r$，$T-t$ 是一步二叉树的时间步长。

类似地，用同样的方法分析欧式看跌期权，如图5-15所示。

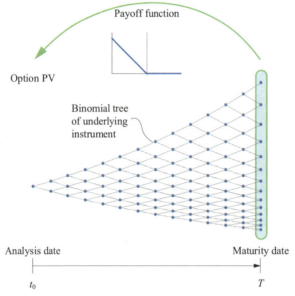

图5-15 在标的物二叉树基础上构建欧式看跌期权二叉树

如图5-16所示，这个期权的第二棵树也是基于股票价格的第一棵树。和图5-14不同的是，图5-16中用的到期收益函数是看跌期权的到期折线方程(图像如图5-5所示)。第一棵树 $S_u$ 节点对应的 $V_u$ 通过下式计算。

$$P_u = \max\left[(K - S_0 u), 0\right] \tag{5-10}$$

第一棵树 $S_d$ 节点对应的 $V_d$ 可以通过下式计算得到。

$$V_d = \max\left[(K - S_0 d), 0\right] \tag{5-11}$$

用无风险利率折算，$t$ 时刻的欧式看跌期权的价值为：

$$V_0 = e^{-r\Delta t}\left[pV_u + (1-p)V_d\right]$$
$$= e^{-r(T-t)}\left[pV_u + (1-p)V_d\right] \tag{5-12}$$

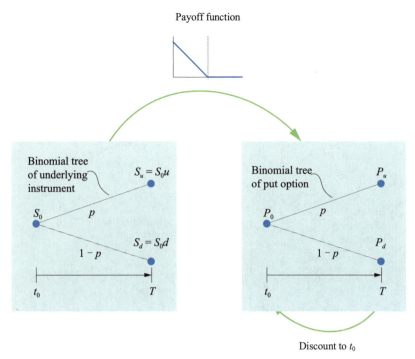

图5-16  到期收益方程连接了标的物二叉树和看跌期权二叉树

至此已给出了看涨期权和看跌期权的公式,总结如下。

$u$和$d$的求解需要通过数学模型,最基本的模型是Cox, Ross, & Rubinstein (CRR),$u$和$d$可以通过以下公式近似求得。

$$u = e^{\sigma\sqrt{\Delta t}}$$
$$d = e^{-\sigma\sqrt{\Delta t}} = \frac{1}{u}$$
(5-13)

其中,$\sigma$是**年化波动率** (annual volatility)。

得到$u$和$d$后,风险中性概率$p$由下式求得。

$$p = \frac{e^{r\Delta t} - d}{u - d}$$
(5-14)

刚才讨论的是一步二叉树来求解欧式看涨和欧式看跌期权的价格。下面来聊一聊两步**二叉树** (two-step binomial tree),应用对象也是欧式期权。如图5-17(a)给出的是当前$t$时刻到期到期时刻$T$,期权的标的物,比如股票价格的两步二叉树。和一步二叉树相比,可以发现$T$时刻的节点从两个变成了三个。如图5-17(b)可以看出两步二叉树的4个不同路径。其中有两个路径在$T$时刻的终值一样。

如图5-17(a)给出的是标的物的价格二叉树,是第一棵树;第二棵二叉树是期权的价格树。第一棵树和第二棵树之间的联系是**到期收益函数** (payoff function at maturity)。值得一提的是,本文中,以欧式看涨和欧式看跌期权为例展示利用二叉树定价的思路,如果将到期收益函数替换为其他衍生品的到期收益函数,便可用来计算其他衍生品的价格。

来看看二叉树的第二棵树,如图5-17(b)所示。

对于标的物价格"up → up"这种情况,欧式看涨期权的到期价格为:

$$V_{uu} = \max\left[(S_0uu - K), 0\right] \tag{5-15}$$

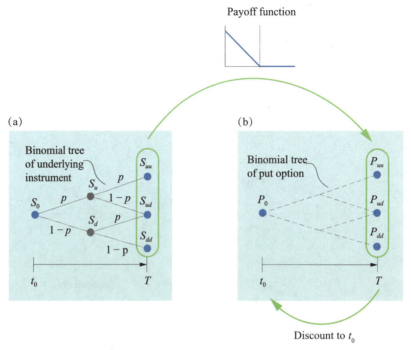

图5-17 到期收益方程连接标的物二叉树和看跌期权二叉树，两步二叉树

对于标的物价格"up → down"和"down → up"这两种情况，期权到期价格完全相同，表达式为：

$$V_{ud} = V_{du} = \max\left[(S_0ud - K), 0\right] \tag{5-16}$$

对于标的物价格"down → down"这种情况，期权到期的价格为：

$$V_{dd} = \max\left[(S_0dd - K), 0\right] \tag{5-17}$$

将$V_{uu}$、$V_{ud}$、$V_{du}$和$V_{dd}$这四个值(有两个相同)，折算到当前$t$时刻。

$$\begin{aligned} V_0 &= e^{-2r\Delta t}\left[p^2 V_{uu} + 2p(1-p)V_{ud} + (1-p)^2 V_{dd}\right] \\ &= e^{-r(T-t)}\left[p^2 V_{uu} + 2p(1-p)V_{ud} + (1-p)^2 V_{dd}\right] \end{aligned} \tag{5-18}$$

类似的，欧式看跌期权两步二叉树的解为：

$$V_0 = e^{-r(T-t)}\left[p^2 V_{uu} + 2p(1-p)V_{ud} + (1-p)^2 V_{dd}\right] \tag{5-19}$$

这里需要强调一点，$p$、$u$和$d$这三个参数是通过$\Delta t$(步长时间长度)求出来的，而到期时刻$T$节点的金额是用$n\Delta t$，也就是$T-t$来折算的。对于欧式期权，只需得到到期时间节点上期权的价格，无须计算中间步骤。美式期权，则需要判断中间节点的期权执行情况并计算价格。

**多步二叉树** (multi-step binomial tree)，顾名思义，就是二叉树的步数在两步以上，可以是十几或者几十步。如上述一步二叉树和二步二叉树，$n$步二叉树的末端 ($T$时刻) 有$n + 1$个节点，有$2^n$种路径。衍生品二叉树上的节点是和标的物二叉树节点一一对应的，股价上升$k$次，下降$n - k$次，衍生品二叉树节点上概率同样遵循。

$$\text{pmf}(k) = C_n^k p^k (1-p)^{n-k} \quad (5\text{-}20)$$

其中，$p$是CRR二叉树中标的物上升的概率，系数$C_n^k$是到达节点的路径数量。

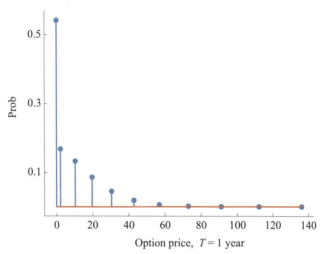

图5-18 为stem()函数绘制在$T = 1$ year时刻二叉树到期节点期权价格概率分布

如下代码可绘制图5-18。

```
B2_Ch5_3.py
```

```python
import matplotlib.pyplot as plt
import numpy as np
import scipy.special

def Binomialtree(n, S0, K, r, vol, t, PutCall, EuropeanAmerican):
    deltaT = t/n
    u = np.exp(vol*np.sqrt(deltaT))
    d = 1./u
    p = (np.exp(r*deltaT)-d) / (u-d)
    #Binomial price tree
    stockvalue = np.zeros((n+1,n+1))
    stockvalue[0,0] = S0
    for i in range(1,n+1):
        stockvalue[i,0] = stockvalue[i-1,0]*u
        for j in range(1,i+1):
            stockvalue[i,j] = stockvalue[i-1,j-1]*d
    
    #option value at final node
    optionvalue = np.zeros((n+1,n+1))
    for j in range(n+1):
        if PutCall=="Call": #Call
```

```python
                    optionvalue[n,j] = max(0, stockvalue[n,j]-K)
            elif PutCall=="Put": #Put
                    optionvalue[n,j] = max(0, K-stockvalue[n,j])
    if deltaT != 0:
    #backward calculation for option price
        for i in range(n-1,-1,-1):
            for j in range(i+1):
                if EuropeanAmerican=="American":
                    if PutCall=="Put":
                            optionvalue[i,j] = max(0, K-stockvalue[i,j], np.exp(-r*deltaT)*(p*optionvalue[i+1,j]+(1-p)*optionvalue[i+1,j+1]))
                    elif PutCall=="Call":
                            optionvalue[i,j] = max(0, stockvalue[i,j]-K, np.exp(-r*deltaT)*(p*optionvalue[i+1,j]+(1-p)*optionvalue[i+1,j+1]))
                    else:
                        print("PutCall type not supported")
                elif EuropeanAmerican=="European":
                    if PutCall=="Put":
                            optionvalue[i,j] = max(0, np.exp(-r*deltaT)*(p*optionvalue[i+1,j]+(1-p)*optionvalue[i+1,j+1]))
                    elif PutCall=="Call":
                            optionvalue[i,j] = max(0, np.exp(-r*deltaT)*(p*optionvalue[i+1,j]+(1-p)*optionvalue[i+1,j+1]))
                    else:
                        print("PutCall type not supported")
                else:
                    print("Exercise type not supported")
    else:
        optionvalue[0,0] = optionvalue[n,j]

    scatter_x_option = [0.0]
    scatter_y_option = [optionvalue[0,0]]
    scatter_prob_option = [1.0]

    for i in range(1,n+1):
        for j in range(1,i+1):
            x_option_tree_u = [(i-1)*deltaT]
            x_option_tree_d = [(i-1)*deltaT]
            y_option_tree_upper = [optionvalue[i-1,j-1]]
            y_option_tree_lower = [optionvalue[i-1,j-1]]

            x_temp = i*deltaT

            y_temp1 = optionvalue[i,j-1]
            y_temp3 = optionvalue[i,j]

            x_option_tree_u.append(x_temp)
            x_option_tree_d.append(x_temp)
```

```
            scatter_x_option.append(i*deltaT)

            y_option_tree_upper.append(y_temp1)
            y_option_tree_lower.append(y_temp3)
            scatter_y_option.append(optionvalue[i,j-1])
            temp_prob = scipy.special.comb(i, j - 1, exact=True)*p**(j - 1)*(1 - p)**(i-j+1)

            scatter_prob_option.append(temp_prob)

        temp_prob = scipy.special.comb(i, j, exact=True)*p**(j)*(1 - p)**(i-j)
        scatter_prob_option.append(temp_prob)
        scatter_x_option.append(i*deltaT)
        scatter_y_option.append(optionvalue[i,j])

    option_T_level = np.array(scatter_y_option[len(scatter_y_option)-n-1::])
    option_T_prob = scatter_prob_option[len(scatter_y_option)-n-1::]
    a1, c1 = np.unique(option_T_level, return_inverse=True)
    A1 = np.bincount(c1,option_T_prob)

    plt.figure()
    plt.stem(a1, A1)
    plt.xlabel('Option price, T = 1 year',fontsize=8)
    plt.ylabel('Prob',fontsize=8)
    plt.gca().spines['right'].set_visible(False)
    plt.gca().spines['top'].set_visible(False)

    return optionvalue[0,0]
    #Inputs
n = 20      #number of steps
S0 = 50     #initial underlying asset price
r = 0.01    #risk-free interest rate
K = 55      #strike price
vol = 0.3   #volatility

t = 1.0
y = Binomialtree(n, S0, K, r, vol, t, PutCall="Call", EuropeanAmerican="European")
```

## 5.4 美式期权二叉树

美式期权和欧式期权的不同之处在于美式期权的持有者可以在到期前提前履约或者**提前执行**(early exercise)。美式期权二叉树构造中，第一棵树即标的资产价格的二叉树和欧式期权是一样的；第二棵树，即期权的二叉树，由于美式期权可以提前履约，需要在二叉树的每一个节点判断期权是否可以执行。判断的依据就是比大小，比较立即执行期权和继续持有期权到下一时间节点哪一个获利更大。对于期权持有者，选择获利更大的那一个。

首先，以一步二叉树为例计算美式看涨期权。除了在到期时刻节点处判断是否执行美式期权以外，在初始$t$时刻也需要做一次判断。根据之前讲过的内容，如果持有到时刻$T$，折算到$t$时刻期权的价格为：

$$V_{0\_no\_exercise} = e^{-r(T-t)}\left[pV_u + (1-p)V_d\right] \tag{5-21}$$

其中：

$$\begin{cases} V_u = \max\left[(S_0 u - K), 0\right] \\ V_d = \max\left[(S_0 d - K), 0\right] \end{cases} \tag{5-22}$$

如果在$t$时刻选择立即执行看涨期权，获利为：

$$V_{0\_exercise} = \max(0, S_0 - K) \tag{5-23}$$

取"$t$时刻不执行"和"$t$时刻执行"这两种情况中的较大值，可以获得美式期权的价值为：

$$V_0 = \max\left\{e^{-r(T-t)}\left[pV_u + (1-p)V_d\right], \max(0, S_0 - K)\right\} \tag{5-24}$$

再看一个美式期权的两步二叉树的例子。对于美式期权二叉树，每个**节点** (node)，都要考虑是否执行，从树的右边向左边推演。

首先看图5-19(a)中的右上角第一个分叉。类似于一步二叉树的做法，可以通过下式计算出$V_u$。

$$V_u = \max\left[e^{-r\Delta t}\left[pV_{uu} + (1-p)V_{ud}\right], \max(0, S_0 u - K)\right] \tag{5-25}$$

其中，$V_{uu}$和$V_{ud}$的定价方法和欧式看涨期权完全相同。

$$\begin{cases} V_{uu} = \max\left[(S_0 uu - K), 0\right] \\ V_{ud} = \max\left[(S_0 ud - K), 0\right] \end{cases} \tag{5-26}$$

同理，可以通过下式计算出图5-19(b)右下角分叉处的$V_d$值。

$$V_d = \max\left[e^{-r\Delta t}\left[pV_{ud} + (1-p)V_{dd}\right], \max(0, S_0 d - K)\right] \tag{5-27}$$

其中：

$$\begin{cases} V_{dd} = \max\left[(S_0 dd - K), 0\right] \\ V_{ud} = \max\left[(S_0 ud - K), 0\right] \end{cases} \tag{5-28}$$

如图5-19(b)所示，再通过下式做最后一次是否提前履约的判断。

$$V_0 = \max\left[e^{-r\Delta t}\left[pV_u + (1-p)V_d\right], \max(0, S_0 - K)\right] \tag{5-29}$$

由于每个节点处都进行一次是否执行的判断，美式看涨期权两步二叉树，一共进行了6次判断。

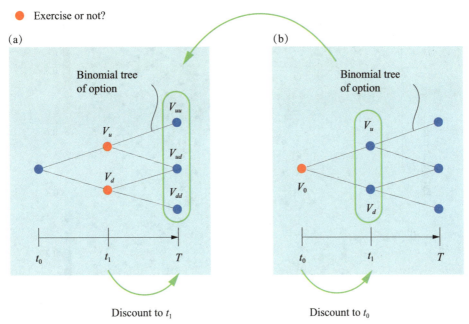

图5-19 两步二叉树计算美式看涨期权，期初判断提前履约

如图5-20和图5-21给出了美式看涨期权和美式看跌期权价格的二叉树结构。

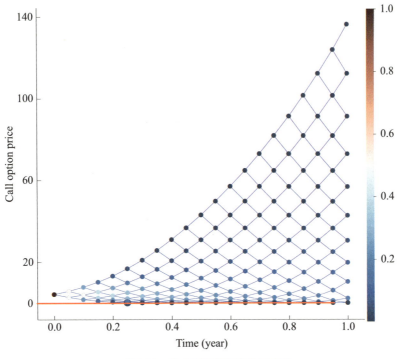

图5-20 美式看涨期权价格二叉树

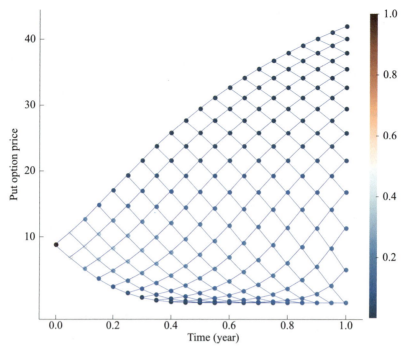

图5-21 美式看跌期权价格二叉树

如下代码可以获得图5-20和图5-21。

```
B2_Ch5_4.py
```

```python
import matplotlib.pyplot as plt
import numpy as np
import scipy.special

def Binomialtree(n, S0, K, r, vol, t, PutCall, EuropeanAmerican):
    deltaT = t/n
    u = np.exp(vol*np.sqrt(deltaT))
    d = 1./u
    p = (np.exp(r*deltaT)-d) / (u-d)
    
    #Binomial price tree
    stockvalue = np.zeros((n+1,n+1))
    stockvalue[0,0] = S0
    for i in range(1,n+1):
        stockvalue[i,0] = stockvalue[i-1,0]*u
        for j in range(1,i+1):
            stockvalue[i,j] = stockvalue[i-1,j-1]*d
    
    #option value at final node
    optionvalue = np.zeros((n+1,n+1))
    for j in range(n+1):
        if PutCall=="Call": #Call
            optionvalue[n,j] = max(0, stockvalue[n,j]-K)
```

```python
            elif PutCall=="Put": #Put
                optionvalue[n,j] = max(0, K-stockvalue[n,j])
    if deltaT != 0:
    #backward calculation for option price
        for i in range(n-1,-1,-1):
            for j in range(i+1):
                if EuropeanAmerican=="American":
                    if PutCall=="Put":
                        optionvalue[i,j] = max(0, K-stockvalue[i,j], np.exp(-r*deltaT)*(p*optionvalue[i+1,j]+(1-p)*optionvalue[i+1,j+1]))
                    elif PutCall=="Call":
                        optionvalue[i,j] = max(0, stockvalue[i,j]-K, np.exp(-r*deltaT)*(p*optionvalue[i+1,j]+(1-p)*optionvalue[i+1,j+1]))
                    else:
                        print("PutCall type not supported")
                elif EuropeanAmerican=="European":
                    if PutCall=="Put":
                        optionvalue[i,j] = max(0, np.exp(-r*deltaT)*(p*optionvalue[i+1,j]+(1-p)*optionvalue[i+1,j+1]))
                    elif PutCall=="Call":
                        optionvalue[i,j] = max(0, np.exp(-r*deltaT)*(p*optionvalue[i+1,j]+(1-p)*optionvalue[i+1,j+1]))
                    else:
                        print("PutCall type not supported")
                else:
                    print("Exercise type not supported")
    else:
        optionvalue[0,0] = optionvalue[n,j]

scatter_x_option = [0.0]
scatter_y_option = [optionvalue[0,0]]
scatter_prob_option = [1.0]
plt.figure()

for i in range(1,n+1):
    for j in range(1,i+1):
        x_option_tree_u = [(i-1)*deltaT]
        x_option_tree_d = [(i-1)*deltaT]
        y_option_tree_upper = [optionvalue[i-1,j-1]]
        y_option_tree_lower = [optionvalue[i-1,j-1]]
        
        x_temp = i*deltaT
        
        y_temp1 = optionvalue[i,j-1]
        y_temp3 = optionvalue[i,j]
        
        x_option_tree_u.append(x_temp)
        x_option_tree_d.append(x_temp)
```

```python
                    scatter_x_option.append(i*deltaT)
                    
                    y_option_tree_upper.append(y_temp1)
                    y_option_tree_lower.append(y_temp3)
                    scatter_y_option.append(optionvalue[i,j-1])
                    temp_prob = scipy.special.comb(i, j - 1, exact=True)*p**(j - 1)*(1 -
p)**(i-j+1)
                    
                    scatter_prob_option.append(temp_prob)
                    
                    plt.plot(np.array(x_option_tree_u), np.array(y_option_tree_upper),'b-',
linewidth=0.5)
                    plt.plot(np.array(x_option_tree_d), np.array(y_option_tree_lower),'b-',
linewidth=0.5)
                
                temp_prob = scipy.special.comb(i, j, exact=True)*p**(j)*(1 - p)**(i-j)
                scatter_prob_option.append(temp_prob)
                scatter_x_option.append(i*deltaT)
                scatter_y_option.append(optionvalue[i,j])
                
        colors = scatter_prob_option
        plt.scatter(np.array(scatter_x_option),np.array(scatter_y_option),c=colors,alpha=0.5,
cmap ='RdBu_r')
        plt.xlabel('Time (year)',fontsize=8)
        if PutCall=="Put":
            plt.ylabel('Put option price',fontsize=8)
        else:
            plt.ylabel('Call option price',fontsize=8)
        
        #plt.gca().set_aspect(1)
        plt.gca().spines['right'].set_visible(False)
        plt.gca().spines['top'].set_visible(False)
        plt.colorbar()
        
    return optionvalue[0,0]
    #Inputs
n = 20       #number of steps
S0 = 50      #initial underlying asset price
r = 0.01     #risk-free interest rate
K = 55       #strike price
vol = 0.3    #volatility
t = 1.0
y = Binomialtree(n, S0, K, r, vol, t, PutCall="Call", EuropeanAmerican="American")
y = Binomialtree(n, S0, K, r, vol, t, PutCall="Put", EuropeanAmerican="American")
```

## 5.5 二叉树步数影响

由二叉树模型计算出的期权价格和利用Black-Scholes-Merton (BSM) 期权定价公式(以下简称"BSM"期权定价公式)计算出的期权价格存在一定的差异。但是,伴随着二叉树模型的步数逐渐增加,两种方法所计算出价格的差异将趋向于逐步缩小。原因是,当步数增多,树的层数越来越大时,模拟到期时的股票价格的分布就越精确,计算结果也就越准确。下面的例子中,二叉树的步数从2步增加到1012步,分别计算欧式看涨和欧式看跌期权价格,并且和BSM期权定价公式得到的结果进行了比较。如图5-22和图5-23形象地展示了随着二叉树步数的增加,结果收敛于BSM期权定价公式的解析解。

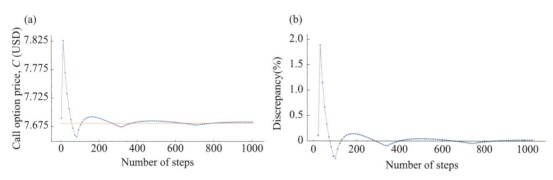

图5-22　比较不同步数二叉树和BSM定价欧式看涨期权结果

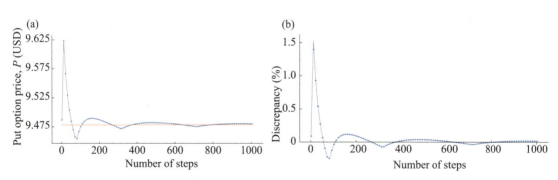

图5-23　比较不同步数二叉树和BSM定价欧式看跌期权结果

如下代码可以获得图5-22和图5-23。

`B2_Ch5_5.py`

```python
import matplotlib.pyplot as plt
import numpy as np
from scipy.stats import norm

def Binomialtree(n, S0, K, r, q, vol, t, PutCall, EuropeanAmerican):
    deltaT = t/n
    u = np.exp(vol*np.sqrt(deltaT))
    d = 1./u
```

```python
        p = (np.exp((r-q)*deltaT)-d) / (u-d)
    #Binomial price tree
    stockvalue = np.zeros((n+1,n+1))
    stockvalue[0,0] = S0
    for i in range(1,n+1):
        stockvalue[i,0] = stockvalue[i-1,0]*u
        for j in range(1,i+1):
            stockvalue[i,j] = stockvalue[i-1,j-1]*d

    #option value at final node
    optionvalue = np.zeros((n+1,n+1))
    for j in range(n+1):
        if PutCall=="Call": #Call
            optionvalue[n,j] = max(0, stockvalue[n,j]-K)
        elif PutCall=="Put": #Put
            optionvalue[n,j] = max(0, K-stockvalue[n,j])
    if deltaT != 0:
    #backward calculation for option price
        for i in range(n-1,-1,-1):
            for j in range(i+1):
                if EuropeanAmerican=="American":
                    if PutCall=="Put":
                        optionvalue[i,j] = max(0, K-stockvalue[i,j], np.exp(-r*deltaT)*(p*optionvalue[i+1,j]+(1-p)*optionvalue[i+1,j+1]))
                    elif PutCall=="Call":
                        optionvalue[i,j] = max(0, stockvalue[i,j]-K, np.exp(-r*deltaT)*(p*optionvalue[i+1,j]+(1-p)*optionvalue[i+1,j+1]))
                    else:
                        print("PutCall type not supported")
                elif EuropeanAmerican=="European":
                    if PutCall=="Put":
                        optionvalue[i,j] = max(0, np.exp(-r*deltaT)*(p*optionvalue[i+1,j]+(1-p)*optionvalue[i+1,j+1]))
                    elif PutCall=="Call":
                        optionvalue[i,j] = max(0, np.exp(-r*deltaT)*(p*optionvalue[i+1,j]+(1-p)*optionvalue[i+1,j+1]))
                    else:
                        print("PutCall type not supported")
                else:
                    print("Exercise type not supported")
    else:
        optionvalue[0,0] = optionvalue[n,j]

    return optionvalue[0,0]

def option_analytical(S0, vol, r, q, t, K, PutCall):
    d1 = (np.log(S0 / K) + (r - q + 0.5 * vol ** 2) * t) / (vol * np.sqrt(t))
```

```python
    d2 = (np.log(S0 / K) + (r - q - 0.5 * vol ** 2) * t) / (vol * np.sqrt(t))

    price = PutCall*S0 * np.exp(-q * t) * norm.cdf(PutCall*d1, 0.0, 1.0) - PutCall* K * np.exp(-r * t)* norm.cdf(PutCall*d2, 0.0, 1.0)

    return price

    #Inputs
n= 2         #number of steps
S0 = 50      #initial underlying asset price
r = 0.03     #risk-free interest rate
q = 0.0      #dividend yield
K = 55       #strike price
vol = 0.3    #volatility
t = 2.0
PutCall = 1 #1 for call;-1 for put

bs_price = option_analytical(S0, vol, r, q, t, K, PutCall=1)
print('analytical Price: %.4f' % bs_price)

n= range(2, 1012, 10)
prices = np.array([Binomialtree(x, S0, K, r, q, vol, t, PutCall="Call", EuropeanAmerican="European") for x in n])
discrepancy = (prices/bs_price -1)/0.01

plt.figure()
plt.plot(n, prices,"-o",markersize = 2)
plt.plot([0,1012],[bs_price, bs_price], "r-", lw=2, alpha=0.6)
plt.xlabel("Number of steps")
plt.ylabel("Call option price, C (USD)")
plt.gca().spines['right'].set_visible(False)
plt.gca().spines['top'].set_visible(False)

plt.figure()
plt.plot(n, discrepancy,"-o",markersize = 2)
plt.xlabel("Number of steps")
plt.ylabel("Discrepancy (%)")
plt.gca().spines['right'].set_visible(False)
plt.gca().spines['top'].set_visible(False)

bs_price = option_analytical(S0, vol, r, q, t, K, PutCall=-1)
print('analytical Price: %.4f' % bs_price)

n= range(2, 1012, 10)
prices = np.array([Binomialtree(x, S0, K, r, q, vol, t, PutCall="Put", EuropeanAmerican="European") for x in n])
discrepancy = (prices/bs_price -1)/0.01
```

```python
plt.figure()
plt.plot(n, prices,"-o",markersize = 2)
plt.plot([0,1012],[bs_price, bs_price], "r-", lw=2, alpha=0.6)
plt.xlabel("Number of steps")
plt.ylabel("Put option price, C (USD)")
plt.gca().spines['right'].set_visible(False)
plt.gca().spines['top'].set_visible(False)

plt.figure()
plt.plot(n, discrepancy,"-o",markersize = 2)
plt.xlabel("Number of steps")
plt.ylabel("Discrepancy (%)")
plt.gca().spines['right'].set_visible(False)
plt.gca().spines['top'].set_visible(False)
```

## 5.6 其他二叉树

到目前为止，本章二叉树模型采用的是CRR (Cox-Ross-Rubinstein)，实际上类似CRR的二叉树模型有很多，另外一种常见二叉树模型——JD (Jarrow-Rudd)。JD模型的重要特点是，在模拟标的物价格走势时，上升或下降的概率相等，即：

$$p = \frac{1}{2} \tag{5-30}$$

标的物价格上升幅度$u$为：

$$u = \exp\left[\left(r - \frac{\sigma^2}{2}\right)\Delta t + \sigma\sqrt{\Delta t}\right] \tag{5-31}$$

其中，$\Delta t$一般以年作为单位，$\sigma$为标的物价格年化波动率，$r$为年化无风险利率。

标的物价格下降幅度$d$为：

$$d = \exp\left[\left(r - \frac{\sigma^2}{2}\right)\Delta t - \sigma\sqrt{\Delta t}\right] \tag{5-32}$$

如图5-24和图5-25分别比较的是在CRR和JD两个模型下，标的物价格、美式看涨期权价格的二叉树结构。蓝色为CRR模型结果，红色为JD模型结果。

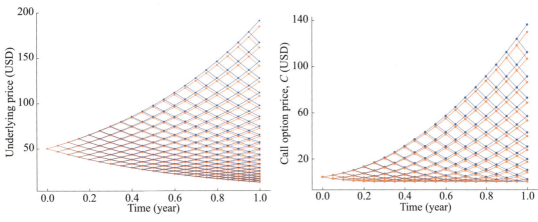

图5-24 比较标的物价格CRR和JD二叉树　　图5-25 比较美式看涨期权价格CRR和JD二叉树

如下代码可以获得图5-24和图5-25。注意函数Binomialtree()考虑了不同的二叉树模型，将被重复使用。

```python
B2_Ch5_6.py

import matplotlib.pyplot as plt
import numpy as np

def Binomialtree(n, S0, K, r, vol, t, PutCall, EuropeanAmerican,Tree):
    deltaT = t/n
    if Tree == 'CRR':
        u = np.exp(vol*np.sqrt(deltaT))
        d = 1./u
        p = (np.exp(r*deltaT)-d) / (u-d)
    elif Tree == 'JD':
        u = np.exp((r - vol**2*0.5)*deltaT + vol*np.sqrt(deltaT))
        d = np.exp((r - vol**2*0.5)*deltaT - vol*np.sqrt(deltaT))
        p = 0.5
    elif Tree =='LR':
        def h_function(z,n):
            h = 0.5+np.sign(z)*np.sqrt(0.25-0.25*np.exp(-((z/(n+1/3+0.1/(n+1)))**2)*(n+1/6)))
            return h

        if np.mod(n,2)>0:
            n_bar = n
        else:
            n_bar = n + 1

        d1 = (np.log(S0/K)+(r+vol**2/2)*t)/vol/np.sqrt(t);
        d2 = (np.log(S0/K)+(r-vol**2/2)*t)/vol/np.sqrt(t);
        pbar = h_function(d1,n_bar)
        p = h_function(d2,n_bar)
        u = np.exp(r*deltaT)*pbar/p
```

```python
            d = (np.exp(r*deltaT)-p*u)/(1-p)

    else:
        print("Tree type not supported")
    #Binomial price tree
    stockvalue = np.zeros((n+1,n+1))
    stockvalue[0,0] = S0
    for i in range(1,n+1):
        stockvalue[i,0] = stockvalue[i-1,0]*u
        for j in range(1,i+1):
            stockvalue[i,j] = stockvalue[i-1,j-1]*d

    #option value at final node
    optionvalue = np.zeros((n+1,n+1))
    for j in range(n+1):
        if PutCall=="Call": #Call
            optionvalue[n,j] = max(0, stockvalue[n,j]-K)
        elif PutCall=="Put": #Put
            optionvalue[n,j] = max(0, K-stockvalue[n,j])
    if deltaT != 0:
    #backward calculation for option price
        for i in range(n-1,-1,-1):
            for j in range(i+1):
                if EuropeanAmerican=="American":
                    if PutCall=="Put":
                        optionvalue[i,j] = max(0, K-stockvalue[i,j], np.exp(-r*deltaT)*(p*optionvalue[i+1,j]+(1-p)*optionvalue[i+1,j+1]))
                    elif PutCall=="Call":
                        optionvalue[i,j] = max(0, stockvalue[i,j]-K, np.exp(-r*deltaT)*(p*optionvalue[i+1,j]+(1-p)*optionvalue[i+1,j+1]))
                    else:
                        print("PutCall type not supported")
                elif EuropeanAmerican=="European":
                    if PutCall=="Put":
                        optionvalue[i,j] = max(0, np.exp(-r*deltaT)*(p*optionvalue[i+1,j]+(1-p)*optionvalue[i+1,j+1]))
                    elif PutCall=="Call":
                        optionvalue[i,j] = max(0, np.exp(-r*deltaT)*(p*optionvalue[i+1,j]+(1-p)*optionvalue[i+1,j+1]))
                    else:
                        print("PutCall type not supported")
                else:
                    print("Exercise type not supported")
    else:
        optionvalue[0,0] = optionvalue[n,j]

    scatter_x_stock = [0.0]
    scatter_y_stock = [stockvalue[0,0]]
```

```python
    plt.figure(1)
    for i in range(1,n+1):
        for j in range(1,i+1):
            
            x_stock_tree_u = [(i-1)*deltaT]
            x_stock_tree_d = [(i-1)*deltaT]
            y_stock_tree_upper = [stockvalue[i-1,j-1]]
            y_stock_tree_lower = [stockvalue[i-1,j-1]]
            
            x_temp = i*deltaT
            y_temp1 = stockvalue[i,j-1]
            y_temp3 = stockvalue[i,j]
            
            x_stock_tree_u.append(x_temp)
            x_stock_tree_d.append(x_temp)
            scatter_x_stock.append(i*deltaT)
            
            y_stock_tree_lower.append(y_temp1)
            y_stock_tree_upper.append(y_temp3)
            scatter_y_stock.append(stockvalue[i,j-1])
            
            if Tree == 'CRR':
                    plt.plot(np.array(x_stock_tree_u), np.array(y_stock_tree_upper),'b-o',linewidth=0.4,markersize = 2)
                    plt.plot(np.array(x_stock_tree_d), np.array(y_stock_tree_lower),'b-o',linewidth=0.4,markersize = 2)
            elif Tree == 'JD':
                    plt.plot(np.array(x_stock_tree_u), np.array(y_stock_tree_upper),'r-o',linewidth=0.4,markersize = 2)
                    plt.plot(np.array(x_stock_tree_d), np.array(y_stock_tree_lower),'r-o',linewidth=0.4,markersize = 2)
            elif Tree == 'LR':
                    plt.plot(np.array(x_stock_tree_u), np.array(y_stock_tree_upper),'r-o',linewidth=0.4,markersize = 2)
                    plt.plot(np.arrayx_stock_tree_d), np.array(y_stock_tree_lower),'r-o',linewidth=0.4,markersize = 2)
            else:
                print("Tree type not supported")
    
    plt.xlabel('Time (year)',fontsize=8)
    plt.ylabel('Underlying price',fontsize=8)
    plt.gca().spines['right'].set_visible(False)
    plt.gca().spines['top'].set_visible(False)
    
    plt.figure(2)
    for i in range(1,n+1):
        for j in range(1,i+1):
```

```python
                    x_option_tree_u = [(i-1)*deltaT]
                    x_option_tree_d = [(i-1)*deltaT]
                    y_option_tree_upper = [optionvalue[i-1,j-1]]
                    y_option_tree_lower = [optionvalue[i-1,j-1]]
                    
                    x_temp = i*deltaT
                    
                    y_temp1 = optionvalue[i,j-1]
                    y_temp3 = optionvalue[i,j]
                    
                    x_option_tree_u.append(x_temp)
                    x_option_tree_d.append(x_temp)
                    
                    y_option_tree_upper.append(y_temp1)
                    y_option_tree_lower.append(y_temp3)
                    
                    if Tree == 'CRR':
                        plt.plot(np.array(x_option_tree_u), np.array(y_option_tree_upper),'b-o',linewidth=0.5,markersize = 2)
                        plt.plot(np.array(x_option_tree_d), np.array(y_option_tree_lower),'b-o',linewidth=0.5,markersize = 2)
                    elif Tree == 'JD':
                        plt.plot(np.array(x_option_tree_u), np.array(y_option_tree_upper),'r-o',linewidth=0.5,markersize = 2)
                        plt.plot(np.array(x_option_tree_d), np.array(y_option_tree_lower),'r-o',linewidth=0.5,markersize = 2)
                    elif Tree == 'LR':
                        plt.plot(np.array(x_option_tree_u), np.array(y_option_tree_upper),'r-o',linewidth=0.5,markersize = 2)
                        plt.plot(np.array(x_option_tree_d), np.array(y_option_tree_lower),'r-o',linewidth=0.5,markersize = 2)
                    else:
                        print("Tree type not supported")
    
    plt.xlabel('Time (year)',fontsize=8)
    if PutCall=="Put":
        plt.ylabel('Put option price',fontsize=8)
    else:
        plt.ylabel('Call option price',fontsize=8)
    plt.gca().spines['right'].set_visible(False)
    plt.gca().spines['top'].set_visible(False)
    
    return optionvalue[0,0]

    #Inputs
n = 20      #number of steps
S0 = 50     #initial underlying asset price
```

```
r = 0.01    #risk-free interest rate
K = 55      #strike price
vol = 0.3   #volatility
t = 1.0

y1 = Binomialtree(n, S0, K, r, vol, t, PutCall="Call", EuropeanAmerican="American",
Tree = 'CRR')
y2 = Binomialtree(n, S0, K, r, vol, t, PutCall="Call", EuropeanAmerican="American",
Tree = 'JD')
```

另外一种常见的二叉树模型是Leisen-Reimer二叉树，简称LR二叉树。LR二叉树模型条件下，标的物价格上升幅度$u$为：

$$u = \exp(r\Delta t)\frac{\bar{p}}{p} \tag{5-33}$$

其中，$\Delta t$一般以年作为单位，$\sigma$为标的物价格年化波动率，$r$为年化无风险利率。

标的物上升概率$p$为：

$$p = h^{-1}(d_2) \tag{5-34}$$

$\bar{p}$为：

$$\bar{p} = h^{-1}(d_1) \tag{5-35}$$

$d_1$和$d_2$可以通过下式计算得到。

$$\begin{cases} d_1 = \frac{1}{\sigma\sqrt{\tau}}\left[\ln\left(\frac{S}{K}\right) + \left(r + \frac{\sigma^2}{2}\right)\tau\right] \\ d_2 = d_1 - \sigma\sqrt{\tau} \end{cases} \tag{5-36}$$

可以发现，期权的执行价格$K$影响到LR二叉树结构。

$h^{-1}(z)$函数是对标准正态分布逆累计密度函数CDF的近似，函数定义为：

$$h^{-1}(z) = \frac{1}{2} + \frac{\text{sgn}(z)}{2}\sqrt{1 - \exp\left\{-\left(\frac{z}{n + \frac{1}{3} + \frac{0.1}{n+1}}\right)^2 \left(n + \frac{1}{6}\right)\right\}} \tag{5-37}$$

标的物价格下降幅度$d$为：

$$d = \frac{\exp(r\Delta t) - pu}{1 - p} \tag{5-38}$$

如图5-26和图5-27分别比较的是在CRR和LR二叉树两个模型下，标的物价格、美式看涨期权价格的二叉树结构。蓝色为CRR模型结果，红色为LR二叉树模型结果。

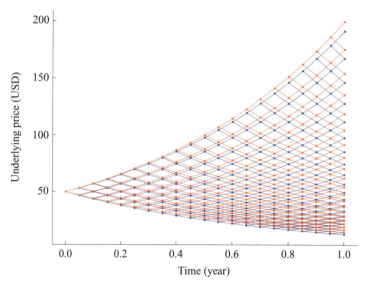

图5-26 比较标的物价格CRR和LR二叉树

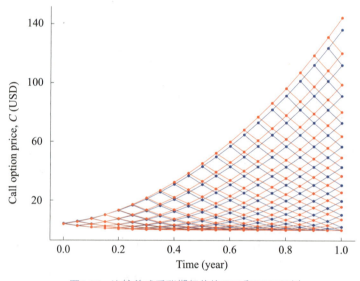

图5-27 比较美式看涨期权价格CRR和LR二叉树

如下代码可以获得图5-26和图5-27，注意此代码需要调用上述函数Binomialtree()，为了简洁起见，不再重复这段代码。

`B2_Ch5_7.py`

```python
import matplotlib.pyplot as plt
import numpy as np

def Binomialtree(n, S0, K, r, vol, t, PutCall, EuropeanAmerican,Tree):
    #Inputs
n = 20        #number of steps
S0 = 50       #initial underlying asset price
r = 0.01      #risk-free interest rate
```

```
K = 55       #strike price
vol = 0.3 #volatility
t = 1.0

y1 = Binomialtree(n, S0, K, r, vol, t, PutCall="Call", EuropeanAmerican=
"American",Tree = 'CRR')
y2 = Binomialtree(n, S0, K, r, vol, t, PutCall="Call", EuropeanAmerican=
"American",Tree = 'LR')
```

下面比较BSM、CRR和LR二叉树三种模型得到的欧式看涨期权价格。CRR明显的缺点是收敛性很差，而LR二叉树的收敛性远好于CRR。

如图5-28所示比较了BSM模型定价和不同步长条件下CRR和LR二叉树结果。注意，CRR模型步数取值，5∶1∶300；因为LR二叉树步数只能为奇数值，因此LR二叉树模型步数取值，5∶2∶300。

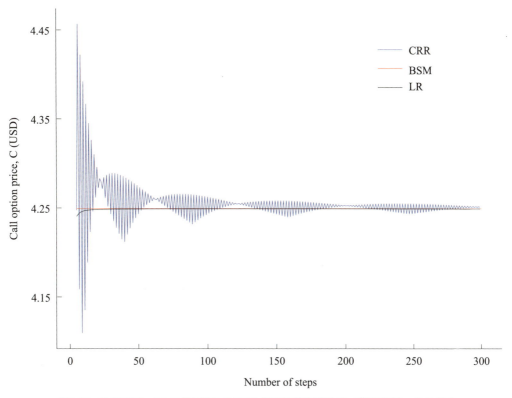

图5-28　比较CRR、LR二叉树和BSM三种模型计算得到的欧式期权价格，步长变化

如下代码可以获得图5-28。注意此代码中的函数Binomialtree()和option_analytical()考虑了股票分红。

```
B2_Ch5_8.py

import matplotlib.pyplot as plt
import numpy as np
from scipy.stats import norm

def option_analytical(S0, vol, r, q, t, K, PutCall):
```

```python
        d1 = (np.log(S0 / K) + (r - q + 0.5 * vol ** 2) * t) / (vol * np.sqrt(t))
        d2 = (np.log(S0 / K) + (r - q - 0.5 * vol ** 2) * t) / (vol * np.sqrt(t))
        price =  PutCall*S0 * np.exp(-q * t) * norm.cdf(PutCall*d1, 0.0, 1.0) - PutCall* K * np.exp(-r * t) * norm.cdf(PutCall*d2, 0.0, 1.0)
        
    return price

def Binomialtree(n, S0, K, r, q, vol, t, PutCall, EuropeanAmerican,Tree):
    deltaT = t/n
    if Tree == 'CRR':
        u = np.exp(vol*np.sqrt(deltaT))
        d = 1./u
        p = (np.exp((r - q)*deltaT)-d) / (u-d)
    elif Tree == 'JD':
        u = np.exp((r - q - vol**2*0.5)*deltaT + vol*np.sqrt(deltaT))
        d = np.exp((r - q - vol**2*0.5)*deltaT - vol*np.sqrt(deltaT))
        p = 0.5
    elif Tree =='LR':
        def h_function(z,n):
            h = 0.5+np.sign(z)*np.sqrt(0.25-0.25*np.exp(-((z/(n+1/3+0.1/(n+1)))**2)*(n+1/6)))
            return h
        
        if np.mod(n,2)>0:
            n_bar = n
        else:
            n_bar = n + 1
        
        d1 = (np.log(S0/K)+(r-q+vol**2/2)*t)/vol/np.sqrt(t);
        d2 = (np.log(S0/K)+(r-q-vol**2/2)*t)/vol/np.sqrt(t);
        pbar = h_function(d1,n_bar)
        p = h_function(d2,n_bar)
        u = np.exp((r-q)*deltaT)*pbar/p
        d = (np.exp((r-q)*deltaT)-p*u)/(1-p)
        
    else:
        print("Tree type not supported")
    #Binomial price tree
    stockvalue = np.zeros((n+1,n+1))
    stockvalue[0,0] = S0
    for i in range(1,n+1):
        stockvalue[i,0] = stockvalue[i-1,0]*u
        for j in range(1,i+1):
            stockvalue[i,j] = stockvalue[i-1,j-1]*d
    
    #option value at final node
    optionvalue = np.zeros((n+1,n+1))
```

```python
        for j in range(n+1):
            if PutCall=="Call": #Call
                optionvalue[n,j] = max(0, stockvalue[n,j]-K)
            elif PutCall=="Put": #Put
                optionvalue[n,j] = max(0, K-stockvalue[n,j])
    if deltaT != 0:
    #backward calculation for option price
        for i in range(n-1,-1,-1):
            for j in range(i+1):
                if EuropeanAmerican=="American":
                    if PutCall=="Put":
                        optionvalue[i,j] = max(0, K-stockvalue[i,j], np.exp(-r*deltaT)*(p*optionvalue[i+1,j]+(1-p)*optionvalue[i+1,j+1]))
                    elif PutCall=="Call":
                        optionvalue[i,j] = max(0, stockvalue[i,j]-K, np.exp(-r*deltaT)*(p*optionvalue[i+1,j]+(1-p)*optionvalue[i+1,j+1]))
                    else:
                        print("PutCall type not supported")
                elif EuropeanAmerican=="European":
                    if PutCall=="Put":
                        optionvalue[i,j] = max(0, np.exp(-r*deltaT)*(p*optionvalue[i+1,j]+(1-p)*optionvalue[i+1,j+1]))
                    elif PutCall=="Call":
                        optionvalue[i,j] = max(0, np.exp(-r*deltaT)*(p*optionvalue[i+1,j]+(1-p)*optionvalue[i+1,j+1]))
                    else:
                        print("PutCall type not supported")
                else:
                    print("Exercise type not supported")
    else:
        optionvalue[0,0] = optionvalue[n,j]

    return optionvalue[0,0]

    #Inputs
n = 20      #number of steps
S0 = 50     #initial underlying asset price
r = 0.01    #risk-free interest rate
q = 0.0     #dividend yield
K = 55      #strike price
vol = 0.3   #volatility
t = 1.0
```

```
bs_price = option_analytical(S0, vol, r, q, t, K, PutCall=1)
print('analytical Price: %.4f' % bs_price)
```

```
n= range(5, 300, 1)
```

```python
prices_crr = np.array([Binomialtree(x, S0, K, r, q, vol, t, PutCall="Call",
EuropeanAmerican="European",Tree = 'CRR') for x in n])
discrepancy_crr = (prices_crr/bs_price -1)/0.01

plt.figure()
plt.plot(n, prices_crr,"b-",label='CRR',lw = 1)

plt.plot([5,300],[bs_price, bs_price], "r-", label='BSM',lw=1, alpha=0.6)
plt.xlabel("Number of steps")
plt.ylabel("Call option price, C (USD)")
plt.gca().spines['right'].set_visible(False)
plt.gca().spines['top'].set_visible(False)

n= range(5, 300, 2)
prices_lr = np.array([Binomialtree(x, S0, K, r, q, vol, t, PutCall="Call",
EuropeanAmerican="European",Tree = 'LR') for x in n])
discrepancy_lr = (prices_lr/bs_price -1)/0.01

plt.plot(n, prices_lr,"k-", label='LR',lw = 1)
plt.legend(loc='upper center')
```

本章介绍了期权定价中的重要工具——二叉树模型。分别展示了二叉树法对欧式期权和美式期权的定价。接下来将继续期权价格的时间价值和内在价值，这些都是分析期权价格的基本要素。还会探讨运用 **Black Scholes** 方法对欧式期权进行定价，届时请读者对比两种定价方法。

# 第6章 Option pricing BSM期权定价

> BS理论促使交易所繁荣……它给出了对冲和有效定价全部概念的合规性，这些概念在20世纪60年代末和70年代早期曾被认为是赌博性质的。但现在这些看法被改变了，这主要归功于BS理论。期权不是投机或赌博，它是有效科学的定价。美国证券交易委员会非常迅速地转变了观点，认为期权是证券市场上非常有用的机制。据我判断，这正是受BS理论的影响。自此以后，我再也没有听说过将赌博与期权联系起来。
>
> *Black-Scholes was really what enabled the exchange to thrive.... [I]t gave a lot of legitimacy to the whole notion of hedging and efficient pricing, whereas we were faced, in the late 60searly 70s with the issue of gambling. That issue fell away, and I think Black-Scholes made it fall away. It wasn't speculation or gambling, it was efficient pricing. I think the SEC [Securities and Exchange Commission] very quickly thought of options as a useful mechanism in the securities markets and it's probably - that's my judgement - the effects of Black-Scholes. I never heard the word "gambling" again in relation to options.*
>
> ——Burton R. Rissman, former counsel, Chicago Board Options Exchange

## Core Functions and Syntaxes 本章核心命令代码

- `from scipy.stats import norm`　从统计函数库导入norm
- `import numpy`　导入运算包 numpy
- `len()`　返回括号中元素的长度
- `matplotlib.pyplot.get_cmap()`　指定图表元素配色方案
- `max()`　返回括号中元素的最大值
- `norm.cdf()`　计算标准正态分布累积概率分布值CDF
- `numpy.arange()`　根据指定的范围以及设定的步长，生成一个等差数组
- `numpy.exp()`　计算括号中元素的自然指数
- `numpy.log()`　计算括号中元素的自然对数
- `numpy.sqrt()`　计算括号中元素的平方根
- `numpy.zeros()`　返回给定形状和类型的新数组，用零填充

# 6.1 BSM模型

全世界第一个期权交易所——芝加哥期权交易所 (Chicago Board Options Exchange，CBOE) 于1973年4月成立，这标志着标准化、规范化的期权交易时代的开始。在最初的阶段，CBOE只交易16支美国股票作为标的的看涨期权，直到1977年引入看跌期权。

CBOE成立的同年，Fischer Black和Myron Scholes在《政治经济学杂志》(*Journal of Political Economy*) 发表了论文《期权定价与公司债务》(*The Pricing of Options and Corporate Liabilities*)，提出了期权定价理论，后经Robert Merton进一步修正完善，使其运用于支付红利的股票期权，这就是后来被广泛应用的Black-Scholes-Merton模型。

**BSM模型** (Black Scholes model, or Black Scholes Merton model) 在金融界的地位毋庸置疑。BSM模型在量化金融领域具有巨大的推动作用，它大大完善了衍生品定价理论。该理论的发布对消除大家对期权的误解是功不可没的，它重新塑造了期权在人们心目中的形象和地位，促进了市场的蓬勃发展。在BSM模型发表之后，芝加哥衍生品交易所当年的期权合同交易量就突破了纪录。1997年，Robert Merton和Myron Scholes二人获得诺贝尔经济学奖，很遗憾当时Fischer Black已经去世，没能获此殊荣。

具体来说，Black和Scholes是通过构造无风险对冲组合期权的途径，得出的期权定价的公式。首先构造一个投资组合，其价值为$\Pi$，里面包含价值为$S$的股票 (或底层资产)，以及以该底层资产作为标的物的金融衍生品，其价值为$f$，如下式所示。

$$\Pi = f + \delta S \tag{6-1}$$

其中，$\delta$代表标的物的份数，$\delta$取正数时代表买入，取负数时代表卖出；$f$是$S$和$t$的函数，即$f = f(S,t)$。

假设标的物符合几何布朗运动的动态过程。

$$dS = \mu S\,dt + \sigma S\,dW_t \tag{6-2}$$

其中，$\mu$和$\sigma$代表漂移量和波动率项，具体参见本书第2章随机过程。

当标的物产生微小的变化$dS$时，相应地，期权价格和投资组合也会发生变化。

$$d\Pi = df(S,t) + \delta\,dS \tag{6-3}$$

其中，$dS$的表达式已经在前文给出，下面着重介绍$df(S,t)$的表达式。根据**伊藤定理**，下式成立。

$$df(S,t) = \frac{\partial f}{\partial S}dS + \frac{\partial f}{\partial t}dt + \frac{1}{2}\frac{\partial^2 f}{\partial S^2}dSdS \tag{6-4}$$

值得注意的是：

$$dS\,dS = \sigma^2 S^2\,dt \tag{6-5}$$

将$df$、$dS$和$dSdS$带入$d\Pi$，得到：

$$d\Pi = \frac{\partial f}{\partial S}dS + \frac{\partial f}{\partial t}dt + \frac{1}{2}\frac{\partial^2 f}{\partial S^2}\sigma^2 S^2\,dt + \delta\,dS \tag{6-6}$$

整理后得到：

$$\mathrm{d}\Pi = \left(\frac{\partial f}{\partial S}+\delta\right)\mathrm{d}S + \left(\frac{\partial f}{\partial t}+\frac{1}{2}\frac{\partial^2 f}{\partial S^2}\sigma^2 S^2\right)\mathrm{d}t \qquad (6\text{-}7)$$

观察式(6-7)可以发现，通过选择合适的$\delta$，令标的物份数$\delta$满足：

$$\delta = -\frac{\partial V}{\partial S} \qquad (6\text{-}8)$$

那么就能消除组合价值变化的随机性，将$\delta$代入$\mathrm{d}\Pi$，得到：

$$\mathrm{d}\Pi = \left(\frac{\partial f}{\partial t}+\frac{1}{2}\frac{\partial^2 f}{\partial S^2}\sigma^2 S^2\right)\mathrm{d}t \qquad (6\text{-}9)$$

此处引入另外一个假设，即投资组合的收益等于**无风险利率**(risk-free rate)，用$r$表示。则投资组合的价格变化$\mathrm{d}\Pi$为：

$$\mathrm{d}\Pi = r\Pi\,\mathrm{d}t \qquad (6\text{-}10)$$

将$\mathrm{d}\Pi$和$\Pi$代入上文得到的$\mathrm{d}\Pi$表达式，建立了如下等式。

$$r(f+\delta S)\mathrm{d}t = \left(\frac{\partial f}{\partial t}+\frac{1}{2}\frac{\partial^2 f}{\partial S^2}\sigma^2 S^2\right)\mathrm{d}t \qquad (6\text{-}11)$$

进一步整理后得到：

$$\frac{\partial f}{\partial t}+\frac{1}{2}\sigma^2 S^2\frac{\partial^2 f}{\partial S^2}+rS\frac{\partial f}{\partial S}-rf = 0 \qquad (6\text{-}12)$$

这个就是BSM偏微分方程。在考虑连续红利$q$的情况下，BSM方程的修正形式为：

$$\frac{\partial f}{\partial t}+\frac{1}{2}\sigma^2 S^2\frac{\partial^2 f}{\partial S^2}+(r-q)S\frac{\partial f}{\partial S}-rV = 0 \qquad (6\text{-}13)$$

除了上文提到的几个假设外，还包括如下常见假设：a)市场**无摩擦** (frictionless)，不存在税务与交易成本；b)标的物无限可分，交易可连续进行。

BSM偏微分方程的解不固定，取决于以底层资产作为标的物的衍生品的形式。和其他偏微分的解法类似，解的形式取决于**初边界条件** (initial condition and boundary condition)。在欧式看涨期权的情况下，边界条件为：

$$\begin{aligned} C(S,T) &= \max(S-K,0) \\ C(0,t) &= 0 \end{aligned} \qquad (6\text{-}14)$$

也可以运用风险中性方法求解期权价格。欧式看涨期权到期时的期望收益为：

$$\tilde{E}\left[\max(S_T-K,0)\right] \qquad (6\text{-}15)$$

其中，$\tilde{E}$代表风险中性世界中的期望。

将该期望收益以无风险利率折现，得到欧式看涨期权价格。

$$C(S,\tau) = \exp(-r\tau)\tilde{E}\left[\max(S_T-K,0)\right] \qquad (6\text{-}16)$$

在两种方法下，欧式看涨期权的定价公式都可以求解为：

$$C(S,\tau) = N(d_1)S - N(d_2)X\exp(-r\tau) \tag{6-17}$$

其中，$S$为当前时刻标的物的价格；$\tau$为当前时刻距离到期时间长度(单位通常为年)；$N$为标准正态分布的CDF；$X$为执行价格；$r$为无风险利率。

$d_1$和$d_2$可以通过下式求得。

$$\begin{cases} d_1 = \dfrac{1}{\sigma\sqrt{\tau}}\left[\ln\left(\dfrac{S}{X}\right) + \left(r + \dfrac{\sigma^2}{2}\right)\tau\right] \\ d_2 = \dfrac{1}{\sigma\sqrt{\tau}}\left[\ln\left(\dfrac{S}{X}\right) + \left(r - \dfrac{\sigma^2}{2}\right)\tau\right] = d_1 - \sigma\sqrt{\tau} \end{cases} \tag{6-18}$$

其中，$N(d_2)$是风险中性条件下，期权被行使(即$S > K$)的概率。根据欧式买卖权平价关系：

$$P + S = X\exp(-r\tau) + C \tag{6-19}$$

可以求得欧式看跌期权的公式为：

$$P(S,\tau) = -N(-d_1)S + N(-d_2)X\exp(-r\tau) \tag{6-20}$$

观察期权定价公式，在BSM模型中，影响期权定价的因素有标的物价格、执行价格、距离到期时间、波动率、无风险利率和期权红利。欧式期权的期权费主要由执行价格，市场波动率的大小和到期时间来决定，执行价格越高、波动率越小、期限越短则期权费越低；反之，期权费越高。从收益的角度来讲，执行价格越高，到期时标的物的价格就越难上涨到执行价格，期权就越难被执行，越难获利。市场波动率越小，标的的价格就越平稳，就越难上涨到执行价格以上而获利。期限越短，表明标的物通过波动上涨到执行价格之上的时间就越短，获利的可能性越小。

对于看跌期权来说，收益随着执行价格和标的物价格的价差增加而增加，执行价格越高，期权费越贵。市场波动率和到期期限对看跌期权价格的影响基本和看涨期权一致。有了BSM模型，这些因素对期权理论价值的影响就很容易量化。

如图6-1给出了期权价格随执行价格的变化，读者可以尝试修改代码，了解期权价格随各个因素的变化。具体内容在本丛书第1本书金融计算Ⅱ一章和下一章(希腊字母)中有详细的介绍。

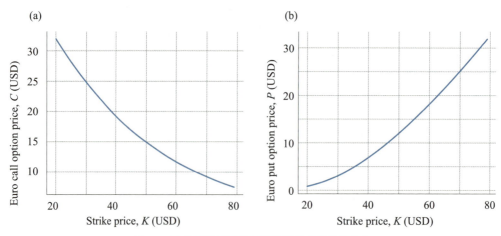

图6-1 欧式看涨/看跌期权价值随执行价格的变化

以下代码可得到图6-1。

`B2_Ch6_1.py`

```python
import matplotlib.pyplot as plt
import numpy as np
from scipy.stats import norm

def option_analytical(S0, vol, r, q, t, K, PutCall):
    d1 = (np.log(S0 / K) + (r - q + 0.5 * vol ** 2) * t) / (vol * np.sqrt(t))
    d2 = (np.log(S0 / K) + (r - q - 0.5 * vol ** 2) * t) / (vol * np.sqrt(t))
    price =   PutCall*S0 * np.exp(-q * t) * norm.cdf(PutCall*d1, 0.0, 1.0) - PutCall* K * np.exp(-r * t) * norm.cdf(PutCall*d2, 0.0, 1.0)
    
    return price

    #Inputs
r = 0.03        #risk-free interest rate
q = 0.0         #dividend yield
vol = 0.5       #volatility
t_base = 2.0
PutCall = 1    #1 for call;-1 for put
spot = 50
K = np.arange(20,80,1)   #strike price

plt.figure(1)
bs_price_call = option_analytical(spot, vol, r, q, t_base, K, PutCall =  1)
plt.plot(K, bs_price_call, label='price')
plt.xlabel("Strike price, K (USD)")
plt.ylabel("Euro call option price, C (USD)")
plt.gca().spines['right'].set_visible(False)
plt.gca().spines['top'].set_visible(False)
plt.grid(linestyle='--', axis='both', linewidth=0.25, color=[0.5,0.5,0.5])
plt.gca().spines['right'].set_visible(False)
plt.gca().spines['top'].set_visible(False)

plt.figure(2)
bs_price_put = option_analytical(spot, vol, r, q, t_base, K, PutCall =  -1)
plt.plot(K, bs_price_put, label='price')
plt.xlabel("Strike price, K (USD)")
plt.ylabel("Euro put option price, P (USD)")
plt.gca().spines['right'].set_visible(False)
plt.gca().spines['top'].set_visible(False)
plt.grid(linestyle='--', axis='both', linewidth=0.25, color=[0.5,0.5,0.5])
```

## 6.2 时间价值和内在价值

前面介绍了影响期权价格的因素，下面深入了解期权价格的构成。

首先观察一下未到期和到期的欧式期权的价格。如图6-2所示，距离到期还有一段时间时，欧式看涨期权的价格曲线 (黄色线) 明显高于其到期时间的收益折线 (蓝色线)。对于欧式看跌期权，距离到期时间还有一段时间的期权价格曲线，在标的物价格偏低时，低于到期收益折线；在标的物价格偏高时则高于到期收益折线，如图6-3所示。

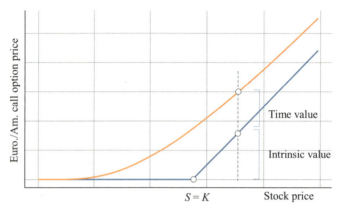

图6-2　时间价值和内在价值，未到期欧式看涨/美式看涨期权

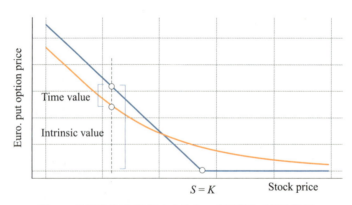

图6-3　时间价值(负值)和内在价值，未到期欧式看跌期权

期权的价值由两部分组成，一部分是内在价值，另一部分是时间价值。内在价值 (intrinsic value)，也被称作实质价值或内生价值，是指标的资产的即期价格 (spot price) 和执行价格 (strike price) 之间的差。时间价值 (time value)，指的是在持有的时间内因为各种风险因素变化 (比如波动率) 而使得期权价值变动的那部分价值。

图6-2和图6-3展示了欧式看涨/看跌期权的时间价值和内在价值。平值期权的时间价值最高，实值程度越高或虚值程度越高的期权的时间价值越小。时间价值可正可负，期权的时间价值通常都是大于零的。波动率越高，到期时间越长，时间价值越高。因此会出现标的价格没有变化，但随着到期时间或波动率的变化，而期权价格发生变化的情况。

对于欧式看跌期权，在标的物价格较低时，即**深度实值** (deep in the money) 区域，时间价值为负值，如图6-3所示。

下面，看一下期权价格和标的物价格之间的关系，随到期时间而变化的趋势。如图6-4所示，随着到期时间不断减小，接近到期时间，欧式看涨期权价格曲线从上到下不断接近期权到期收益折线。当标的物价格固定时，期权的内在价值不发生改变。时间价值会随时间的流逝迅速衰减(波动率越大衰减的速度越快)。如图6-5所示，欧式看跌期权在标的物价格较低和较高时，随着到期时间减小，价格曲线变化表现出不同的趋势。仔细观察可以发现，欧式看跌期权的时间价值的绝对值在随时间不断地减小。

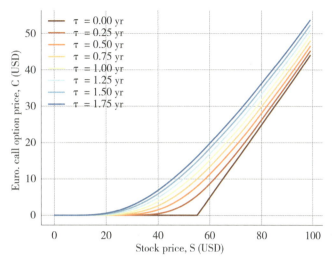

图6-4　欧式看涨期权价格曲线随到期时间变化

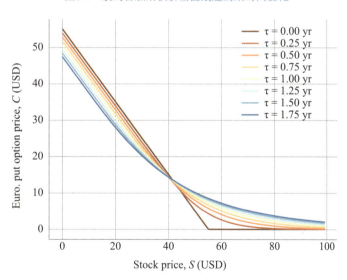

图6-5　欧式看跌期权价格曲线随到期时间变化

美式看涨期权和欧式看涨期权本质上基本一样，两者的价格曲线，都会随着到期时间不断变小，而不断靠近到期收益折线。

如图6-6所示，跟欧式看跌期权不同，美式看跌期权的时间价值不会为负值，因为对于深度实值的情况，持有者可以选择提前执行。

从时间价值的角度解释，为什么理论上不提前执行美式看涨期权。分两种情况：分红和不分红。在不分红的情况下，美式期权提前执行不明智。期权价值 = 内在价值 + 时间价值。第一，提前执行相当于放弃了期权后半段的时间价值。第二，提前执行相当于用有收益的标的资产换无收益的标的资产。通俗地说，在到期前的任意时刻，提前执行无收益美式看涨期权，期权多头得到 $(S - X)$。若不提前执行，期权多头手中的期权价值等于内在价值 $(S - X)$ 乘$\exp(-r(T-t))$ 加上时间价值。与其行权拿到股票，不如卖掉期权换得期权价格。对于分红的股票，如果分红(股息)大于损失的时间价值，可以提前执行。

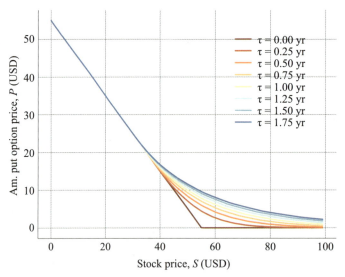

图6-6  美式看跌期权价格曲线随到期时间变化

以下代码可得到图6-4和图6-5。

B2_Ch6_2.py

```python
import matplotlib.pyplot as plt
import numpy as np
from scipy.stats import norm

def option_analytical(S0, vol, r, q, t, K, PutCall):
    d1 = (np.log(S0 / K) + (r - q + 0.5 * vol ** 2) * t) / (vol * np.sqrt(t))
    d2 = (np.log(S0 / K) + (r - q - 0.5 * vol ** 2) * t) / (vol * np.sqrt(t))
    price =  PutCall*S0 * np.exp(-q * t) * norm.cdf(PutCall*d1, 0.0, 1.0) - PutCall* K * np.exp(-r * t) * norm.cdf(PutCall*d2, 0.0, 1.0)
    
    return price

    #Inputs
r = 0.085      #risk-free interest rate
q = 0.0        #dividend yield
K = 55         #strike price
vol = 0.45     #volatility
t_base = 2.0
PutCall = 1    #1 for call;-1 for put
spot = np.arange(0,100,1)    #initial underlying asset price
t= np.arange(0.00001, 2, 0.25)
```

```python
NUM_COLORS = len(t)
cm = plt.get_cmap('bwr')
cm = plt.get_cmap('RdYlBu')
fig1 = plt.figure(1)
ax = fig1.add_subplot(111)

for i in range(len(t)):
    t_tmp = t[i]
    bs_price_call = option_analytical(spot, vol, r, q, t_tmp, K, PutCall = 1)
    lines = ax.plot(spot, bs_price_call, label='price')
    lines[0].set_color(cm(i/NUM_COLORS))

plt.xlabel("Stock price, S (USD)")
plt.ylabel("Euro call option price, C (USD)")
plt.gca().spines['right'].set_visible(False)
plt.gca().spines['top'].set_visible(False)
plt.grid(linestyle='--', axis='both', linewidth=0.25, color=[0.5,0.5,0.5])
plt.gca().legend(['T = 0.00 Yr','T = 0.25 Yr','T = 0.50 Yr','T = 0.75 Yr','T = 1.00 Yr','T = 1.25 Yr','T = 1.50 Yr','T = 1.75 Yr'],loc='upper left')

fig2 = plt.figure(2)
ax = fig2.add_subplot(111)
for i in range(len(t)):
    t_tmp = t[i]
    bs_price_put = option_analytical(spot, vol, r, q, t_tmp, K, PutCall = -1)
    lines = ax.plot(spot, bs_price_put, label='price')
    lines[0].set_color(cm(i/NUM_COLORS))

plt.xlabel("Stock price, S (USD)")
plt.ylabel("Euro put option price, P (USD)")
plt.gca().spines['right'].set_visible(False)
plt.gca().spines['top'].set_visible(False)
plt.grid(linestyle='--', axis='both', linewidth=0.25, color=[0.5,0.5,0.5])
plt.gca().legend(['T = 0.00 Yr','T = 0.25 Yr','T = 0.50 Yr','T = 0.75 Yr','T = 1.00 Yr','T = 1.25 Yr','T = 1.50 Yr','T = 1.75 Yr'],loc='upper right')
```

以下代码可以得到图6-6，值得注意的是，BSM模型不能用来计算可以提前执行的美式期权的价格，这里用到了二叉树方法来为美式期权定价。有关二叉树的相关知识，读者可以参考本书的第5章。

`B2_Ch6_3.py`

```python
import matplotlib.pyplot as plt
import numpy as np

def Binomialtree(n, S0, K, r, q, vol, t, PutCall, EuropeanAmerican):
    deltaT = t/n
    u = np.exp(vol*np.sqrt(deltaT))
```

```python
    d = 1./u
    p = (np.exp((r-q)*deltaT)-d) / (u-d)
    
    #Binomial price tree
    stockvalue = np.zeros((n+1,n+1))
    stockvalue[0,0] = S0
    for i in range(1,n+1):
        stockvalue[i,0] = stockvalue[i-1,0]*u
        for j in range(1,i+1):
            stockvalue[i,j] = stockvalue[i-1,j-1]*d
    
    #option value at final node
    optionvalue = np.zeros((n+1,n+1))
    for j in range(n+1):
        if PutCall=="Call": #Call
            optionvalue[n,j] = max(0, stockvalue[n,j]-K)
        elif PutCall=="Put": #Put
            optionvalue[n,j] = max(0, K-stockvalue[n,j])
    if deltaT != 0:
    #backward calculation for option price
        for i in range(n-1,-1,-1):
            for j in range(i+1):
                if EuropeanAmerican=="American":
                    if PutCall=="Put":
                        optionvalue[i,j] = max(0, K-stockvalue[i,j], np.exp(-r*deltaT)*(p*optionvalue[i+1,j]+(1-p)*optionvalue[i+1,j+1]))
                    elif PutCall=="Call":
                        optionvalue[i,j] = max(0, stockvalue[i,j]-K, np.exp(-r*deltaT)*(p*optionvalue[i+1,j]+(1-p)*optionvalue[i+1,j+1]))
                    else:
                        print("PutCall type not supported")
                elif EuropeanAmerican=="European":
                    if PutCall=="Put":
                        optionvalue[i,j] = max(0, np.exp(-r*deltaT)*(p*optionvalue[i+1,j]+(1-p)*optionvalue[i+1,j+1]))
                    elif PutCall=="Call":
                        optionvalue[i,j] = max(0, np.exp(-r*deltaT)*(p*optionvalue[i+1,j]+(1-p)*optionvalue[i+1,j+1]))
                    else:
                        print("PutCall type not supported")
                else:
                    print("Excercise type not supported")
    else:
        optionvalue[0,0] = optionvalue[n,j]
    
    return optionvalue[0,0]
```

```python
    #Inputs
n = 50
r = 0.085    #risk-free interest rate
q = 0.0      #dividend yield
K = 55       #strike price
vol = 0.45   #volatility
t_base = 2.0
PutCall = 1  #1 for call;-1 for put
spot = np.arange(0,100,1)   #initial underlying asset price

t= np.arange(0.00001, 2, 0.25)
price_call = np.zeros(len(spot))
price_put = np.zeros(len(spot))

NUM_COLORS = len(t)
cm = plt.get_cmap('RdYlBu')
fig1 = plt.figure(1)
ax = fig1.add_subplot(111)

for i in range(len(t)):
    t_tmp = t[i]
    price_put = np.array([Binomialtree(n, S0, K, r, q, vol, t_tmp, PutCall="Put", EuropeanAmerican="American") for S0 in spot])
    lines = ax.plot(spot, price_put, label='price')
    lines[0].set_color(cm(i/NUM_COLORS))

plt.xlabel("Stock price, S (USD)")
plt.ylabel("Am. put option price, P (USD)")
plt.gca().spines['right'].set_visible(False)
plt.gca().spines['top'].set_visible(False)
plt.grid(linestyle='--', axis='both', linewidth=0.25, color=[0.5,0.5,0.5])
plt.gca().legend(['T = 0.00 Yr','T = 0.25 Yr','T = 0.50 Yr','T = 0.75 Yr',
'T = 1.00 Yr','T = 1.25 Yr','T = 1.50 Yr','T = 1.75 Yr'],loc='upper right')
```

## 6.3 外汇期权

**外汇期权** (foreign exchange option) 是以外汇为标的物的期权合约。交易外汇期权可以用来对冲短期现汇交易或海外股票仓位。

例如，一家中国公司预计三个月后有一笔美元收入，公司希望锁定以人民币计价的利润，但若美元升值，又可以按照市场价格卖美元。公司买入一份人民币/美元的看涨期权，有权利(但没有义务)在合约签订后的三个月内，以6.5的汇率水平卖出50万美元；但如果到期时市场的美元价格更好，高于6.5，公司可以放弃这个权利。由于这个权利使得公司在美元兑人民币价格下跌时得到了保障，同时保留了上升时的获利，所以，公司需要付出期权费来购买这个权利。

期权费的计算可以利用外汇期权的定价模型。下面所用的期权费计算模型是由Garman 和Kohlhagen基于Black-Scholes的期权定价模型发展而来的。外汇期权期权费的计算和以股票为标的物的期权类似，但由于涉及外汇交易中的专有名词，使用时容易混淆输入的变量。因此在介绍模型之前，先了解一下外汇交易中货币对的概念。

外汇交易中，货币总是以"成对"的形式出现，称为**货币对**(currency pair)。在本节开始的例子中，可以说是"用美元买入人民币"，而专业人士则会采用术语：买入人民币美元对(CNY/USD)或卖出美元人民币对(USD/CNY)。两种说法是等价的。表 6-1给出常见的一些货币和对应的缩写。

表 6-1 几种常见货币及对应的缩写

| 货币 | 货币代码 | 货币符号 | 国家/地区 |
|---|---|---|---|
| 人民币 | CNY | ¥ | 中国 |
| 美元 | USD | $ | 美国 |
| 欧元 | EUR | € | 欧洲 |
| 英镑 | GBP | £ | 英国 |
| 澳大利亚元 | AUD | A$ | 澳大利亚 |
| 日元 | JPY | ¥ | 日本 |
| 加拿大元 | CAD | C$ | 加拿大 |
| 新西兰元 | NZD | NZ$ | 新西兰 |
| 韩国元 | KRW | ₩ | 韩国 |
| 俄罗斯卢布 | SUR | ₽ | 俄罗斯 |
| 印度卢比 | INR | ₹ | 印度 |
| 巴西雷亚尔 | BRL | R$ | 巴西 |
| 瑞士法郎 | CHF | Fr | 瑞士 |
| 瑞典克朗 | SEK | kr | 瑞典 |
| 墨西哥比索 | MXN | $ | 墨西哥 |

USD/CNY这个货币对表示的是：1美元的货币，可以兑换成多少人民币。假如当前USD/CNY的价格为：6.427，则表示1美元目前可以兑换6.427人民币，为方便记忆，可以看作把USD/CNY = 6.427中的CNY移到等号右端，即1USD = 6.427 CNY。在货币对USD/JPY中，斜杠左边的美元(USD)代表**基础货币** (base currency)；斜杠右边的日元 (JPY)，代表**计价货币** (quote currency)。对于任意货币对FOR/DOM = X，它的含义是，购买一单位的基础货币FOR，需要花费X单位的计价货币DOM。

下式为外汇欧式看涨期权和欧式看跌期权的定价公式。

$$\begin{cases} C = N(d_1) S \exp(-r_f \tau) - N(d_2) K \exp(-r_d \tau) \\ P = -N(-d_1) S \exp(-r_f \tau) + N(-d_2) K \exp(-r_d \tau) \end{cases} \quad (6\text{-}21)$$

其中，$N()$ 为标准正态分布累积函数；$S$为即期外汇汇率；$r_d$为**本币**(domestic) 无风险利率；$r_f$为**外币** (foreign) 无风险利率；$\tau$为到期时间；$K$为外汇汇率的执行价格。

$d_1$和$d_2$可以通过下式计算得到。

$$\begin{cases} d_1 = \dfrac{1}{\sigma\sqrt{\tau}}\left[\ln\left(\dfrac{S}{K}\right) + \left(r_d - r_f + \dfrac{\sigma^2}{2}\right)\tau\right] \\ d_2 = d_1 - \sigma\sqrt{\tau} \end{cases} \quad (6\text{-}22)$$

对比以股票作为标的的期权可以发现，股票期权中的无风险利率对应外汇期权中本币的无风险利率；股票期权中的股票红利对应外汇期权中外币的无风险利率。

值得注意的是，外汇期权计算公式中，对于汇率的即期价格$S$和汇率的执行价格$K$，引用时的规范是"购买一单位的外币，需要花费多少单位的本币"，最终的结果是本币。下面给出实例以便更好地解释。

假设你买入了一份期限为90天的英镑兑美元的欧式看跌期权。美元兑英镑的市场价是GBP/USD = 1.6，执行价格为GBP/USD = 1.58，美元的年化无风险利率是6.06%，英镑的年化利率是11.68%，波动率按15%计算，那么这份看跌期权的价格是多少？

首先确定本币和外币，根据GBP/USD = 1.6，1单位英镑兑换1.6单位美元，确定英镑为外币，美元为本币，将相关变量代入公式，如以下代码所示，运行结果是0.0472。注意它的含义是0.0472 USD per GBP，即兑换每一单位的英镑的权利金是0.0472美元。假设本例子中，英镑的金额是10万，那么最终价格是0.0472 USD/per GBP × 100000 GBP = 4720 USD。

运行如下代码可以得到上面的结果。

```
B2_Ch6_4.py
```

```python
import numpy as np
from scipy.stats import norm

def option_analytical(S0, vol, r_d, r_f, t, K, PutCall):
    d1 = (np.log(S0 / K) + (r_d - r_f + 0.5 * vol ** 2) * t) / (vol * np.sqrt(t))
    d2 = (np.log(S0 / K) + (r_d - r_f - 0.5 * vol ** 2) * t) / (vol * np.sqrt(t))
    price =  PutCall*S0 * np.exp(-r_f * t) * norm.cdf(PutCall*d1, 0.0, 1.0) - PutCall* K * np.exp(-r_d * t) * norm.cdf(PutCall*d2, 0.0, 1.0)
    
    return price

    #Inputs
S0 = 1.6      #spot price, units of domestic currency of one unit of foreign currency
r_d = 0.0606 #domestic risk-free interest rate
r_f = 0.1168 #foreign risk-free interest rate
K = 1.58     #strike price, units of domestic currency of one unit of foreign currency
vol = 0.15   #volatility
t = 90/365
PutCall = -1 #1 for call;-1 for put

bs_price = option_analytical(S0, vol, r_d, r_f, t, K, PutCall)
print('analytical Price: %.4f' % bs_price)
```

从外汇期权的定价模型可以看到，影响期权价格的主要因素有：期权的执行价格与市场即期汇率；到期时间(距到期日之间的天数)；预期汇率波动率大小；货币对利率差。

## 6.4 期货期权和债券期权

之前的章节介绍的都是现货期权,下面将介绍**期货期权** (future option)。期货期权和现货期权的主要区别是合约的标的资产,即现货期权到期交割的是现货商品,而期货期权则是在到期时将期权合约转为期货合约。

**债券期权** (bond option),是以债券为标的物的期权,包括美式债券期权和欧式债券期权。虽然期货期权和债券期权的标的物差别很大,它们都可以运用BSM体系中的Black模型来定价。Black模型和BSM模型最大的不同是,它关注的是到期时刻变量的分布$V_T$,而不用考虑从零时刻到$T$时刻它所遵循的动态过程。

Black模型由美国数学家Fischer Black于1976年提出。该模型最初用于为普通欧式期货期权定价,1991年Fischer Black首次将其拓展到利率期权定价领域。

Black模型对最基础的利率期权产品——债券期权具有解析解。Black模型假定变量$V_T$(在本例中为债券价格)在期权到期时刻$T$服从**对数正态分布** (log-normal distribution),因此欧式债券看涨期权的定价公式为:

$$c = P(t_0, T)\left[F_0 N(d_1) - K N(d_2)\right] \tag{6-23}$$

其中:

$$\begin{cases} d_1 = \dfrac{\ln(F_0/K) + \sigma^2 \tau/2}{\sigma\sqrt{\tau}} \\ d_2 = \dfrac{\ln(F_0/K) - \sigma^2 \tau/2}{\sigma\sqrt{\tau}} = d_1 - \sigma\sqrt{\tau} \end{cases} \tag{6-24}$$

这里,零时刻用$t_0$表示,$P(t_0, T)$代表到期时间为$T$的零息债券在零时刻的价格;$t_0$距离到期时间$T$表示为$\tau = T - t_0$。$F_0$代表零时刻债券的远期价格,$K$为执行价格,$\sigma$为债券远期价格$F$的波动率。$N()$为标准正态分布的累计概率分布函数。

同样地,欧式债券看跌期权的定价公式为:

$$p = P(t_0, T)\left[K N(-d_2) - F_0 N(-d_1)\right] \tag{6-25}$$

值得一提的是,市场上常见的利率衍生产品大都与债券期权有关,可赎回和可回售债券是内嵌了债券期权的普通债券,利率上限期权和利率下限期权可以拆解成零息债券期权的组合。由于利用Black模型的定价较为简便,可以直接利用公式得到解析解,目前应用广泛,是普通利率期权报价采用的标准市场模型。

期货欧式看涨期权和欧式看跌期权的定价公式为:

$$\begin{cases} C = \exp(-r\tau)\left[N(d_1)F - N(d_2)K\right] \\ P = \exp(-r\tau)\left[-N(-d_1)F + N(-d_2)K\right] \end{cases} \tag{6-26}$$

其中,$N()$为标准正态分布累积函数;$F$为当前期货价格;$r$为无风险利率;$\tau$为到期时间。

$d_1$和$d_2$可以通过下式计算得到。

$$\begin{cases} d_1 = \dfrac{1}{\sigma\sqrt{\tau}}\left[\ln\left(\dfrac{F}{K}\right) + \dfrac{\sigma^2}{2}\tau\right] \\ d_2 = d_1 - \sigma\sqrt{\tau} \end{cases} \quad (6\text{-}27)$$

其中，$\sigma$为期货价年化波动率；$K$为期权执行价格。

## 6.5 数字期权

**数字期权** (digital option) 也称为**二元期权** (binary option)，它也可以通过BSM模型得到解析解。常见的两值期权有：**现金或空手期权** (cash-or-nothing option) 和**资产或空手期权** (cash-or-nothing option)。

相比欧式期权，具有同样执行价格的数字期权，其投资者的收益更加直观。以看涨期权为例，当到期标的物价格高于执行价格时，数字期权的投资者会得到事先约定的回报，否则其收入为零。投资者只需要判断行情的方向，而不需要在意涨跌的幅度。

一般来说，在其他条件相同情况下，数字期权的价外期权要比传统的价外期权便宜。这是因为价内期权期满时，数字期权的收益是固定的。反之传统期权在理论上讲收益是无限的。通常它们也比数字期权有更大的时间价值。

先来看看现金或空手期权。如图6-7所示，当(欧式)现金或空手看涨期权到期时，如果标的物资产价格低于执行价格$K$时，期权的收益为0；当标的物资产价格高于执行价格$K$时，期权的收益为$Q$，一些情况$Q$为1。欧式现金或空手看涨期权理论价值的解析式为：

$$C(S,\tau) = Q \cdot N(d_2)\exp(-r\tau) \quad (6\text{-}28)$$

$d_2$和欧式看涨期权的计算式一致。

$$d_2 = \dfrac{1}{\sigma\sqrt{\tau}}\left[\ln\left(\dfrac{S}{K}\right) + \left(r - \dfrac{\sigma^2}{2}\right)\tau\right] \quad (6\text{-}29)$$

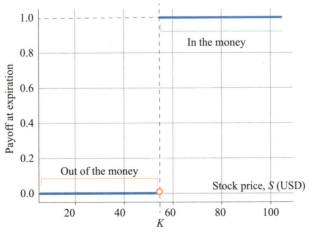

图6-7 现金或空手看涨期权到期收益线段

如图6-8所示，(欧式)现金或空手看跌期权理论价值到期时，如果标的物价格高于执行价格$K$，该期权的收益为0；如果标的物价格低于执行价格$K$，期权收益为$Q$，这里$Q$为1。现金或空手看跌期权理论价值的解析式为：

$$P(S,\tau) = Q \cdot N(-d_2) \exp(-r\tau) \tag{6-30}$$

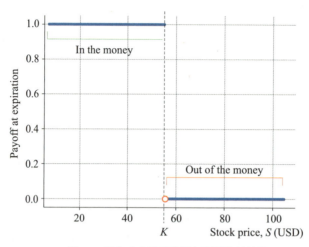

图6-8 现金或空手看跌期权到期收益线段

以下代码可以得到图6-7和图6-8。

```
B2_Ch6_5.py

import matplotlib.pyplot as plt
import numpy as np
from scipy.stats import norm

def cash_or_nothing_analytical(S0, vol, r, q, t, K, Q, PutCall):
    if t == 0:
        price =  Q*np.array(PutCall*(S0-K)>=0,dtype =bool)
    elif t > 0:
        d2 = (np.log(S0 / K) + (r - q - 0.5 * vol ** 2) * t) / (vol * np.sqrt(t))
        price =  Q*np.exp(-r * t) * norm.cdf(PutCall*d2, 0.0, 1.0)
    else:
        print("time to maturity should be greater or equal to zero")
    return price

#Inputs
r = 0.085    #risk-free interest rate
q = 0.0      #dividend yield
K = 55       #strike price
vol = 0.45   #volatility
PutCall = 1 #1 for call;-1 for put
spot = np.arange(10,105,1)  #initial underlying asset price
Q = 1
```

```python
t = 0

plt.figure(1)
price_call = cash_or_nothing_analytical(spot, vol, r, q, t, K, Q, PutCall = 1)
plt.plot(spot, price_call, '.',label='price')

plt.xlabel("Stock price, S (USD)")
plt.ylabel("Payoff at expiration")
plt.grid(linestyle='--', axis='both', linewidth=0.25, color=[0.5,0.5,0.5])
plt.gca().spines['right'].set_visible(False)
plt.gca().spines['top'].set_visible(False)

plt.figure(2)
price_put = cash_or_nothing_analytical(spot, vol, r, q, t, K, Q, PutCall = -1)
plt.plot(spot, price_put, '.',label='price')

plt.xlabel("Stock price, S (USD)")
plt.ylabel("Payoff at expiration")
plt.grid(linestyle='--', axis='both', linewidth=0.25, color=[0.5,0.5,0.5])
plt.gca().spines['right'].set_visible(False)
plt.gca().spines['top'].set_visible(False)
```

观察数字期权的收益方程会发现，标的价格从低于执行价格变为高于执行价格时，价值状态会发生突变，即突然从价外变为价内。也就是说，接近到期日时，标的价格在执行价格附近徘徊，此时的Delta和Gamma会产生巨大的震荡，从而为风险管理工作带来很大困扰，会给对冲带来困难。

从风险管理的角度来看，现金或空手期权可以用**价差期权** (call spread) 来复制。如图6-9所示，在比执行价格$K$稍低的位置$K-e$买入$N$份看涨期权，在比执行价格稍高的位置$K+e$全部卖出，便近似得到了现金或空手看涨期权。

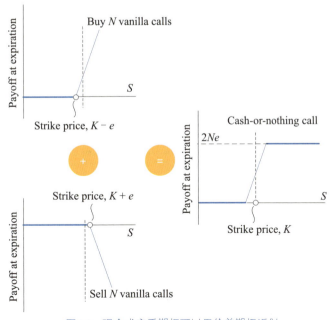

图6-9　现金或空手期权可以用价差期权近似

同样地，可以用类似的方法得到现金或空手看跌期权。如图6-10和图6-11所示，$e$的取值越小，结果就越接近现金或空手期权。

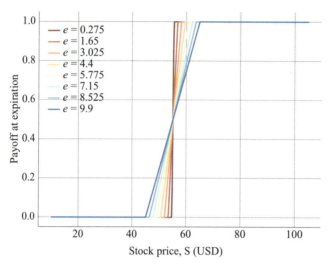

图6-10　用价差期权来复制现金或空手看涨期权

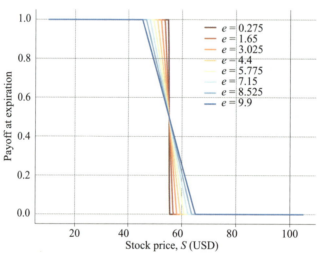

图6-11　用价差期权复制现金或空手看跌期权

以下代码可以得到图6-10和图6-11。

B2_Ch6_6.py

```python
import matplotlib.pyplot as plt
import numpy as np
from scipy.stats import norm

def option_analytical(S0, vol, r, q, t, K, PutCall):
    d1 = (np.log(S0 / K) + (r - q + 0.5 * vol ** 2) * t) / (vol * np.sqrt(t))
    d2 = (np.log(S0 / K) + (r - q - 0.5 * vol ** 2) * t) / (vol * np.sqrt(t))
    price =  PutCall*S0 * np.exp(-q * t) * norm.cdf(PutCall*d1, 0.0, 1.0)
- PutCall* K * np.exp(-r * t) * norm.cdf(PutCall*d2, 0.0, 1.0)
```

```python
    return price

    #Inputs
r = 0.085       #risk-free interest rate
q = 0.0         #dividend yield
K = 55          #strike price
vol = 0.45      #volatility
PutCall = 1     #1 for call;-1 for put
spot = np.arange(10,105,0.2)   #initial underlying asset price
Q = 1
t = 0
EPSILO = 0.01*K
N = 0.5*Q/EPSILO
EPSILON = np.arange(0.005,0.2,0.025)*K

NUM_COLORS = len(EPSILON )
cm = plt.get_cmap('RdYlBu')
fig1 = plt.figure(1)
ax = fig1.add_subplot(111)

for i in range(len(EPSILON)):
    EPSILON_tmp = EPSILON[i]
    european_call_K1 = option_analytical(spot, vol, r, q, t,
K-EPSILON_tmp, PutCall = 1)
    european_call_K2 = option_analytical(spot, vol, r, q, t,
K+EPSILON_tmp, PutCall = 1)
    N_tmp = 0.5*Q/EPSILON_tmp
    lines = ax.plot(spot, N_tmp*european_call_K1-N_tmp*european_call_
K2,label='price')
    lines[0].set_color(cm(i/NUM_COLORS))
plt.xlabel("Stock price, S (USD)")
plt.ylabel("Payoff at expiration")
plt.grid(linestyle='--', axis='both', linewidth=0.25, color=[0.5,0.5,0.5])
plt.gca().spines['right'].set_visible(False)
plt.gca().spines['top'].set_visible(False)
plt.gca().legend(['e = 0.275','e = 1.65','e = 3.025','e = 4.4','e = 5.775',
'e = 7.15','e = 8.525','e = 9.9'],loc='upper left')

fig2 = plt.figure(2)
ax = fig2.add_subplot(111)

for i in range(len(EPSILON)):
    EPSILON_tmp = EPSILON[i]
    european_put_K1 = option_analytical(spot, vol, r, q, t,
K+EPSILON_tmp, PutCall = -1)
    european_put_K2 = option_analytical(spot, vol, r, q, t,
K-EPSILON_tmp, PutCall = -1)
    N_tmp = 0.5*Q/EPSILON_tmp
```

```
        lines = ax.plot(spot, N_tmp*european_put_K1-N_tmp*european_put_
K2,label='price')
        lines[0].set_color(cm(i/NUM_COLORS))
plt.xlabel("Stock price, S (USD)")
plt.ylabel("Payoff at expiration")
plt.grid(linestyle='--', axis='both', linewidth=0.25, color=[0.5,0.5,0.5])
plt.gca().spines['right'].set_visible(False)
plt.gca().spines['top'].set_visible(False)
plt.gca().legend(['e = 0.275','e = 1.65','e = 3.025','e = 4.4','e = 5.775',
'e = 7.15','e = 8.525','e = 9.9'],loc='upper right')
```

如图6-12所示是现金或空手看涨期权理论价值曲线随到期时间变化。越靠近到期时间，价值曲线越陡峭。低于执行价格 $K$ 部分曲线（OTM），不断下降并靠近0；高于执行价格 $K$ 部分曲线（ITM），不断抬高并靠近 $Q$。在本例中，$Q = 10$。如图6-13所示，看跌期权的价值随到期时间变化曲线和看涨期权相反。

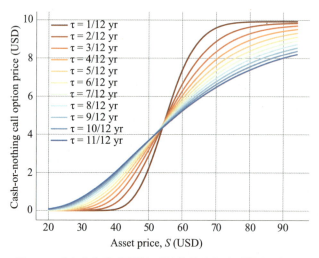

图6-12　现金或空手看涨期权理论价值曲线随到期时间变化

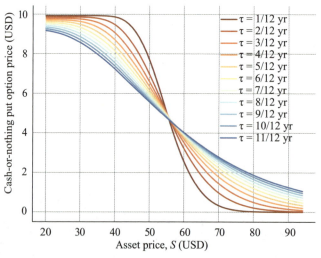

图6-13　现金或空手看跌期权理论价值曲线随到期时间变化

以下代码可以获得图6-12和图6-13。

`B2_Ch6_7.py`

```python
import matplotlib.pyplot as plt
import numpy as np
from scipy.stats import norm

def cash_or_nothing_analytical(S0, vol, r, q, t, K, Q, PutCall):
    if t == 0:
        price =  Q*np.array(S0>=K,dtype =bool)
    elif t > 0:
        d2 = (np.log(S0 / K) + (r - q - 0.5 * vol ** 2) * t) / (vol * np.sqrt(t))
        price =  Q*np.exp(-r * t) * norm.cdf(PutCall*d2, 0.0, 1.0)
    else:
        print("time to maturity should be greater or equal to zero")
    return price

    #Inputs
r = 0.085      #risk-free interest rate
q = 0.0        #dividend yield
K = 55         #strike price
vol = 0.45     #volatility
t_base = 2.0
PutCall = 1  #1 for call;-1 for put
spot = np.arange(20,95,1)   #initial underlying asset price
Q = 10
t= np.arange(1/12, 1, 1/12)

NUM_COLORS = len(t)
cm = plt.get_cmap('RdYlBu')
fig1 = plt.figure(1)
ax = fig1.add_subplot(111)

for i in range(len(t)):
    t_tmp = t[i]
    price_call = cash_or_nothing_analytical(spot, vol, r, q, t_tmp, K, Q, PutCall = 1)
    lines = ax.plot(spot, price_call, label='price')
    lines[0].set_color(cm(i/NUM_COLORS))

plt.xlabel("Asset price, S (USD)")
plt.ylabel("Cash-or-nothing call option price (USD)")
plt.gca().spines['right'].set_visible(False)
plt.gca().spines['top'].set_visible(False)
plt.grid(linestyle='--', axis='both', linewidth=0.25, color=[0.5,0.5,0.5])
plt.gca().legend(['T = 1/12 Yr','T = 2/12 Yr','T = 3/12 Yr','T = 4/12 Yr',
'T = 5/12 Yr','T = 6/12 Yr','T = 7/12 Yr','T = 8/12 Yr','T = 9/12 Yr',
```

```
'T = 10/12 Yr','T = 11/12 Yr'],loc='upper left')

fig2 = plt.figure(2)
ax = fig2.add_subplot(111)
for i in range(len(t)):
    t_tmp = t[i]
    price_put = cash_or_nothing_analytical(spot, vol, r, q, t_tmp, K, Q, PutCall = -1)
    lines = ax.plot(spot, price_put, label='price')
    lines[0].set_color(cm(i/NUM_COLORS))

plt.xlabel("Asset price, S (USD)")
plt.ylabel("Cash-or-nothing put option price (USD)")
plt.gca().spines['right'].set_visible(False)
plt.gca().spines['top'].set_visible(False)
plt.grid(linestyle='--', axis='both', linewidth=0.25, color=[0.5,0.5,0.5])
plt.gca().legend(['T = 1/12 Yr','T = 2/12 Yr','T = 3/12 Yr','T = 4/12 Yr',
'T = 5/12 Yr','T = 6/12 Yr','T = 7/12 Yr','T = 8/12 Yr','T = 9/12 Yr',
'T = 10/12 Yr','T = 11/12 Yr'],loc='upper right')
```

如图6-14和图6-15所示是现金或空手看涨/看跌期权的Delta曲线随到期时间的变化。Delta衡量期权理论价值对标的物价格变化的一阶敏感度，是一阶偏导数或切线这样的概念。从看涨期权的公式 (公式(6-28)) 上看，$N(d_2)$ 一项是正态分布的CDF，看涨期权的价值随$S$变化曲线形状类似正态分布CDF图像形状。$N(d_2)$ 对$S$求偏导，某种程度上可以得到类似正态分布的PDF，如图6-14所示的图像形状也说明这一点。可以清楚看到，现金或空手看涨期权的Delta随$S$变化曲线类似正态分布的PDF图像。随着期权不断靠近到期时间， Delta曲线的最大值不断抬升。如图6-15所示是现金或空手看跌期权Delta曲线随时间变化的线簇。看跌期权的线簇相当于看涨期权线簇横轴镜像，可以看到随着到期日的临近，价平附近的Delta值激增。如图6-16和图6-17展示了用价差期权复制现金或空手看涨/看跌期权时，Delta值随到期时间的变化。对比图6-14和图6-17，可以看出，利用价差期权复制的方法，Delta值将会有明显下降，在马上到达到期日时尤为显著，从3下降到了1.75。

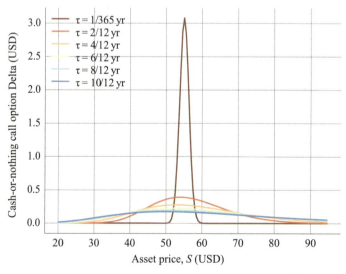

图6-14　现金或空手看涨期权Delta曲线随到期时间变化

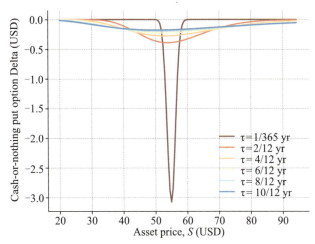

图6-15 现金或空手看跌期权Delta曲线随到期时间变化

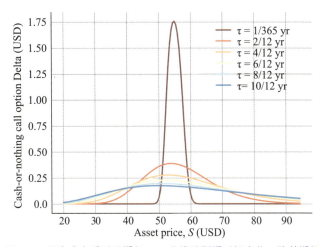

图6-16 现金或空手看涨期权Delta曲线随到期时间变化，价差期权

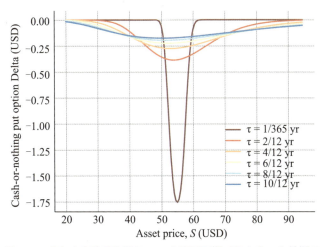

图6-17 现金或空手看跌期权Delta曲线随到期时间变化，价差期权

以下代码可以获得图6-14和图6-15。

```
B2_Ch6_8.py
```

```python
import matplotlib.pyplot as plt
import numpy as np
from scipy.stats import norm

def cash_or_nothing_delta(S0, vol, r, q, t, K, Q, PutCall):
    d2 = (np.log(S0 / K) + (r - q - 0.5 * vol ** 2) * t) / (vol * np.sqrt(t))
    delta =  PutCall*Q*np.exp(-r * t) * norm.pdf(PutCall*d2, 0.0, 1.0) / (vol*S0*np.sqrt(t))
    return delta

    #Inputs
r = 0.01     #risk-free interest rate
q = 0.0      #dividend yield
K = 55       #strike price
vol = 0.45   #volatility
t_base = 2.0
PutCall = 1 #1 for call;-1 for put
spot = np.arange(20,95,0.5)   #initial underlying asset price
Q = 10
t= np.arange(1/365, 1, 2/12)

NUM_COLORS = len(t)
cm = plt.get_cmap('RdYlBu')
fig1 = plt.figure(1)
ax = fig1.add_subplot(111)

for i in range(len(t)):
    t_tmp = t[i]
    delta_call = cash_or_nothing_delta(spot, vol, r, q, t_tmp, K, Q, PutCall = 1)
    lines = ax.plot(spot, delta_call,label='delta')
    lines[0].set_color(cm(i/NUM_COLORS))

plt.xlabel("Asset price, S (USD)")
plt.ylabel("Cash-or-nothing call option delta (USD)")
plt.gca().spines['right'].set_visible(False)
plt.gca().spines['top'].set_visible(False)
plt.grid(linestyle='--', axis='both', linewidth=0.25, color=[0.5,0.5,0.5])
plt.gca().legend(['T=1/365 Yr','T=2/12 Yr','T=4/12 Yr','T=6/12Yr',
'T=8/12 Yr','T=10/12 Yr'],loc='upper left')

fig2 = plt.figure(2)
ax = fig2.add_subplot(111)
for i in range(len(t)):
    t_tmp = t[i]
    delta_put = cash_or_nothing_delta(spot, vol, r, q, t_tmp, K, Q, PutCall = -1)
```

```python
        lines = ax.plot(spot, delta_put, label='delta')
        lines[0].set_color(cm(i/NUM_COLORS))

plt.xlabel("Asset price, S (USD)")
plt.ylabel("Cash-or-nothing put option delta (USD)")
plt.gca().spines['right'].set_visible(False)
plt.gca().spines['top'].set_visible(False)
plt.grid(linestyle='--', axis='both', linewidth=0.25, color=[0.5,0.5,0.5])
plt.gca().legend(['T=1/365 Yr','T=2/12 Yr','T=4/12 Yr','T=6/12 Yr',
'T=8/12 Yr','T=10/12 Yr'],loc='lower left')
```

以下代码可以获得图6-16和图6-17。

`B2_Ch6_9.py`

```python
import matplotlib.pyplot as plt
import numpy as np
from scipy.stats import norm

def option_delta(S0, vol, r, q, t, K, PutCall):
    d1 = (np.log(S0 / K) + (r - q + 0.5 * vol ** 2) * t) / (vol * np.sqrt(t))
    if PutCall == 1:
        delta = np.exp(-q * t) * norm.cdf(d1, 0.0, 1.0)
    else:
        delta = np.exp(-q * t) * (norm.cdf(d1, 0.0, 1.0) -1 )
    
    return delta
    #Inputs
r = 0.01      #risk-free interest rate
q = 0.0       #dividend yield
K = 55        #strike price
vol = 0.45    #volatility
t_base = 2.0
PutCall = 1 #1 for call;-1 for put
spot = np.arange(20,95,0.5)   #initial underlying asset price
Q = 10
t= np.arange(1/365, 1, 2/12)

EPSILO = 0.05*K
N = 0.5*Q/EPSILO
NUM_COLORS = len(t)
cm = plt.get_cmap('RdYlBu')
fig1 = plt.figure(1)
ax = fig1.add_subplot(111)

for i in range(len(t)):
    t_tmp = t[i]
    delta_call_K1 = option_delta(spot, vol, r, q, t_tmp, K - EPSILO, PutCall = 1)
    delta_call_K2 = option_delta(spot, vol, r, q, t_tmp, K + EPSILO, PutCall = 1)
```

```
    lines = ax.plot(spot, N*(delta_call_K1 - delta_call_K2)  ,label='delta')
    lines[0].set_color(cm(i/NUM_COLORS))

plt.xlabel("Asset price, S (USD)")
plt.ylabel("replicating Cash-or-nothing call option delta (USD)")
plt.grid(linestyle='--', axis='both', linewidth=0.25, color=[0.5,0.5,0.5])
plt.gca().spines['right'].set_visible(False)
plt.gca().spines['top'].set_visible(False)
plt.gca().legend(['T=1/365 Yr','T=2/12 Yr','T=4/12 Yr','T=6/12 Yr',
'T=8/12 Yr','T=10/12 Yr'],loc='upper left')

fig2 = plt.figure(2)
ax = fig2.add_subplot(111)

for i in range(len(t)):
    t_tmp = t[i]
    delta_put_K1 = option_delta(spot, vol, r, q, t_tmp, K + EPSILO, PutCall = -1)
    delta_put_K2 = option_delta(spot, vol, r, q, t_tmp, K - EPSILO, PutCall = -1)
    lines = ax.plot(spot, N*(delta_put_K1 - delta_put_K2), label='delta')
    lines[0].set_color(cm(i/NUM_COLORS))

plt.xlabel("Asset price, S (USD)")
plt.ylabel("replicating Cash-or-nothing put option delta (USD)")
plt.grid(linestyle='--', axis='both', linewidth=0.25, color=[0.5,0.5,0.5])
plt.gca().spines['right'].set_visible(False)
plt.gca().spines['top'].set_visible(False)
plt.gca().legend(['T=1/365 Yr','T=2/12 Yr','T=4/12 Yr','T=6/12
Yr','T=8/12 Yr','T=10/12 Yr'],loc='lower left')
```

如图6-18所示，资产或空手看涨期权到期时，如果标的物价格低于执行价格$K$，期权的收益为0；如果标的物价格高于执行价格$K$，期权的收益就是资产价格本身。资产或空手看涨期权理论价值为：

$$C(S,\tau) = S \cdot N(d_1)\exp(-q\tau) \tag{6-31}$$

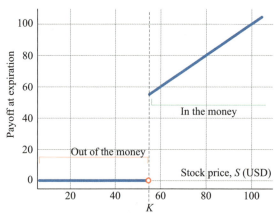

图6-18　资产或空手看涨期权到期收益线段

如图6-19所示，资产或空手看跌期权到期时，如果标的物价格高于执行价格$K$，期权的收益为0；如果标的物价格低于执行价格$K$，期权的收益就是资产价格本身。资产或空手看跌期权理论价值为：

$$P(S,\tau) = S \cdot N(-d_1)\exp(-q\tau) \qquad (6\text{-}32)$$

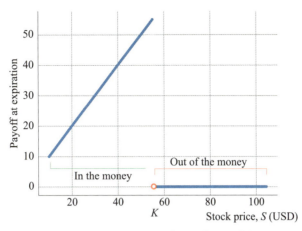

图6-19 资产或空手看跌期权到期收益线段

资产或空手看涨期权和现金或空手看涨期权可以构成欧式看涨期权。类似的，欧式看跌期权可以由资产或空手看跌和现金或空手看跌两个期权构成。以下代码可以获得图6-18和图6-19中的资产或空手看涨/看跌期权图形。请读者参考前文自行编写代码，并自行研究资产或空手期权随到期时间的变化。

B2_Ch6_10.py

```python
import matplotlib.pyplot as plt
import numpy as np
from scipy.stats import norm

def asset_or_nothing_analytical(S0, vol, r, q, t, K, PutCall):
    if t == 0:
        price =  S0*np.array(PutCall*(S0-K)>=0,dtype =bool)
    elif t > 0:
        d1 = (np.log(S0 / K) + (r - q + 0.5 * vol ** 2) * t) / (vol * np.sqrt(t))
        price =  S0*np.exp(-q * t) * norm.cdf(PutCall*d1, 0.0, 1.0)
    else:
        print("time to maturity should be greater or equal to zero")
    return price

    #Inputs
r = 0.085      #risk-free interest rate
q = 0.0        #dividend yield
K = 55         #strike price
vol = 0.45     #volatility
PutCall = 1    #1 for call;-1 for put
spot = np.arange(10,105,0.2)   #initial underlying asset price
```

```python
Q = K
t = 0

plt.figure(1)
asset_or_nothing_call = asset_or_nothing_analytical(spot, vol, r, q, t, K,
PutCall =  1)
plt.plot(spot, asset_or_nothing_call, '.',label='price')

plt.xlabel("Stock price, S (USD)")
plt.ylabel("Payoff at expiration")
plt.grid(linestyle='--', axis='both', linewidth=0.25, color=[0.5,0.5,0.5])
plt.gca().spines['right'].set_visible(False)
plt.gca().spines['top'].set_visible(False)

plt.figure(2)
asset_or_nothing_put = asset_or_nothing_analytical(spot, vol, r, q, t, K,
PutCall =  -1)
plt.plot(spot, asset_or_nothing_put, '.',label='price')

plt.xlabel("Stock price, S (USD)")
plt.ylabel("Payoff at expiration")
plt.grid(linestyle='--', axis='both', linewidth=0.25, color=[0.5,0.5,0.5])
plt.gca().spines['right'].set_visible(False)
plt.gca().spines['top'].set_visible(False)
```

  本章以BSM定价模型为主轴，先后介绍了其在外汇期权和二元期权中的应用，以及影响期权价格的因素。另外，也介绍了BSM体系中的Black模型以及它在期货期权和债券期权中的应用。毫无疑问，BSM模型是量化金融领域中基石性的模型之一，但是在实际应用中，BSM模型的相关假设往往得不到满足。比如，标的物(比如股票)对数收益率并非绝对服从正态分布，收益率经常存在肥尾现象。与此同时，现实中的无风险利率也随着时间不断变化，无风险利率期限结构也并非一成不变。使用BSM模型计算未来期权价格时，无论是历史法估算的波动率或者隐含波动率，还是标的物价格回报率的波动率均不满足常数的假定。另外，交易费用、税费和流动性风险也是实际中不能忽略的因素。在实际应用中，标的物并非无限可分，股息红利派发也是经常存在的，而派发的时间点和金额对期权价格均有影响。除此之外，期权产品的多样性及其交易方式的灵活性，比如美式和亚式等，并不能像欧式期权一样直接应用BSM模型。虽然存在诸多的局限性，但是BSM模型仍然在金融领域内被广泛应用，这也从另一方面展示了其独特的地位。

# 第 7 章  希腊字母
## Greeks

在第6章BSM模型计算欧式期权理论价值基础上，本章将通过介绍五个常见的希腊字母，探讨期权的敏感性。

科学不去尝试辩解，甚至几乎从来不解读，科学主要工作就是数学建模。模型是一种数学构造，基于少量语言说明，每个数学构造描述观察到的现象。数学模型合理之处是它具有一定的普适性；此外，数学模型一般具有优美的形式——也就是不管它能解释多少现象，它必须相当简洁。

*The sciences do not try to explain, they hardly even try to interpret, they mainly make models. By a model is meant a mathematical construct which, with the addition of certain verbal interpretations, describes observed phenomena. The justification of such a mathematical construct is solely and precisely that it is expected to work -that is correctly to describe phenomena from a reasonably wide area. Furthermore, it must satisfy certain esthetic criteria -that is, in relation to how much it describes, it must be rather simple.*

——约翰·冯·诺依曼 (John von Neumann)

## Core Functions and Syntaxes
### 本章核心命令代码

- ◀ `ax.contour()` 绘制平面等高线
- ◀ `ax.contourf()` 绘制平面填充等高线
- ◀ `ax.set_xlim()` 设定x轴取值范围
- ◀ `ax.zaxis._axinfo["grid"].update()` 修改三维网格样式
- ◀ `norm.cdf()` 计算标准正态分布累积概率分布值CDF
- ◀ `norm.pdf()` 计算标准正态分布概率分布值PDF
- ◀ `np.linspace()` 产生连续均匀向量数值
- ◀ `np.vectorize()` 向量化函数
- ◀ `plot_wireframe()` 绘制三维单色线框图
- ◀ `plt.rcParams["font.family"] = "Times New Roman"` 修改图片字体
- ◀ `plt.rcParams["font.size"] = "10"` 修改图片字号

## 7.1 希腊字母

希腊字母 (Greeks) 或希腊值，常常用来度量和管理期权某种特定的风险。第6章介绍了由BSM模型得到的欧式期权价值的解析解，以此为基础，本章将讨论欧式期权常见的五个希腊值，即Delta、Gamma、Theta、Vega和Rho 的解析解。

Delta代表期权价格变动和标的资产价格变化的比率。Gamma是期权Delta变化与标的资产价格变动的比率，相当于期权价值对标的物价格二阶偏导数。Theta代表期权价格变动和到期时间变化的比值。Vega是期权价格变动与资产价格波动率变化的比率。Rho为期权价格变化与无风险利率变化的比值。

表 7-1给出的是不考虑连续红利$q$情况下，欧式期权希腊字母解析式。其中，$d_1$和$d_2$可以通过下式计算得到。

$$\begin{cases} d_1 = \dfrac{1}{\sigma\sqrt{\tau}}\left[\ln\left(\dfrac{S}{K}\right) + \left(r + \dfrac{\sigma^2}{2}\right)\tau\right] \\ d_2 = d_1 - \sigma\sqrt{\tau} \end{cases} \tag{7-1}$$

表7-1 欧式期权希腊字母解析式，不考虑连续红利$q$

| 希腊字母 | 欧式看涨期权 | 欧式看跌期权 |
| --- | --- | --- |
| Delta | $\dfrac{\partial C}{\partial S} = N(d_1)$ | $\dfrac{\partial P}{\partial S} = N(d_1) - 1$ |
| Gamma | $\dfrac{\partial^2 C}{\partial S^2} = \dfrac{\partial^2 P}{\partial S^2} = \dfrac{\phi(d_1)}{S\sigma\sqrt{\tau}}$ | |
| Theta | $\dfrac{\partial C}{\partial t} = -\dfrac{\partial C}{\partial \tau} = -\dfrac{\sigma S}{2\sqrt{\tau}}\phi(d_1) - rK\exp(-r\tau)N(d_2)$ | $\dfrac{\partial P}{\partial t} = -\dfrac{\partial P}{\partial \tau} = -\dfrac{\sigma S}{2\sqrt{\tau}}\phi(d_1) + rK\exp(-r\tau)N(-d_2)$ |
| Vega | $\dfrac{\partial C}{\partial \sigma} = \dfrac{\partial P}{\partial \sigma} = S\sqrt{\tau}\phi(d_1)$ | |
| Rho | $\dfrac{\partial C}{\partial r} = \tau K\exp(-r\tau)N(d_2)$ | $\dfrac{\partial P}{\partial r} = -\tau K\exp(-r\tau)N(-d_2)$ |

表 7-2给出的是考虑连续红利$q$情况下，欧式期权希腊字母解析式。其中，$d_1$和$d_2$可以通过下式计算得到。

$$\begin{cases} d_1 = \dfrac{1}{\sigma\sqrt{\tau}}\left[\ln\left(\dfrac{S}{K}\right) + \left(r - q + \dfrac{\sigma^2}{2}\right)\tau\right] \\ d_2 = d_1 - \sigma\sqrt{\tau} \end{cases} \tag{7-2}$$

表7-2 欧式期权希腊字母解析式，考虑连续红利$q$

| 希腊字母 | 欧式看涨期权 | 欧式看跌期权 |
| --- | --- | --- |
| Delta | $\dfrac{\partial C}{\partial S} = \exp(-q\tau)N(d_1)$ | $\dfrac{\partial P}{\partial S} = -\exp(-q\tau)N(-d_1)$ $= \exp(-q\tau)[N(d_1) - 1]$ |

续表

| 希腊字母 | 欧式看涨期权 | 欧式看跌期权 |
|---|---|---|
| Gamma | $\dfrac{\partial^2 C}{\partial S^2} = \dfrac{\partial^2 P}{\partial S^2} = \exp(-q\tau)\dfrac{\phi(d_1)}{S\sigma\sqrt{\tau}}$ ||
| Theta | $\dfrac{\partial C}{\partial t} = -\dfrac{\partial C}{\partial \tau} = -\dfrac{\sigma S \exp(-q\tau)}{2\sqrt{\tau}}\phi(d_1) +$ $qS\exp(-q\tau)N(d_1) -$ $rK\exp(-r\tau)N(d_2)$ | $\dfrac{\partial P}{\partial t} = -\dfrac{\partial P}{\partial \tau} = -\dfrac{\sigma S \exp(-q\tau)}{2\sqrt{\tau}}\phi(d_1) -$ $qS\exp(-q\tau)N(-d_1) +$ $rK\exp(-r\tau)N(-d_2)$ |
| Vega | $\dfrac{\partial C}{\partial \sigma} = \dfrac{\partial P}{\partial \sigma} = S\exp(-q\tau)\sqrt{\tau}\phi(d_1)$ ||
| Rho | $\dfrac{\partial C}{\partial r} = \tau K \exp(-r\tau) N(d_2)$ | $\dfrac{\partial P}{\partial r} = -\tau K \exp(-r\tau) N(-d_2)$ |

接下来将逐一介绍这五个希腊字母。

## 7.2 Delta

Delta代表期权价格变动和标的物资产价格变化的比率，即期权价值$V$相对标的物价格$S$的一阶偏导数。

$$\text{Delta} = \frac{\partial V}{\partial S} \tag{7-3}$$

Delta较小时，代表标的物价格变化$\Delta S$对期权价值变化$\Delta V$的影响相对较小；Delta较大时，代表标的物价格变化$\Delta S$对期权价值变化$\Delta V$的影响相对较大。以上表述对于若干期权头寸构成的投资组合同样适用。如果某个投资组合的Delta值为0，则称该投资组合**Delta中性** (Delta neutral)。

如图7-1所示为未到期欧式看涨期权价值和其Delta随标的物价格变化趋势。下面，我们推导考虑连续红利的情况下，欧式看涨期权Delta的解析式。首先，求得$N(d_1)$对$d_1$一阶导数。

$$\frac{\mathrm{d}N(d_1)}{\mathrm{d}d_1} = \phi(d_1) \tag{7-4}$$

其中，$\phi(d_1)$为标准正态分布概率密度函数 (Probability density function, PDF)。然后，求得$N(d_2)$对$d_2$一阶导数。

$$\begin{aligned}\frac{\mathrm{d}N(d_2)}{\mathrm{d}d_2} &= \frac{1}{\sqrt{2\pi}}\exp\left(-\frac{1}{2}d_2^2\right) \\ &= \frac{1}{\sqrt{2\pi}}\exp\left(-\frac{d_1^2}{2}\right)\exp\left(\ln\left(\frac{S}{K}\right) + \left(r - q + \frac{\sigma^2}{2}\right)\tau\right)\exp\left(-\frac{\sigma^2\tau}{2}\right) \\ &= \frac{1}{\sqrt{2\pi}}\exp\left(-\frac{d_1^2}{2}\right)\frac{S}{K}\exp((r-q)\tau) \\ &= \phi(d_1)\frac{S}{K}\exp((r-q)\tau)\end{aligned} \tag{7-5}$$

$d_1$和$d_2$对$S$求一阶偏导可以得到：

$$\frac{\partial d_1}{\partial S} = \frac{\partial d_2}{\partial S} = \frac{1}{S\sigma\sqrt{\tau}} \tag{7-6}$$

对于欧式看涨期权，$\text{Delta}_{call}$为欧式看涨期权价值$C$对$S$的一阶偏导数。

$$\begin{aligned}\text{Delta}_{call} &= \frac{\partial C}{\partial S} \\ &= \frac{\partial\left[N(d_1)S\exp(-q\tau) - N(d_2)K\exp(-r\tau)\right]}{\partial S} \\ &= \exp(-q\tau)N(d_1) + S\exp(-q\tau)\frac{\partial N(d_1)}{\partial S} - K\exp(-r\tau)\frac{\partial N(d_2)}{\partial S}\end{aligned} \tag{7-7}$$

根据链式法则，得：

$$\frac{dy}{dx} = \frac{dy}{du} \cdot \frac{du}{dv} \cdot \frac{dv}{dx} \tag{7-8}$$

应用该法则，可以整理$\text{Delta}_{call}$，得：

$$\begin{aligned}\text{Delta}_{call} &= \exp(-q\tau)N(d_1) + S\exp(-q\tau)\frac{\partial N(d_1)}{\partial S} - K\exp(-r\tau)\frac{\partial N(d_2)}{\partial S} \\ &= \exp(-q\tau)N(d_1) + S\exp(-q\tau)\frac{dN(d_1)}{dd_1}\frac{\partial d_1}{\partial S} - K\exp(-r\tau)\frac{dN(d_2)}{dd_2}\frac{\partial d_2}{\partial S} \\ &= \exp(-q\tau)N(d_1) + S\exp(-q\tau)\phi(d_1) - K\exp(-r\tau)\phi(d_1)\frac{S}{K}\exp\left[(r-q)\tau\right] \\ &= \exp(-q\tau)N(d_1)\end{aligned} \tag{7-9}$$

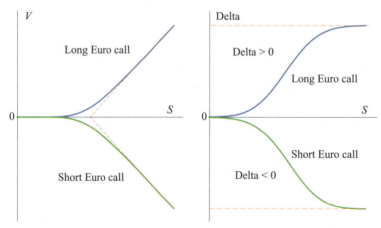

图7-1 欧式看涨期权理论价值和Delta随标的物变化

如图7-2所示为欧式看跌期权价值$P$和其Delta随标的物价格变化趋势。下面推导考虑连续红利情况下欧式看跌期权的Delta。

首先，求得$N(-d_1)$对$d_1$一阶偏导数。

$$\frac{\partial N(-d_1)}{\partial d_1} = \frac{\partial\left[1 - N(d_1)\right]}{\partial d_1} = -\phi(d_1) \tag{7-10}$$

然后，求得$N(-d_2)$对$d_2$一阶偏导数。

$$\begin{aligned}\frac{\partial N(-d_2)}{\partial d_2} &= \frac{\partial[1-N(d_2)]}{\partial d_2} \\ &= -\phi(d_1)\frac{S}{K}\exp[(r-q)\tau]\end{aligned} \qquad (7\text{-}11)$$

利用链式法则，欧式看跌期权的Delta可整理为：

$$\begin{aligned}\text{Delta}_{put} &= \frac{\partial P}{\partial S} \\ &= \frac{\partial\left[-N(-d_1)S\exp(-q\tau)+N(-d_2)K\exp(-r\tau)\right]}{\partial S} \\ &= -\exp(-q\tau)N(-d_1) - S\exp(-q\tau)\frac{\partial N(-d_1)}{\partial S} + K\exp(-r\tau)\frac{\partial N(-d_2)}{\partial S} \\ &= -\exp(-q\tau)N(-d_1) - S\exp(-q\tau)\frac{\partial N(-d_1)}{\partial d_1}\frac{\partial d_1}{\partial S} + K\exp(-r\tau)\frac{\partial N(-d_2)}{\partial d_2}\frac{\partial d_2}{\partial S} \\ &= -\exp(-q\tau)N(-d_1) + S\exp(-q\tau)\phi(d_1)\frac{1}{S\sigma\sqrt{\tau}} \\ &\quad - K\exp(-r\tau)\phi(d_1)\frac{S}{K}\exp((r-q)\tau)\frac{1}{S\sigma\sqrt{\tau}} \\ &= -\exp(-q\tau)N(-d_1) + \exp(-q\tau)\phi(d_1)\frac{1}{\sigma\sqrt{\tau}} - \phi(d_1)\exp(-q\tau)\frac{1}{\sigma\sqrt{\tau}} \\ &= -\exp(-q\tau)N(-d_1) = \exp(-q\tau)(N(d_1)-1)\end{aligned} \qquad (7\text{-}12)$$

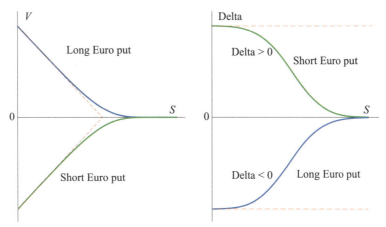

图7-2　欧式看跌期权理论价值和Delta随标的物价格变化

如图7-3所示为欧式看涨期权Delta随到期时间$\tau$和标的物价格$S$的变化曲面。图7-3中期权不考虑连续红利，即$q=0$。

将图7-3所示曲面投影在$\tau$-Delta平面上，可以得到图7-4。如图7-4彩色曲线所示为不同标的物价格条件下，欧式看涨期权Delta随到期时间$\tau$变化趋势。可以发现：当看涨期权处于虚值OTM (Out of The Money) 时，随着期权接近到期，即$\tau$不断减小，欧式看涨期权Delta不断接近0；看涨期权处于实值ITM (In The Money) 时，随着$\tau$不断减小，欧式看涨期权Delta不断接近0。

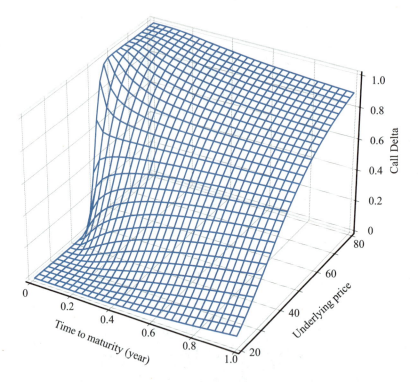

图7-3 欧式看涨期权Delta随到期时间和标的物价格变化曲面

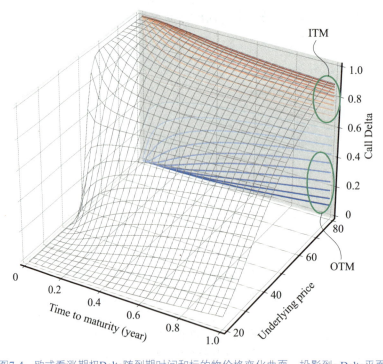

图7-4 欧式看涨期权Delta随到期时间和标的物价格变化曲面,投影到τ-Delta平面

将图7-3所示曲面投影在$S$-Delta平面上,可以得到图7-5。如图7-5彩色曲线所示为不同到期时间条件下,欧式看涨期权Delta随标的物价格$S$变化曲线。观察图7-5彩色曲线,可以发现随着$\tau$不断减小,在执行价格$K = 50$附近,Delta的变化越来越剧烈。

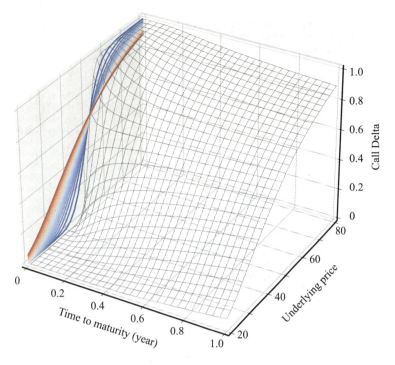

图7-5 欧式看涨期权Delta随到期时间和标的物价格变化曲面，投影到$S$-Delta平面

将图7-3所示曲面投影在$\tau$-$S$平面上，可以得到图7-6。如图7-6彩色曲线所示为欧式看涨期权Delta等高线。图7-7提供了更方便地观察图7-6等高线可视化方案。图7-7中黑色曲线为Delta = 0.5的等高线。可以发现随着$\tau$不断减小，Delta = 0.5的等高线不断接近期权执行价格$K$ = 50。

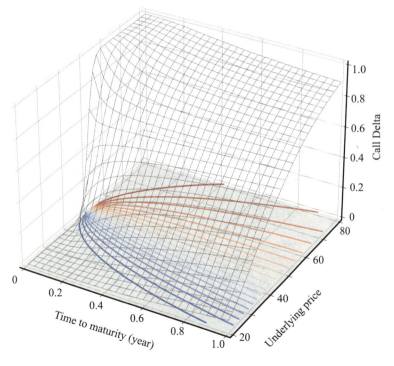

图7-6 欧式看涨期权Delta随到期时间和标的物价格变化曲面，投影到$\tau$-$S$平面

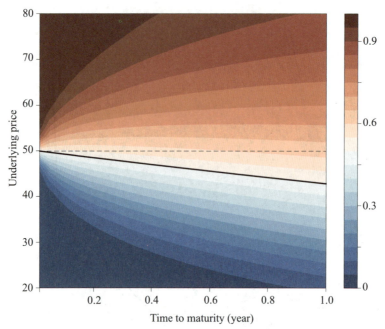

图7-7 欧式看涨期权Delta随到期时间和标的物价格变化平面等高线

不考虑连续红利$q$时,欧式看涨期权和欧式看跌期权Delta的关系为:

$$\text{Delta}_{\text{call}} - \text{Delta}_{\text{put}} = N(d_1) - \left(N(d_1) - 1\right) = 1 \tag{7-13}$$

如图7-8比较了欧式看涨期权和欧式看跌期权Delta曲面。

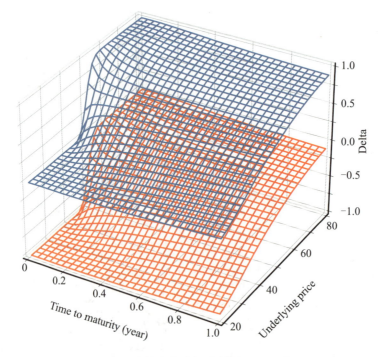

图7-8 比较欧式看涨/看跌期权Delta曲面

图7-8中蓝色曲面为欧式看涨期权Delta，红色曲面为欧式看跌期权Delta。考虑连续红利$q$时，欧式看涨期权和欧式看跌期权Delta的关系为：

$$\text{Delta}_{\text{call}} - \text{Delta}_{\text{put}} = \exp(-q\tau)N(d_1) - \exp(-q\tau)(N(d_1) - 1)$$
$$= \exp(-q\tau)$$

(7-14)

注意，对于美式期权和众多种类的奇异期权，期权Delta并不存在解析解，因此，需要通过数值方法来计算期权Delta。

以下代码可以获得图7-3~图7-8。

```
B2_Ch7_1.py
import math
import numpy as np
import matplotlib as mpl
import matplotlib.pyplot as plt
from scipy.stats import norm
from mpl_toolkits.mplot3d import axes3d
import matplotlib.tri as tri
from matplotlib import cm

#Delta of European option

def blsdelta(St, K, tau, r, vol, q):
    '''
    St: current price of underlying asset
    K:  strike price
    tau: time to maturity
    r: annualized risk-free rate
    vol: annualized asset price volatility
    '''
    
    d1 = (math.log(St / K) + (r - q + 0.5 * vol ** 2)\
        *tau) / (vol * math.sqrt(tau));
    d2 = d1 - vol*math.sqrt(tau);
    Delta_call  = norm.cdf(d1, loc=0, scale=1)*math.exp(-q*tau)
    Delta_put   = -norm.cdf(-d1, loc=0, scale=1)*math.exp(-q*tau)
    return Delta_call, Delta_put


#Initialize
tau_array = np.linspace(0.01,1,30);
St_array  = np.linspace(20,80,30);
tau_Matrix,St_Matrix = np.meshgrid(tau_array,St_array)

Delta_call_Matrix = np.empty(np.size(tau_Matrix))
Delta_put_Matrix  = np.empty(np.size(tau_Matrix))
```

```python
K = 50;      #strike price
r = 0.03;    #risk-free rate
vol = 0.5;   #volatility
q = 0;       #continuously compounded yield of the underlying asset

blsdelta_vec = np.vectorize(blsdelta)
Delta_call_Matrix, Delta_put_Matrix = blsdelta_vec(St_Matrix, K,
tau_Matrix, r, vol, q)

#%% plot Delta surface of European call option

plt.close('all')

fig = plt.figure()
ax = fig.add_subplot(111, projection='3d')

ax.plot_wireframe(tau_Matrix, St_Matrix, Delta_call_Matrix)

plt.show()
plt.tight_layout()
ax.set_xlabel('Time to maturity')
ax.set_ylabel('Underlying price')
ax.set_zlabel('Call Delta')

ax.xaxis._axinfo["grid"].update({"linewidth":0.25, "linestyle" : ":"})
ax.yaxis._axinfo["grid"].update({"linewidth":0.25, "linestyle" : ":"})
ax.zaxis._axinfo["grid"].update({"linewidth":0.25, "linestyle" : ":"})

ax.set_xlim(0, 1)
ax.set_ylim(St_array.min(), St_array.max())
ax.set_zlim(Delta_call_Matrix.min(),Delta_call_Matrix.max())

#%% Call Delta surface projected to tau-Gamma

fig = plt.figure()
ax = fig.gca(projection='3d')

ax.plot_wireframe(tau_Matrix, St_Matrix, Delta_call_Matrix,
color = [0.5,0.5,0.5], linewidth=0.5)

ax.contour(tau_Matrix, St_Matrix, Delta_call_Matrix, levels = 20, zdir='y', \
           offset=St_array.max(), cmap=cm.coolwarm)

#cbar = fig.colorbar(csetf, ax=ax,orientation='horizontal')
cbar.set_label('Call Theta')

ax.set_xlim(0, 1)
ax.set_ylim(St_array.min(), St_array.max())
```

```python
ax.set_zlim(Delta_call_Matrix.min(),Delta_call_Matrix.max())

ax.xaxis._axinfo["grid"].update({"linewidth":0.25, "linestyle" : ":"})
ax.yaxis._axinfo["grid"].update({"linewidth":0.25, "linestyle" : ":"})
ax.zaxis._axinfo["grid"].update({"linewidth":0.25, "linestyle" : ":"})

ax.set_xlabel('Time to maturity (year)')
ax.set_ylabel('Underlying price')
ax.set_zlabel('Call Delta')
plt.rcParams["font.family"] = "Times New Roman"
plt.rcParams["font.size"] = "10"

plt.tight_layout()
plt.show()

#%% Call Delta surface projected to tau-Gamma

fig = plt.figure()
ax = fig.gca(projection='3d')

ax.plot_wireframe(tau_Matrix, St_Matrix, Delta_call_Matrix, 
color = [0.5,0.5,0.5], linewidth=0.5)

ax.contour(tau_Matrix, St_Matrix, Delta_call_Matrix, levels = 20, zdir='x', \
           offset=0, cmap=cm.coolwarm)
#ax.contour(tau_Matrix, St_Matrix, Gamma_Matrix, levels = 20, zdir='x', \
#            cmap=cm.coolwarm)


ax.set_xlim(0, 1)
ax.set_ylim(St_array.min(), St_array.max())
ax.set_zlim(Delta_call_Matrix.min(),Delta_call_Matrix.max())

ax.xaxis._axinfo["grid"].update({"linewidth":0.25, "linestyle" : ":"})
ax.yaxis._axinfo["grid"].update({"linewidth":0.25, "linestyle" : ":"})
ax.zaxis._axinfo["grid"].update({"linewidth":0.25, "linestyle" : ":"})

ax.set_xlabel('Time to maturity (year)')
ax.set_ylabel('Underlying price')
ax.set_zlabel('Call Delta')
plt.rcParams["font.family"] = "Times New Roman"
plt.rcParams["font.size"] = "10"

plt.tight_layout()
plt.show()

#%% Call Delta surface projected to tau-S
```

```python
fig = plt.figure()
ax = fig.gca(projection='3d')

ax.plot_wireframe(tau_Matrix, St_Matrix, Delta_call_Matrix,
color = [0.5,0.5,0.5], linewidth=0.5)

ax.contour(tau_Matrix, St_Matrix, Delta_call_Matrix, levels = 20, zdir='z', \
           offset=0, cmap=cm.coolwarm)

ax.set_xlim(0, 1)
ax.set_ylim(St_array.min(), St_array.max())
ax.set_zlim(Delta_call_Matrix.min(),Delta_call_Matrix.max())

ax.xaxis._axinfo["grid"].update({"linewidth":0.25, "linestyle" : ":"})
ax.yaxis._axinfo["grid"].update({"linewidth":0.25, "linestyle" : ":"})
ax.zaxis._axinfo["grid"].update({"linewidth":0.25, "linestyle" : ":"})

ax.set_xlabel('Time to maturity (year)')
ax.set_ylabel('Underlying price')
ax.set_zlabel('Call Delta')
plt.rcParams["font.family"] = "Times New Roman"
plt.rcParams["font.size"] = "10"

plt.tight_layout()
plt.show()

#%% contour map of Call Delta

fig, ax = plt.subplots()

cntr2 = ax.contourf(tau_Matrix, St_Matrix, Delta_call_Matrix,
levels = np.linspace(0,1,21), cmap="RdBu_r")

fig.colorbar(cntr2, ax=ax)

ax.contour(tau_Matrix, St_Matrix, Delta_call_Matrix,
levels = [0.5], colors='k', linewidths = 2)

plt.subplots_adjust(hspace=0.5)
plt.show()
ax.set_xlabel('Time to maturity (year)')
ax.set_ylabel('Underlying price')

plt.rcParams["font.family"] = "Times New Roman"
plt.rcParams["font.size"] = "10"
#%% Compare Call vs Put Delta
```

```python
fig = plt.figure()
ax = fig.add_subplot(111, projection='3d')

ax.plot_wireframe(tau_Matrix, St_Matrix, Delta_call_Matrix)
ax.plot_wireframe(tau_Matrix, St_Matrix, Delta_put_Matrix,color = 'r')

plt.show()
plt.tight_layout()
ax.set_xlabel('Time to maturity')
ax.set_ylabel('Underlying price')
ax.set_zlabel('Delta')

ax.xaxis._axinfo["grid"].update({"linewidth":0.25, "linestyle" : ":"})
ax.yaxis._axinfo["grid"].update({"linewidth":0.25, "linestyle" : ":"})
ax.zaxis._axinfo["grid"].update({"linewidth":0.25, "linestyle" : ":"})

ax.set_xlim(0, 1)
ax.set_ylim(St_array.min(), St_array.max())
ax.set_zlim(Delta_put_Matrix.min(),Delta_call_Matrix.max())
```

## 7.3 Gamma

Gamma是期权Delta变化与标的物资产价格变动的比率，即Delta相对标的物价格$S$的一阶偏导数；也就是期权价值对标的物价格$S$的二阶偏导数。Gamma的绝对值较小时，Delta变化相对缓慢；而Gamma的绝对值较大时，Delta变化相对剧烈。

下面的数学式展示了求解$\text{Delta}_{\text{call}}$对$S$的一阶偏导，得到欧式看涨期权Gamma的推导过程。

$$\begin{aligned}\text{Gamma}_{\text{call}} &= \frac{\partial^2 C}{\partial S^2} = \frac{\partial(\text{Delta}_{\text{call}})}{\partial S} \\ &= \frac{\partial(\exp(-q\tau)N(d_1))}{\partial S} \\ &= \exp(-q\tau)\frac{\partial N(d_1)}{\partial d_1}\frac{\partial d_1}{\partial S} = \exp(-q\tau)\frac{\phi(d_1)}{S\sigma\sqrt{\tau}}\end{aligned} \quad (7\text{-}15)$$

如图7-9所示为欧式看涨期权Delta和Gamma随标的物价格变化的曲线图。

同理，求解欧式看跌期权Gamma的数学式为：

$$\begin{aligned}\text{Gamma}_{\text{call}} &= \frac{\partial^2 P}{\partial S^2} = \frac{\partial(\text{Delta}_{\text{put}})}{\partial S} \\ &= \frac{\partial(\exp(-q\tau)(N(d_1)-1))}{\partial S} \\ &= \exp(-q\tau)\frac{\partial N(d_1)}{\partial d_1}\frac{\partial d_1}{\partial S} = \exp(-q\tau)\frac{\phi(d_1)}{S\sigma\sqrt{\tau}}\end{aligned} \quad (7\text{-}16)$$

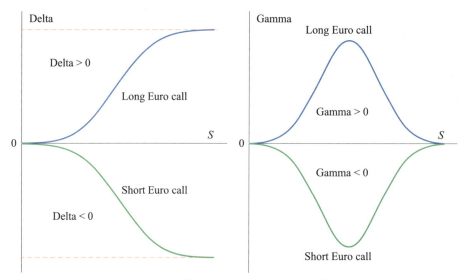

图7-9 欧式看涨期权Delta和Gamma随标的物价格变化

可以发现参数一致的情况下，欧式看涨期权和欧式看跌期权的Gamma值一致。如图7-10所示为欧式看跌期权Delta和Gamma随标的物价格变化的曲线图。

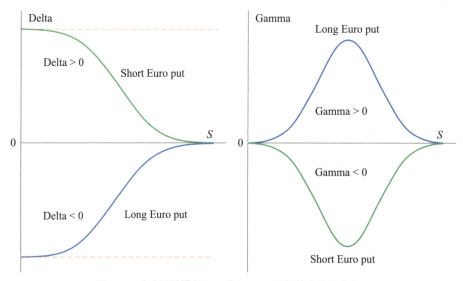

图7-10 欧式看跌期权Delta和Gamma随标的物价格变化

如图7-11所示为欧式看涨/看跌期权Gamma随到期时间和标的物价格变化的曲面。将图7-11投影到$\tau$-Delta平面获得如图7-12所示的一系列彩色曲线，这些曲线代表不同到期时间，Gamma随标的物价格变化趋势。越靠近到期时间，即$\tau$越靠近0，Gamma的最大值越大，在执行价格$K$附近，Gamma达到极值。

将图7-11投影到$S$-Delta平面获得如图7-13所示一系列彩色曲线。这些曲线代表不同标的物资产价格条件下，Gamma随到期时间变化趋势。当标的物价格处于OTM和ITM时，随着$\tau$减小，Gamma先增大后减小；而标的物资产价格处于ATM附近时，随着$\tau$减小，Gamma不断增大。

如图7-14所示为图7-11曲面投影到$\tau$-$S$平面上得到的一系列等高线。图7-15为这个等高线另外一种可视化方案。图7-15中红色区域Gamma更大，这意味着，对于期权而言，越靠近到期时间，且标的物价格在执行价格$K$附近，期权的价值对于标的物价格变动越敏感。

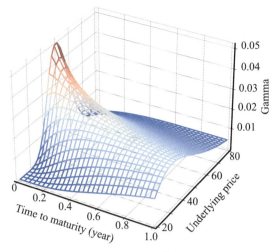

图7-11 欧式看涨/看跌期权Gamma随到期时间和标的物价格变化曲面

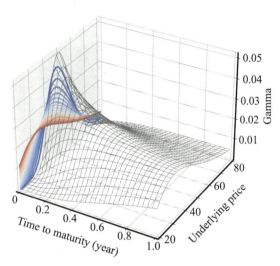

图7-12 欧式看涨/看跌期权Gamma随到期时间和标的物价格变化曲面，投影到$\tau$-Delta平面

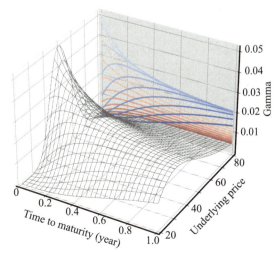

图7-13 欧式看涨/看跌期权Gamma随到期时间和标的物价格变化曲面，投影到$S$-Delta平面

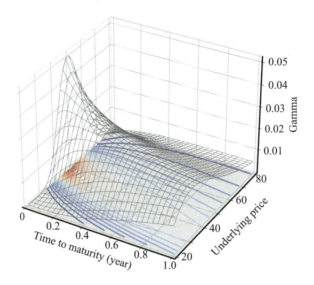

图7-14 欧式看涨/看跌期权Gamma随到期时间和标的物价格变化曲面，投影到τ-S平面

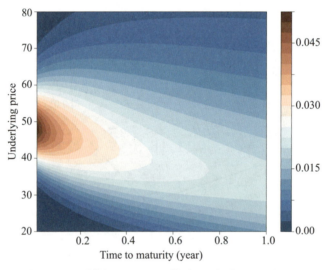

图7-15 欧式看涨/看跌期权Gamma随到期时间和标的物价格变化平面等高线

以下代码可以获得图7-11~图7-15。

```
B2_Ch7_2.py

import math
import numpy as np
import matplotlib as mpl
import matplotlib.pyplot as plt
from scipy.stats import norm
from mpl_toolkits.mplot3d import axes3d
from matplotlib import cm

#Gamma of European option
```

```python
def blsgamma(St, K, tau, r, vol, q):
    '''
    St: current price of underlying asset
    K:  strike price
    tau: time to maturity
    r: annualized risk-free rate
    vol: annualized asset price volatility
    '''

    d1 = (math.log(St / K) + (r - q + 0.5 * vol ** 2)\
        *tau) / (vol * math.sqrt(tau));

    Gamma = math.exp(-q*tau)*norm.pdf(d1)/St/vol/math.sqrt(tau);

    return Gamma


#Initialize
tau_array = np.linspace(0.1,1,30);
St_array  = np.linspace(20,80,30);
tau_Matrix,St_Matrix = np.meshgrid(tau_array,St_array)

Delta_call_Matrix = np.empty(np.size(tau_Matrix))
Delta_put_Matrix  = np.empty(np.size(tau_Matrix))

K = 50;     #strike price
r = 0.03;   #risk-free rate
vol = 0.5;  #volatility
q = 0;      #continuously compounded yield of the underlying asset

blsgamma_vec = np.vectorize(blsgamma)
Gamma_Matrix = blsgamma_vec(St_Matrix, K, tau_Matrix, r, vol, q)

#%% plot Gamma surface of European call option

plt.close('all')

#Normalize to [0,1]
norm = plt.Normalize(Gamma_Matrix.min(), Gamma_Matrix.max())
colors = cm.coolwarm(norm(Gamma_Matrix))

fig = plt.figure()
ax = fig.gca(projection='3d')
surf = ax.plot_surface(tau_Matrix, St_Matrix, Gamma_Matrix,
    facecolors=colors, shade=False)
surf.set_facecolor((0,0,0,0))
plt.show()
```

```python
plt.tight_layout()
ax.set_xlabel('Time to maturity')
ax.set_ylabel('Underlying price')
ax.set_zlabel('Gamma')

ax.set_xlim(0, 1)
ax.set_ylim(St_array.min(), St_array.max())
ax.set_zlim(Gamma_Matrix.min(),Gamma_Matrix.max())

ax.xaxis._axinfo["grid"].update({"linewidth":0.25, "linestyle" : ":"})
ax.yaxis._axinfo["grid"].update({"linewidth":0.25, "linestyle" : ":"})
ax.zaxis._axinfo["grid"].update({"linewidth":0.25, "linestyle" : ":"})

plt.rcParams["font.family"] = "Times New Roman"
plt.rcParams["font.size"] = "10"

#%% Gamma surface projected to S-Gamma

fig = plt.figure()
ax = fig.gca(projection='3d')

ax.plot_wireframe(tau_Matrix, St_Matrix, Gamma_Matrix, color =
[0.5,0.5,0.5], linewidth=0.5)

ax.contour(tau_Matrix, St_Matrix, Gamma_Matrix, levels = 20, zdir='x', \
           offset=0, cmap=cm.coolwarm)
#ax.contour(tau_Matrix, St_Matrix, Gamma_Matrix, levels = 20, zdir='x', \
#           cmap=cm.coolwarm)

#cbar = fig.colorbar(csetf, ax=ax,orientation='horizontal')
cbar.set_label('Call Gamma')

ax.set_xlim(0, 1)
ax.set_ylim(St_array.min(), St_array.max())
ax.set_zlim(Gamma_Matrix.min(),Gamma_Matrix.max())

ax.xaxis._axinfo["grid"].update({"linewidth":0.25, "linestyle" : ":"})
ax.yaxis._axinfo["grid"].update({"linewidth":0.25, "linestyle" : ":"})
ax.zaxis._axinfo["grid"].update({"linewidth":0.25, "linestyle" : ":"})

ax.set_xlabel('Time to maturity (year)')
ax.set_ylabel('Underlying price')
ax.set_zlabel('Gamma')
plt.rcParams["font.family"] = "Times New Roman"
plt.rcParams["font.size"] = "10"

plt.tight_layout()
```

```python
plt.show()

#%% Gamma surface projected to tau-Gamma

fig = plt.figure()
ax = fig.gca(projection='3d')

ax.plot_wireframe(tau_Matrix, St_Matrix, Gamma_Matrix,
color = [0.5,0.5,0.5], linewidth=0.5)

ax.contour(tau_Matrix, St_Matrix, Gamma_Matrix, levels = 20, zdir='y', \
           offset=St_array.max(), cmap=cm.coolwarm)

#cbar = fig.colorbar(csetf, ax=ax,orientation='horizontal')
cbar.set_label('Call Gamma')

ax.set_xlim(0, 1)
ax.set_ylim(St_array.min(), St_array.max())
ax.set_zlim(Gamma_Matrix.min(),Gamma_Matrix.max())

ax.xaxis._axinfo["grid"].update({"linewidth":0.25, "linestyle" : ":"})
ax.yaxis._axinfo["grid"].update({"linewidth":0.25, "linestyle" : ":"})
ax.zaxis._axinfo["grid"].update({"linewidth":0.25, "linestyle" : ":"})

ax.set_xlabel('Time to maturity (year)')
ax.set_ylabel('Underlying price')
ax.set_zlabel('Gamma')
plt.rcParams["font.family"] = "Times New Roman"
plt.rcParams["font.size"] = "10"

plt.tight_layout()
plt.show()

#%% Gamma surface projected to tau-S

fig = plt.figure()
ax = fig.gca(projection='3d')

ax.plot_wireframe(tau_Matrix, St_Matrix, Gamma_Matrix,
color = [0.5,0.5,0.5], linewidth=0.5)

ax.contour(tau_Matrix, St_Matrix, Gamma_Matrix, levels = 20, zdir='z', \
           offset=Gamma_Matrix.min(), cmap=cm.coolwarm)

#cbar = fig.colorbar(csetf, ax=ax,orientation='horizontal')

ax.set_xlim(0, 1)
```

```python
ax.set_ylim(St_array.min(), St_array.max())
ax.set_zlim(Gamma_Matrix.min(),Gamma_Matrix.max())

ax.xaxis._axinfo["grid"].update({"linewidth":0.25, "linestyle" : ":"})
ax.yaxis._axinfo["grid"].update({"linewidth":0.25, "linestyle" : ":"})
ax.zaxis._axinfo["grid"].update({"linewidth":0.25, "linestyle" : ":"})

ax.set_xlabel('Time to maturity (year)')
ax.set_ylabel('Underlying price')
ax.set_zlabel('Gamma')
plt.rcParams["font.family"] = "Times New Roman"
plt.rcParams["font.size"] = "10"

plt.tight_layout()
plt.show()

#%% contour map

fig, ax = plt.subplots()

cntr2 = ax.contourf(tau_Matrix, St_Matrix, Gamma_Matrix, levels = 20, cmap="RdBu_r")

fig.colorbar(cntr2, ax=ax)

plt.show()

ax.set_xlabel('Time to maturity')
ax.set_ylabel('Underlying price')

plt.rcParams["font.family"] = "Times New Roman"
plt.rcParams["font.size"] = "10"
```

## 7.4 Theta

Theta代表期权价格变动和时间变化的比率,即期权价值$V$相对时间$t$的一阶偏导数。

$$\text{Theta} = \frac{\partial V}{\partial t} = -\frac{\partial V}{\partial \tau} \tag{7-17}$$

需要注意$\tau$和$t$方向相反。Theta是期权价值的一种时间损耗,更确切地说,在其他条件不变的情况下,Theta是期权的时间价值 (time value) 随时间损耗的过程。下面推导欧式看涨期权的Theta。

首先求解$N(d_1)$对$\tau$的一阶偏导。

$$\frac{\partial N(d_1)}{\partial \tau} = \frac{\partial N(d_1)}{\partial d_1}\frac{\partial d_1}{\partial \tau}$$

$$= \frac{1}{\sqrt{2\pi}}\exp\left(-\frac{1}{2}d_1^2\right)\frac{\partial\left\{\frac{1}{\sigma\sqrt{\tau}}\left[\ln\left(\frac{S}{K}\right)+\left(r-q+\frac{\sigma^2}{2}\right)\tau\right]\right\}}{\partial \tau}$$

$$= \frac{1}{\sqrt{2\pi}}\exp\left(-\frac{1}{2}d_1^2\right)\frac{\partial\left\{\ln\left(\frac{S}{K}\right)\sigma^{-1}\tau^{-0.5}+\left(r-q+\frac{\sigma^2}{2}\right)\sigma^{-1}\tau^{0.5}\right\}}{\partial \tau} \quad (7\text{-}18)$$

$$= \phi(d_1)\left\{-0.5\ln\left(\frac{S}{K}\right)\sigma^{-1}\tau^{-1.5}+0.5\left(r-q+\frac{\sigma^2}{2}\right)\sigma^{-1}\tau^{-0.5}\right\}$$

其次，求解$N(d_2)$对$\tau$的一阶偏导。

$$\frac{\partial N(d_2)}{\partial \tau} = \frac{\partial N(d_2)}{\partial d_2}\frac{\partial d_2}{\partial \tau}$$

$$= \frac{1}{\sqrt{2\pi}}\exp\left(-\frac{1}{2}d_2^2\right)\frac{\partial\left\{\frac{1}{\sigma\sqrt{\tau}}\left[\ln\left(\frac{S}{K}\right)+\left(r-q+\frac{\sigma^2}{2}\right)\tau\right]-\sigma\sqrt{\tau}\right\}}{\partial \tau}$$

$$= \frac{1}{\sqrt{2\pi}}\exp\left(-\frac{1}{2}d_2^2\right)\frac{\partial\left\{\ln\left(\frac{S}{K}\right)\sigma^{-1}\tau^{-0.5}+\left(r-q+\frac{\sigma^2}{2}\right)\sigma^{-1}\tau^{0.5}-\sigma\tau^{0.5}\right\}}{\partial \tau} \quad (7\text{-}19)$$

$$= \phi(d_2)\left\{-0.5\ln\left(\frac{S}{K}\right)\sigma^{-1}\tau^{-1.5}+0.5\left(r-q+\frac{\sigma^2}{2}\right)\sigma^{-1}\tau^{-0.5}-0.5\sigma\tau^{-0.5}\right\}$$

$$= \phi(d_1)\frac{S}{K}\exp((r-q)\tau)\left\{-0.5\ln\left(\frac{S}{K}\right)\sigma^{-1}\tau^{-1.5}+0.5\left(r-q+\frac{\sigma^2}{2}\right)\sigma^{-1}\tau^{-0.5}-0.5\sigma\tau^{-0.5}\right\}$$

最后，求解$C$对$\tau$的偏导。

$$\text{Theta}_{\text{call}} = -\frac{\partial C}{\partial \tau}$$

$$= -\frac{\partial\left[N(d_1)S\exp(-q\tau)-N(d_2)K\exp(-r\tau)\right]}{\partial \tau} \quad (7\text{-}20)$$

$$= -S\exp(-q\tau)\frac{\partial N(d_1)}{\partial \tau}+qS\exp(-q\tau)N(d_1)+$$

$$\frac{\partial N(d_2)}{\partial \tau}K\exp(-r\tau)-rK\exp(-r\tau)N(d_2)$$

最后，将$N(d_1)$和$N(d_2)$对$\tau$的一阶偏导代入式7-20，可以求得欧式看涨期权的Theta解析式。

$$\text{Theta}_{\text{call}} = -S\exp(-q\tau)\frac{\partial N(d_1)}{\partial \tau}+qS\exp(-q\tau)N(d_1)+$$

$$\frac{\partial N(d_2)}{\partial \tau}K\exp(-r\tau)-rK\exp(-r\tau)N(d_2) \quad (7\text{-}21)$$

$$= -S\exp(-q\tau)\frac{\partial N(d_1)}{\partial d_1}\frac{\partial d_1}{\partial \tau}+qS\exp(-q\tau)N(d_1)+$$

$$\begin{aligned}
&\frac{\partial N(d_2)}{\partial d_2}\frac{\partial d_2}{\partial \tau}K\exp(-r\tau)-rK\exp(-r\tau)N(d_2)\\
&=-S\exp(-q\tau)\phi(d_1)\left\{-0.5\ln\left(\frac{S}{K}\right)\sigma^{-1}\tau^{-1.5}+0.5\left(r-q+\frac{\sigma^2}{2}\right)\sigma^{-1}\tau^{-0.5}\right\}\\
&\quad+S\exp(-q\tau)\phi(d_1)\left\{-0.5\ln\left(\frac{S}{K}\right)\sigma^{-1}\tau^{-1.5}+0.5\left(r-q+\frac{\sigma^2}{2}\right)\sigma^{-1}\tau^{-0.5}-0.5\sigma\tau^{-0.5}\right\}\\
&\quad+qS\exp(-q\tau)N(d_1)-rK\exp(-r\tau)N(d_2)\\
&=-\frac{\sigma S\exp(-q\tau)}{2\sqrt{\tau}}\phi(d_1)+qS\exp(-q\tau)N(d_1)-rK\exp(-r\tau)N(d_2)
\end{aligned} \tag{7-21}$$

类似地，可以求得考虑连续分红$q$条件下，欧式看跌期权的Theta解析式为：

$$\text{Theta}_{\text{put}}=-\frac{\sigma S\exp(-q\tau)}{2\sqrt{\tau}}\phi(d_1)-qS\exp(-q\tau)N(-d_1)+rK\exp(-r\tau)N(-d_2) \tag{7-22}$$

如图7-16所示为欧式看涨期权Theta随到期时间和标的物价格变化曲面，以及该曲面在三个平面的投影。可以发现欧式看涨期权Theta为负值，即不管欧式看涨期权处于ITM、OTM还是ATM，其时间价值(正值)随$\tau$减小而减小。特别是，当$\tau$接近0，也就是期权接近到期时，在执行价格附近Theta达到极值(负值)。

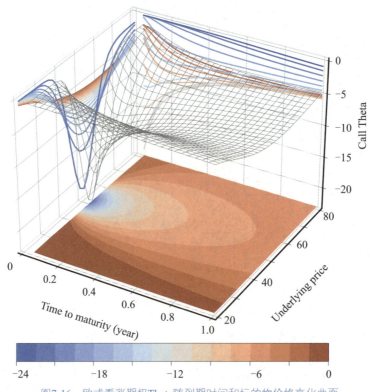

图7-16　欧式看涨期权Theta随到期时间和标的物价格变化曲面

如图7-17所示为欧式看跌期权Theta随到期时间和标的物价格变化曲面，以及该曲面在三个平面的投影。值得注意的是，对于欧式看跌期权，不考虑连续红利$q$时，当其处于深度ITM (deep In The Money)，其Theta值为正；也就是当欧式看跌期权处于深度ITM，其时间价值为负值。如图7-18更清楚地展示了这一点。

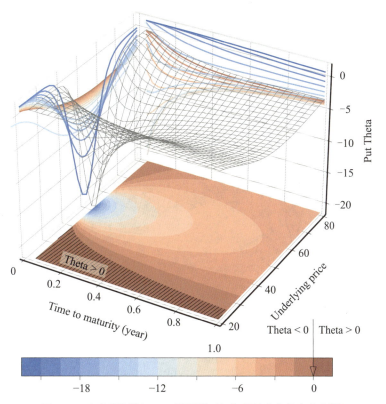

图7-17 欧式看跌期权Theta随到期时间和标的物价格变化曲面

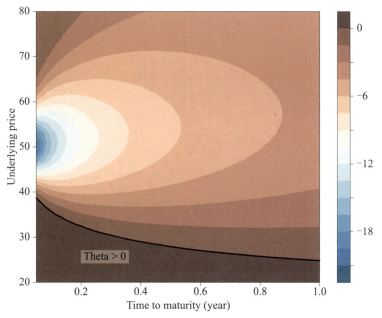

图7-18 欧式看跌期权Theta随到期时间和标的物价格变化平面等高线

不考虑连续红利$q$时,欧式看涨期权和欧式看跌期权Theta的关系为:

$$\text{Theta}_{\text{call}} - \text{Theta}_{\text{put}} = -rK\exp(-r\tau) \tag{7-23}$$

如图7-19比较了欧式看涨期权和欧式看跌期权的Theta曲面。图7-19中，红色曲面为欧式看跌期权的Theta值，蓝色曲面为欧式看涨期权的Theta值。

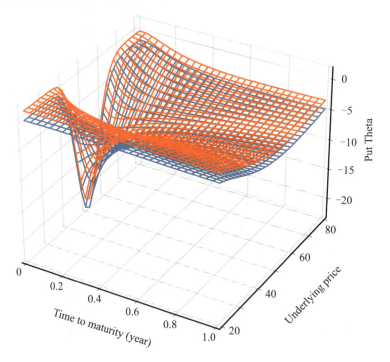

图7-19  比较欧式看涨/看跌期权Theta曲面

以下代码可以获得图7-16～图7-19。

```
B2_Ch7_3.py

import math
import numpy as np
import matplotlib as mpl
import matplotlib.pyplot as plt
from scipy.stats import norm
from mpl_toolkits.mplot3d import axes3d
import matplotlib.tri as tri
from matplotlib import cm

#Delta of European option

def blstheta(St, K, tau, r, vol, q):
    '''
    St: current price of underlying asset
    K:  strike price
    tau: time to maturity
    r: annualized risk-free rate
    vol: annualized asset price volatility
    '''
```

```python
    d1 = (math.log(St / K) + (r - q + 0.5 * vol ** 2)\
          *tau) / (vol * math.sqrt(tau));
    d2 = d1 - vol*math.sqrt(tau);
    
    Theta_call = -math.exp(-q*tau)*St*norm.pdf(d1)*vol/2/math.sqrt(tau) - \
        r*K*math.exp(-r*tau)*norm.cdf(d2) + q*St*math.exp(-q*tau)*norm.cdf(d1)
    
    Theta_put = -math.exp(-q*tau)*St*norm.pdf(-d1)*vol/2/math.sqrt(tau) + \
        r*K*math.exp(-r*tau)*norm.cdf(-d2) - q*St*math.exp(-q*tau)*norm.cdf(-d1)
    return Theta_call, Theta_put

#Initialize
tau_array = np.linspace(0.05,1,30);
St_array  = np.linspace(20,80,30);
tau_Matrix,St_Matrix = np.meshgrid(tau_array,St_array)

Theta_call_Matrix = np.empty(np.size(tau_Matrix))
Theta_put_Matrix  = np.empty(np.size(tau_Matrix))

K = 50;     #strike price
r = 0.03;   #risk-free rate
vol = 0.5;  #volatility
q = 0;      #continuously compounded yield of the underlying asset

blstheta_vec = np.vectorize(blstheta)
Theta_call_Matrix, Theta_put_Matrix = blstheta_vec(St_Matrix, K,
tau_Matrix, r, vol, q)

#%% plot Theta surface of European call option

plt.close('all')

fig = plt.figure()
ax = fig.gca(projection='3d')

ax.plot_wireframe(tau_Matrix, St_Matrix, Theta_call_Matrix,
color = [0.5,0.5,0.5], linewidth=0.5)
csetf = ax.contourf(tau_Matrix, St_Matrix, Theta_call_Matrix,
levels = 15, zdir='z', \
                   offset=Theta_call_Matrix.min(), cmap=cm.coolwarm)
ax.contour(tau_Matrix, St_Matrix, Theta_call_Matrix, levels = 15, zdir='x', \
           offset=0, cmap=cm.coolwarm)
ax.contour(tau_Matrix, St_Matrix, Theta_call_Matrix, levels = 15, zdir='y', \
           offset=St_array.max(), cmap=cm.coolwarm)

cbar = fig.colorbar(csetf, ax=ax,orientation='horizontal')
cbar.set_label('Call Theta')
```

```python
ax.set_xlim(0, 1)
ax.set_ylim(St_array.min(), St_array.max())
ax.set_zlim(Theta_call_Matrix.min(),Theta_call_Matrix.max())

ax.xaxis._axinfo["grid"].update({"linewidth":0.25, "linestyle" : ":"})
ax.yaxis._axinfo["grid"].update({"linewidth":0.25, "linestyle" : ":"})
ax.zaxis._axinfo["grid"].update({"linewidth":0.25, "linestyle" : ":"})

ax.set_xlabel('Time to maturity (year)')
ax.set_ylabel('Underlying price')
ax.set_zlabel('Call Theta')
plt.rcParams["font.family"] = "Times New Roman"
plt.rcParams["font.size"] = "10"

plt.tight_layout()
plt.show()


#%% plot Theta surface of European put option


fig = plt.figure()
ax = fig.gca(projection='3d')

ax.plot_wireframe(tau_Matrix, St_Matrix, Theta_put_Matrix,
color = [0.5,0.5,0.5], linewidth=0.5)
csetf = ax.contourf(tau_Matrix, St_Matrix, Theta_put_Matrix,
levels = 15, zdir='z', \
                    offset=Theta_put_Matrix.min(), cmap=cm.coolwarm)
ax.contour(tau_Matrix, St_Matrix, Theta_put_Matrix, levels = 15, zdir='x', \
          offset=0, cmap=cm.coolwarm)
ax.contour(tau_Matrix, St_Matrix, Theta_put_Matrix, levels = 15, zdir='y', \
          offset=St_array.max(), cmap=cm.coolwarm)

cbar = fig.colorbar(csetf, ax=ax, orientation='horizontal')
#cbar.set_label('Put Theta')

ax.set_xlim(0, 1)
ax.set_ylim(St_array.min(), St_array.max())
ax.set_zlim(Theta_put_Matrix.min(),Theta_put_Matrix.max())

ax.xaxis._axinfo["grid"].update({"linewidth":0.25, "linestyle" : ":"})
ax.yaxis._axinfo["grid"].update({"linewidth":0.25, "linestyle" : ":"})
ax.zaxis._axinfo["grid"].update({"linewidth":0.25, "linestyle" : ":"})
```

```python
ax.set_xlabel('Time to maturity (year)')
ax.set_ylabel('Underlying price')
ax.set_zlabel('Put Theta')
plt.rcParams["font.family"] = "Times New Roman"
plt.rcParams["font.size"] = "10"

plt.tight_layout()
plt.show()

fig, ax = plt.subplots()

cntr2 = ax.contourf(tau_Matrix, St_Matrix, Theta_put_Matrix,
levels = 20, cmap="RdBu_r")
ax.contour(tau_Matrix, St_Matrix, Theta_put_Matrix,
levels = 0,colors='k', linewidths = 2)

fig.colorbar(cntr2, ax=ax)
plt.show()

ax.set_xlabel('Time to maturity (year)')
ax.set_ylabel('Underlying price')

plt.rcParams["font.family"] = "Times New Roman"
plt.rcParams["font.size"] = "10"
ax.set_ylim(St_array.min(), St_array.max())

#%% Compare Call vs Put Theta

fig = plt.figure()
ax = fig.add_subplot(111, projection='3d')
ax.plot_wireframe(tau_Matrix, St_Matrix, Theta_call_Matrix)
ax.plot_wireframe(tau_Matrix, St_Matrix, Theta_put_Matrix,color = 'r')

plt.show()
plt.tight_layout()
ax.set_xlabel('Time to maturity')
ax.set_ylabel('Underlying price')
ax.set_zlabel('Theta')

ax.xaxis._axinfo["grid"].update({"linewidth":0.25, "linestyle" : ":"})
ax.yaxis._axinfo["grid"].update({"linewidth":0.25, "linestyle" : ":"})
ax.zaxis._axinfo["grid"].update({"linewidth":0.25, "linestyle" : ":"})

ax.set_xlim(0, 1)
ax.set_ylim(St_array.min(), St_array.max())
ax.set_zlim(Theta_call_Matrix.min(),Theta_put_Matrix.max())
```

## 7.5 Vega

Vega是期权价格$V$对资产价格波动率$\sigma$的一阶偏导数。

$$\text{Vega} = \frac{\partial V}{\partial \sigma} \tag{7-24}$$

如果期权的Vega的绝对值大,期权对波动率的变化会更敏感。欧式看涨期权和欧式看跌期权的Vega相同;欧式期权的**多头** (long position) Vega为正。下面推导欧式看涨期权的Vega。

首先,求解$N(d_1)$对$\sigma$的一阶偏导。

$$\begin{aligned}
\frac{\partial N(d_1)}{\partial \sigma} &= \frac{\partial N(d_1)}{\partial d_1} \frac{\partial d_1}{\partial \sigma} \\
&= \frac{1}{\sqrt{2\pi}} \exp\left(-\frac{1}{2}d_1^2\right) \frac{\partial \left\{ \frac{1}{\sigma\sqrt{\tau}} \left[ \ln\left(\frac{S}{K}\right) + \left(r - q + \frac{\sigma^2}{2}\right)\tau \right] \right\}}{\partial \sigma} \\
&= \frac{1}{\sqrt{2\pi}} \exp\left(-\frac{1}{2}d_1^2\right) \frac{\partial \left\{ \left[ \ln\left(\frac{S}{K}\right)\tau^{-0.5} + (r-q)\tau^{0.5} \right]\sigma^{-1} + \frac{\sigma}{2}\tau^{0.5} \right\}}{\partial \sigma} \\
&= N'(d_1) \left\{ -\left[ \ln\left(\frac{S}{K}\right)\tau^{-0.5} + (r-q)\tau^{0.5} \right]\sigma^{-2} + 0.5\tau^{0.5} \right\}
\end{aligned} \tag{7-25}$$

其次,求解$N(d_2)$对$\sigma$的一阶偏导。

$$\begin{aligned}
\frac{\partial N(d_2)}{\partial \sigma} &= \frac{\partial N(d_2)}{\partial d_2} \frac{\partial d_2}{\partial \sigma} \\
&= \frac{1}{\sqrt{2\pi}} \exp\left(-\frac{1}{2}d_2^2\right) \frac{\partial \left\{ \frac{1}{\sigma\sqrt{\tau}} \left[ \ln\left(\frac{S}{K}\right) + \left(r - q + \frac{\sigma^2}{2}\right)\tau \right] - \sigma\sqrt{\tau} \right\}}{\partial \sigma} \\
&= \frac{1}{\sqrt{2\pi}} \exp\left(-\frac{1}{2}d_2^2\right) \frac{\partial \left\{ \left[ \ln\left(\frac{S}{K}\right)\tau^{-0.5} + (r-q)\tau^{0.5} \right]\sigma^{-1} - \frac{\sigma}{2}\tau^{0.5} \right\}}{\partial \sigma} \\
&= N'(d_1) \frac{S}{K} \exp((r-q)\tau) \left\{ -\left[ \ln\left(\frac{S}{K}\right)\tau^{-0.5} + (r-q)\tau^{0.5} \right]\sigma^{-2} - 0.5\tau^{0.5} \right\}
\end{aligned} \tag{7-26}$$

最后,求解Vega对$\sigma$一阶偏导,可以整理为:

$$\begin{aligned}
\text{Vega}_{\text{call}} &= \frac{\partial C}{\partial \sigma} = \frac{\partial \{N(d_1)S\exp(-q\tau) - N(d_2)K\exp(-r\tau)\}}{\partial \sigma} \\
&= S\exp(-q\tau) \frac{\partial N(d_1)}{\partial \sigma} - K\exp(-r\tau) \frac{\partial N(d_2)}{\partial \sigma} \\
&= S\exp(-q\tau)\phi(d_1) \left\{ -\left[ \ln\left(\frac{S}{K}\right)\tau^{-0.5} + (r-q)\tau^{0.5} \right]\sigma^{-2} + 0.5\tau^{0.5} \right\} - \\
&\quad S\exp(-q\tau)\phi(d_1) \left\{ -\left[ \ln\left(\frac{S}{K}\right)\tau^{-0.5} + (r-q)\tau^{0.5} \right]\sigma^{-2} - 0.5\tau^{0.5} \right\} \\
&= S\exp(-q\tau)\sqrt{\tau}\phi(d_1)
\end{aligned} \tag{7-27}$$

同样可以获得欧式看跌期权的Vega。

$$\text{Vega}_{put} = \frac{\partial P}{\partial \sigma} = S\exp(-q\tau)\sqrt{\tau}\phi(d_1) \tag{7-28}$$

如图7-20所示为欧式看涨/看跌期权Vega随到期时间和标的物价格变化的曲面。可以发现，其他条件一致，距离到期时间越远，即$\tau$越大，Vega越大。如图7-21和图7-22所示等高线更好地展示了这一点。当$\tau$一定时，靠近执行价格，Vega取得极值。

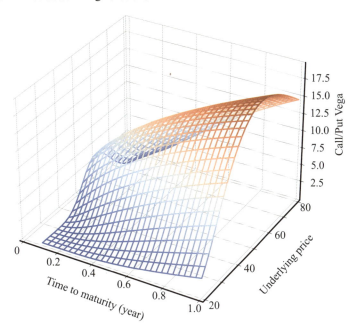

图7-20　欧式看涨/看跌期权Vega随到期时间和标的物价格变化曲面

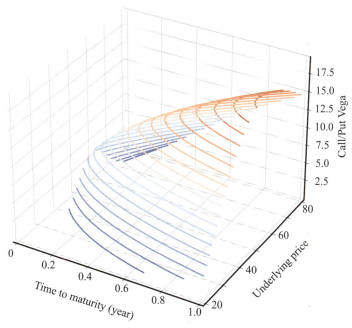

图7-21　欧式看涨/看跌期权Vega随到期时间和标的物价格变化3D等高线

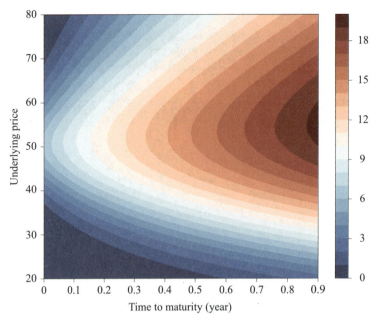

图7-22 欧式看涨/看跌期权Vega随到期时间和标的物价格变化平面等高线

以下代码可以获得图7-20～图7-22。

```python
B2_Ch7_4.py

import math
import numpy as np
import matplotlib as mpl
import matplotlib.pyplot as plt
from scipy.stats import norm
from mpl_toolkits.mplot3d import axes3d
import matplotlib.tri as tri
from matplotlib import cm

#Vega of European option

def blsvega(St, K, tau, r, vol, q):
    '''
    St: current price of underlying asset
    K:  strike price
    tau: time to maturity
    r: annualized risk-free rate
    vol: annualized asset price volatility
    '''
    
    d1 = (math.log(St / K) + (r - q + 0.5 * vol ** 2)\
        *tau) / (vol * math.sqrt(tau));
    
    Vega = St*math.exp(-q*tau)*norm.pdf(d1)*math.sqrt(tau)
```

```python
    return Vega

#Initialize
tau_array = np.linspace(0.1,1,30);
St_array  = np.linspace(20,80,30);
tau_Matrix,St_Matrix = np.meshgrid(tau_array,St_array)

Delta_call_Matrix = np.empty(np.size(tau_Matrix))
Delta_put_Matrix  = np.empty(np.size(tau_Matrix))

K = 50;      #strike price
r = 0.03;    #risk-free rate
vol = 0.5;   #volatility
q = 0;       #continuously compounded yield of the underlying asset

blsvega_vec = np.vectorize(blsvega)
Vega_Matrix = blsvega_vec(St_Matrix, K, tau_Matrix, r, vol, q)

#%% plot Vega surface of European call/put option

plt.close('all')

#Normalize to [0,1]
norm = plt.Normalize(Vega_Matrix.min(), Vega_Matrix.max())
colors = cm.coolwarm(norm(Vega_Matrix))

fig = plt.figure()
ax = fig.gca(projection='3d')
surf = ax.plot_surface(tau_Matrix, St_Matrix, Vega_Matrix,
    facecolors=colors, shade=False)
surf.set_facecolor((0,0,0,0))
plt.show()

plt.tight_layout()
ax.set_xlabel('Time to maturity')
ax.set_ylabel('Underlying price')
ax.set_zlabel('Call/Put Vega')

plt.rcParams["font.family"] = "Times New Roman"
plt.rcParams["font.size"] = "10"
ax.set_xlim(0, 1)
ax.set_ylim(St_array.min(), St_array.max())


fig = plt.figure()
ax = fig.add_subplot(111, projection='3d')
X, Y, Z = axes3d.get_test_data0.05)
cset = ax.contour(tau_Matrix, St_Matrix, Vega_Matrix, cmap=cm.coolwarm,levels = 20)
```

```
ax.clabel(cset, fontsize=9, inline=1)

plt.show()
plt.tight_layout()
ax.set_xlabel('Time to maturity')
ax.set_ylabel('Underlying price')
ax.set_zlabel('Call/Put Vega')

plt.rcParams["font.family"] = "Times New Roman"
plt.rcParams["font.size"] = "10"
ax.set_xlim(0, 1)
ax.set_ylim(St_array.min(), St_array.max())

#contour map

fig, ax = plt.subplots()

cntr2 = ax.contourf(tau_Matrix, St_Matrix, Vega_Matrix, levels = 20, cmap=»RdBu_r»)

fig.colorbar(cntr2, ax=ax)
#ax.set(xlim=(-2, 2), ylim=(-2, 2))
#plt.subplots_adjust(hspace=0.5)
plt.show()

ax.set_xlabel('Time to maturity (year)')
ax.set_ylabel('Underlying price')

plt.rcParams["font.family"] = "Times New Roman"
plt.rcParams["font.size"] = "10"
ax.set_ylim(St_array.min(), St_array.max())
```

# 7.6 Rho

Rho为期权价格$V$对无风险利率$r$的一阶偏导数。

$$\text{Rho} = \frac{\partial V}{\partial r} \tag{7-29}$$

也就是，Rho为期权价值对利率变化的敏感度。多头欧式看涨期权Rho为正，多头欧式看跌期权Rho为负。下面推导欧式看涨期权的Rho。

首先，求解$N(d_1)$对$r$的一阶偏导。

$$\begin{aligned}
\frac{\partial N(d_1)}{\partial r} &= \frac{\partial N(d_1)}{\partial d_1}\frac{\partial d_1}{\partial r} \\
&= \frac{1}{\sqrt{2\pi}}\exp\left(-\frac{1}{2}d_1^2\right)\frac{\partial\left\{\dfrac{1}{\sigma\sqrt{\tau}}\left[\ln\left(\dfrac{S}{K}\right)+\left(r-q+\dfrac{\sigma^2}{2}\right)\tau\right]\right\}}{\partial r} \\
&= \phi(d_1)\frac{\sqrt{\tau}}{\sigma}
\end{aligned} \qquad (7\text{-}30)$$

然后，求解$N(d_2)$对$r$的一阶偏导。

$$\begin{aligned}
\frac{\partial N(d_2)}{\partial r} &= \frac{\partial N(d_2)}{\partial d_2}\frac{\partial d_2}{\partial r} \\
&= \frac{1}{\sqrt{2\pi}}\exp\left(-\frac{1}{2}d_2^2\right)\frac{\partial\left\{\dfrac{1}{\sigma\sqrt{\tau}}\left[\ln\left(\dfrac{S}{K}\right)+\left(r-q+\dfrac{\sigma^2}{2}\right)\tau\right]-\sigma\sqrt{\tau}\right\}}{\partial r} \\
&= \frac{1}{\sqrt{2\pi}}\exp\left(-\frac{1}{2}d_2^2\right)\frac{\sqrt{\tau}}{\sigma} \\
&= \phi(d_1)\frac{S}{K}\exp((r-q)\tau)\frac{\sqrt{\tau}}{\sigma}
\end{aligned} \qquad (7\text{-}31)$$

Rho即为$C$对$r$的一阶偏导。

$$\begin{aligned}
\text{Rho}_{\text{call}} &= \frac{\partial C}{\partial r} \\
&= \frac{\partial\{N(d_1)S\exp(-q\tau)-N(d_2)K\exp(-r\tau)\}}{\partial r} \\
&= S\exp(-q\tau)\frac{\partial N(d_1)}{\partial r}-K\exp(-r\tau)\frac{\partial N(d_2)}{\partial r}+\tau K\exp(-r\tau)N(d_2) \\
&= S\exp(-q\tau)N'(d_1)\frac{\sqrt{\tau}}{\sigma}-S\exp(-q\tau)\phi(d_1)\frac{\sqrt{\tau}}{\sigma}+\tau K\exp(-r\tau)N(d_2) \\
&= \tau K\exp(-r\tau)N(d_2)
\end{aligned} \qquad (7\text{-}32)$$

同样可以获得欧式看跌期权的Rho。

$$\begin{aligned}
\text{Rho}_{\text{put}} &= \frac{\partial P}{\partial r} \\
&= -\tau K\exp(-r\tau)N(-d_2)
\end{aligned} \qquad (7\text{-}33)$$

如图7-23所示为欧式看涨期权Rho随到期时间和标的物价格变化的曲面。当$\tau$一定时，标的物价格$S$越高，欧式看涨期权Rho越大；当标的物价格$S$一定时，越靠近到期时间，即$\tau$越小，欧式看涨期权Rho越小。如图7-24所示为欧式看跌期权Rho随到期时间和标的物价格变化曲面。当$\tau$一定时，标的物价格$S$越小，欧式看涨期权Rho的绝对值越大；当标的物价格$S$一定时，$\tau$越小，欧式看涨期权Rho的绝对值越小。

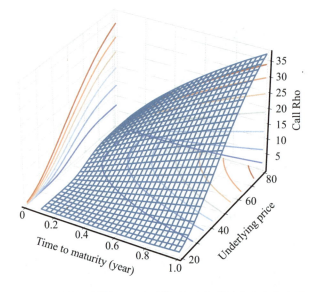

图7-23　欧式看涨期权Rho随到期时间和标的物价格变化曲面

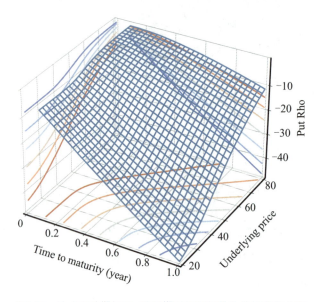

图7-24　欧式看跌期权Rho随到期时间和标的物价格变化曲面

以下代码可以获得图7-23和图7-24。

`B2_Ch7_5.py`

```python
import math
import numpy as np
import matplotlib as mpl
import matplotlib.pyplot as plt
from scipy.stats import norm
from mpl_toolkits.mplot3d import axes3d
from matplotlib import cm

#Gamma of European option
```

```python
def blsrho(St, K, tau, r, vol, q):
    '''
    St: current price of underlying asset
    K:  strike price
    tau: time to maturity
    r: annualized risk-free rate
    vol: annualized asset price volatility
    '''
    
    d1 = (math.log(St / K) + (r - q + 0.5 * vol ** 2)\
          *tau) / (vol * math.sqrt(tau));
    d2 = d1 - vol*math.sqrt(tau);
    
    Rho_call = K*tau*math.exp(-r*tau)*norm.cdf(d2);
    Rho_put  = -K*tau*math.exp(-r*tau)*norm.cdf(-d2);
    
    return Rho_call, Rho_put



#Initialize
tau_array = np.linspace(0.1,1,30);
St_array  = np.linspace(20,80,30);
tau_Matrix,St_Matrix = np.meshgrid(tau_array,St_array)

Vega_call_Matrix = np.empty(np.size(tau_Matrix))
Vega_put_Matrix  = np.empty(np.size(tau_Matrix))

K = 50;     #strike price
r = 0.03;   #risk-free rate
vol = 0.5;  #volatility
q = 0;      #continuously compounded yield of the underlying asset

blsrho_vec = np.vectorize(blsrho)
Rho_call_Matrix, Rho_put_Matrix = blsrho_vec(St_Matrix, K, tau_Matrix, r, vol, q)

#%% plot Rho surface of European call option

plt.close('all')

fig = plt.figure()
ax = fig.gca(projection='3d')

ax.plot_wireframe(tau_Matrix, St_Matrix, Rho_call_Matrix)
cset = ax.contour(tau_Matrix, St_Matrix, Rho_call_Matrix, zdir='z',\
                  offset=Rho_call_Matrix.min(), cmap=cm.coolwarm)
cset = ax.contour(tau_Matrix, St_Matrix, Rho_call_Matrix, zdir='x',\
                  offset=0, cmap=cm.coolwarm)
```

```python
cset = ax.contour(tau_Matrix, St_Matrix, Rho_call_Matrix, zdir='y',\
                  offset=St_array.max(), cmap=cm.coolwarm)

ax.set_xlim(0, 1)
ax.set_ylim(St_array.min(), St_array.max())
ax.set_zlim(Rho_call_Matrix.min(),Rho_call_Matrix.max())


plt.tight_layout()
ax.set_xlabel('Time to maturity (year)')
ax.set_ylabel('Underlying price')
ax.set_zlabel('Call Rho')
ax.set_facecolor('white')
plt.rcParams["font.family"] = "Times New Roman"
plt.rcParams["font.size"] = "10"


plt.show()

#%% plot Rho surface of European put option

fig = plt.figure()
ax = fig.gca(projection='3d')

ax.plot_wireframe(tau_Matrix, St_Matrix, Rho_put_Matrix)
cset = ax.contour(tau_Matrix, St_Matrix, Rho_put_Matrix, zdir='z', \
                  offset=Rho_put_Matrix.min(), cmap=cm.coolwarm)
cset = ax.contour(tau_Matrix, St_Matrix, Rho_put_Matrix, zdir='x', \
                  offset=0, cmap=cm.coolwarm)
cset = ax.contour(tau_Matrix, St_Matrix, Rho_put_Matrix, zdir='y', \
                  offset=St_array.max(), cmap=cm.coolwarm)

ax.set_xlim(0, 1)
ax.set_ylim(St_array.min(), St_array.max())
ax.set_zlim(Rho_put_Matrix.min(),Rho_put_Matrix.max())

plt.tight_layout()
ax.set_xlabel('Time to maturity (year)')
ax.set_ylabel('Underlying price')
ax.set_zlabel('Put Rho')
plt.rcParams["font.family"] = "Times New Roman"
plt.rcParams["font.size"] = "10"

plt.show()
```

  本章探讨了欧式看涨期权和欧式看跌期权的五个希腊字母，Delta、Gamma、Theta、Vega和Rho。利用链式法则推导了这五个希腊字母的解析式，并且通过Python编程对这五个希腊字母的变化趋势进行了可视化。

# 第 8 章 市场风险
## Market Risk

> 最困难的莫过于判断多大的风险是安全的。
> 
> *The hardest thing to judge is what level of risk is safe.*
>
> ——乔治·索罗斯 (George Soros)

在以市场为主导的经济社会中,利率、汇率、股票价格以及商品价格等市场因素时刻都处在不断变化之中,而且这些变化均存在着不确定性。这些不确定性的变化不但可能会导致无法实现预期的收益,甚至造成巨大损失,这便是在金融市场中是最普遍、最常见的一种风险——市场风险。

市场风险的管理是通过识别、计量和监测市场风险,而将其控制在合理范围内,使得金融机构或者投资者的收益得到最大化。良好的市场风险管控可以确保在合理的市场风险水平之下,实现健康而稳定的投资收益。

### Core Functions and Syntaxes
### 本章核心命令代码

- ◂ `ax.axhline()` 绘制水平线
- ◂ `ax.axvline()` 绘制竖直线
- ◂ `ax.plot_surface()` 绘制三维曲面图
- ◂ `ax.plot_wireframe()` 绘制线框图
- ◂ `cumprod()` 计算累积概率
- ◂ `hist()` 生成直方图
- ◂ `norm.fit()` 正态分布拟合
- ◂ `norm.ppf()` 正态分布分位点
- ◂ `np.meshgrid()` 产生以向量 x 为行,向量 y 为列的矩阵
- ◂ `numpy.dot()` numpy 阵列间点乘
- ◂ `Prettytable.prettytable()` 创建打印表格
- ◂ `quantile()` 计算分位数
- ◂ `sns.distplot()` Seaborn 运算包绘制分布图

## 8.1 市场风险及其分类

**市场风险** (market risk) 是众多金融风险中的一种。这里先从金融风险谈起,金融风险是指在交易或投资时可能造成的资金损失,它并不是实际的损失,反映的是造成损失的可能性。对于金融风险的分类,存在多种分类方法。

按照风险是否能够分散,金融风险可以分为如图8-1所示两类:**系统风险** (systemic risk) 和**非系统风险** (nonsystemic risk)。

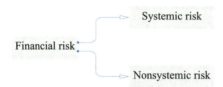

图8-1 按风险能否分散分类市场风险

**系统风险**又称**整体性风险**,也称为**不可分散风险** (undiversifiable risk),它是指由于全局性和共同性因素变化,导致的投资风险增大,从而给投资者带来损失的可能性。市场风险即为系统风险的一种,系统风险还包括宏观经济风险、购买力风险、利率风险、汇率风险等。

**非系统风险**又称**非市场风险**,也称为**可分散风险** (diversifiable risk),是指由某些特殊因素的变化造成单个股票价格或者单个期货、外汇品种及其他金融衍生品价格下跌,从而给个别公司或者个别行业带来损失的可能性。

按照风险的驱动因素,金融风险可以分为**市场风险** (market risk)、**信用风险** (credit risk)、**操作风险** (operational risk)、**流动性风险** (liquidity risk) 等,如图8-2所示。

图8-2 按风险的驱动因素分类金融风险

市场风险一般指与市场上资产价格波动相关的风险,因此市场风险涵盖的范围很广。最常见的市场风险包括利率风险、汇率风险、通货膨胀风险、证券价格风险、波动率风险等,如图8-3所示。

图8-3 市场风险分类

**利率风险** (interest rate risk),即利率变动的不确定性造成的资产价值或利息收入减少等损失的可能性。利率风险又可分为**重新定价风险** (repricing risk)、**收益率曲线风险** (yield curve risk)、**基差风险** (basis risk)和**期权风险** (options risk) 四类。

重新定价风险是最主要和最普遍的一种利率风险,它源自银行资产、负债和表外项目头寸这三者重新定价时间 (对浮动利率而言) 和到期日 (对固定利率而言) 之间的不匹配。在某一时间段内对利率敏感的资产和负债之间的差额,称为"重新定价缺口"。当二者不匹配时,该缺口不为零,如果利率发生变动,则相应地会产生利率风险。

收益率曲线风险与重新定价风险类似,也是来源于到期日与重定价日之间的时间差异。收益率曲线是各种期限债券的收益率连接起来而得到的一条曲线,银行的存贷款利率在制定时,会以国债收益率为基准来制定,然而收益率曲线如果发生非预期的位移或斜率的变化,将可能对银行净利差收入和资产内在价值造成不利影响,这就是收益率曲线风险。

基差风险是不同金融工具间收取和支付利率的变化不同步造成的风险。比如,即使银行资产和负债的重新定价时间相同,如果存款利率与贷款利率的调整幅度不完全一致,银行就会面临基差风险。

期权风险是指将期权嵌入各种资产、负债及表外项目头寸所带来的风险。期权作为一种常见的金融工具,其购买人有权在规定时间以规定价格执行交易。期权除了可以作为独立金融产品,也常常嵌入其他标准化的金融产品。而嵌入期权的金融产品的可选择性,会给金融机构带来期权风险。期权风险通常对期权产品卖出方有更大影响,这是因为购买方会在有利于己、不利于卖方时执行其选择权。

**汇率风险** (exchange rate risk) 是指由于汇率的波动而引起以外币计价的资产或负债的价值变化而造成损失的可能性。汇率风险可分为贸易性汇率风险和金融性汇率风险。跨国间的贸易活动需要使用外汇或国际货币来计量进出口商品价格,而汇率的变化会导致这些贸易活动收益的不确定性,由此产生贸易性汇率风险。汇率的变化也会导致国际金融市场上,基于外汇的借贷产生不确定性。另外,汇率的变化会直接影响国家外汇储备价值的增减,这些称为金融性汇率风险。

**通货膨胀风险** (inflation risk) 也称为购买力风险,是指由于通货膨胀导致的货币贬值,引起实际利率的下降,使得投资收益减小甚至导致亏损的可能性。

**证券价格风险** (security price risk) 是指诸如债券、股票、基金和票据等证券价格的变化影响投资的预期收益,甚至导致亏损的可能性。

**大宗商品风险** (commodities risk) 是指由于大宗商品的市场价格的变动,而引起的大宗商品的期货价格的不确定性。大宗商品通常包括石油、天然气、粮食、金属、电力,等等。

**波动率风险** (volatility risk),也称为扰动风险,是指某一风险因素的方差变动,导致金融资产或负债价值的不确定性。其中,波动率或者方差是表示扰动大小的参数。扰动风险普遍存在于无息债券、股票、期货等金融产品中。

## 8.2 市场风险度量

在金融领域,市场风险的重要性决定了对市场风险度量的探索成为一个非常受关注的课题。毫无疑问,风险价值是最为重要的一种度量,但是针对不同的应用,市场风险存在多种度量方式。

**缺口分析法** (gap analysis),也称为**资产负债缺口分析法** (asset-liability gap analysis),是一种常用的考量利率风险的方法。资产和负债通常对于利率具有不同的敏感性,因此当利率发生变化时,这种不匹配会导致资产和负债之间产生所谓的"缺口",通过比较缺口的大小,可以得到利率变动时市场价值变动的程度,亦即产生的利率风险的大小。这种利用缺口,对利率风险进行的度量,就是缺口分析法。

如图8-4所示，如果资产与负债均为固定利率，则它们不受市场利率变化的影响，因此，不存在利率风险；相反，如果资产与负债均为浮动利率，一般来说，对于利率变化的影响是相同的，也不会产生利率风险。但是如果资产是固定利率，负债是浮动利率，二者对利率变化的敏感度不同，存在利率风险。如果市场利率增加，负债的利率增加，则净利息收入会相应减小，导致利率风险。

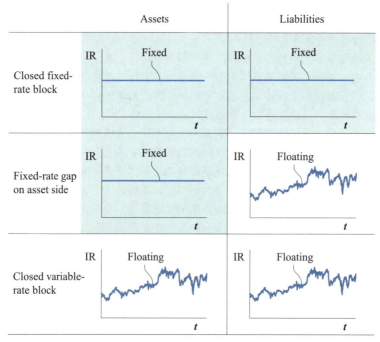

图8-4　资产负债缺口

在缺口分析中，首先要确定合适的**时间段** (horizon period)，然后分析在此时间段内资产和债务的情况，其利率风险的大小可以用缺口分析，表示如下：

$$GAP = RSA - RSL \tag{8-1}$$

其中，GAP为缺口；RSA为利率敏感性资产；RSL为利率敏感性负债。

**净利息收入** (Net Interest Income, NII) 是资产利息与债务利息之差。当利率变化时，净利息收入的变化与缺口之间的关系可以表示为：

$$\Delta NII = GAP \times \Delta r \tag{8-2}$$

其中，$\Delta NII$为净利息收入的变化；$\Delta r$为利率的变化。

式(8-2)表明，当利率上升 ($\Delta r > 0$) 时，对于正缺口，即GAP > 0的情况，净利息收入会比预期增加；反之当缺口为负 (GAP < 0) 时，净利息收入会低于预期。当利率下降($\Delta r < 0$) 时，正缺口会导致净利息收入减少；而负缺口会导致净利息收入增加。很明显，如果缺口为零 (GAP = 0)，净利息收入不受利率变动影响，即不存在利率风险。

缺口分析法具有原理直观、计算简便的优点，但同时它将利率风险简单地视为净利息收入与预期值的差额，这是一种较为粗略的估计。另外，缺口分析所选取的分析时间段的长短，会对缺口值有非常显著的影响。

**久期分析法** (duration analysis) 也称为持续期分析法或者期限弹性分析法，它是一种传统衡量利率风险的方法。久期分析法具体是通过对各时间段的缺口赋予相应权重，得到加权缺口，然后对这些加权缺口求和，以此估算利率变动对市场价值的影响。

首先介绍**麦考莱久期** (Macaulay duration) 这个概念。以债券为例，久期就是债券各现金流到期时间的加权平均值，其权重为每笔折现现金流与所有折现现金流总和的比值。久期的计算公式为：

$$D = \frac{\sum_{i=1}^{n} t_i \text{PV}_i}{\sum_{i=1}^{n} \text{PV}_i} = \frac{\sum_{i=1}^{n} t_i \text{PV}_i}{P} = \sum_{i=1}^{n} t_i \frac{\text{PV}_i}{P} \qquad (8\text{-}3)$$

其中，$i$ 是**现金流的次序** (indexes the cash flows)；$\text{PV}_i$ 代表着**第 $i$ 个现金流的现值** (present value of the ith cash flow)；$t_i$ 是**第 $i$ 个现金流所在以年为单位的时间跨度** (time in years until the $i^{\text{th}}$ payment will be received)。

久期在债券投资中是一个最为常用的指标，因为当利率变动很小的时候，它可以用下面这个公式来估计一种有价证券的市场价值对利率变化的敏感性。

$$\%\Delta P \approx -D \times \frac{\Delta y}{1+y} \qquad (8\text{-}4)$$

其中，$\Delta P$ 为债券价格改变的百分比，$D$ 为久期，$y$ 为收益率，$\Delta y$ 为收益率的变化值。

可见，久期越大，债券价格对收益率的变化越敏感，而久期越小，对收益率的变化越不敏感。如图8-5所示为久期分析法的示意图。

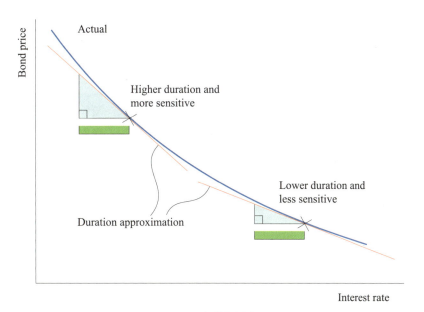

图8-5　久期分析法

相对于缺口分析只是考察净收入的变化，久期分析则考察资产或者负债的价值，显然是一种更为准确的利率风险计量方法。但是，久期分析存在与缺口分析类似的局限性。它仅考量利率风险，而忽略了诸如包括基准风险、期权风险在内的其他风险。另外，久期分析只适用于利率的小幅变动（比如小于1%）。对于利率的较大变动，因为头寸价格与利率的变动无法近似为线性关系，使用久期分析，就难以得到准确的结果。

**场景分析法** (scenario analysis)，又称为**假设分析法** (what-if analysis)，也是一种经常使用的对于市场风险的分析评估方法。它通过设定不同的情景，进而分析在每一种情景下的收益或亏损，从而对整个投资组合的未来风险情况进行评估，做出最佳决策。通常情况下，至少要考虑如图8-6所示的三种情景，然后计算在这些情景下可能的风险情况。在实际工作中，经常需要根据具体情况，加入更多的情景，帮助分析。

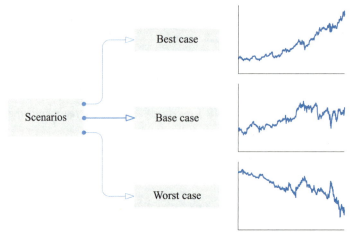

图8-6　场景分析法

场景分析法可以反映极端市场变化的影响，并且对收益的分布和相关性均没有任何人为假设。但是这种方法，对于场景的选择却非常困难，往往需要借助主观经验。场景分析法也无法解决场景出现的概率问题。

除了上面介绍的度量方法之外，**投资组合理论** (portfolio theory) 也可以说是一种衡量市场风险的方法。而对于金融衍生品，希腊字母也常常被用来估计市场风险。表 8-1展示了各希腊字母以及与之相应的市场风险估计。

表 8-1　希腊字母估计市场风险

| 希腊字母 | 符号 | 风险估计 |
| --- | --- | --- |
| Delta | Δ | 标的资产价格变化引起金融衍生品价格变化 |
| Gamma | Γ | 标的资产价格变化引起Delta变化 |
| Theta | Θ | 时间引起衍生品价格变化 |
| Vega | Λ | 市场波动率变化引起金融衍生品价格变化 |
| Rho | ρ | 利率变化引起金融衍生品价格变化 |

如图8-7对市场风险的度量方法进行了归纳展示。在图8-7中，除了前面介绍过的几种市场风险的度量方法，还有最为重要的一种市场风险的度量——风险价值。对于风险价值，将在8.3节详细介绍。

图8-7　市场风险度量方法

# 8.3 风险价值

8.2节介绍了几种度量市场风险的方法,在本节将介绍应用最广泛、最重要的一种市场风险度量方法——**风险价值** (Value at Risk, VaR),风险价值也被翻译为**在险价值**。作为经典的市场风险度量,风险价值可以用来评估资产的风险,从而帮助金融机构合理分散或者规避风险。

在1990年之前,各个金融机构已经开始利用内部模型对总体的金融风险进行评估,而金融机构往往包含许多不同种类的业务,下辖利率、外汇、大宗商品等林林总总的许多部门,鉴于其复杂性,对于如何度量金融机构整体的风险,成为一个具有挑战性的课题。

由于风险价值可以在没有任何假设的情况下将金融机构的众多不同部门的风险价值进行汇总,对金融机构的所有资产组合提供一个单一的风险度量,而且可以反映金融机构的整体风险,在实际工作中已经被许多机构的量化交易部门使用,从而评估总体的金融风险,所以它逐渐成为一种方便实用的度量金融风险的方法。时任**摩根大通集团**(J.P.Morgan Chase & Co)总裁的**丹尼斯·韦泽斯通** (Dennis Weatherstone) 要求每天下午四点十五分市场停止交易后,收到一份仅有一页,但是必须反映银行整体交易组合在之后的一天之内可能面临的风险和潜在损失的报告,即所谓的"415报告"。为了满足总裁的要求,一套综合所有不同种类的交易、不同的部门以及把所有风险集中为单一风险指标的系统就被发展起来,而这个指标便是风险价值。许多金融机构都开发了具有相似功能的系统,虽然这些系统都基于类似的理论,但是在模型假设、实现方法上却有很大不同。在各大金融机构选择对自己的风险价值系统保密的时候,摩根大通却反其道而行之,在互联网上公开了称之为RiskMetrics的系统。这一不同寻常的举动,后来被证明获得了极大的成功,它大大推动了摩根大通风险价值系统RiskMetrics的普及和自身系统的改进发展,并且很快被众多银行、基金、证券等金融机构采用,广泛地用来计算包括市场风险、信用风险以及操作风险等在内的金融风险。

风险总是与投资相伴,假设当前日期为$t$,在$t$日结束时,可以得到资产的市场价值$P_t$,但是未来时间$t+i$的资产价值$P_{t+i}$则不确定。投资是否收益或者亏损则取决于$P_{t+i}$与$P_t$的大小关系,它们之间的差即为损益值PnL,如果$P_{t+i}$大于$P_t$,则有$P_{t+i}-P_t$的收益,反之,则会产生$P_t-P_{t+i}$的亏损。如图8-8所示为某股票的历史趋势和未来可能的价格趋势并标识了可能的收益和损失的范围,其中蓝色曲线为历史价格,灰色曲线是未来$i$天股价可能的变化路径。

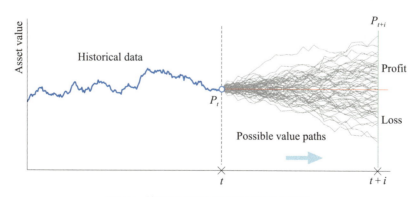

图8-8 某股票可能价格走势与损益值轨迹

例如,某股票当前的价格为$P_i$,$i$天之后的价格为$P_{t+i}$,由于未来价格的不确定性,$P_{t+i}$反映为一个分布,如图8-9所示。$P_{t+i}$与$P_i$两者之差就是损益PnL,如下式所示。

$$\text{PnL}_t = P_{t+i} - P_i \tag{8-5}$$

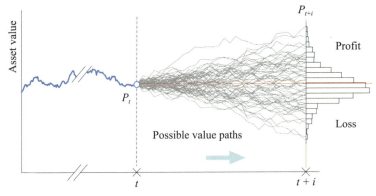

图8-9 资产可能价值及分布

如图8-10所示,损益$PnL_t$由于不确定性,实际上是一个分布。这个分布的左侧是可能的损失,右侧是可能的收益。风险价值,实际就是对这个损益值的量度。从而,借助风险价值,对面临的风险进行度量。

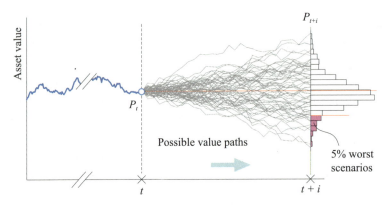

图8-10 资产损益PnL分布和5%最差的情况

接下来,会对风险价值进行更详细的分析讨论。在投资中,对于资产所面临的市场风险大小,经常会被提及的一个问题便是:最糟糕的情况下,这笔投资可能带来的损失会有多大?风险价值就是基于概率对于这个问题的一个回答。

在数学上,风险价值的表述为:在一定的概率置信水平下,金融资产或者投资组合在未来某特定的一段时间内的最大可能损失。其表达式为:

$$P(\Delta p \leq \text{VaR}_\alpha) = \alpha \qquad (8-6)$$

其中,$\Delta p$为该金融资产或者投资组合在持有期内的损失,$\alpha$为置信水平,$\text{VaR}_\alpha$为置信水平$\alpha$下的风险价值。常用的置信水平有90%、95%、97%及99%等。

结合定义,具体来看一个例子,当置信水平为95%,展期为1天,如果假定对应的$\text{VaR}_{1\text{-day}}$值为100万美元。那就是说,在未来一天的时间里,有95%的把握,可能的损失不会超过100万美元。如果从显著性水平的角度来描述,即有5%的可能性,在未来一天内,可能的损失至少为100万美元。有时,也有用$1-\alpha$作为损失的可能性。另外,也可以用百分数表示,即95% VaR,可以记作VaR(95%)或VaR(5%),或者用小数表示为VaR(0.05)或VaR(0.95)。需要注意,虽然VaR代表损失的大小,但是一般情况下,VaR都用正数来表达。

假如$X$代表某金融资产或者投资组合价值,$f(X)$代表在未来某特定时间内的损失概率分布函数,

那么置信水平α下的风险价值VaR$_\alpha$即为损失分布函数f(X)的α分位数,数学式为:

$$\text{VaR}_\alpha = f^{-1}(\alpha) \tag{8-7}$$

其中,$f^{-1}(\alpha)$ 为f(α) 的反函数。

结合图8-10来看,实际上,置信水平为95%的VaR$_{95\%}$,也就是PnL(95%)。从分位点的角度来看,VaR$_{95\%}$描述的是一定时间下金融资产或者资产组合损益分布函数 (图8-11中蓝色曲线) 的95%的分位点对应的损失。

正态分布在风险价值中有非常重要的应用,这是因为对于金融资产或者投资组合的损益分布的分析中,常常使用正态分布。本丛书每一本中介绍概率与统计的章节,都详细讨论过正态分布。这里做一简单回顾,在正态分布中有所谓的68–95–99.7法则,如图8-11所示。

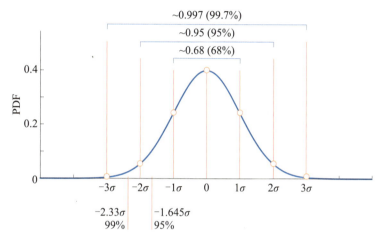

图8-11　标准正态分布几个重要的分位点

从图8-11可以看到,±σ区间对应的是68%的概率;±2σ区间对应的是95%的概率;±3σ区间对应的是99.7%概率。在标准正态分布中σ = 1。另外,图8-11中特意标注了-1.645和-2.33这两个值,分别对应95%和99%的分位点,这是因为风险价值的计算中会经常用到。

风险价值可以用具体金额来表示,也可以用百分比或者小数表示。收益率和当前投资组合的价值乘积,得到的就是损益PnL。一天VaR(95%) = \$100,000 意味着有95%可能性,在一天之内的损失会小于10万美元。或者说,有5%的可能性,在一天之内的损失会大于10万美元。另外,也可以描述为,在100天营业日里,每天损失超过10万的天数不超过5天。

在市场风险管控中,风险价值方法已经成为金融行业衡量风险的一种标准,被金融监管机构及其他金融公司广泛采用。然而,风险价值方法的局限性也是显而易见的。

首先,风险价值并不是一个全面的风险指标,它说明的是可能亏损的最大数量,但是没有指出在指定时间内亏损的可能数量。这是因为它无法准确描述PnL分布尾部的损失。比如,如果说"有5%的可能性,在一百天之内的损失会大于100万美元",那么从中得到的信息只是对应于95%分位点的亏损值,对于总体的亏损并没有任何涉及。假设对两个资产在100天里的损益值分别排序,在损失最大的第95天的损失均为100万美元,那它们95%的VaR是相同的,都是100万美元。但是有可能在剩下5天里一个资产平均损失200万美元,另外一个资产的平均损失则为1000万美元。由此可见,风险价值完全相同的资产,尾部风险却有天壤之别。如图8-12所示为尾部风险的示意图,在实际应用中,很多的资产的损益分布并不像图8-12 (a) 展示的那样服从正态分布,而很可能类似于图8-12(b),会有各种所谓"黑天鹅"事件导致的尾部风险,因此用基于正态分布假设的风险价值来评估,很容易导致风险被低估。

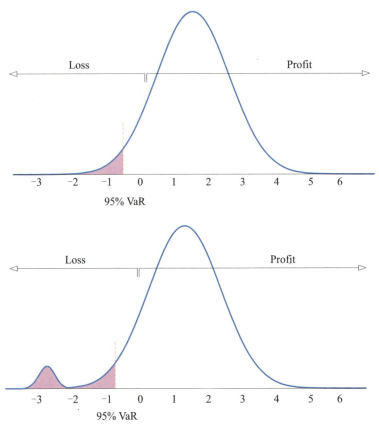

图8-12　PnL分布尾部损失

另外，风险价值不满足**次可加性** (subadditivity)。所谓次可加性，即同时投资两种资产的风险要小于或等于单独投资两种资产的风险之和。比如说有两个资产$R_1$和$R_2$，单独投资$R_1$资产，其风险是10万美元，单独投资$R_2$资产，风险是20万美元，那么如果投资资产$R_1$与$R_2$的投资组合，这个投资组合风险小于或等于30万美元，那么它满足次可加性。但是，遗憾的是风险价值不具备次可加性，这成为它的一个劣势，不但不太适合较好地评价资产组合，而且很难用其进行投资组合的优化。

次可加性是一个重要的性质，下面从数学上详细介绍。在数学上，函数的次可加性是函数的一个性质，它是指函数对定义域中两个元素的和总是小于或等于这个函数对每个元素的值分别相加之和，即对于函数$f(x)$及自变量$x$和$y$，满足下式：

$$f(x+y) \leqslant f(x) + f(y) \tag{8-8}$$

对于风险度量$\rho$和风险头寸$R_1$和$R_2$，若该风险度量具有次可加性，则满足下式：

$$\rho(R_1+R_2) \leqslant \rho(R_1) + \rho(R_2) \tag{8-9}$$

风险度量的次可加性意味着包含两种资产的投资组合的风险不大于单独投资两种资产的风险之和，这意味着把所有资产风险单独相加可以给出这个投资组合的保守风险度量，因此这大大方便了风险的汇总报告。不满足次相加性的风险度量如果进行这种简单相加，则有可能低估风险。

下面的例子是包含两个价外空头头寸的**二元期权** (binary option)，假定它们均有2%和98%的可能得到-50美元和0美元的回报。如果设定置信水平为97%，分别计算它们各自的风险价值，很明显，均为0。为展示方便，可以用下面简单的代码，对表格打印输出。

```
B2_Ch8_1.py
```

```python
from prettytable import PrettyTable

#position R1
x = PrettyTable(["Payout", "Probability"])
x.add_row([-50, 0.02])
x.add_row([0, 0.98])
x.add_row(['97% VaR', 0])
print(x.get_string(title="Position R1"))

#position R2
x = PrettyTable(["Payout", "Probability"])
x.add_row([-50, 0.02])
x.add_row([0, 0.98])
x.add_row(['97% VaR', 0])
print(x.get_string(title="Position R2"))
```

两个表格展示如下。

```
+---------------------+
|     Position R1     |
+---------+-----------+
| Payout  |Probability|
+---------+-----------+
|   -50   |    0.02   |
|    0    |    0.98   |
| 97% VaR |     0     |
+---------+-----------+


+---------------------+
|     Position R2     |
+---------+-----------+
| Payout  |Probability|
+---------+-----------+
|   -50   |    0.02   |
|    0    |    0.98   |
| 97% VaR |     0     |
+---------+-----------+
```

如果这两个空头头寸组成投资组合，那么总的回报为0的概率小于97%，风险价值将为正值。经过计算，此时风险价值为50美元。推算过程如下面的代码所示，同样地，输出了打印的明细表格。

```
B2_Ch8_2.py

#combination of R1 and R2
#probability of 3 possible payouts
p1 = 0.02*0.02
p2 = 2*0.02*0.98
p3 = round(0.98*0.98, 4)

x = PrettyTable(["Payout", "Probability"])
x.add_row([-100, p1])
x.add_row([-50, p2])
x.add_row([0, p3])
x.add_row(['97% VaR', 50])
print(x.get_string(title="Combination of positions R1 and R2"))
```

投资组合风险价值表格输出如下。

```
+----------------------------------+
| Combination of positions R1 and R2 |
+----------------+-----------------+
|     Payout     |   Probability   |
+----------------+-----------------+
|      -100      |     0.0004      |
|      -50       |     0.0392      |
|       0        |     0.9604      |
|    97% VaR     |       50        |
+----------------+-----------------+
```

由上面的例子可见，包含两个头寸的投资组合的风险价值远大于这两个头寸各自的风险价值相加，直观地展示了风险价值不具备次相加性。然而，如前所述，次相加性对于风险度量是一个非常重要的性质。这使得风险价值成为被许多业内人士所诟病的一个原因。但是，与风险价值相关的一些其他度量，可以解决这个问题，比如**预期亏空** (expected deficit)。

风险价值方法衡量的主要是市场风险，因此如果只关注这种方法，容易忽视信用风险等其他种类的金融风险。风险价值法也无法预测到投资组合的损失程度的大小，以及市场风险与信用风险间的相互关系等。

但是，风险价值的概率非常容易理解，把所有的风险归结于一个数字，因此即使对于没有专业背景的人员，也可以理解接受，并对风险进行评估。并且，风险价值提供了比较风险的一个基础，可以用来比较不同资产类别、投资组合和交易单位。因此，被监管机构及金融机构广泛接受。而对于风险价值的模型，存在着很多基于不同理论的类型。在本章接下来的三节中会给大家详细介绍风险价值的三种最基本的模型：参数法、历史法和蒙特卡罗模拟法，如图8-13所示。

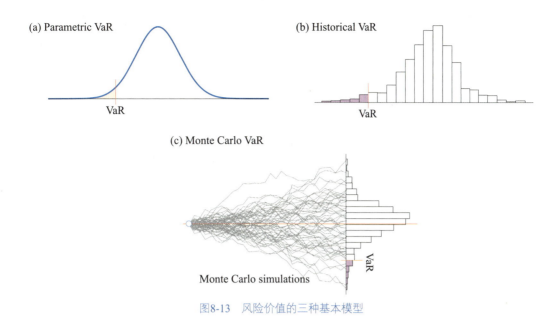

图8-13 风险价值的三种基本模型

## 8.4 参数法计算风险价值

**参数法** (parametric approach) 一般是通过分析历史数据，并假定数据服从一定的分布，通常为正态分布，然后利用历史数据拟合分析得到这个分布的参数，最后借助得到的参数计算风险价值，如图8-14所示。通俗地说，参数法是借助历史数据拟合得到曲线，并借助拟合曲线得到参数，进而计算风险价值。

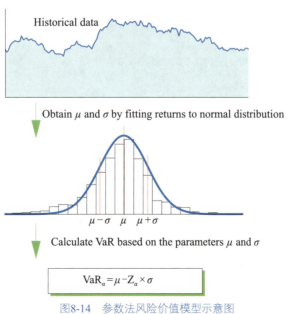

图8-14 参数法风险价值模型示意图

前面提及过，参数法一般是假设未来收益满足正态分布，这是因为如股票收益率等风险因子一般都可以用正态分布近似，而资产组合通常也可以用风险因子的线性组合来表示，并且正态分布的任意线性组合仍然为正态分布，因此一个资产组合的预期收益分布仍然为正态分布。在拟合得到正态分布的参数均值$\mu$和标准差$\sigma$后，可以用下面的公式，直接计算风险价值。

$$VaR_\alpha = \mu - Z_\alpha \times \sigma \quad (8\text{-}10)$$

在市场上，价格的标准差通常变化较大，而价格本身相对于标准差来说，变化并不大。所以，在很多情况下，会假设价格变化的期望值为0，即假设均值$\mu$为0，所以参数法的关键是要计算出分布的标准差$\sigma$，正因如此，参数法有时也被称为**方差协方差方法** (variance-covariance method)，其计算公式为：

$$VaR_\alpha = -Z_\alpha \times \sigma \quad (8\text{-}11)$$

参数法的原理非常容易理解，计算量一般来说也相对较少。另外，根据中心极限定理，即使风险因子的回报不服从正态分布，但是只要风险因子的数量足够多，并且相互独立，仍然可以采用参数法，因此参数法的应用十分广泛。

下面的例子将利用一个投资组合来讲述如何用参数法得到风险价值。假定有一投资组合包含"FAANG"股票，所谓"FAANG"即美国目前最著名的五大科技公司：**脸书** (Facebook)、**亚马逊** (Amazon)、**苹果** (Apple)、**网飞** (Netflix) 和**字母控股** (Alphabet)，即谷歌母公司)。

首先导入需要的运算包，并且获取这个投资组合中所有股票的历史数据，并计算**日对数回报率** (daily log return)，然后通过显示结果的前五行，粗略查看数据，具体运行如下代码。

`B2_Ch8_3_A.py`

```python
import matplotlib.pyplot as plt
import numpy as np
import pandas as pd
import pandas_datareader
import scipy.stats as stats
from mpl_toolkits import mplot3d
from matplotlib import cm

tickers = ['GOOGL','FB','AAPL','NFLX','AMZN']
ticker_num = len(tickers)
price_data = []
for ticker in range(ticker_num):
    prices = pandas_datareader.DataReader(tickers[ticker], start='2015-11-30', end = '2020-11-30', data_source='yahoo')
    price_data.append(prices[['Adj Close']])
df_stocks = pd.concat(price_data, axis=1)

#stock log returns
logreturns = np.log(df_stocks/df_stocks.shift(1))[1:]
logreturns.columns = tickers
logreturns.head()
```

对数回报率前五行展示。

```
Date             GOOGL       FB       AAPL      NFLX      AMZN
2015-12-01     0.027080   0.027254  -0.008148  0.016406  0.021223
2015-12-02    -0.007607  -0.009850  -0.009075  0.028000 -0.004502
2015-12-03    -0.012484  -0.016061  -0.009331 -0.016580 -0.014543
2015-12-04     0.014230   0.017098   0.032706  0.031973  0.009545
2015-12-07    -0.008015  -0.005383  -0.006321 -0.043473 -0.004186
```

假定它们的对数回报率均满足正态分布，这也是参数法所要求的假设。下面的代码计算并展示了字母控股股票的回报率分布。

```
B2_Ch8_3_B.py

#plot log return distribution for GOOGL
plt.style.use('ggplot')
mu, std = stats.norm.fit(logreturns['GOOGL'])
x = np.linspace(mu-5*std, mu+5*std, 500)
logreturns['GOOGL'].hist(bins=60, density=True, histtype="stepfilled", alpha=0.5)
x = np.linspace(mu - 3*std, mu+3*std, 500)
plt.plot(x, stats.norm.pdf(x, mu, std))
plt.title("Log return distribution for GOOGL")
plt.xlabel("Return")
plt.ylabel("Density")
```

运行代码后，生成的图8-15展示了回报率的分布，并且展示了正态分布拟合的曲线。可见，正态分布曲线大致反映出了回报率的分布，即可以认为字母控股股票的回报率大致满足正态分布。

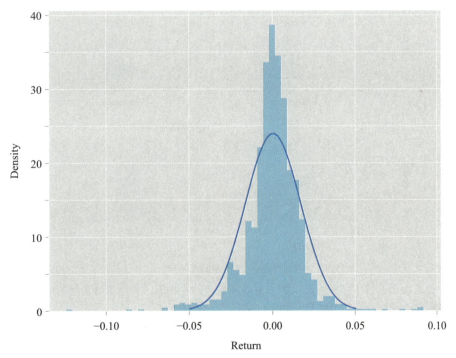

图8-15　字母控股股票回报率分布

利用下面代码，可以对上述投资组合中其他股票回报率分布分别进行展示。

`B2_Ch8_3_C.py`

```python
#plot log return distribution
rows = 2
cols = 2
fig, axs = plt.subplots(rows, cols, figsize=(12,6))
ticker_n = 1
for i in range(rows):
    for j in range(cols):
        mu, std = stats.norm.fit(logreturns[tickers[ticker_n]])
        x = np.linspace(mu-5*std, mu+5*std, 500)
        axs[i,j].hist(logreturns[tickers[ticker_n]], bins=60, density=True, histtype="stepfilled", alpha=0.5)
        axs[i,j].plot(x, stats.norm.pdf(x, mu, std))
        axs[i,j].set_title("Log return distribution for "+tickers[ticker_n])
        axs[i,j].set_xlabel("Return")
        axs[i,j].set_ylabel("Density")
        ticker_n = ticker_n + 1
plt.tight_layout()
```

如图8-16所示，"FAAN"股票的日对数回报率也是大致满足正态分布。因此，可以初步判断，它们是适合于参数法模型满足正态分布的假设。

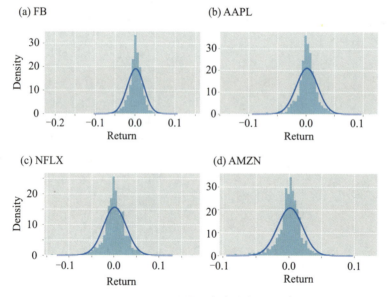

图8-16　股票回报率分布

然后，计算投资组合中所有股票间的方差以及各自的平均值，并指定各自所占的份额，计算得到投资组合的平均值和波动率，具体运行如下代码。

`B2_Ch8_3_D.py`

```python
#covariance matrix
cov_logreturns = logreturns.cov()
```

```python
#mean returns for each stock
mean_logreturns = logreturns.mean()
#weights for stocks in the portfolio
stock_weight = np.array([0.2, 0.3, 0.1, 0.15, 0.25])
#mean returns and volitality for portfolio
portfolio_mean_log = mean_logreturns.dot(stock_weight)
portfolio_vol_log = np.sqrt(np.dot(stock_weight.T,
np.dot(cov_logreturns, stock_weight)))
print('The mean and volatility of the portfolio are {:.6f} and {:.6f}, respectively.'.format(portfolio_mean_log, portfolio_vol_log))
```

该投资组合的平均值和波动率如下。

```
The mean and volatility of the portfolio are 0.000956 and 0.016645, respectively.
```

假定上述投资组合初始投资金额为100万美元，设定置信水平为99%，那么可以用下面代码计算正态VaR和对数正态VaR。

```python
#confidence level
confidence_level = 0.99
#VaR calculation: initial investment value and holding period
initial_investment = 1000000
n = 1
VaR_norm = initial_investment*(portfolio_vol_log*abs(stats.norm.ppf(q=1-confidence_level))-portfolio_mean_log)*np.sqrt(n)
VaR_lognorm = initial_investment*(1-np.exp(portfolio_mean_log-portfolio_vol_log*abs(stats.norm.ppf(q=1-confidence_level))))*np.sqrt(n)
print('The normal VaR and lognormal VaR of the portfolio in 1 day holding period are {:.0f} and {:.0f}, respectively.'.format(VaR_norm, VaR_lognorm))
```

正态VaR和对数正态VaR如下。

```
The normal VaR and lognormal VaR of the portfolio in 1 day holding period are 37765 and 37061, respectively.
```

下面的代码，通过定义不同的置信水平，得到正态VaR和对数正态VaR随置信水平的变化趋势。

```python
#confidence level list
confidence_level_list = np.arange(0.90, 0.99, 0.001)
#initial investment value
initial_investment = 1000000
n = 1
VaR_norm_list = []
VaR_lognorm_list = []
for confidence_level in confidence_level_list:
    VaR_norm = initial_investment*(portfolio_vol_log*abs(stats.norm.ppf(q=1-confidence_level))-portfolio_mean_log)*np.sqrt(n)
```

```
    VaR_norm_list.append(VaR_norm)
    VaR_lognorm = initial_investment*(1-np.exp(portfolio_mean_log-
portfolio_vol_log*abs(stats.norm.ppf(q=1-confidence_level))))*np.sqrt(n)
    VaR_lognorm_list.append(VaR_lognorm)
plt.plot(confidence_level_list, VaR_norm_list, label='Normal VaR')
plt.plot(confidence_level_list, VaR_lognorm_list, label='Lognormal VaR')
plt.legend()
plt.xlabel('Confidence level')
plt.ylabel('1-day VaR')
```

运行代码后，可生成图8-17。

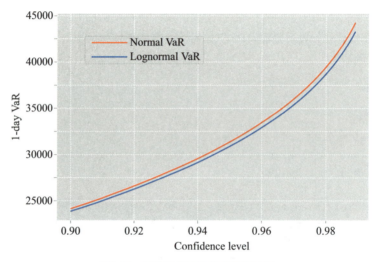

图8-17　风险价值与置信水平关系图

从图8-17可以看出，风险价值是随着置信水平的增加而增加的。

如果在改变置信水平的同时改变持有期，可以得到随着置信水平和持有期的改变风险价值的变化，下面的代码可以得到反映它们之间关系的三维图形。

`B2_Ch8_3_G.py`

```
#3D display
holding_period_list = np.arange(1,91,1)
fig = plt.figure()
ax = plt.axes(projection='3d')
xdata = confidence_level_list
ydata = holding_period_list
x3d, y3d = np.meshgrid(xdata, ydata)
z3d = initial_investment*(portfolio_vol_log*abs(stats.norm.ppf(q=1-x3d))-
portfolio_mean_log)*np.sqrt(y3d)
ax.plot_wireframe(x3d, y3d, z3d, rstride=4, cstride=4, linewidth=1, color='black')
ax.plot_surface(x3d, y3d, z3d, rstride=4, cstride=4, alpha=0.4,cmap=plt.cm.summer)
ax.set_xlabel('\nConfidence level')
ax.set_ylabel('\nHolding period')
ax.set_zlabel('\nVaR')
```

运行代码后，生成图8-18。

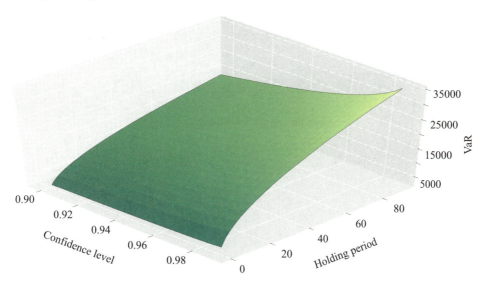

图8-18　风险价值随着置信水平和持有期的变化而变化

从图8-18可以看出，风险价值随着置信水平的增加而增加，同时也随着持有期的增加而增加。

上面的例子体现了参数法风险价值模型简单方便的特点。只需要估计每种资产的标准差，便可以得到任意组合的风险价值。但是参数法也存在局限性，例如它需要预先对分布进行假设，这有可能造成参数法模型不能充分体现市场因子的实际分布，从而导致较大误差。而选择用以分析拟合得到参数的历史数据有可能不具有代表性等，也会导致误差的产生。虽然参数法通常来说计算较简单，但是如果资产组合较大，需要计算庞大的协方差矩阵，计算量会显著增加。另外，参数法也无法处理非线性问题。

## 8.5 历史法计算风险价值

**历史法** (historical approach) 是一种**全值估计方法** (full revaluation)，具体是指利用风险因子的历史数据，计算过去某段时期收益的频度分布，并以此来模拟风险因子的未来收益分布，然后根据置信水平，确定相应的最大可能损失，即为历史法得到的风险价值。历史法实际上假设了风险因子未来的变化与其在历史上的变化是一致的。模型示意如图8-19所示。

例如，假设某投资组合价值100万美元，要求计算95%置信水平下的风险价值。利用历史法，可以先收集该投资组合在某段时期的100个日收益历史数据，然后将它们按照从低到高的顺序进行排列，其中得到的最低的10个收益，分别为-0.0121, -0.0099, -0.0039, -0.0033, -0.0017, -0.0013, -0.0009, -0.0006, -0.0002, -0.0001。

95%置信水平对应最差的5%的收益率，而第五最差的收益为-0.0017，即95%的置信水平下每日的VaR为0.0017。也就是说，在一天之中，有95%的可能性，该组合的亏损不会超过0.0017，即0.17%，或者100 × 0.17% = 0.17万美元。

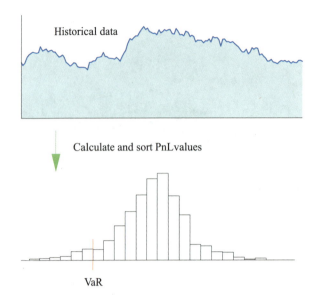

图8-19 历史法风险价值模型示意图

下面的例子，以苹果公司的股票为例，用历史法计算得到风险价值。首先导入需要的所有运算包。然后，获得苹果公司五年的股票调整收盘价格历史数据，并整理得到对数回报率，具体运行如下代码。

```
B2_Ch8_4_A.py

import matplotlib.pyplot as plt
import numpy as np
import pandas_datareader
import scipy.stats as stats
import tabulate

prices = pandas_datareader.DataReader('AAPL', start='2015-11-30',
end = '2020-11-30', data_source='yahoo')
df_stocks = prices[['Adj Close']]

#stock returns
returns = np.log(df_stocks/df_stocks.shift(1))
returns = returns.dropna()
```

接着，把这五年的回报率进行从小到大的排序，并利用quantile() 函数按照置信水平得到相应的信用风险值。下面的程序，分别计算了90%、95%和99%的信用风险值，并利用tabulate运算包中的tabulate() 函数把结果通过表格打印出来。

```
B2_Ch8_4_B.py

#historical VaR
returns.sort_values('Adj Close', ascending=True, inplace=True)
HistVaR_90 = returns.quantile(0.1, interpolation='lower')[0]
HistVaR_95 = returns.quantile(0.05, interpolation='lower')[0]
HistVaR_99 = returns.quantile(0.01, interpolation='lower')[0]
```

```
print(tabulate.tabulate([['90%', HistVaR_90], ['95%', HistVaR_95],
['99%', HistVaR_99]], headers=['Confidence level', 'Value at Risk']))
```

历史法计算得到的风险价值结果展示表格如下。

```
Confidence level    Value at Risk
------------------  ---------------
90%                      -0.0190786
95%                      -0.0274423
99%                      -0.0576482
```

回顾8.4节介绍的参数方法，下面的代码对2015年11月30日至2020年11月30日这五年的数据计算得到均值和方差值，然后假定回报率分布服从正态分布，通过计算90%、95%和99%的分位点，可以得到相应的风险价值。最后，也是通过打印表格的方法展示出来。

B2_Ch8_4_C.py

```
#parameteric VaR
mu = np.mean(returns['Adj Close'])
std = np.std(returns['Adj Close'])
ParaVaR_90 = stats.norm.ppf(0.1, mu, std)
ParaVaR_95 = stats.norm.ppf(0.05, mu, std)
ParaVaR_99 = stats.norm.ppf(0.01, mu, std)
print(tabulate.tabulate([['90%', ParaVaR_90], ['95%', ParaVaR_95],
['99%', ParaVaR_99]], headers=['Confidence level', 'Value at Risk']))
```

参数法计算得到的风险价值结果展示表格如下。

```
Confidence level    Value at Risk
------------------  ---------------
90%                      -0.0231749
95%                      -0.0300754
99%                      -0.0430196
```

下面的代码，把例子中的回报率分布可视化，并绘制了参数法正态分布曲线，如图8-20所示。绿色和蓝色虚线分别代表历史法和参数法计算得到的95%的风险价值。

B2_Ch8_4_D.py

```
#plot distribution
plt.style.use('ggplot')
fig, ax = plt.subplots(1,1, figsize=(12,6))
x = np.linspace(mu-5*std, mu+5*std, 500)
ax.hist(returns['Adj Close'], bins=100, density=True,
histtype="stepfilled", alpha=0.5)
ax.axvline(HistVaR_95, ymin=0, ymax=0.2, color='g', ls=':',
alpha=0.7, label='95% historical VaR')
ax.axvline(ParaVaR_95, ymin=0, ymax=0.2, color='b', ls=':',
alpha=0.7, label='95% parametric VaR')
ax.plot(x, stats.norm.pdf(x, mu, std))
```

```
ax.legend()
ax.set_title("Return distribution")
ax.set_xlabel("Return")
ax.set_ylabel("Frequency")
```

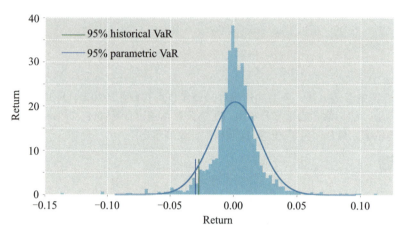

图8-20  历史法和参数法计算得到的风险价值对比

从图8-20可以看出，两种方法得到的风险价值虽然数值并不相同，但是比较接近。

历史法是完全以历史数据为依据，不需要任何假设，不需要考虑分布情况，充分体现了真实的市场因素，它适用于任何类型的市场风险。虽然"历史总是惊人的相似"，但是现实与历史也总是会有不同，历史法的计算结果容易受到孤立事件的影响，特别对于一些极端事件，虽然过去未曾发生，但是未来却有可能发生，因此，历史法在这方面存在较大的缺陷。另外，对于所使用数据历史期限的选择，也会影响对于风险的评估。

## 8.6 蒙特卡罗法计算风险价值

前面两节分别介绍了利用参数法和历史法计算风险价值。参数法通过假定正态分布，然后利用其前两个矩，即均值和方差，通过计算分位值，得到风险价值。历史法则是利用实际的历史数据，通过排序，得到对应于置信水平的损失的数值，即为风险价值。

本节，将介绍蒙特卡罗法计算风险价值。与历史法一样，**蒙特卡罗模拟方法**（Monte Carlo simulation）也是一种全值估计方法。但是，历史法反映的是风险因子在历史上的表现，而蒙特卡罗模拟则会随机产生场景。因此，蒙特卡罗模拟可以克服历史数据不足，以及场景受限于历史数据的问题，从而使得蒙特卡罗模拟成为风险价值计算中最常应用的模型之一。对于蒙特卡罗方法，因为其在数值模拟领域的重要性，在本书中，有专门一章进行详细介绍。

蒙特卡罗法计算风险价值，首先是通过分析历史数据建立风险因子的随机过程模型，然后反复模拟风险因子变量的随机过程，每次模拟都可以得到风险因子的一个未来变化情景，以及投资组合在持有期期末的一个可能价值。因为蒙特卡罗模拟可以进行大量的模拟，所以投资组合价值的模拟分布将最终收敛于这个投资组合的真实分布，根据这个分布，可以计算风险价值，其流程图如图8-21所示。

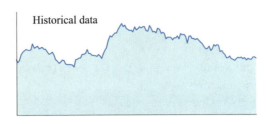
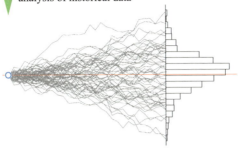
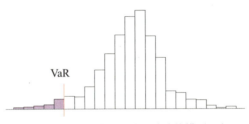

图8-21 蒙特卡罗模拟方法风险价值模型示意图

在这里，仍然以包含"FAANG"股票的投资组合为例，通过蒙特卡罗方法随机产生一系列回报率的预测，然后以此找到这个投资组合的风险价值。假设资产回报率服从正态分布，在每次蒙特卡罗模拟中，对投资组合中的每一资产按照该模型随机模拟出下一个交易日的价格，计算得到每一资产的回报率，并与各自权重和市值相乘，可以得到每一资产在下一个交易日的收益，全部相加，即为该资产组合在下一个交易日的收益。

下面的例子设定模拟次数为500，计算持有期为1天，置信水平95%的该投资组合的风险价值，也就是说第25个最大损失的值。

首先导入运算包，并从雅虎数据库获取五年的该投资组合股票价格的历史数据，具体运行如下代码。

`B2_Ch8_5_A.py`

```python
import matplotlib.pyplot as plt
import numpy as np
import pandas as pd
import pandas_datareader
import seaborn as sns

tickers = ['GOOGL','FB','AAPL','NFLX','AMZN']
```

```python
ticker_num = len(tickers)
price_data = []
for ticker in range(ticker_num):
    prices = pandas_datareader.DataReader(tickers[ticker], start='2015-11-30', end = '2020-11-30', data_source='yahoo')
    price_data.append(prices[['Adj Close']])
    df_stocks = pd.concat(price_data, axis=1)
df_stocks.columns = tickers
```

然后，计算各股票的累积回报率，并通过浏览前五行进行粗略检验，具体运行如下代码。

`B2_Ch8_5_B.py`

```python
#cumulative returns
stock_return = []
for i in range(ticker_num):
    return_tmp = np.log(df_stocks[[tickers[i]]]/df_stocks[[tickers[i]]].shift(1))[1:]
    return_tmp = (return_tmp+1).cumprod()
    stock_return.append(return_tmp[[tickers[i]]])
    return_all = pd.concat(stock_return,axis=1)
return_all.head()
```

投资组合中股票历史价格前五行概览。

```
Date            GOOGL        FB         AAPL        NFLX        AMZN
2015-12-01   1.027080    1.027254    0.991852    1.016406    1.021223
2015-12-02   1.019266    1.017135    0.982851    1.044865    1.016626
2015-12-03   1.006542    1.000798    0.973680    1.027542    1.001841
2015-12-04   1.020866    1.017910    1.005525    1.060395    1.011404
2015-12-07   1.012684    1.012431    0.999169    1.014296    1.007170
```

利用下面的代码，可以对所有股票的回报率用曲线更直观地展示出来。

`B2_Ch8_5_C.py`

```python
#plot cumulative returns of all stocks
plt.style.use('ggplot')
for i, col in enumerate(return_all.columns):
    return_all[col].plot()
plt.title('Cumulative returns')
plt.xlabel('Date')
plt.ylabel('Return')
plt.xticks(rotation=30)
plt.legend(return_all.columns)
```

如图8-22所示即为代码运行后生成的图形，该投资组合中所有股票价格的累积回报率均展示了出来。可见，它们的趋势是相近的，这是因为它们均为科技公司，具有较大的相关性。但是，本节没有采用蒙特卡罗模拟相关性股价走势。请读者回顾本书前文介绍的相关性股价模拟方法，自行编写代码，计算投资组合VaR值。

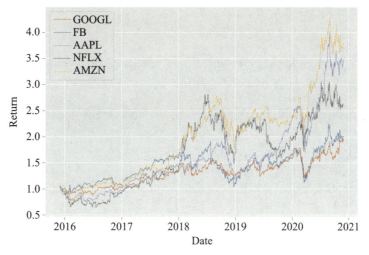

图8-22 "FAANG"股票累积回报率

为了计算方便,设定投资组合中各股票的比重,并且在整个持有期内保持恒定。通过选取每支股票最近的价格回报率,并根据其在投资组合中所占比重,计算得到整个投资组合的预期回报和预期股价,具体运行如下代码。

```
B2_Ch8_5_D.py

#lastest return and price values
latest_return = return_all.iloc[-1,:]
latest_price = df_stocks.iloc[-1,:]
sigma = latest_return.std()

#weights for stocks in the portfolio
stock_weight = [0.2, 0.3, 0.1, 0.15, 0.25]

#calculate expected return
expected_return = latest_return.dot(stock_weight)
print('The weighted expected portfolio return: %.2f' % expected_return)

#calculate weighted price
price = latest_price.dot(stock_weight)
print('The weighted price of the portfolio: %.0f' % price)
```

投资组合的预期回报率和加权平均价格如下。

```
The weighted expected portfolio return: 2.68
The weighted price of the portfolio: 1311
```

接下来,假定这个投资组合的回报率服从正态分布,以一天之中的每一分钟作为一个步长,即分为1440个节点,利用蒙特卡罗模拟随机产生500个回报率数值。

```
B2_Ch8_5_E.py

#monte carlo simulation
MC_num = 500
```

```python
confidence_level = 0.95
time_step = 1440
for i in range(MC_num):
    daily_returns = np.random.normal(expected_return/time_step, sigma/np.sqrt(time_step), time_step)
    plt.plot(daily_returns)
plt.axhline(np.percentile(daily_returns,(1.0-confidence_level)*100), color='r', linestyle='dashed')
plt.axhline(np.percentile(daily_returns,confidence_level*100), color='g', linestyle='dashed')
plt.axhline(np.mean(daily_returns), color='b', linestyle='solid')
plt.xlabel('Time')
plt.ylabel('Return')
plt.show()
```

如图8-23所示为蒙特卡罗模拟生成的500个回报率路径。其中，虚线设定的置信水平对应回报率。实线设定的置信水平对应回报率的均值。

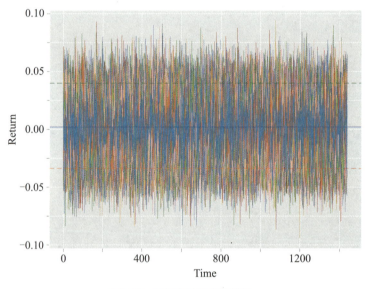

图8-23　回报率蒙特卡罗模拟

下面代码则对回报率的分布进行了可视化。

B2_Ch8_5_F.py

```python
#plot return distribution
sns.distplot(daily_returns, kde=True, color='lightblue')
plt.axvline(np.percentile(daily_returns,(1.0-confidence_level)*100), color='red', linestyle='dashed', linewidth=2)
plt.title("Return distribution")
plt.xlabel('Return')
plt.ylabel('Frequency')
plt.show()
```

运行代码后，可生成图8-24。

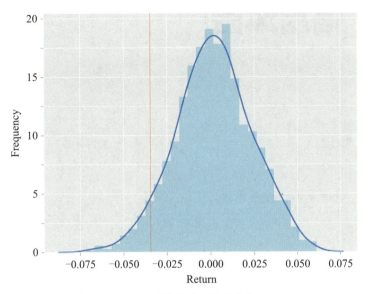

图8-24 投资组合回报率分布

从图8-24可见，回报率大致服从正态分布。红线位置标记了风险价值。

如果初投资额为100万美元，那么通过下面的代码，可以计算得到其VaR值。

```
B2_Ch8_5_G.py

initial_investment = 1000000
VaR = initial_investment*np.percentile(daily_returns,(1.0-confidence_level)*100)
print('The value at risk is %.0f' % VaR)
```

计算得到的风险价值如下。

```
The value at risk is -33185.
```

蒙特卡罗方法因为是一种完全定价模型，通过创建大量的场景，相应获得大量可能结果，所以可以展现风险因素的非线性特征。但是，为了获得更多场景，相应的计算量也会迅速增加，从而导致整体运算速度较慢。另外，蒙特卡罗方法通常采用随机抽样，模型的参数对于所有抽样保持不变，而实际上变量一般是动态变化的，所以蒙特卡罗方法这种处理，也会产生偏差。

本章首先从金融风险的分类，引入市场风险。然后介绍了市场风险的定义，以及缺口分析法、久期分析法、场景分析法、投资组合理论、希腊字母法等风险度量，并且着重介绍了市场风险最重要的一种度量——风险价值。在对风险价值的介绍中，结合Python代码，分别介绍了参数法、历史法、蒙特卡罗方法三种最为基本的计算风险价值的模型。参数法利用灵敏度和统计特性大大简化了风险价值的计算，但是参数法无法应对金融市场广泛存在的厚尾问题及大幅波动的非线性问题。历史法和蒙特卡罗方法均为完全分析方法，可以处理非线性以及分布非正态的问题，然而，历史法局囿于历史上的数据，对于未来市场趋势的预测存在局限性，而蒙特卡罗方法在进行大量情景模拟时，也会存在运算速度较慢的弊病。因此，基于这些基本模型的衍生模型也被广泛研究和应用。另外，在金融风险管理中，风险价值方法并不能涵盖一切，对于实际中出现的具体问题，需要综合考虑，结合其他定性、定量方法进行总体分析。

# 第9章 Credit Risk 信用风险

> 人而无信,不知其可也。
>
> ——孔子《论语·为政》
>
> 信者我亦信之,不信者吾亦信之,德信。
>
> ——老子《道德经》

先贤们关于信用的箴言,历经千年风霜,依旧在耳边回响。历史上无论是商鞅的"立木为信",还是周幽王的"烽火戏诸侯",不断地在或正或反地提醒人们——信用是为人之道,更是处事之本。

在金融领域,信用毋庸置疑占据着首要地位。最通俗地说,信用就是"欠债还钱"。无论是国家发行的货币与债券,还是个人的房贷和信用卡,都是建立在信用基础之上的,所以信用是金融体系赖以生存的根基。而与信用相关的风险,很自然地成为金融风险控制领域一个备受关注的组成部分。

## Core Functions and Syntaxes
### 本章核心命令代码

- ◂ plotly.graph_objects.Figure() 创建图形对象
- ◂ plotly.io.renderers.default = "browser" 设定浏览器输出生成的表格或图形
- ◂ scipy.stats.spearmanr() 计算 spearman 相关系数
- ◂ seaborn.countplot() 绘制个数统计图
- ◂ seaborn.distplot() 绘制分布图
- ◂ seaborn.heatmap() 绘制热图
- ◂ sklearn.ensemble.RandomForestRegressor() 随机森林法填充缺失值
- ◂ sklearn.metrics.auc() 计算 AUC 值
- ◂ sklearn.metrics.roc_curve() 产生 ROC 曲线
- ◂ sklearn.model_selection.train_test_split() 把数据切分为训练数据和验证数据

# 9.1 信用风险的定义和分类

**信用风险** (credit risk) 是指由于债务人违约导致债权人损失的风险。具体地说,就是如果欠债一方未能依照约定按时向放债一方支付所欠的本金和利息,从而导致的放债一方所承担的风险,如图9-1所示。这里的欠债方和放债方,既可以是个人,也可以是公司、企业或者政府组织等。

图9-1　信用风险

信用风险可以划分为**零售信用风险** (retail credit risk) 和**批发信用风险** (wholesale credit risk) 两类,如图9-2所示。零售信用风险又被称为**消费者信用风险** (consumer credit risk),是指消费类信用产品,例如房屋贷款、信用卡等的违约造成的风险。批发信用风险又叫**非零售信用风险** (non-retail credit risk),顾名思义,是区别于零售信用风险,指对于机构、公司、企业等的商业借贷产生的风险。在许多大型金融机构,对于信用风险部门,通常是以零售信用风险和批发信用风险进行划分。

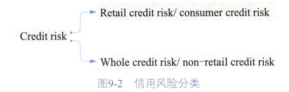

图9-2　信用风险分类

# 9.2 信用风险的度量

在本书的第8章市场风险介绍过在市场风险领域,用**风险价值** (Value at Risk, VaR)、缺口分析、场景分析和希腊字母等方法来定量化分析市场风险。对于信用风险进行度量,则有四个驱动因素:**违约概率** (Probability of Default, PD)、**违约损失率** (Loss Given Default, LGD)、**违约敞口** (Exposure At Default, EAD) 和**期限** (maturity),如图9-3所示。

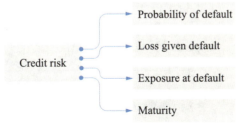

图9-3　信用风险的四个驱动度量

违约概率是指债务人不能按照合同要求偿还债权人贷款本息或者履行相关义务的可能性,并把这种可能性量化成为的概率。违约概率是信用风险的关键指标,通常用统计模型来进行估计。

违约损失率是债务人确定违约时给债权人造成的资产损失的百分比,它体现了违约造成损失的严重程度。违约损失率与**回收率** (Recovery Rate, RR) 之和为1,即有:

$$LGD + RR = 1 \tag{9-1}$$

违约敞口表示违约发生时损失总量可能的最大金额,它与违约概率、违约损失率并称为构成违约损失的三大要素。对于诸如贷款和债券等简单的债务产品,通常认为违约敞口与本金大致相同,但是在大多数情况下,违约敞口是一个随时间变化的变量。比如房屋的按揭贷款,违约发生的时间越晚,对应的违约敞口就会越小,这是因为未偿付的本金随着时间在减小,另外提前偿付的风险也在变小。

期限是合同时间的长度。期限越长意味着承担的风险越大,违约的概率也越大。

在信用风险的控制与管理中,经常会遇到**预期损失**(expected loss)和**非预期损失** (unexpected loss)两个指标。

预期损失是指金融机构在正常运营中,能够预期到的损失额。在特定的期限内,预期损失是违约暴露、违约概率与违约损失率之积,如图9-4所示。

图9-4 预期损失计算公式

从图9-4可以看到,预期损失取决于三个变量,**违约敞口** (exposure at default)、**违约概率** (probability of default)和**违约损失率** (loss given default),另外预期损失还对应于一个确定的期限。同时,需要注意,这里假定各个损失变量是相互独立的,而且违约敞口和违约概率在该期限内为常数。

非预期损失对应不可预见的发生概率较小的损失。也就是损失中超过预期损失的部分,非预期损失通常使用损失的标准差来度量。

如图9-5所示,实际损失服从损失分布,往往与预期损失有所出入,非预期损失代表的就是超过预期损失的部分。

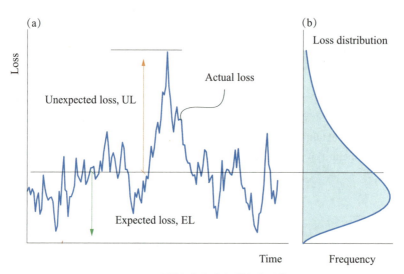

图9-5 预期损失与非预期损失比较

如图9-5(b)所示为典型的信用损失曲线,一般来说是不对称的,存在非常明显的**偏斜** (skew),在较小损失的区域更为密集,而在较大损失的区域则相对稀疏,亦即发生的概率较小。另外,因为最理想的情况是没有损失的,所以上升沿是有限的,而下降沿是无限延伸的,即非常大的损失的可能性虽然非常小，但是仍然是存在的。从损失的分布曲线，可以明显发现存在厚尾现象，其内在含义即为发生大的损失的概率是缓慢变低的。在图9-5中，详细地标注了预期损失和非预期损失。对于非预期损失，如前面所讲述，定义为损失分布的标准差，但是有时也将特定分位点 (对应显著水平$\alpha$) 损失值与预期损失的差值定义为非预期损失。

另外，图9-6引入了损失分布上对应的另外两个常用度量，即风险价值VaR和**经济资本** (Economic Capital, EC)。与第8章市场风险介绍的风险价格的内在实质一致，损失分布的风险价值VaR代表一定显著水平下的损失。经济资本又称为风险资本，它是一个较新的统计学的概念，是与**监管资本** (Regulatory Capital, RC) 相对应的一个概念，它与信用风险直接相关，是金融机构用来承担非预期损失，保持正常运营所需要的合理资本。

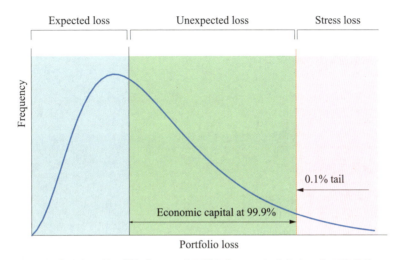

图9-6　损失分布上的预期损失EL、非预期损失UL、经济资本EC和风险价值VaR

## 9.3 信用风险数据分析与处理

　　银行等金融机构需要掌握客户的信用状况，才能更加精准地理解客户的行为，从而设计并推销相应的金融产品。因此，大型的金融机构一般都会建立团队，对历史数据进行分析和处理。本节会对信用风险数据的分析与处理作详细介绍，所利用的数据来自Kaggle网站上的Give me some credit项目的信用数据，这个项目利用了这组数据来预测未来两年借款人遇到财务困难的可能性。

　　首先，导入所有的运算包，以及包含信用数据的csv文件。查看shape属性可以得知这组数据为150000行，11列，从而快速对这组数据的行和列有最基本的了解。用info() 函数，进一步对整个数据有更加详细的了解，具体运行如下代码。

B2_Ch9_1_A.py

```
#import numpy as np
import pandas as pd
import seaborn as sns
import matplotlib.pyplot as plt
```

```python
from sklearn.ensemble import RandomForestRegressor
import plotly.io as pio
import chart_studio.plotly
from plotly.offline import plot
import plotly.graph_objects as go
from matplotlib.ticker import FuncFormatter

data = pd.read_csv(r'C:\FRM Book\CreditRisk\cs-training.csv')
data = data.iloc[:,1:]
```

查看信用数据的shape属性。

```
data.shape
```

显示所利用信用数据的行与列数目。

```
(150000, 11)
```

利用info()函数查看信用数据。

```
data.info()
```

所利用信用数据的信息展示如下。

```
<class 'pandas.core.frame.DataFrame'>
RangeIndex: 150000 entries, 0 to 149999
Data columns (total 11 columns):
 #   Column                                Non-Null Count   Dtype
---  ------                                --------------   -----
 0   SeriousDlqin2yrs                      150000 non-null  int64
 1   RevolvingUtilizationOfUnsecuredLines  150000 non-null  float64
 2   age                                   150000 non-null  int64
 3   NumberOfTime30-59DaysPastDueNotWorse  150000 non-null  int64
 4   DebtRatio                             150000 non-null  float64
 5   MonthlyIncome                         120269 non-null  float64
 6   NumberOfOpenCreditLinesAndLoans       150000 non-null  int64
 7   NumberOfTimes90DaysLate               150000 non-null  int64
 8   NumberRealEstateLoansOrLines          150000 non-null  int64
 9   NumberOfTime60-89DaysPastDueNotWorse  150000 non-null  int64
 10  NumberOfDependents                    146076 non-null  float64
dtypes: float64(4), int64(7)
memory usage: 12.6 MB
```

数据的列名均为英文，为了便于理解，下面的代码利用plotly运算包生成了表格，显示对应的中文解释。生成的表格会显示在计算机默认的浏览器中。

`B2_Ch9_1_B.py`

```python
#make a fancy table for the corresponding Chinese translation of the column names
translation_map = {'SeriousDlqin2yrs':'两年内是否违约',
                   'RevolvingUtilizationOfUnsecuredLines':'可用额度比值',
                   'age':'年龄',
```

```
                    'NumberOfTime30-59DaysPastDueNotWorse':'借贷逾期30-59天数目',
                    'DebtRatio':'负债率',
                    'MonthlyIncome':'月收入',
                    'NumberOfOpenCreditLinesAndLoans':'借贷数量',
                    'NumberOfTimes90DaysLate':'借贷逾期90天数目',
                    'NumberRealEstateLoansOrLines':'固定资产贷款量',
                    'NumberOfTime60-89DaysPastDueNotWorse':'借贷逾期60-89天数目',
                    'NumberOfDependents':'家属人数'}
```

```
pio.renderers.default = "browser"
df_transmap = pd.DataFrame.from_dict(translation_map, orient='index').reset_index()
df_transmap.columns = ['English', 'Chinese']
```

```
pio.renderers.default = "browser"
fig = go.Figure(data=[go.Table(
                            header = dict(values=list(df_transmap.columns),
                                        fill_color = 'paleturquoise',
                                        align='left'),
                            cells = dict(values=[df_transmap.English,
                                        df_transmap.Chinese],
                                        fill_color='lavender',
                                        align='left'))
])
```

```
fig.show()
```

对于得到的数据，首先要对处理进行分析，而数据缺失是处理数据的实际工作过程中经常出现的一个问题。数据缺失从其机制上来说，可以分为以下三种。

**完全随机缺失** (Missing Completely At Random, MCAR)，指的是数据的缺失完全是由随机因素导致的，缺失值与其他缺失值或者存在的数据没有任何关系。比如说，在一组个人信息的统计中，家庭地址缺失一般就属于完全随机缺失。

**随机缺失** (Missing At Random, MAR)，是指数据的缺失并不是完全随机的，缺失数据与其他的缺失数据没有关系，但是与未缺失的部分数据存在关系。

**非随机缺失** (Missing Not At Random, MNAR)，指的是数据的缺失与其缺失的原因直接关联。比如，在家庭收入的调查数据中，高收入人群的家庭收入有较多缺失，而其原因是高收入家庭不愿意公开其家庭收入。

对于数据缺失，通常有三大类处理方法：删除、补齐和忽略。

数据删除，显而易见，就是将存在遗漏信息属性值的对象直接删除，从而得到一个完备的信息表。对于对象存在多个属性，而在被删除的含缺失值的对象与总体数据量相比非常小的情况下，使用删除的方法既简单易行又方便有效。但是，如果缺失数据所占比例较大，尤其是当缺失数据并非随机，而是含有特定信息时，通过这种方法很容易造成处理之后的数据偏离原数据，从而导致最终分析得到的结论出现错误。

数据补齐，是指用一定的值去补充缺失值。对于数据补齐，最基本的思路是用最可能的值来对缺失值进行补充，这一般要利用统计学原理，综合考虑原始数据的分布情况来进行。经常用到的有平均数、中位数、众数、最大值、最小值、固定值、插值等等进行的补齐。比如，如果缺失值是数值型的，可以根据其他所有取值的平均值来填充；如果空值是非数值型的，可以根据统计学中的众数原理，用其他所有值次数出现频率最多的值来补齐。

忽略是指对于缺失值，不做任何处理。删除数据会直接减少数据，补齐处理是对缺失值以主观的估计进行补齐，偏离客观事实，所以无论删除还是补齐都会改变原来的数据，甚至引入错误的信息。而忽略缺失值，有时反而是对原来数据最准确的处理办法。

对于完全随机缺失和随机缺失，可以根据出现的情况删除缺失值的数据，而对于随机缺失，有时也通过已知变量估计缺失值，从而进行补齐。对于非随机缺失，则需更加谨慎，因为直接删除包含缺失值的数据很容易导致模型出现偏差。因此，对于缺失值的补充要具体问题具体分析。

在下面例子中，对于月收入，前面获取数据总体信息时，已经可以看到其数值缺失较多，借助下面语句计算得到其缺失比率。

```python
#monthly income data missing ratio
print("missing ratio:{:.2%}".format(data['MonthlyIncome'].isnull().sum()/data.shape[0]))
```

缺失比率如下。

```
missing ratio:19.82%
```

在这里采用了**随机森林法** (random forest) 对这些缺失的数据进行补齐。所谓随机森林是由很多互相之间没有关联的决策树构成的。在进行分类任务时，新的输入样本进入，森林中的每一棵决策树分别进行判断和分类，得到一个独立的分类结果，最后，统计决策树的所有分类结果中最多的一个分类，这就是随机森林法得到的分类结果。下面的具体代码，利用RandomForestRegressor() 函数，建立模型，并拟合数据，估计缺失值，进行填充。

`B2_Ch9_1_C.py`

```python
#fill NA by random forest
data_process = data.iloc[:,[5,0,1,2,3,4,6,7,8,9]]
#split to known and unknown
known = data_process[data_process.MonthlyIncome.notnull()].values
unknown = data_process[data_process.MonthlyIncome.isnull()].values
#training set
X = known[:,1:]
y = known[:,0]
#fitting model
model = RandomForestRegressor(random_state=0, n_estimators=200, max_depth=3, n_jobs=-1)
model.fit(X,y)
#pridict missing data
pred = model.predict(unknown[:,1:]).round(0)
#fill missing data
data.loc[data['MonthlyIncome'].isnull(),'MonthlyIncome'] = pred
```

**家属人数** (NumberOfDependents) 变量缺失值比较少，对总体模型不会造成太大影响。可以先通过统计描述查看家属人数列数据，用下面代码可以绘制其分布图，如图9-7所示。

```
B2_Ch9_1_D.py

#distribution of number of dependents
sns.set(style="darkgrid")
ax = sns.countplot(x='NumberOfDependents', data = data)
total = float(len(data))
for p in ax.patches:
    height = p.get_height()
    ax.text(p.get_x()+p.get_width()/2.,
            height + 3,
            '{:.0f}%'.format(100 * p.get_height()/total),
            ha="center")
ax.set_title('Number of dependents count')
ax.xaxis.set_major_formatter(FuncFormatter(lambda x, _: int(x)))
```

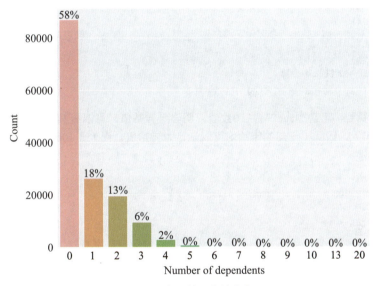

图9-7 家属数量统计分布

由图9-7可见，家属的个数集中在0、1、2、3、4，总计占总数量的97%，因此家属个数的缺失值可以从这5个数字中随机抽取数值进行填充，代码如下。

```
B2_Ch9_1_E.py

#fill missing values of NumberOfDependents
num_Dependents = pd.Series([0,1,2,3,4]).copy()
for i in data['NumberOfDependents'][data['NumberOfDependents'].isnull()].index:
    data['NumberOfDependents'][i] = num_Dependents.sample(1)
```

对缺失值处理完之后，利用下面语句，可以删除重复项。

```
#missing value and duplicate value deletion
data=data.dropna()
data=data.drop_duplicates()
```

**异常值** (outlier) 也叫**离群点**，是指样本中明显与其他观察值不同的个别值，需要注意，异常值只是与其他值偏离较大，并不一定是错误的数据点。对于异常值的处理通常有删除法、替换法等。

删除法，顾名思义，是直接将含有异常值的记录删除。在异常值较少时，常常采用这种方法。

替换法是将异常值视为缺失值，利用前面介绍的缺失值处理的方法对异常值进行替换。在异常值较多时，则往往需要对异常值进行替换。通常会用平均值、中位数、众数、随机数、填补数字0等几种方式替换。

当然，异常值也可能包含有用的信息，所以与处理缺失值相似，有时对于异常值不做任何处理，而是选择保留异常值。

在鉴别判定异常值时，常常使用箱盒图，通过计算数据中的最大和最小估计值来限定一个范围，箱盒图会标出此范围，如果数据超过这一范围，说明可能为异常值，箱盒图会用圆圈标出。

下面以年龄 (age) 为例进行分析。利用boxplot() 函数，运行如下代码，可以绘制年龄的箱盒图。

```
B2_Ch9_1_F.py

#age analysis
fig = plt.figure()
ax = plt.subplot()
ax.boxplot(data['age'])
ax.set_xticklabels(['age'])
ax.set_ylabel('age (years old)')
```

从图9-8可以看到，年龄列age中存在0数值，明显是异常值，可以将其直接剔除。另外，信用记录一般是针对成年人，因此小于18的年龄均可以认定为异常值。而大于100的年龄，在这里，也认为是异常值，可以移除。

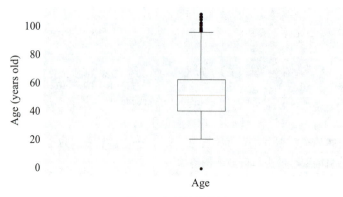

图9-8 年龄箱盒分析图

用下面的代码，直接移除年龄的异常值。

```
#remove outlier of age
data = data[data['age']>18]
data = data[data['age']<100]
```

同样地，对于**可用额度比值** (RevolvingUtilizationOfUnsecuredLines) 以及**负债率** (DebtRatio)，读者可以尝试用下面的代码生成对应的箱盒图。

```
B2_Ch9_1_G.py
```

```python
#analysis for RevolvingUtilizationOfUnsecuredLines and DebtRatio
fig, (ax1, ax2) = plt.subplots(1,2)
x1 = data['RevolvingUtilizationOfUnsecuredLines'].astype('float')
x2 = data['DebtRatio'].astype('float')
ax1.boxplot(x1)
ax2.boxplot(x2)
ax1.set_xticklabels(['RevolvingUtilizationOfUnsecuredLines'])
ax2.set_xticklabels(['DebtRatio'])
ax1.set_ylabel('ratio')
```

上述两个变量的数值类型均是百分比，请读者自行运行代码获得可用额度比值和负债率箱盒分析图。可以发现，数据中存在大于1的异常值，用下面的代码将其全部删除。

```python
#remove outlier of RevolvingUtilizationOfUnsecuredLines and DebtRatio
data = data[(data['RevolvingUtilizationOfUnsecuredLines']>=0)&(data['RevolvingUtilizationOfUnsecuredLines']<=1)]
data = data[(data['DebtRatio']>=0)&(data['DebtRatio']<=1)]
```

在用上述代码处理完可用额度比值和负债率的异常值后，重新生成箱盒图。从图9-9可以看到，所有的值都在0和1之间。

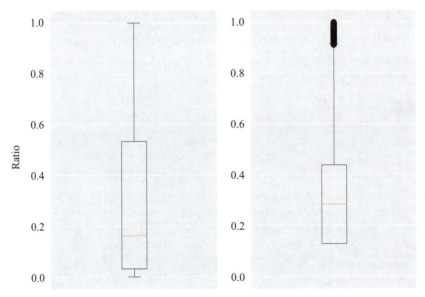

图9-9　去除异常值后可用额度比值和负债率箱盒分析图

再来分析以下三个与逾期天数有关的变量：(a) 逾期30～59天笔数 (NumberOfTime30-59DaysPastDueNotWorse)，(b) 逾期60～89天笔数 (NumberOfTime60-89DaysPastDueNotWorse)，(c) 逾期90天笔数 (NumberOfTimes90DaysLate)。

同样地，用如下所示的产生箱盒图的代码进行分析。

```
B2_Ch9_1_K.py
```

```python
#analysis for number of time of default/past due
fig, (ax1, ax2, ax3) = plt.subplots(1,3)
x1 = data['NumberOfTime30-59DaysPastDueNotWorse']
x2 = data['NumberOfTime60-89DaysPastDueNotWorse']
x3 = data['NumberOfTimes90DaysLate']
ax1.boxplot(x1)
ax2.boxplot(x2)
ax3.boxplot(x3)
ax1.set_xticklabels(['NumberOfTime30-59DaysPastDueNotWorse'])
ax2.set_xticklabels(['NumberOfTime60-89DaysPastDueNotWorse'])
ax3.set_xticklabels(['NumberOfTimes90DaysLate'])
ax1.set_ylabel('Number of times of past due')
```

运行代码，产生逾期天数相关变量的箱盒分析图。从这个分析图中可见，绝大多数值均小于20，但是在接近数值100处有大量的异常值。

因此，可以认为大于20的均为异常值，使用下面代码移除这些异常值。

```python
#remove outlier of number of times past due
data = data[data['NumberOfTime30-59DaysPastDueNotWorse']<20]
data = data[data['NumberOfTime60-89DaysPastDueNotWorse']<20]
data = data[data['NumberOfTimes90DaysLate']<20]
```

在处理完数据的缺失值和异常值后，接下来，对客户分类数据 (SeriousDlqin2yrs) 进行转换，为了处理方便，把两年内违约客户定义为0，未违约客户定义为1，利用下面的代码对客户分类数据进行转换并统计两类客户各自所占比例。

```
B2_Ch9_1_L.py
```

```python
#client with good credit: 1; client with bad credit: 0
data['SeriousDlqin2yrs'] = 1-data['SeriousDlqin2yrs']
client_group = data['SeriousDlqin2yrs'].groupby(data['SeriousDlqin2yrs']).count()
good_client_percentage = client_group[1]/(client_group[0]+client_group[1])
bad_client_percentage = client_group[0]/(client_group[0]+client_group[1])
ax = client_group.plot(kind='bar')
for p in ax.patches:
    width = p.get_width()
    height = p.get_height()
    x, y = p.get_xy()
    ax.annotate(f'{height}', (x + width/2, y + height*1.02), ha='center')
ax.set_ylabel('Client number')
print("percentage of good clients: ",
format(good_client_percentage*100, '.2f'),"%")
print("percentage of bad clients: ",
format(bad_client_percentage*100, '.2f'),"%")
```

运行代码后，生成图9-10，并计算得到未违约和违约客户各自所占的比重如下。

```
percentage of good clients:    94.03 %
percentage of bad clients:     5.97 %
```

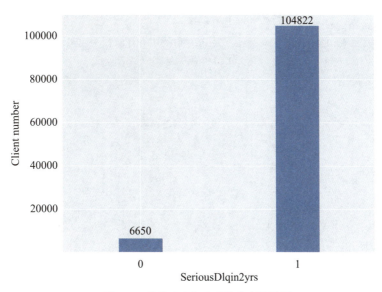

图9-10  违约客户与未违约客户统计图

在数据分析中，通常还要分析数据的分布情况，以便对整体数据有更加深入的了解。对于分布情况，可以用柱状图、散点图以及箱状图，等等。下面将以年龄和月收入为例，用distplot() 函数进行分析。

可以用下面的代码生成年龄的分布图，如图9-11所示。

```
B2_Ch9_1_M.py

#age distribution
ax = sns.distplot(data['age'])
ax.set(xlabel='Age', ylabel='Distribution', title='Age distribution')
```

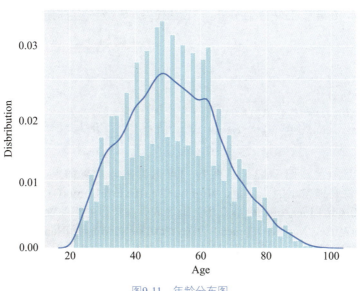

图9-11  年龄分布图

同样地，运行如下代码，可以生成月收入的分布图，即图9-12。

`B2_Ch9_1_N.py`

```
#monthly income distribution
ax = sns.distplot(data[data['MonthlyIncome']<30000]['MonthlyIncome'])
ax.set(xlabel='Monthly income', ylabel='Distribution',
title='Monthly income distribution')
```

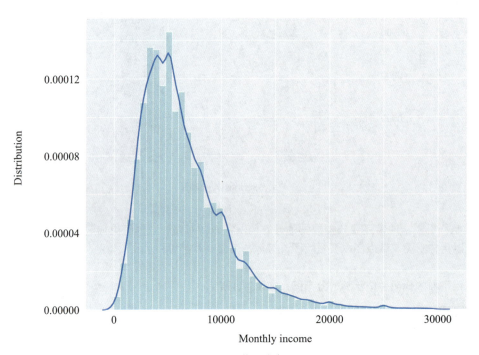

图9-12　月收入分布图

从图9-11和图9-12可以看出，年龄和月收入基本都可以认为是正态分布，这与统计上的假设是一致的。

对于信用数据，还经常用到相关性分析。下面的代码，可以生成关于所有变量相关性的热图。

`B2_Ch9_1_O.py`

```
#heatmap: correlation of columns
corr = data.corr()
fig = plt.figure(figsize=(14, 12))
sns.heatmap(corr,annot = True, cmap="YlGnBu")
fig.tight_layout()
```

运行代码，可以生成图9-13。从图9-13可以看出，从整体上来说，这组信用数据各个变量之间相关性是非常小的。但是，NumberRealEstateLoansOrLines与DebtRatio以及NumberOfOpenCreditLinesAndLoans三个变量之间存在较强的相关性。而NumberOfTime30-59DaysPastDueNotWorse、NumberOfTime60-89DaysPastDueNotWorse和NumberOfTimes90DaysLate三个变量之间的也存在一定程度的相关性。从这些变量的关系上来考虑，也比较容易理解它们相关性的由来。通过这些相关性的分析，为进一步处理模型的共线性问题提供了依据。

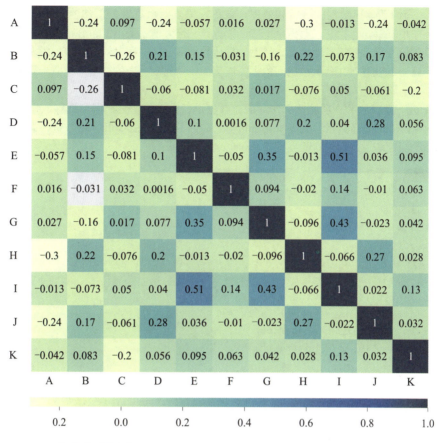

A: SeriousDlqin2yrs
B: RevolvingUtilizationOfUnsecuredLines
C: Age
D: NumberOfTime30-59DaysPastDueNotWorse
E: DebtRatio
F: MonthlyIncome
G: NumberOfOpenCreditLinesAndLoans
H: NumberOfTimes90DaysLate
I: NumberRealEstateLoansOrLines
J: NumberOfTime60-89DaysPastDueNotWorse
K: NumberOfDependents

图9-13　相关性热图

## 9.4 信用风险评分卡模型

为了保障基于信用业务的开展，银行等金融部门根据客户的基本信息和信用历史资料，利用数据挖掘以及数学统计等方法，建立预测客户未来信用的模型，对客户进行分级以及评分，以此为依据，决定是否给予客户授信以及授信的额度和利率，这就是信用风险评分卡模型。信用风险评分卡模型是金融机构通常使用的一种风险控制方式，它可以有效识别和控制金融交易中的信用风险。

9.3节中，介绍了信用数据的分析和处理。首先，需要对数据进行总体的了解，例如数据的组成、数据的完整情况等，包括获取数据平均值、中位数、最大值、最小值、分布情况等基本概况，以及重复值、缺失值和异常值等其他情况。然后，进行数据清洗，即通过对数据中的重复值、缺失值、异常值等进行适当的处理，并分析数据间的相关性等，以便建立合适的模型，这些步骤统称为数据的预处理。

接下来，进行建模的另一项准备工作，即对数据进行合理的切分，得到训练数据和验证数据两组。在Python中，Sklearn运算包的train_test_split子包提供了train_test_split()函数进行这方面的工作，代码如下。在分组完毕后，会把验证数据存入一个csv文件中。

```
B2_Ch9_1_P.py
from sklearn.model_selection import train_test_split

Y = data['SeriousDlqin2yrs']
X = data.iloc[:,1:]
X_train, X_test, Y_train, Y_test = train_test_split(X, Y,
train_size = 0.8, random_state=0)
train = pd.concat([Y_train,X_train], axis =1)
test = pd.concat([Y_test,X_test], axis =1)
train = train.reset_index(drop=True)
test = test.reset_index(drop=True)
#save test data to a file
test.to_csv('test.csv', index=False)
```

对于变量进行分段是建立信用风险评分卡模型的一个核心的数据准备步骤，如图9-14所示，它一般通过对变量进行数据分箱来实现。

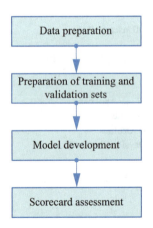

图9-14　信用风险评分卡建模流程图

所谓分箱是指将连续变量进行分段离散化或者把多状态的离散变量合并成较少的状态的操作。变量在经过分箱操作后，数据特征会实现离散化，从而使得离散特征的增加或者减少更加容易。这有碍于模型的快速迭代，并且离散化后的特征减少，可以更好地对抗未离散化之前异常值对模型的干扰，使得模型对异常数据有更强的抗干扰性，模型结果不受异常数据过多的影响。离散化后，向量会变得更加稀疏，方便了数据的存储和扩展，提高了运算速度。离散化还有利于进行特征交叉，进一步引入了非线性，增强了模型的表现能力。

本节的例子用到的算法为逻辑回归。逻辑回归属于广义线性模型，表达能力有限。但是，通过单变量离散化之后，每个变量都有单独的权重，相当于为模型引入非线性，大大提升了模型的表达能力，同时也降低了模型过拟合的风险。

分箱方法根据不同的标准可以分为许多类型，比如有监督的和无监督的，动态的和静态的，全局的和局部的，分列式的和合并式的，单变量的和多变量的以及直接的和增量式的，等等。这些类型下，还有更详细的划分，比如分割 (Split) 分箱和合并 (Merge) 分箱、等频分箱、等距分箱和聚类分箱等。

根据不同的数据和应用要求，需要灵活采用不同的分箱方式。

在分箱结束后，需要对分箱后的变量利用**证据权重** (Weight of Evidence, WOE) 进行编码。证据权重是自变量对因变量的预测能力的一个度量。其计算公式为：

$$\text{WOE} = \ln\left(\frac{\text{Nonevent \%}}{\text{Event \%}}\right) \tag{9-2}$$

证据权重这个概念植根于信用评分系统，式(9-2)中的Event对应**坏客户** (bad customers)，即发生违约事件的客户，而Nonevent则对应**好客户** (good customers)，指没有发生信用违约事件的客户。如果证据权重值为正，说明好的客户比例较高；如果证据权重值为负，则说明违约客户较多。

完成上述对数据进行的分组之后，对于第$i$组，证据权重表示为：

$$\begin{aligned}\text{WOE}_i &= \ln\left(\frac{PG_i}{PB_i}\right) \\ &= \ln\left(\frac{G_i/G}{B_i/B}\right)\end{aligned} \tag{9-3}$$

其中，$PG_i$是这个分组中好客户的比例，$PB_i$是这个分组中坏客户的比例。$G_i$为这个分组中好客户的数量，$G$为所有好客户的数量。$B_i$为这个分组中坏客户的数量，$B$为所有坏客户的数量。可见，对于某个分组的证据权重，实际上代表了在该分组中好客户占总体中所有好客户的比例与坏客户占所有坏客户的比例之间的差异。

另外，需要介绍的一个概念是**信息价值** (Information Value, IV)。信息价值是衡量变量预测能力的一个指标，它的计算是以证据权重为基础的。其计算公式为：

$$\begin{aligned}\text{IV}_i &= \sum_i\left(\left(\frac{G_i}{G} - \frac{B_i}{B}\right) \times \ln\left(\frac{G_i/G}{B_i/B}\right)\right) \\ &= \sum_i\left(\left(\frac{G_i}{G} - \frac{B_i}{B}\right) \times \text{WOE}_i\right)\end{aligned} \tag{9-4}$$

得到了单个分组的信息价值，只要把所有分组的信息价值相加，即可得到整个变量的信息价值。

$$\text{IV} = \sum_i \text{IV}_i \tag{9-5}$$

在这个例子中，为了实现连续型变量单调分箱，在等频的基础上定义了函数monotone_optimal_binning(X, Y, n) 实现了自动优化分箱，其中参数$X$代表自变量，$Y$代表因变量，$n$代表分组的个数。这个函数还可以计算权重和信息价值。Age、RevolvingUtilizationOfUnsecuredLines和DebtRatio可以使用这个函数进行分组，代码如下。

`B2_Ch9_1_Q.py`

```python
import scipy.stats as stats
import numpy as np
```

```python
def monotone_optimal_binning(X, Y, n):
    r = 0
    total_good = Y.sum()
    total_bad = Y.count() - total_good
    while np.abs(r) < 1:
        d1 = pd.DataFrame({"X": X, "Y": Y, "Bucket": pd.qcut(X, n)})
        d2 = d1.groupby('Bucket', as_index = True)
        r, p = stats.spearmanr(d2.mean().X, d2.mean().Y)
        n = n - 1
    d3 = pd.DataFrame(d2.min().X, columns = ['min_' + X.name])
    d3['min_' + X.name] = d2.min().X
    d3['max_' + X.name] = d2.max().X
    d3[Y.name] = d2.sum().Y
    d3['total'] = d2.count().Y
    #calculate WOE
    d3['Goodattribute']=d3[Y.name]/total_good
    d3['badattribute']=(d3['total']-d3[Y.name])/total_bad
    d3['woe'] = np.log(d3['Goodattribute']/d3['badattribute'])
    #calculate IV
    iv = ((d3['Goodattribute']-d3['badattribute'])*d3['woe']).sum()
    d4 = (d3.sort_values(by = 'min_' + X.name)).reset_index(drop = True)
    print ("=" * 80)
    print (d4)
    cut = []
    cut.append(float('-inf'))
    for i in range(1,n+1):
        qua =X.quantile(i/(n+1))
        cut.append(round(qua,4))
    cut.append(float('inf'))
    woe = list(d4['woe'].round(3))
    return d4, iv, cut, woe

dfx1, ivx1, cutx1, woex1 = monotone_optimal_binning(data['RevolvingUtilizationOfUnsecuredLines'], data['SeriousDlqin2yrs'], n = 10)
dfx2, ivx2, cutx2, woex2 = monotone_optimal_binning(data['age'], data['SeriousDlqin2yrs'], n = 10)
dfx4, ivx4, cutx4, woex4 = monotone_optimal_binning(data['DebtRatio'], data['SeriousDlqin2yrs'], n = 20)
```

运行代码后，生成的结果如下。

```
================================================================================
   min_RevolvingUtilizationOfUnsecuredLines  ...       woe
0                                  0.000000  ...  1.187433
1                                  0.031551  ...  1.043672
2                                  0.159888  ...  0.245267
3                                  0.531124  ... -1.026920
```

```
[4 rows x 7 columns]
================================================================
   min_age  max_age  SeriousDlqin2yrs  ...  Goodattribute  badattribute       woe
0       21       33             11870  ...       0.113235      0.188571 -0.510009
1       34       40             12921  ...       0.123261      0.167218 -0.304991
2       41       45             11659  ...       0.111222      0.138797 -0.221481
3       46       49             10727  ...       0.102331      0.126015 -0.208184
4       50       53             10384  ...       0.099059      0.113534 -0.136381
5       54       58             12260  ...       0.116956      0.100602  0.150628
6       59       63             11923  ...       0.113741      0.078045  0.376636
7       64       70             11298  ...       0.107779      0.046165  0.847848
8       71       99             11784  ...       0.112415      0.041053  1.007341

[9 rows x 7 columns]
================================================================
   min_DebtRatio  max_DebtRatio  ...  badattribute  woe
0            0.0            1.0  ...           1.0  0.0

[1 rows x 7 columns]
```

对于其他不适合用最优分段的变量，可以采用自定义分箱，进行等距分段。下面的代码，定义了自定义分箱的函数self_binning()，并对其他变量进行了分箱，以及计算了相应的证据权重和信息价值。

B2_Ch9_1_R.py

```python
def self_binning(Y, X, cat):
    good = Y.sum()
    bad = Y.count()-good
    d1 = pd.DataFrame({'X':X,'Y':Y,'Bucket':pd.cut(X,cat)})
    d2 = d1.groupby('Bucket', as_index = True)
    d3 = pd.DataFrame(d2.X.min(), columns=['min'])
    d3['min'] = d2.min().X
    d3['max'] = d2.max().X
    d3['sum'] = d2.sum().Y
    d3['total'] = d2.count().Y
    d3['rate'] = d2.mean().Y
    d3['woe'] = np.log((d3['rate'] / (1 - d3['rate'])) / (good / bad))
    d3['goodattribute'] = d3['sum'] / good
    d3['badattribute'] = (d3['total'] - d3['sum']) / bad
    iv = ((d3['goodattribute'] - d3['badattribute']) * d3['woe']).sum()
    d4 = d3.sort_values(by='min')
    print("=" * 60)
    print(d4)
    woe = list(d4['woe'].round(3))
    return d4, iv,woe

pinf = float('inf')
```

```python
ninf = float('-inf')
cutx3 = [ninf, 0, 1, 3, 5, pinf]
cutx5 = [ninf,1000,2000,3000,4000,5000,6000,7500,9500,12000,pinf]
cutx6 = [ninf, 1, 2, 3, 5, pinf]
cutx7 = [ninf, 0, 1, 3, 5, pinf]
cutx8 = [ninf, 0,1,2, 3, pinf]
cutx9 = [ninf, 0, 1, 3, pinf]
cutx10 = [ninf, 0, 1, 2, 3, 5, pinf]
dfx3, ivx3, woex3 = self_binning(data['SeriousDlqin2yrs'],data['NumberOfTime30-59DaysPastDueNotWorse'],cutx3)
dfx5, ivx5, woex5 = self_binning(data['SeriousDlqin2yrs'],data['MonthlyIncome'],cutx5)
dfx6, ivx6, woex6 = self_binning(data['SeriousDlqin2yrs'],data['NumberOfOpenCreditLinesAndLoans'],cutx6)
dfx7, ivx7, woex7 = self_binning(data['SeriousDlqin2yrs'],data['NumberOfTimes90DaysLate'],cutx7)
dfx8, ivx8, woex8 = self_binning(data['SeriousDlqin2yrs'],data['NumberRealEstateLoansOrLines'],cutx8)
dfx9, ivx9, woex9 = self_binning(data['SeriousDlqin2yrs'],data['NumberOfTime60-89DaysPastDueNotWorse'],cutx9)
dfx10, ivx10, woex10 = self_binning(data['SeriousDlqin2yrs'],data['NumberOfDependents'],cutx10)
```

运行代码后，输出的结果如下所示。

```
=========================================================
Bucket          min    max      sum   ...       woe   goodattribute   badattribute
(-inf, 0.0]       0      0    90441   ...  0.466338        0.862756       0.541203
(0.0, 1.0]        1      1    10493   ... -0.851682        0.100097       0.234586
(1.0, 3.0]        2      3     3392   ... -1.666435        0.032358       0.171278
(3.0, 5.0]        4      5      417   ... -2.384100        0.003978       0.043158
(5.0, inf]        6     13       85   ... -2.489440        0.000811       0.009774

[5 rows x 8 columns]
=========================================================
Bucket                     min        max   ...    goodattribute   badattribute
(-inf, 1000.0]             0.0     1000.0   ...         0.015225       0.013985
(1000.0, 2000.0]        1001.0     2000.0   ...         0.049414       0.076391
(2000.0, 3000.0]        2001.0     3000.0   ...         0.102911       0.143008
(3000.0, 4000.0]        3001.0     4000.0   ...         0.124919       0.154436
(4000.0, 5000.0]        4001.0     5000.0   ...         0.131377       0.146617
(5000.0, 6000.0]        5001.0     6000.0   ...         0.122067       0.120902
(6000.0, 7500.0]        6001.0     7500.0   ...         0.134811       0.119850
(7500.0, 9500.0]        7501.0     9500.0   ...         0.124623       0.094586
(9500.0, 12000.0]       9501.0    12000.0   ...         0.098542       0.064211
(12000.0, inf]         12001.0  3008750.0   ...         0.096110       0.066015

[10 rows x 8 columns]
```

```
========================================================
Bucket        min   max     sum   ...       woe  goodattribute  badattribute
(-inf, 1.0]     0     1    3480   ... -1.059686       0.033197      0.095789
(1.0, 2.0]      2     2    4054   ... -0.390416       0.038673      0.057143
(2.0, 3.0]      3     3    5762   ... -0.185439       0.054966      0.066165
(3.0, 5.0]      4     5   16497   ...  0.053507       0.157372      0.149173
(5.0, inf]      6    57   75035   ...  0.124928       0.715792      0.631729

[5 rows x 8 columns]
========================================================
Bucket        min   max     sum   ...       woe  goodattribute  badattribute
(-inf, 0.0]     0     0  101434   ...  0.342629       0.967623      0.686917
(0.0, 1.0]      1     1    2558   ... -1.963444       0.024402      0.173835
(1.0, 3.0]      2     3     713   ... -2.743580       0.006802      0.105714
(3.0, 5.0]      4     5      91   ... -3.358832       0.000868      0.024962
(5.0, inf]      6    17      32   ... -3.335019       0.000305      0.008571

[5 rows x 8 columns]
========================================================
Bucket        min   max     sum   ...       woe  goodattribute  badattribute
(-inf, 0.0]     0     0   38600   ... -0.214334       0.368222      0.456241
(0.0, 1.0]      1     1   36606   ...  0.194358       0.349201      0.287519
(1.0, 2.0]      2     2   22931   ...  0.181689       0.218749      0.182406
(2.0, 3.0]      3     3    4450   ...  0.037153       0.042450      0.040902
(3.0, inf]      4    29    2241   ... -0.432098       0.021378      0.032932

[5 rows x 8 columns]
========================================================
Bucket        min   max     sum   ...       woe  goodattribute  badattribute
(-inf, 0.0]     0     0  101370   ...  0.239509       0.967013      0.761053
(0.0, 1.0]      1     1    2961   ... -1.793509       0.028246      0.169774
(1.0, 3.0]      2     3     452   ... -2.674707       0.004312      0.062556
(3.0, inf]      4    11      45   ... -2.735231       0.000429      0.006617

[4 rows x 8 columns]
========================================================
Bucket        min   max     sum   ...       woe  goodattribute  badattribute
(-inf, 0.0]    0.0   0.0   57558  ...  0.159823       0.549071      0.467970
(0.0, 1.0]     1.0   1.0   21352  ... -0.067432       0.203686      0.217895
(1.0, 2.0]     2.0   2.0   15387  ... -0.178617       0.146783      0.175489
(2.0, 3.0]     3.0   3.0    7443  ... -0.286806       0.071002      0.094586
(3.0, 5.0]     4.0   5.0    2897  ... -0.384695       0.027636      0.040602
(5.0, inf]     6.0   8.0     191  ... -0.640925       0.001822      0.003459

[6 rows x 8 columns]
```

前面已经计算出各个变量的信息价值，为了更加直观地展示，可以用下面的代码对其可视化。为了展示方便，各个变量用x1到x10来表示。

```
B2_Ch9_1_S.py

ivlist=[ivx1,ivx2,ivx3,ivx4,ivx5,ivx6,ivx7,ivx8,ivx9,ivx10]
index=['x1','x2','x3','x4','x5','x6','x7','x8','x9','x10']
sns.set(style="darkgrid")
fig, ax = plt.subplots(1)
x = np.arange(len(index))+1
ax.bar(x, ivlist, width=0.4)
ax.set_xticks(x)
ax.set_xticklabels(index, rotation=0, fontsize=12)
ax.set_xlabel('Variable', fontsize=14)
ax.set_ylabel('Information value', fontsize=14)

for a, b in zip(x, ivlist):
    plt.text(a, b+0.01, '%.2f'%b, ha='center', va='bottom', fontsize=10)
```

运行代码后，生成图9-15，各个变量的信息价值在图中一目了然。

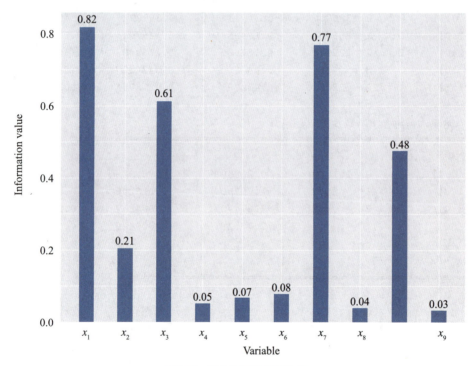

图9-15　各个变量的信息价值

在这个例子中，建立的模型为逻辑回归模型 (logic regression model)，在本书的第4章回归分析中有过详细的介绍。在这个模型中，进行证据权重转换，其目的是减少处理的自变量的个数，优化建模过程。

下面的代码，定义了权重转换函数woe_conversion()，并利用这个函数对所有变量进行了证据权重转换。

`B2_Ch9_1_T.py`

```python
#woe conversion
def woe_conversion(series,cut,woe):
    list=[]
    i=0
    while i<len(series):
        try:
            value=series[i]
        except:
            i += 1
            continue
        j=len(cut)-2
        m=len(cut)-2
        while j>=0:
            if value>=cut[j]:
                j=-1
            else:
                j -=1
                m -= 1
        list.append(woe[m])
        i += 1
    return list

train['RevolvingUtilizationOfUnsecuredLines'] = pd.Series(woe_conversion(train['RevolvingUtilizationOfUnsecuredLines'], cutx1, woex1))
train['age'] = pd.Series(woe_conversion(train['age'], cutx2, woex2))
train['NumberOfTime30-59DaysPastDueNotWorse'] = pd.Series(woe_conversion(train['NumberOfTime30-59DaysPastDueNotWorse'], cutx3, woex3))
train['DebtRatio'] = pd.Series(woe_conversion(train['DebtRatio'], cutx4, woex4))
train['MonthlyIncome'] = pd.Series(woe_conversion(train['MonthlyIncome'], cutx5, woex5))
train['NumberOfOpenCreditLinesAndLoans'] = pd.Series(woe_conversion(train['NumberOfOpenCreditLinesAndLoans'], cutx6, woex6))
train['NumberOfTimes90DaysLate'] = pd.Series(woe_conversion(train['NumberOfTimes90DaysLate'], cutx7, woex7))
train['NumberRealEstateLoansOrLines'] = pd.Series(woe_conversion(train['NumberRealEstateLoansOrLines'], cutx8, woex8))
train['NumberOfTime60-89DaysPastDueNotWorse'] = pd.Series(woe_conversion(train['NumberOfTime60-89DaysPastDueNotWorse'], cutx9, woex9))
train['NumberOfDependents'] = pd.Series(woe_conversion(train['NumberOfDependents'], cutx10, woex10))
train.dropna(how = 'any')
train.to_csv('WoeData.csv', index=False)

test['RevolvingUtilizationOfUnsecuredLines'] = pd.Series(woe_conversion(test['RevolvingUtilizationOfUnsecuredLines'], cutx1, woex1))
```

```python
test['age'] = pd.Series(woe_conversion(test['age'], cutx2, woex2))
test['NumberOfTime30-59DaysPastDueNotWorse'] = pd.Series(woe_
conversion(test['NumberOfTime30-59DaysPastDueNotWorse'], cutx3, woex3))
test['DebtRatio'] = pd.Series(woe_conversion(test['DebtRatio'], cutx4, woex4))
test['MonthlyIncome'] = pd.Series(woe_conversion(test['MonthlyIncome'], cutx5,
woex5))
test['NumberOfOpenCreditLinesAndLoans'] = pd.Series(woe_conversion(test['NumberOf
OpenCreditLinesAndLoans'], cutx6, woex6))
test['NumberOfTimes90DaysLate'] = pd.Series(woe_conversion(test['NumberOfTimes90D
aysLate'], cutx7, woex7))
test['NumberRealEstateLoansOrLines'] = pd.Series(woe_conversion(test['NumberRealE
stateLoansOrLines'], cutx8, woex8))
test['NumberOfTime60-89DaysPastDueNotWorse'] = pd.Series(woe_
conversion(test['NumberOfTime60-89DaysPastDueNotWorse'], cutx9, woex9))
test['NumberOfDependents'] = pd.Series(woe_conversion(test['NumberOfDependents'],
cutx10, woex10))
test.dropna(how = 'any')
```

下面的代码可以删除对因变量不明显的五个变量。

```python
train_X =train.drop(['NumberRealEstateLoansOrLines','NumberOfDependents','Number
OfOpenCreditLinesAndLoans','DebtRatio','MonthlyIncome'],axis=1)
test_X =test.drop(['NumberRealEstateLoansOrLines','NumberOfDependents','NumberOf
OpenCreditLinesAndLoans','DebtRatio','MonthlyIncome'],axis=1)
```

利用下面的代码，可以通过训练数据拟合逻辑模型，并输出拟合的结果。

B2_Ch9_1_U.py

```python
from sklearn.metrics import roc_curve, auc
import statsmodels.api as sm
X_train =train_X.drop(['SeriousDlqin2yrs'],axis =1)
y_train =train_X['SeriousDlqin2yrs']
y_test = test_X['SeriousDlqin2yrs']
X_test = test_X.drop(['SeriousDlqin2yrs'],axis =1)
X_train = sm.add_constant(X_train)
model = sm.Logit(y_train,X_train)
result = model.fit()
print(result.summary2())
```

运行代码结果如下。

```
Optimization terminated successfully.
         Current function value: 0.177691
         Iterations 8
                         Results: Logit
=================================================================
Model:              Logit             Pseudo R-squared:  0.213
Dependent Variable: SeriousDlqin2yrs  AIC:               31705.6355
Date:               2021-02-02 18:08  BIC:               31762.0262
```

```
==============================================================================
No. Observations:          89182      Log-Likelihood:          -15847.
Df Model:                      5      LL-Null:                 -20137.
Df Residuals:              89176      LLR p-value:              0.0000
Converged:                1.0000      Scale:                    1.0000
No. Iterations:           8.0000
------------------------------------------------------------------------------
                                       Coef.  Std.Err.     z    P>|z|   [0.025  0.975]
------------------------------------------------------------------------------
const                                  9.6174  0.1223  78.6273  0.0000  9.3777  9.8572
RevolvingUtilizationOfUnsecuredLines   0.6685  0.0185  36.1803  0.0000  0.6322  0.7047
age                                    0.4983  0.0376  13.2551  0.0000  0.4246  0.5720
NumberOfTime30-59DaysPastDueNotWorse   0.9778  0.0332  29.4193  0.0000  0.9127  1.0430
NumberOfTimes90DaysLate                1.7347  0.0454  38.1928  0.0000  1.6456  1.8237
NumberOfTime60-89DaysPastDueNotWorse   1.1667  0.0511  22.8232  0.0000  1.0665  1.2669
==============================================================================
```

假定置信水平为99%，那么从上面的运行结果可以看到，这个逻辑回归模型的变量都通过了显著性检验。

接下来，可以利用在建模开始阶段预留的测试数据对模型的预测能力进行检验。

这是一个二分类问题，这里首先对二分类问题进行一些介绍。二分类通常可以分为阳性(positive)和阴性(negative)，也可以称为正类和负类。预测结果则可以分为以下四种类别。

◀ 真阳性 (True Positive, TP)：真实为阳，预测为阳，预测正确。
◀ 假阴性 (False Negative, FN)：真实为阳，预测为阴，预测错误。
◀ 假阳性 (False Positive, FP)：真实为阴，预测为阳，预测错误。
◀ 真阴性 (True Negative, TN)：真实为阴，预测为阴，预测正确。

对于上述预测结果的分析，可以用如图9-16所示的混淆矩阵 (confusion matrix) 来更加直观地表示。

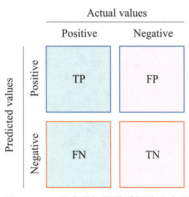

图9-16 二元分类问题混淆矩阵示意图

对于所创建模型的预测能力，这里用ROC曲线和AUC来进行评估。所谓**ROC曲线** (Receiver Operating Characteristic curve) 是用来展示分类模型在所有分类阈值上的表现的图形，它包括两个参数，真阳性率和假阳性率，亦即该图形的纵轴和横轴。

**真阳性率** (True Positive Rate, TPR)，也被称为**灵敏度** (sensitivity) 或者**召回率** (recall)，它代表了预测为阳性的个数占所有阳性个数的比例。其计算公式为：

$$TPR = \frac{TP}{TP+FN} \tag{9-6}$$

**假阳性率** (False Positive Rate, FPR) 代表了预测阳性实际为阴性的个数占所有阴性个数的比例，其数学表示式为：

$$FPR = \frac{FP}{FP+FN} \tag{9-7}$$

另外，**真阴性率** (True Negative Rate, TNR) 可以表示为**特效性** (specificity)，代表预测为阴性但实际也为阴性占所有阴性的比例，其公式为：

$$TNR = \frac{TN}{FP+FN} = 1 - FPR \tag{9-8}$$

因此，假阳性率也常常表示为1 -specificity。

典型的ROC曲线如图9-17所示。横轴为FPR，其取值越大，预测阳性中的假阳性越多。纵轴为TPR，其取值越大，预测阳性中真阳性越多。曲线上的每一个点 (FPR, TPR) 都对应一个确定的阈值。阈值减小，意味着更多的实例被划分为阳性，但是这些阳性中会混入假阳性，即TPR和FPR会同时增大。当阈值最大时，对应坐标点为 (0, 0)，而当阈值最小时，对应坐标点为 (1, 1)。而图9-17中点(0, 1)，对应TPR = 1，FPR = 0，为分类错误最少的情况，即真阳性最多而同时假阳性最少。因此，ROC曲线离点(0,1)越近，也就是越靠近左上角，模型的准确性就越高。

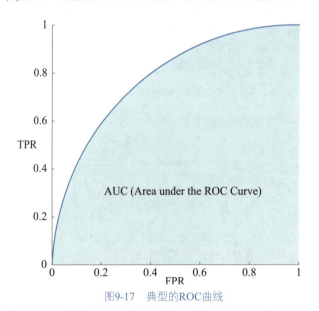

图9-17　典型的ROC曲线

ROC曲线将真阳性率和假阳性率用图形直观地展示出来，可以非常方便地对模型的准确性进行判断。另外，ROC曲线对应不同的阈值，允许中间状态的存在，方便更全面地判断。

ROC曲线可以帮助判断模型的准确性，如果比较两个模型，一个模型的ROC曲线完全被另一个模型涵盖，那么可以很容易判断后者的准确性优于前者。但是，如果两个模型的ROC曲线发生了交叉，就显示出ROC曲线无法进行量化比较的劣势。AUC (Area Under ROC Curve)，即ROC曲线下的面积，则可以较好地解决这个问题。AUC作为一个综合评价指标，它集合了在所有可能阈值情况下的表现。它可以解释为随机的阳性实例高于随机的阴性实例的概率。

在Python中，可以利用Sklearn运算包的metrics子包中相应的函数，方便地计算ROC曲线以及

AUC，其代码如下。

```
B2_Ch9_1_V.py

from sklearn.metrics import roc_curve, auc

X2 = sm.add_constant(X_test)
resu = result.predict(X2)
FPR,TPR,threshold = roc_curve(y_test,resu)
ROC_AUC = auc(FPR,TPR)
plt.plot(FPR, TPR, 'b', label='AUC = %0.2f' % ROC_AUC)
plt.legend(loc='lower right')
plt.plot([0, 1], [0, 1], 'r--')
plt.xlim([0, 1])
plt.ylim([0, 1])
plt.ylabel('TPR')
plt.xlabel('FPR')
```

运行代码后，可以得到AUC值为0.83。同时会生成图9-18所示的ROC曲线图形。

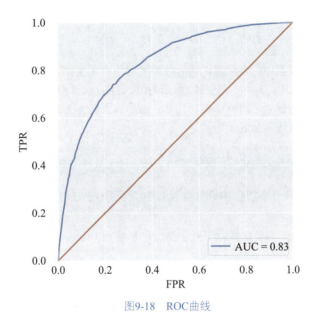

图9-18  ROC曲线

可见，该模型ROC曲线非常类似于前面介绍的经典图形，另外，其AUC值为0.83，这都说明这个模型的分类效果比较理想。

紧接着，继续介绍把逻辑回归的参数结果转换为评分卡形式的方法。我们从最基本的客户违约率讲起。假定客户违约的概率为$p$，则没有违约的概率为$1-p$，其比值即为好坏比，表示为：

$$\text{Odds} = \frac{p}{1-p} \tag{9-9}$$

可以改写为：

$$p = \frac{\text{Odds}}{1+\text{Odds}} \tag{9-10}$$

要将逻辑回归模型的参数转换为评分卡，可以利用如下的公式：

$$Score = Offset + Factor \times \ln(Odds) \tag{9-11}$$

其中，Offset和Factor是常数。ln(Odds) 为逻辑回归模型的因变量，也就是：

$$\ln(Odds) = \beta_0 + \beta_1 x_1 + \beta_2 x_2 + \cdots + \beta_n x_n \tag{9-12}$$

通过模型的拟合，可以推得模型的参数，即 $\beta_0$、$\beta_1$、$\cdots$、$\beta_n$。

如果设定比率 $x$ 的预期分值为Score，比率翻番的分数为PDO，那么比率为 $2x$ 点的分值为Score $-$PDO，即：

$$\begin{aligned} Score &= Offset + Factor \times \ln(x) \\ Score - PDO &= Offset + Factor \times \ln(2x) \end{aligned} \tag{9-13}$$

从上述方程组，可以推导得到：

$$\begin{aligned} Factor &= PDO/\ln 2 \\ Offset &= Score - Factor \times \ln(x) \end{aligned} \tag{9-14}$$

因此，评分卡的分值可以表示为：

$$Score = Offset + Factor \times \left( \beta_0 + \beta_1 x_1 + \beta_2 x_2 + \cdots + \beta_n x_n \right) \tag{9-15}$$

其中，$x_1$、$x_2$、$\cdots$、$x_n$ 代表模型中的自变量。因为在前面对所有变量都用WOE进行了转换，如果以 $w_{ij}$ 代表变量 $x_i$ 的每 $j$ 个分组的WOE，$\delta_{ij}$ 为二元变量（取值为0或者1），代表变量 $x_i$ 是否在第 $j$ 个分组有取值。因为每一个变量只会在某条记录上取一个值，比如 $x_1$ 变量的取值为第2个分组，则 $\delta_{1,2}$ 取值为1，$\delta_{1,1}$、$\delta_{1,3}$、$\cdots$、$\delta_{1,j}$ 取值均为0。上式可重新表示为：

$$Score = \left(Offset + Factor \times \beta_0\right) + \left(Factor \times \beta_1 w_{1,1}\right)\delta_{1,1} + \left(Factor \times \beta_1 w_{1,2}\right)\delta_{1,2} + \cdots \tag{9-16}$$

从式(9-16)可以看到，评分卡模型的最终得分为基准分即 Offset $+$ Factor $\times \beta_0$，再加上各变量的得分的总和。

建立标准评分卡模型，通常会选择以下几个参数：基准分 (base score)、比率翻番的分值 (PDO) 和好坏比 (Odds)。

首先，可以用下面的命令，输出逻辑回归拟合的参数。

```
#regression coeficients
coe = result.params
```

参数如下。

```
const                                  9.617425
RevolvingUtilizationOfUnsecuredLines   0.668458
age                                    0.498276
NumberOfTime30-59DaysPastDueNotWorse   0.977849
NumberOfTimes90DaysLate                1.734658
NumberOfTime60-89DaysPastDueNotWorse   1.166738
dtype: float64
```

根据上面的公式，并利用下面的代码，可以计算基准分值。

`B2_Ch9_1_W.py`

```python
import numpy as np
#set benchmark score as 600; PDO as 10; Odds as 10
benchmark = 600
pdo = 10
odds = 10
factor = pdo/np.log(2)
offset = benchmark-factor*np.log(odds)
baseScore = round(offset + factor * coe[0], 0)
```

下面代码创建函数score_addon()，计算某个变量，除了基准分值外还有其他各组的附加分值，然后利用这个函数对几个选中的入模变量进行计算。这里选择的入模变量是信息价值高的变量，因为它们反映了数据的特征。

`B2_Ch9_1_X.py`

```python
#function to calculate addon score for a single variable
def score_addon(coe,woe,factor):
    addon = []
    for w in woe:
        score = round(coe*w*factor,0)
        addon.append(score)
    return addon

#calculate addon score
x1 = score_addon(coe[1], woex1, factor)
x2 = score_addon(coe[2], woex2, factor)
x3 = score_addon(coe[3], woex3, factor)
x7 = score_addon(coe[4], woex7, factor)
x9 = score_addon(coe[5], woex9, factor)
print('x1: ', x1)
print('x2: ', x2)
print('x3: ', x3)
print('x7: ', x7)
print('x9: ', x9)
```

结果展示如下。

```
x1:  [11.0, 10.0, 2.0, -10.0]
x2:  [-4.0, -2.0, -2.0, -1.0, -1.0, 1.0, 3.0, 6.0, 7.0]
x3:  [7.0, -12.0, -24.0, -34.0, -36.0]
x7:  [9.0, -49.0, -69.0, -85.0, -84.0]
x9:  [4.0, -30.0, -45.0, -46.0]
```

紧接着，用下面代码创建函数single_variable_score()，对单个变量进行评分。

```
B2_Ch9_1_Y.py
```

```python
#compute score for single variable
def single_variable_score(series,cut,score):
    list = []
    i = 0
    while i < len(series):
        value = series[i]
        j = len(cut) - 2
        m = len(cut) - 2
        while j >= 0:
            if value >= cut[j]:
                j = -1
            else:
                j -= 1
                m -= 1
        list.append(score[m])
        i += 1
    return list
```

最后,把基准分值与各部分得分相加,即可得到个人总评分,代码如下。

```
B2_Ch9_1_Z.py
```

```python
from pandas import Series
test = pd.read_csv('test.csv')
test['BaseScore']=Series(np.zeros(len(test))) + baseScore
test['x1'] = Series(single_variable_score(test['RevolvingUtilizationOfUnsecuredLines'], cutx1, x1))
test['x2'] = Series(single_variable_score(test['age'], cutx2, x2))
test['x3'] = Series(single_variable_score(test['NumberOfTime30-59DaysPastDueNotWorse'], cutx3, x3))
test['x7'] = Series(single_variable_score(test['NumberOfTimes90DaysLate'], cutx7, x7))
test['x9'] = Series(single_variable_score(test['NumberOfTime60-89DaysPastDueNotWorse'], cutx9, x9))
test['Score'] = test['x1'] + test['x2'] + test['x3'] + test['x7'] +test['x9']  + baseScore
test.to_csv('ScoreData.csv', index=False)
```

把得到的评分进行整理,选择输出最前面的五个记录,以便浏览。

```python
filtered_columns = ['SeriousDlqin2yrs','BaseScore', 'x1', 'x2', 'x3', 'x7', 'x9', 'Score']
displaytable = test.reindex(columns = filtered_columns)
displaytable.head()
```

最前面的五个记录如下。

```
  SeriousDlqin2yrs  BaseScore    x1   x2    x3    x7    x9  Score
0                1      706.0    10  3.0 -12.0 -49.0 -30.0  628.0
1                1      706.0    11  6.0 -12.0 -49.0 -30.0  632.0
```

```
| 2     1    706.0   11   1.0  -12.0  -69.0  -30.0  607.0
| 3     1    706.0   11  -2.0  -34.0  -69.0  -30.0  582.0
| 4     0    706.0  -10  -1.0  -12.0  -49.0  -30.0  604.0
```

## 9.5 信用评级机构

9.4节介绍的信用评分卡主要是用于个人的信用服务，对于企业的信用评估更多地是利用专门的外部**信用评级机构**(credit rating agency)。信用评级机构本质上是金融中介，它按照一定的模型和程序，对于公司企业、金融产品甚至国家地区进行全面的考察、了解、研究和分析，对于其信用的可靠性和安全性给予评价，并以特定的形式对这些结果进行公开发表的机构。不同的信用评级机构有不同的标准和技术，通常是**定性和定量的方法**(qualitative and quantitative modeling)相结合，总体上反映的是一个信用评级机构对于一个企业潜力和履约意愿的评估。往往特定的评级都有相对应的在未来一段时间(一年，两年，三年，甚至五年)内的违约概率。这些信用评级机构能够提供上市公司、公共和私有企业等各类企业、国家和政府、地方政府、大小商业银行和投资银行等的信用评级，但并不涉及对个人的评级。

信用评级最早始于20世纪初的美国。1909年，金融分析员**约翰·穆迪**(John Moody)首次公开发行了针对铁路债券的评级，作为里程碑性的事件，它的评级成为首个以收费形式广泛发行的信用评级。在1913年，**穆迪**把评级领域拓展到了公司企业，并开始使用字母式的评比系统。在随后的几年中，评级领域的"三大"前身相继成立，包括1916年的**普尔**(Poor's Publishing Company)，1922年的**标准统计**(Standard Statistics Company)和1924年的**惠誉**(Fitch Publishing Company)。

信用评级机构发展到现在，在某种程度上讲，已经掌握了企业借贷的"生杀大权"，对金融乃至整个经济的影响是不言而喻的。尽管面临着许多负面的批评，但是其重要性却丝毫未受到影响。在当今世界上所谓的"三大"中，**穆迪**(Moody's)和**标准普尔**(Standard & Poor's)总部都位于美国，而**惠誉国际**(Fitch Group)则在美国和英国都设有总部。鉴于信用评级机构所扮演着极其重要的角色，中国本土的信用评级机构也在迅速发展之中，其中最引人注目的是**大公国际**(Dagong Global)，它是目前世界上唯一在中华人民共和国、中国香港和欧盟均拥有评级业务资质的评级机构。有关评级机构及其相应的评级指标，请参考MATLAB系列丛书第二本。

根据市场情况，评级大致分为**投资级别**(investment grade)和**非投资级别**(non-investment grade)。其中非投资级别包括**投机级别**(speculative grade)和临近违约或者已经违约的情况。以穆迪为例，从Aaa到Baa3是投资级的级别；Ba1及其以下都是非投资级别；从Ba1到Caa3是投机级别。

评级机构有自己的信息来源和渠道，掌握着相关企业或地区的最新情况。如果评级对象错过或延误计息或本金的偿付，即认为发生**信用事件**(credit event)，会被看作违约。对于评级机构而言，信用分析的一个核心内容是要建立研究对象的违约概率。

## 9.6 自展法求生存率

违约概率是信用风险中的一个重要概念，这一节会介绍与之相关的几个概念。首先，是**风险率**(hazard rate)，也被称为**违约密度**(default intensity)，它是信用风险中常用的一个概念。因为信用事件是分离的,所以常用**泊松过程** (Poisson process) 进行模拟。在概率与统计章节中,介绍过泊松过程,它是一个分离时间过程,在初始时间点生存的基础上,在两个时间间隔违约的概率为:

$$P(t+\Delta t)-P(t)=-\lambda(t)\Delta t \qquad (9\text{-}17)$$

其中,$t$为初始时间,$P(t+\Delta t)-P(t)$为在之后$dt$时间内违约的概率。$\lambda(t)$为风险率或者违约密度。

为了简化,假设风险率具有**确定性** (deterministic),这个假设也暗示了风险率独立于利率和回收率。以此为基础,可以计算连续时间生存率。如果$\Delta t$无限小,可用$dt$替代,其微分形式为:

$$\frac{dP(t)}{dt}=-\lambda(t)P(t) \qquad (9\text{-}18)$$

因此,可以得到生存率为:

$$P(t)=\exp\left(-\int_0^t \lambda(\tau)d\tau\right) \qquad (9\text{-}19)$$

假定$\overline{\lambda}(t)$代表从0到$t$时间的**平均违约密度** (average default intensity),则可以写为:

$$P(t)=\exp\left(\overline{\lambda}(t)\cdot t\right) \qquad (9\text{-}20)$$

违约率与生存率的和为1,也就是:

$$P(t)+Q(t)=1 \qquad (9\text{-}21)$$

因此,相应的,违约率可以表示为:

$$Q(t)=1-\exp\left(-\int_0^t \lambda(\tau)d\tau\right) \qquad (9\text{-}22)$$

或者应用平均违约密度,如下式所示。

$$Q(t)=1-\exp\left(\overline{\lambda}(t)\cdot t\right) \qquad (9\text{-}23)$$

生存率是无法从市场上直接得到的,它需要根据市场上的信用利差间接计算。下面的例子通过市场上交易的CDS来得到信用利差,具体利用了自展法来计算生存率。如下代码,首先从csv文件中读入信用利差,然后利用上面介绍的公式,利用迭代法,求得对应于各个期限的生存率,并作图展示。

`B2_Ch9_2.py`

```python
import pandas as pd
import matplotlib.pyplot as plt

CDS_spreads = pd.read_csv("C:\\FRM Book\\CreditRisk\\CDS_spreads.csv")
df = pd.DataFrame(CDS_spreads)

df['Survival'] = 0.0
numerator1 = 0.0
numerator2 = 0.0
denominator1 = 0.0
denominator2 = 0.0
```

```python
term_final = 0.0

df['Spread'] = df['Spread']/10000

RR = df.at[0,'Recovery']
L = 1.0 - RR

t1 = df.at[0, 'Maturity']
t2 = df.at[1, 'Maturity']
delta_t = t2-t1

for row_index,row in df.iterrows():
    if(row_index == 0):
        df.at[0,'Survival'] = 1
    if(row_index==1):
        df.at[1,'Survival'] = L / (L + (delta_t * df.at[1,'Spread']))
    if(row_index>1):
        temp_counter = row_index
        term1 = 0.0
        term2 = 0.0
        j = 1
        while(j > row_index-1):
            numerator1_temp = df.at[row_index,'DF'] * ((L * df.at[row_index - 1,'Survival']) - ((L + (delta_t * df.at[row_index,'Spread']))*(df.at[row_index,'Survival'])))
            numerator1 = numerator1 + numerator1_temp
            row_index = row_index - 1
        row_index = temp_counter
        denominator1 = ((df.at[row_index,'DF']) * (L + (delta_t * df.at[row_index,'Spread'])))
        term1_temp = numerator1/denominator1
        term1 = term1 + term1_temp

        numerator2 = (L * df.at[row_index - 1,'Survival'])
        denominator2 = (L + (delta_t * df.at[row_index,'Spread']))
        term2_temp = numerator2/denominator2
        term2 = term2 + term2_temp
        term_final = term1 + term2
        df.at[row_index, 'Survival'] = term_final

plt.plot(df['Maturity'], df['Survival'])
plt.title('Survival probability')
plt.xlabel('Maturity')
plt.ylabel('Survival probability')
plt.gca().spines['right'].set_visible(False)
plt.gca().spines['top'].set_visible(False)
plt.gca().yaxis.set_ticks_position('left')
plt.gca().xaxis.set_ticks_position('bottom')
```

如图9-19即为上述代码运行后，得到的生存率曲线图。生存率随着期限的增大而减小，这也符合实际的情况。

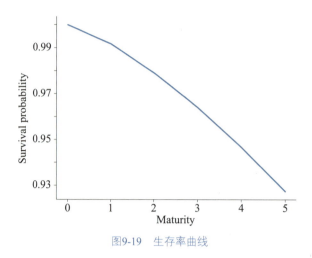

图9-19 生存率曲线

## 9.7 奥特曼Z分模型

本章前面内容已经介绍过，对于企业的未来违约情况，可以参考专业评级机构的评级。除此之外，也有一些模型可以预测企业的违约概率。比如下面要介绍的**奥特曼Z分模型**(Altman's Z-score model)。这个模型是由美国纽约大学的金融学家**爱德华·奥特曼**(Edward L Altman)于1968年提出的，它根据公开的企业主要财务指标，利用简单的公式来预测企业破产的可能性，从而达到评估企业信用风险的目的。其具体形式可表示为：

$$Z = 1.2X_1 + 1.4X_2 + 3.3X_3 + 0.6X_4 + 1.0X_5 \tag{9-24}$$

其中，$X_1$、$X_2$、$X_3$、$X_4$、$X_5$分别是五个不同的财务指标。下面是这些财务指标的具体介绍。

$X_1$代表**营运资产比**，等于**净流动资产**(working capital)除以**总资产**(total assets)，其数学表示式为：

$$X_1 = \frac{\text{working capital}}{\text{total assets}} \tag{9-25}$$

这个指标反映了企业资产的流动性及分布情况，其比值越高，代表企业资产的流动性越强。

$X_2$代表保留盈余比，是**保留盈余**(retained earnings)与**总资产**(total assets)的相对比值：

$$X_2 = \frac{\text{retained earnings}}{\text{total assets}} \tag{9-26}$$

它反映的是企业累积获利水平和发展的阶段。例如，在企业创业初期会较低，由于前期投资较多，缺乏足够的能力和时间来积累利润，该比率相对会较低；而后期该指标会随着企业的持续盈利而升高。通常较成熟的企业能保持稳定的盈利，该指标会更高，抵抗破产风险的能力也会更强。而初创的企业，往往存在更多破产的情况。

$X_3$代表税前息前盈余比，即**在支付税金和利息之前的盈余** (earnings before interest and taxes, EBIT)**与企业总资产** (total assets)的比值：

$$X_3 = \frac{EBIT}{total\ assets} \quad (9\text{-}27)$$

它衡量的是企业盈利能力和水平。这一比率越高，企业自然会更加远离破产的风险。

$X_4$代表市价与账面价值比，是**企业市场价值** (market/book value of equity) 与**总负债** (total liabilities) 的比值。

$$X_4 = \frac{market\ value}{total\ liabilities} \quad (9\text{-}28)$$

它体现了企业的资本结构。该比率越高意味着企业价值越大，越不可能出现资不抵债的情况，破产的可能性就越低。

$X_5$代表总资产周转率，是**销售净收入总额** (net sales) 除以**总资产** (total assets)。

$$X_5 = \frac{net\ sales}{total\ assets} \quad (9\text{-}29)$$

这个指标反映了企业整体运营能力。该比值越高，说明企业资金能更有效的周转，运营能力更突出，降低了破产的可能性。

从以上公式中可以看出，奥特曼Z分模型是五个财务比率的线性组合。这五个财务比率是从不同角度考察企业的生存能力。营运资产比和市价与账面价值比代表企业的偿债能力。保留盈余比和税前息前盈余比，体现企业的盈利能力。总资产周转率展现企业的运营能力。

这几个指标均与奥特曼Z分保持正相关性，各个指标前的系数都是正数，各个指标的值越大，奥特曼Z分值也越高。较高的分值反映了公司更健康的财务状况，伴随着更低的破产风险。相较于其他的指标，税前息前盈余比在模型中拥有最大的系数，它是模型中最重要的因素，可以理解，企业避免破产的根本途径就是保持和不断提高自身的获利能力。

计算得到奥特曼Z分值后，可以通过比较阈值，简单地得到结论。如图9-20所示，对于公共企业而言，如果分值大于3，则在健康线以上，表示企业财务稳定，信用风险低。如果小于1.81，则在破产线以下，表示企业处于破产边缘，信用风险很大。如果介于1.81和3之间时，则处于一个**灰色地带** (grey zone)，说明企业经营可能并不稳定。

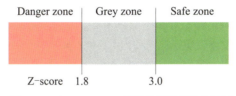

图9-20　Altman Z-Score模型分值阈值分布区域

下面的代码定义了一个计算奥特曼Z分值的函数，可以计算并自动给出结论。有兴趣的读者，可以自行带入数值尝试。

`B2_Ch9_3.py`

```
#calculate Altman Z-Score fore public corporation
def Altman_Z_scorec(WC,TA,RE,EBIT,MVE,TL,S):
    #WC: Working Capital
    #TA: Total Assets
    #RE: Retained Earnings
```

```python
#EBIT: Earnings Before Interest and Tax
#MVE: Market Value of Equity
#TL: Total Liabilities
#S: Net Sales

X1 = WC/TA;
X2 = RE/TA;
X3 = EBIT/TA;
X4 = MVE/TL;
X5 = S/TA;

#calculate z-score
Z_score = 1.2*X1 + 1.4*X2 + 3.3*X3 + .6*X4 + X5;
print('Altman value is ', round(Z_score, 2))

#display results
if Z_score > 3.0:
    print('Business is healthy.')
elif Z_score < 1.8:
    print('Business is bankrupt.')
else:
    print('Business is intermediate.')
```

另外，对于非公共企业，奥特曼Z分模型的系数稍有变化，具体形式为：

$$Z = 0.717X_1 + 0.847X_2 + 3.107X_3 + 0.42X_4 + 0.998X_5 \tag{9-30}$$

同时，对应的阈值也有所变化，健康线为2.90，而破产线为1.23。

此外，对于非制造业的公司，奥特曼Z分值模型的对应形式为：

$$Z = 6.56X_1 + 3.26X_2 + 6.72X_3 + 1.05X_4 \tag{9-31}$$

其中，只用了前四个指标，对应的奥特曼Z分值阈值健康线为2.60，破产线为1.10。

值得强调的是，奥特曼Z分值模型在各个国家不同的市场条件下，阈值的取值范围并不完全相同。在具体的实用过程中，应当参考实际应用和相关研究在阈值上做进一步的调整和修改。

本章首先介绍了信用风险的定义以及分类，然后引入了信用风险中的违约概率、违约损失率、违约敞口和期限等几个关键的驱动度量。紧接着，介绍了信用数据的分析与处理，以此为基础，引入了信用评分卡模型的开发。本章还介绍了信用评级机构，随后讨论了利用自展法计算生存率。最后，介绍了一种常用的判定企业破产风险的模型——奥特曼Z分模型。信用风险涵盖的内容非常广泛，希望读者通过本章的学习，对信用风险有初步的了解。

# 第10章 交易对手信用风险
## Counterparty Credit Risk

> 错误并不可耻，可耻的是不去改正错误。
> 
> ***Once we realize that imperfect understanding is the human condition, there is no shame in being wrong, only in failing to correct our mistakes.***
> 
> ——乔治·索罗斯 (George Soros)

雷曼兄弟 (Lehman Brothers) 破产、贝尔斯登 (Bear Stern) 以及美林 (Merril Lynch) 被收购、摩根士丹利 (Morgan Stanley) 和高盛 (Goldman Sachs) 被迫转为传统商业银行——笑傲江湖已久的美国五大投资银行几乎全军覆没。2008年的那场海啸般的金融危机对美国整个金融体系乃至全球经济领域的影响至今仍然历历在目。这场金融危机之所以发生，对于交易对手信用风险的低估被认为是重要的诱因之一。危机过后，对于交易对手信用风险的理解、量化和监管迅速成为重要的金融热点议题。

传统的借贷风险是静态的、具有确定性，而交易对手信用风险则存在于金融衍生品的交易之中，其风险敞口是以市场价值计算，因此是动态的、具有极高的不确定性。交易对手信用风险对市场波动也更加敏感，衍生品风险敞口会跟随市场波动性上升而增加，与此同时交易对手违约概率也在跟随市场波动而上升，因此伴随风险敞口和交易对手违约概率的同时增加，交易对手风险往往会有"雪上加霜"的效应。由于金融机构之间存在大量的衍生品交易，因此交易对手信用风险广泛存在于金融机构之间。在金融危机时期，金融机构信用的高度相关性，使得危机会迅速传导、扩散，从而严重威胁金融系统乃至整个国民经济体系的稳定。

### Core Functions and Syntaxes
### 本章核心命令代码

- ◀ ax.fill_between() 填充线条之间的区域
- ◀ ax.get_xticklabels() 获得x轴的标度
- ◀ fig.canvas.draw() 更新绘图
- ◀ matplotlib.pyplot.style.use() 选择绘图使用的样式
- ◀ QuantLib.DiscountingSwapEngine() 把所有的现金流折扣到评估日期，并计算两端当前值的差
- ◀ QuantLib.FlatForward().enableExtrapolation() 使用外差法处理曲线
- ◀ QuantLib.Gsr() GSR模型
- ◀ QuantLib.HazardRateCurve() 构建违约曲线
- ◀ QuantLib.Settings.instance().setEvaluationDate 设定评估日期

# 10.1 交易对手信用风险概念

每一种金融衍生品交易都会有对应的交易对手,那么由于交易对手无法按期履行合约,从而引起的金融风险,就是所谓的**交易对手信用风险** (Counterparty Credit Risk, CCR),它也被称为**交易对手风险**、**对手风险**等。

交易对手风险可以通过**结算** (clearing) 进行管控,通常有交易对手之间的双边结算,以及交易对手通过**中央对手方** (central counterparty) 进行的中央结算,如图10-1所示。通过中央对手方的交易,可以降低交易双方之间的信用敞口。例如,交易方A和交易方B之间的场外衍生品交易,如果它们之间是双边交易,那么,一方违约,另一方一般只能通过抵押品等进行平盘。而如果是通过中央对手方的交易,共同对手方会对交易的交收进行担保,在一方违约情况下,中央对手方会确保守约一方的交收,按照结算规则对违约方采取相应措施,从而在整体上降低信用风险。

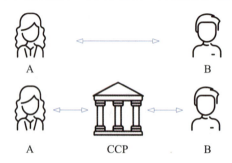

图10-1 双边交易与通过中央对手方的交易

具体来说,金融衍生品的交易分为**场内交易** (Exchange-Traded Derivatives, ETD) 和**场外交易** (Over-The-Counter, OTC),如图10-2所示。场内交易一般涉及最基本的金融衍生品,比如香草期权、期货、股票等,它们有着标准化的合约,严格的结算和保证金制度,所以一般可以忽略交易对手信用风险。而场外交易通常涉及交易双方的非标准化合约,也没有固定的保证金制度。它内在的灵活属性使得其产品多种多样,比如利率互换、远期协议、CDS和各种奇异期权等,场外交易涵盖了绝大部分的金融衍生品交易。也正因如此,场外交易会使得交易双方面临潜在的由于一方违约而引起的交易对手信用风险。当然,2008年金融海啸后,场外交易的中央清算也在逐步发展中。

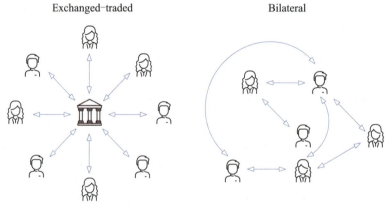

图10-2 场内交易和场外交易

对于交易对手信用风险的讨论,在不同情况下会有不同层次。例如,**交易合同层次** (contract level) 和**交易对手层次** (counterparty level)。比如,如果一个投资组合对于一个交易对手,只存在一笔交易，则可以在交易合同层次计算并评估交易对手风险。而投资组合对于同一个交易对手，存在多笔交易，则需要在交易对手层次进行探讨，如图10-3所示。

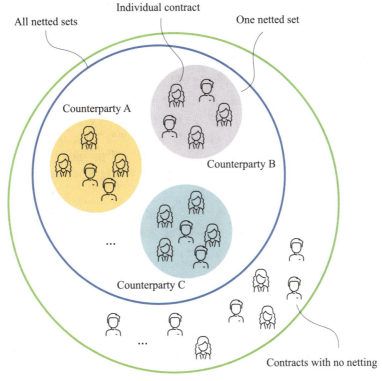

图10-3　交易对手信用风险的层次

## 10.2 交易对手信用风险度量

通过前面的介绍，可以知道交易对手风险主要是由于**场外衍生品交易**而产生，这是因为场外衍生品交易通常不通过中央对手方按照逐日盯市的估值调整**保证金** (margin)。交易合约的市场价值在交易存续期内会不断变化，在最终清算前交易双方均可能遭遇交易对手违约，从而无法实现应得收益，所以一般来说，交易对手风险是双向的。但是对于有些衍生品，比如期权交易，只有买方存在交易对手风险，卖方则不存在。另外，交易对手风险不只限于交易对手违约，也包括交易对手的信用状况变化引起的交易合约价值的变化，也就是所谓的**信用估值调整** (Credit Valuation Adjustment, CVA)。

交易对手风险不同于普通的市场风险，在传统的金融风险管理中，VaR是应用最广泛的度量，但是VaR一般是对一个较短的时间 (一般为一天、五天、十天等) 进行。而交易对手信用风险是对于相当长的时间，以及多个时间尺度进行理解，另外，交易对手风险要从定价和风险控制不同的角度来评估。所以交易对手风险的度量要更加复杂。

**盯市价值** (Mark-to-Market, MtM) 是指在每个交易日结束后，对交易合约进行核算后的市场价值。由于交易合约的市场价值会随着各种市场因素不断变化，在整个交易存续期可能为正，也可能为负。

**信用敞口** (credit exposure, or exposure) 是交易对手风险中最基本的一个概念，它是指在交易对手破产的情况下的损失。在金融机构的交易对手破产时，如果盯市价值为负，此时的现金流情况为，金融机构应当支付盯市价值给交易对手，很明显交易对手的破产对于金融机构没有产生任何风险，即此时的风险敞口为0。相应地，如果交易对手破产时的盯市价值为正，而交易对手由于破产，无法继续履行合约，则金融机构会面临与盯市价值相等的风险敞口。交易合约的风险敞口可以表示为：

$$E(t) = \max\{MtM(t), 0\} = MtM(t)^+ \tag{10-1}$$

其中，$MtM(t)$代表$t$时刻的盯市价值，即交易合约的市场价值。

**预期敞口** (Expected Exposure, EE) 是指在未来某目标日所有可能的风险敞口的平均值，或者说所有可能的正的盯市价值的平均值。它代表了交易对手破产所造成的可能的损失数额。

**未来风险敞口** (Potential Future Exposure, PFE) 定义了在一个给定**信心水平** (confidence level) 下可能的风险敞口。它是代表未来某个时间最坏的风险敞口情况。例如，如果某交易对手的未来风险敞口在99%信心水平下为100万美元，那么就是说这个交易对手有不超过1%的可能性，风险敞口会超过100万美元。

如图10-4描述了基于历史数据进行模拟，计算每个模拟日的盯市价值，从而得到每个模拟日的风险敞口线型，通过这些线型，依据设定的信心水平可以计算得到未来风险敞口。

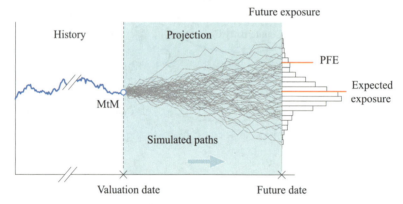

图10-4　盯市(MtM)、信用敞口(Exposure)与潜在未来风险敞口(PFE)

下面的例子，假设盯市价值MtM服从正态分布，如果其均值为$\mu$，波动值为$\sigma$，那么这个资产组合的盯市价值可以表示为：

$$MtM = \mu + \sigma Z \tag{10-2}$$

其中，$Z$服从标准正态分布。

相应地，其信用敞口可以表示为：

$$E = \max(MtM, 0) = \max(\mu + \sigma Z, 0) \tag{10-3}$$

预期敞口则可以通过下式进行推导。

$$\begin{aligned} EE &= \int_{-\mu/\sigma}^{+\infty} (\mu + \sigma x) p(x) \mathrm{d}x \\ &= \mu \int_{-\mu/\sigma}^{+\infty} p(x) \mathrm{d}x + \sigma \int_{-\mu/\sigma}^{+\infty} x p(x) \mathrm{d}x \\ &= \mu \times \mathrm{CDF}(\mu/\sigma) + \sigma \times \mathrm{PDF}(\mu/\sigma) \end{aligned} \tag{10-4}$$

其中，$p(x)$为正态分布函数，$\mathrm{CDF}(\mu/\sigma)$为取值为$\mu/\sigma$的累积概率密度函数，$\mathrm{PDF}(\mu/\sigma)$为取值为$\mu/\sigma$的概

率密度函数。

潜在未来风险的计算公式为：

$$\text{PFE}_\alpha = \mu + \sigma \text{CDF}^{-1}(\alpha) \tag{10-5}$$

其中，$\alpha$为置信水平，$\text{CFD}^{-1}(\alpha)$为累积概率密度函数的逆函数。

利用下面的代码，可以计算得到预期敞口和潜在未来风险，并绘制图10-5。

```python
B2_Ch10_1.py

import numpy as np
import matplotlib.pyplot as plt
from scipy.stats import norm
import scipy.stats as stats

#parameters
mu = 3.0
sigma = 5.0
alpha = 0.97

#generate normal distribution
x1 = mu-20
x2 = mu+20
x = np.arange(x1, x2, 0.001)
y = norm.pdf(x, mu, sigma)

#calculate EE and PFE
EE = mu*stats.norm.cdf(mu/sigma) + sigma*stats.norm.pdf(mu/sigma)
PFE = mu + sigma*stats.norm.ppf(alpha)
print(' EE: ', round(EE,2))
print(' PFE: ', round(PFE,2))

#plot and identify EE PFE
fig, ax = plt.subplots(figsize=(9, 6))
ax.plot(x, y)

#fill exposure area
x0 = np.arange(0, x2, 0.001)
y0 = norm.pdf(x0, mu, sigma)
ax.fill_between(x0, y0, 0, color='moccasin')
ax.fill_between(x, y, 0, alpha=0.5, color='palegreen')

#draw vertical line to identify mu, EE and PFE
ax.vlines(mu, 0, norm.pdf(mu, mu, sigma), linestyles ="dashed",
    colors ="#B7DEE8", label='$\\mu$')
ax.vlines(EE, 0, norm.pdf(EE, mu, sigma), linestyles ="dashed",
    colors ="#0070C0", label='EE')
ax.vlines(PFE, 0, norm.pdf(PFE, mu, sigma), linestyles ="dashed",
```

```
colors ="#3C9DFF", label='PFE')

#add x ticks to mu, EE and PFE
fig.canvas.draw()
labels = [w.get_text() for w in ax.get_xticklabels()]
locs = list(ax.get_xticks())
labels += ['$\\mu$', '$EE$', '$PFE$']
locs += [mu, EE, PFE]
ax.set_xticks(locs)
ax.set_xticklabels(labels)

#add lables and title
ax.set_xlabel('MtM')
ax.set_ylabel('Probability')
ax.set_title('EE and PFE for a Normal Distribution')
ax.spines['right'].set_visible(False)
ax.spines['top'].set_visible(False)
ax.yaxis.set_ticks_position('left')
ax.xaxis.set_ticks_position('bottom')
```

预期敞口和潜在未来风险计算结果如下。

```
EE:   3.84
PFE:  12.40
```

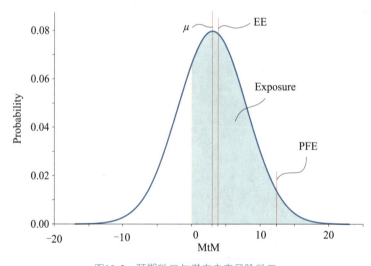

图10-5　预期敞口与潜在未来风险敞口

在讨论潜在未来风险PFE时，经常会与前面介绍过的风险价值VaR对比。这是因为，它们形式相似，都是通过百分位来计量风险值，比如95th percentile PFE，99th 1-day Credit VaR。但是，它们也存在着显著的不同。PFE讨论的是产品或者投资组合的价值，而VaR则指的是损失，在损益曲线上，它们实际是在相对的两侧。另外，PFE是一个基于时间节点的概念，每一个时间节点上都能计算出一个PFE值，当然，这些PFE值可以组成一个随时间深化的 PFE 曲线，而VaR是一个基于时间段的概念，比如1-day VaR是指在一天内的可能损失。

# 10.3 预期正敞口和最大潜在未来风险敞口

前面介绍了一些交易对手信用风险常用的度量，但是它们都是对应某个时间尺度点的。交易对手信用风险在交易初期往往很小，甚至可以忽略，然而它不是静态不变的，往往会随着时间发生显著的变化，因此需要对交易对手信用风险在一个较长的时间尺度范围中的演化进行表征。本节会分别介绍预期正敞口和最大潜在未来风险敞口，以及交易对手信用风险中与它们相关的一些其他的常用度量。

首先介绍**预期正敞口** (Expected Positive Exposure, EPE)，它是指预期敞口在一个时间范围内的平均值，它是用来度量风险敞口的一个单一值。另外，预期正敞口有时也被称为**平均预期正敞口** (Average Expected Positive Exposure, Average EPE)。预期正敞口也常常被称为**借贷等效** (loan equivalent)，这是因为通过对于时间的平均操作，既可以消除市场参数带来的随机性，也可以消除时间效应的影响。如果把风险敞口类比于对于交易对手的借贷，那么预期正敞口，则大致可以粗略等效于对应的借贷数额。假设波动率为 $\sigma$，那么预期正敞口可以用下式求出。

$$\text{EPE} = \frac{1}{\sqrt{2\pi}} \sigma \int_0^T \sqrt{t}\, \mathrm{d}t / T \tag{10-6}$$

另外，预期敞口和预期正敞口一般适合较长时间尺度风险的度量，对于短期的交易，它们可能会低估其风险，并且不能很好地度量**展期风险** (rollover risk)。这是因为一个投资组合如果存在短期交易，在这些交易过期时，金融机构会用新的合同替代这些过期的合同，金融机构的实际的敞口并不会因为这些短期合同的过期而降低。因此，**贝塞尔委员会** (Basel Committee) 推出了两个度量：**有效预期敞口** (Effective Expected Exposure, Effective EE) 和**有效预期正敞口** (Effective Expected Positive Exposure, EEPE)。

每个时间节点的有效预期敞口为在此节点和此节点之前所有时间节点的最大预期敞口。也就是说，有效预期敞口随着时间是"非下降"的。有效期望正敞口则是指有效预期敞口按时间权重的平均值。

这几个概念表面上看起来很相近，所以非常容易混淆。在这里，利用下面的代码以及绘制的图形，来帮助大家理解它们的内在意义。

假设已经获得随着时间变化的预期敞口的数据，那么代码将读入存储这些数据的csv文件，接着计算有效预期敞口、预期正敞口和有效预期正敞口，并绘制相应的图形。

```
B2_Ch10_2.py

import numpy as np
import matplotlib.pyplot as plt
import pandas as pd

df = pd.read_csv(r'C:\Users\anran\Dropbox\FRM Book\CCR\EE.csv')

effective_ee = []
effective_ee.append(df['EE'].iloc[0])
for i in range(1, len(df.index)):
    effective_ee.append(max(effective_ee[i-1], df['EE'].iloc[i]))

#Effective EE
df['Effective EE'] = effective_ee
```

```python
#calculate EPE
epe = np.mean(df['EE'])
#calculate Effective EPE
effective_epe = np.mean(df['Effective EE'])

#plot
fig, ax = plt.subplots(figsize=(10, 6))
ax.plot(df['Time'], df['EE'], '-o', label='EE')
ax.plot(df['Time'], df['Effective EE'], '-o', label='Effective EE')
ax.hlines(epe, 0, 1, linestyles ="dashed", colors ="#0070C0", label='EPE')
ax.hlines(effective_epe, 0, 1, linestyles ="dashed", colors ="#3C9DFF",
label='Effective EPE')
ax.legend()

#add lables and title
ax.set_xlabel('Time')
ax.set_ylabel('Exposure')
ax.set_xlim([0.0, 1.0])
ax.set_ylim([0.0, 1.0])
ax.set_title('EE, Effective EE, EPE and Effective EPE')
ax.spines['right'].set_visible(False)
ax.spines['top'].set_visible(False)
ax.yaxis.set_ticks_position('left')
ax.xaxis.set_ticks_position('bottom')
```

代码运行后，会生成如图10-6所示的图形，形象地展示了预期敞口、有效预期敞口、预期正敞口和有效预期正敞口这四个重要的概念。

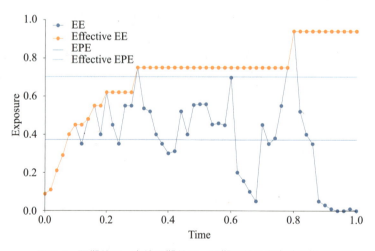

图10-6　预期敞口、有效预期敞口、预期正敞口和有效预期正敞口

接下来，介绍**最大潜在未来风险敞口** (Maximum Potential Future Exposure, Maximum PFE)，顾名思义，它是指在一个时间范围内未来风险敞口的最大值。

交易对手信用风险中的度量指标相对比较复杂，为了方便大家更加清晰地理解，通过表10-1归纳总结了各自的计算公式以及以利率互换为例的图形。

表10-1 信用敞口指标

| 中文名称 | 计算公式 | 对应图形(以利率互换为例) |
|---|---|---|
| 期望价值计价<br>Expected MtM | $\text{EMtM} = E[\text{MtM}]$ | N/A |
| 信用敞口<br>Exposure (credit exposure) | $E = \max(\text{MtM}, 0)$ | N/A |
| 期望敞口<br>Expected Exposure | $\text{EE} = E[E]$ | (EE 曲线图) |
| 潜在未来敞口<br>Potential Future Exposure | $\text{PFE}^\alpha = q_\alpha[E]$ | (PFE 曲线图) |
| 有效期望敞口<br>Effective EE | $\text{EEE} = \max\left(\text{EE}, \max_{[0,t]}(\text{EE})\right)$ | (Effective EE 曲线图) |
| 有效正敞口<br>Expected Positive Exposure | $\text{EPE} = E[\text{EE}]$ | (EPE 曲线图) |
| 有效期望正敞口<br>Effective EPE | $\text{EEPE} = E[\text{EEE}]$ | (Effective EPE 曲线图) |

| 中文名称 | 计算公式 | 对应图形(以利率互换为例) |
|---|---|---|
| 最大潜在未来敞口 Maximum PFE | $\text{MaximumPFE}_t = \max\left(\text{PFE}^\alpha\right)$ | 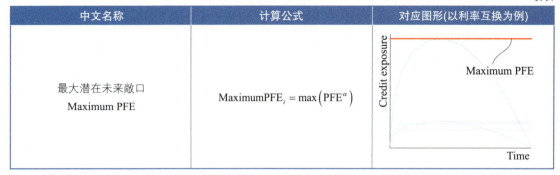 |

## 10.4 交易对手信用风险

**远期合同** (forward contract) 是一种交易双方约定在未来的某一确定时间,以确定的价格买入或者卖出一定数量的资产的非标准化合约,常见的有股权远期、汇率远期等。

假设一个远期的价值服从标准布朗运动分布,即遵从下面的模型:

$$dV_t = \mu dt + \sigma dW_t \tag{10-7}$$

其中,$\mu$代表**漂移** (drift),即布朗运动的偏离程度;$\sigma$代表**波动率** (volatility),用来描述了其价值在布朗运动漫步方向上的波动程度;$dW_t$代表标准布朗运动。

因此,该远期合同的盯市价值在未来某个时间节点$t$上的分布符合均值为$\mu$,标准差为$\sigma$的正态分布,如下式所示。

$$V_t \sim N\left(\mu t, \sigma\sqrt{t}\right) \tag{10-8}$$

因此可以得到PFE的解析表达式为:

$$\text{PFE}^\alpha = \mu t + \sigma\sqrt{t} N^{-1}(\alpha) \tag{10-9}$$

下面的代码绘制了一个漂移率为0.05,波动率为0.10,置信水平为99%的远期合同的PFE演化图形。

```
B2_Ch10_3.py

import numpy as np
import matplotlib.pyplot as plt
from scipy.stats import norm

#parameters
drift = 0.05
vol = 0.10
confidence_level = 0.99
```

```python
T = 5

#calculate pfe
t = np.arange(0.0, T, 0.01)
forward_pfe = drift*t+vol*np.sqrt(t)*norm.ppf(confidence_level)

#plot
plt.style.use('fast')
plt.plot(t, forward_pfe)
plt.grid(True)
plt.xlabel("Time in years")
plt.ylabel("PFE")
plt.title("PFE Evolution -- Forward")
plt.grid(None)
plt.gca().spines['right'].set_visible(False)
plt.gca().spines['top'].set_visible(False)
plt.gca().yaxis.set_ticks_position('left')
plt.gca().xaxis.set_ticks_position('bottom')
```

代码运行后，生成图10-7，可见远期合同的PFE会随着合同期限的增大而增大。远期合同开始时，并没有信用风险，但是从合约起始日起，由于价值计算的因子的波动，比如利率、股价、外汇价格、大宗商品价格等，都会极大地影响衍生产品的定价。衍生品价值的波动性越大，PFE也会越大，最大PFE将会发生在交割日。简单地说，远期合同的期限越长，面临的不确定性越多，所以与此期限相对应的PFE也会越大。从而最终形成了远期类产品开阔型PFE的图形。

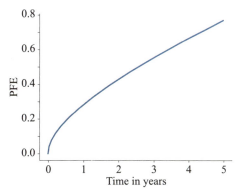

图10-7　远期合同未来潜在敞口演化

## 10.5 交易对手信用风险

**利率互换** (Interest Rate Swap, IRS) 也称为**利率掉期**，是指交易双方协议在未来确定时间期限内，根据同种货币的相同**名义本金** (notional principal) 互相为对方支付利息。最为常见的利率互换为**基本型利率互换** (plain vanilla interest rate swap)，或者称为**香草型利率互换**，是指交易一方的现金流根据浮动利率计算，而另一方的现金流根据固定利率计算，如图10-8所示。在交易合约中，本金只作为计算基数，在实际交易中不参与交换。值得一提的是，在金融术语中，"Plain vanilla (纯香草)" 一般指代最基本最单纯的产品形式。

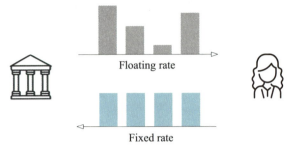

图10-8 利率互换示意图

在利率互换合约签订伊始，其状态为**价平** (at the money)。交易双方互相没有风险敞口，但是利率的变化会偏离预期，交易双方都有可能产生风险敞口。因此任何一方的破产，都有可能使对方陷于风险之中，即交易对手风险。

通过下面的例子，可以加深对利率互换的交易对手信用风险的理解。假定**漂移** (drift) 为零，在未来某时刻利率互换合同的价值遵从如下的正态分布。

$$V(t) \sim N(0, \sigma\sqrt{t(T-t)}) \tag{10-10}$$

其中，$T$ 为合同存续期，$T-t$ 表示在时间 $t$ 时剩余的合同存续期。

下面的代码，计算并绘制了波动率为 0.005，置信水平为 99% 的利率互换的 PFE 随期限变化的图形。

```
B2_Ch10_4.py

import numpy as np
import matplotlib.pyplot as plt
from scipy.stats import norm

#parameters
interest_rate_vol = 0.005
confidence_level = 0.99
T = 25.0

#calcualte pfe
t = np.arange(0.0, T, 0.05)
irs_pfe = interest_rate_vol*np.sqrt(t)*(T-t)*norm.ppf(confidence_level)

#plot
plt.style.use('fast')
plt.plot(t, irs_pfe)
plt.xlabel("Time in years")
plt.ylabel("PFE")
plt.title("PFE Evolution -- Interest Rate Swap")
plt.gca().spines['right'].set_visible(False)
plt.gca().spines['top'].set_visible(False)
```

```
plt.gca().yaxis.set_ticks_position('left')
plt.gca().xaxis.set_ticks_position('bottom')
```

运行代码后,生成图10-9。可以看到,正如前面所述,利率互换交易初始的风险为0,然后会随着时间上升,至最高点后,再下降,直至交易合同存续期完成,回归为0。

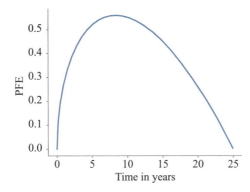

图10-9 利率互换合同未来潜在敞口演化

另外,还可以看到,PFE最高点出现的时间,大约在存续期的1/3处。通过对波动率项进行简单的求导方法求极值,可以进行验证,具体过程为:

$$\frac{d}{dt}(\sqrt{t_m}(T-t_m)) = \frac{1}{2\sqrt{t_m}}(T-t_m) - \sqrt{t_m} = 0 \tag{10-11}$$
$$\Rightarrow t_m = T/3$$

具体来说,相比只有一个支付发生在交割日的远期股权,利率互换存在许多定期发生的支付,这些支付可以减少由于定价因子波动造成的对于未来风险敞口的影响。尤其是在大约合约期限的1/3处之后,定期支付对于风险敞口减少的影响超过了定价因子的波动对于风险敞口增大的影响。这就好比对于银行来说,分期还款比在到期日全款还清的债务风险要小得多。

上面的例子是对于利率互换交易的一个定性估算。接下来的例子,会以一个实际的利率互换交易为例,详细讨论利率互换交易的估值及风险敞口。具体交易的参数为:期限 (maturity),10年;本金 (notional),10 Million USD;固定利率 (fixed rate):2.5%;浮动利率 (floating rate) 为Libor。

首先,导入需要的运算包,并设定评估日期,以及**收益率曲线** (yield curve)。为简化起见,这里使用**水平收益率曲线** (flat yield curve),也就是在所有未来时刻,其价值的期望值均为0,并且对于折扣和远期的计算使用相同的曲线,具体运行如下代码。

`B2_Ch10_5_A.py`

```python
#import libraries
import numpy as np
import matplotlib.pyplot as plt
import QuantLib as ql

#set evaluation date
today = ql.Date(15,10,2020)
ql.Settings.instance().setEvaluationDate = today

#set Marketdata
```

```
rate = ql.SimpleQuote(0.025)
rate_handle = ql.QuoteHandle(rate)
dc = ql.Actual365Fixed()
crv = ql.FlatForward(today, rate_handle, dc)
crv.enableExtrapolation()
yts = ql.YieldTermStructureHandle(crv)
hyts = ql.RelinkableYieldTermStructureHandle(crv)
index = ql.Euribor6M(hyts)
```

然后，把这个利率互换交易写入代码。如下所示，代码会设定固定端每年的支付安排和浮动端每半年的支付安排，并最终构建香草型利率互换。函数discountingSwapEngine() 可以实现把所有的现金流折扣到评估日期，并计算两端当前值的差。紧接着，利用discountingSwapEngine() 函数，可以计算出**净现值** (net present value, NPV)。

```
B2_Ch10_5_B.py
#set a swap
start = today + ql.Period("2d")
maturity = ql.Period("4Y")
end = ql.TARGET().advance(start, maturity)
nominal = 3e8
fixedRate = 0.025
typ = ql.VanillaSwap.Receiver
spread = 0.0

fixedSchedule = ql.Schedule(start,
                            end,
                            ql.Period("1y"),
                            index.fixingCalendar(),
                            ql.ModifiedFollowing,
                            ql.ModifiedFollowing,
                            ql.DateGeneration.Backward,
                            False)
floatSchedule = ql.Schedule(start,
                            end,
                            index.tenor(),
                            index.fixingCalendar(),
                            index.businessDayConvention(),
                            index.businessDayConvention(),
                            ql.DateGeneration.Backward,
                            False)
swap = ql.VanillaSwap(typ,
                      nominal,
                      fixedSchedule,
                      fixedRate,
                      ql.Thirty360(ql.Thirty360.BondBasis),
                      floatSchedule,
                      index,
```

```
                        spread,
                        index.dayCounter())

#pricing engine and npv
engine = ql.DiscountingSwapEngine(hyts)
swap.setPricingEngine(engine)
swap.NPV()
print(swap.NPV())
```

在这个例子中，会调用Quantlib的GSR**模型** (Gaussian short rate, GSR) 来模拟产生未来的收益率曲线。GSR模型为符合一般形式的短利率模型，其特点为**回归速度** (mean reversion rate) 与利率的**瞬时波动率** (volatility) 可以为**分段常数** (piecewise constant)。在实际使用中，对于模型的参数，需要进行校准，在这里，假设已经得到了经过校准的参数，并且回归速度和利率的瞬时波动率均设定为普通常数。

B2_Ch10_5_C.py

```
#model parameters
vol = [ql.QuoteHandle(ql.SimpleQuote(0.008)),
       ql.QuoteHandle(ql.SimpleQuote(0.008))]
meanRev = [ql.QuoteHandle(ql.SimpleQuote(0.04)),
           ql.QuoteHandle(ql.SimpleQuote(0.04))]
model = ql.Gsr(yts, [today+365], vol, meanRev)
process = model.stateProcess()
```

另外，在模拟过程中，需要确定时间格点。这个例子将设定以月为单位的时间格点，具体实现如下代码所示。

B2_Ch10_5_D.py

```
#evaluation time grid
date_grid = [today + ql.Period(i,ql.Months) for i in range(0,12*5)]
fixingDate = [index.fixingDate(x) for x in floatSchedule][:-1]
date_grid += fixingDate
date_grid = np.unique(np.sort(date_grid))
time_grid = np.vectorize(lambda x: ql.ActualActual().yearFraction(today, x))(date_grid)
dt = time_grid[1:] - time_grid[:-1]
```

在完成上述设定之后，利用蒙特卡罗模拟，可以得到一系列到期限(半年、一年、两年、……、十年) **零息票债券** (zero coupon bond) 的价格。这些价格可以作为收益率曲线的**折扣因子** (discounting factor)。

B2_Ch10_5_E.py

```
#random number generator
seed = 666
urng = ql.MersenneTwisterUniformRng(seed)
usrg = ql.MersenneTwisterUniformRsg(len(time_grid)-1,urng)
rn_generator = ql.InvCumulativeMersenneTwisterGaussianRsg(usrg)
```

```python
#MC simulations
sim_num = 1000
x = np.zeros((sim_num, len(time_grid)))
y = np.zeros((sim_num, len(time_grid)))
pillars = np.array([0.0, 0.5, 1, 2, 3, 4, 5, 6, 7, 8, 9, 10])
zero_bonds = np.zeros((sim_num, len(time_grid), len(pillars)))

for j in range(len(pillars)):
    zero_bonds[:, 0, j] = model.zerobond(pillars[j],0,0)

for n in range(0,sim_num):
    dWs = rn_generator.nextSequence().value()
    for i in range(1, len(time_grid)):
        t0 = time_grid[i-1]
        t1 = time_grid[i]
        x[n,i] = process.expectation(t0,x[n,i-1],dt[i-1]) + dWs[i-1] * process.stdDeviation(t0,x[n,i-1],dt[i-1])
        y[n,i] = (x[n,i] - process.expectation(0,0,t1)) / process.stdDeviation(0,0,t1)
        for j in range(len(pillars)):
            zero_bonds[n, i, j] = model.zerobond(t1+pillars[j],t1,y[n, i])

#plot the paths
plt.style.use('ggplot')
for i in range(0,sim_num):
    plt.plot(time_grid, x[i,:])
plt.xlabel("Time in years")
plt.ylabel("Zero rate")
plt.title("Monte Carlo simulation")
```

代码运行后，会生成图10-10，显示蒙特卡罗模拟的路径。

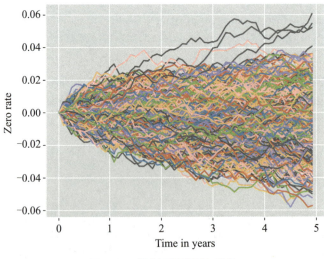

图10-10 零息票债券利率模拟

利用前面得到的折扣因子，可以构建新的收益率曲线，进而计算每个时间格点和每条模拟路径的净现值以及信用敞口。代码如下，图10-11展示了模拟过程的前15条路径。

```
B2_Ch10_5_F.py
```

```python
#swap pricing
npv_cube = np.zeros((sim_num,len(date_grid)))
for p in range(0,sim_num):
    for t in range(0, len(date_grid)):
        date = date_grid[t]
        ql.Settings.instance().setEvaluationDate(date)
        ycDates = [date,date + ql.Period(6, ql.Months)]
        ycDates += [date + ql.Period(i,ql.Years) for i in range(1,11)]
        yc = ql.DiscountCurve(ycDates,
                              zero_bonds[p, t, :],
                              ql.Actual365Fixed())
        yc.enableExtrapolation()
        hyts.linkTo(yc)
        if index.isValidFixingDate(date):
            fixing = index.fixing(date)
            index.addFixing(date, fixing)
        npv_cube[p, t] = swap.NPV()
    ql.IndexManager.instance().clearHistories()
ql.Settings.instance().setEvaluationDate(today)
hyts.linkTo(crv)

#alculate credit exposure
exposure = npv_cube.copy()
exposure[exposure<0]=0

#plot first 15 NPV and exposure paths
fig, (ax1, ax2) = plt.subplots(2, 1)
for i in range(0,15):
    ax1.plot(time_grid, npv_cube[i,:])
for i in range(0,15):
    ax2.plot(time_grid, exposure[i,:])
ax1.set_xlabel("Time in years")
ax1.set_ylabel("NPV")
ax1.set_title("(a) First 15 simulated npv paths")
ax2.set_xlabel("Time in years")
ax2.set_ylabel("Exposure")
ax2.set_title("(b) First 15 simulated exposure paths")
plt.tight_layout()
```

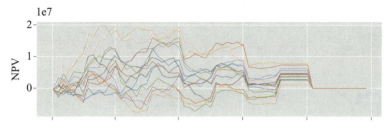
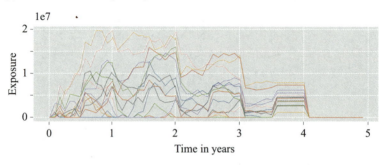

图10-11 净现值和信用敞口前15次模拟路径

同样地，利用前面得到的信用敞口，下面的代码计算了预期敞口以及置信水平为95%的最大未来敞口，如图10-12所示。

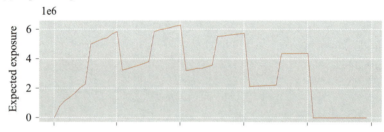
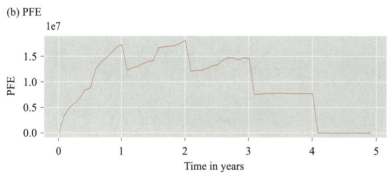

图10-12 预期敞口和最大未来敞口

B2_Ch10_5_G.py

```
#Calculate expected exposure
ee = np.sum(exposure, axis=0)/sim_num
```

```python
#Calculate PFE curve (95% quantile)
PFE_curve = np.apply_along_axis(lambda x:
np.sort(x)[int(0.95*sim_num)],0,exposure)
#plot expected exposure and PFE
fig, (ax1, ax2) = plt.subplots(2, 1)
ax1.plot(time_grid, ee)
ax1.set_xlabel("Time in years")
ax1.set_ylabel("Expected Exposure")
ax1.set_title("(a) Expected Exposure")
ax2.plot(time_grid,PFE_curve)
ax2.set_xlabel("Time in years")
ax2.set_ylabel("PFE")
ax2.set_title("(b) PFE")
plt.tight_layout()
```

## 10.6 交易对手信用风险

**货币互换** (cross-currency swap)，也被称为**货币掉期**，是指两笔金额和期限均相同，但是货币不同的债务资金之间的互换，同时也进行不同利息额的货币间的互换。前面介绍过利率互换，利率互换在相同货币之间进行，而货币互换则发生在不同货币之间。可见，货币互换既包括交割日时两种货币互换，同时也包含了合约中需要定期执行的利率互换。也就是说既有一笔大额支付发生在交割日，也有相当数量的定期支付。因此，它结合了远期类产品和利率互换各自的特点。

货币互换的PFE与期限的关系可以用下面的公式表示。

$$V_t \sim N\left(\mu_{FX} t, \sqrt{\sigma_{FX}^2 t + \sigma_{IR}^2 t(T-t)^2 + 2\rho \sigma_{FX} \sigma_{IR} t(T-t)}\right) \tag{10-12}$$

下面的代码，绘制了利率波动率为0.005，汇率波动率为0.05，置信水平为99%的货币互换合同的PFE图像，并对比了参数相近的一个远期合同和一个利率互换合同的图像。

```python
B2_Ch10_6.py

import numpy as np
import matplotlib.pyplot as plt
from scipy.stats import norm

ir_vol = 0.005
fx_vol = 0.05
correlation = 0.20
confidence_level = 0.99
T = 5

t = np.arange(0.0, T, 0.01)
irs_pfe = ir_vol*np.sqrt(t)*(T-t)*norm.ppf(confidence_level)
```

```python
forward_pfe = fx_vol*np.sqrt(t)*norm.ppf(confidence_level)
ccs_pfe = np.sqrt(irs_pfe*irs_pfe+forward_pfe*forward_pfe+2.0*correlation*
irs_pfe*forward_pfe)
```

```python
plt.style.use('fast')
plt.plot(t, irs_pfe, c='lightblue', label='IRS')
plt.plot(t, forward_pfe, c='dodgerblue', label='FX Forward')
plt.plot(t, ccs_pfe, c='red', label='CCS')

plt.xlabel("Time in years")
plt.ylabel("PFE")
plt.title("PFE Evolution")
plt.legend()
plt.gca().spines['right'].set_visible(False)
plt.gca().spines['top'].set_visible(False)
plt.gca().yaxis.set_ticks_position('left')
plt.gca().xaxis.set_ticks_position('bottom')
```

运行代码后，可以生成图10-13，正如前面分析的那样，它结合了远期类产品和利率互换的特点。

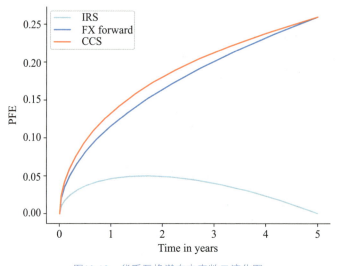

图10-13　货币互换潜在未来敞口演化图

## 10.7 交易对手信用风险缓释

交易对手信用风险存在引起金融机构巨大损失的可能，而通过风险控制来转移或降低交易对手违约而造成的潜在风险损失，被称为**交易对手信用风险缓释** (counterparty risk mitigation)，比如常用的轧差、抵押品和保证金等。

**轧差** (netting) 是一种非常传统的缓释金融风险的手段。轧差一般借助与交易对手的**轧差协议** (Netting agreement)，把交易双方之间的各个衍生品的盯市价值进行叠加。而轧差协议包含于**ISDA协议** (ISDA Master agreement) 之中。大多数跨国银行、公司之间都互相签订有ISDA协议，其中ISDA为**国际掉期交易协会** (International Swaps and Derivatives Association) 的英文缩写。

在金融衍生品市场，交易的参与双方或多方往往相互之间同时存在大量的买入和卖出的具体交易，这些交易各自的价值有可能为正，也有可能为负，通过它们之间的对消，可以简化现金流的交换，这将有助于缓释**交收风险** (settlement risk)，一般称这种情况下的轧差为**支付轧差** (payment netting)。而在某交易方违约的情况下，与违约方的所有交易通过净额结算，可以快速终止与违约方的交易，从而缓释交易对手风险，这种轧差被称为**结算轧差** (close-out netting)。如图10-14(a) 和 (b) 分别展示了支付轧差和结算轧差，并且比较了没有轧差与有双边轧差。

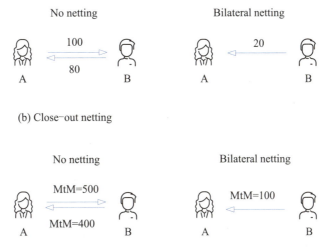

图10-14 轧差示意图

另外，根据净额结算交易对手方的数量，可以分为**双边轧差** (bilateral netting) 和**多边轧差** (multilateral netting)。而根据结算内容的不同，又可分为**现金流轧差** (cash flow netting) 和**价值轧差** (value netting)。现金流净额结算需要参与结算的现金流的种类相同，也就是交易的类型必须匹配。而价值净额结算是对交易的价值进行结算，从而没有这种限制。

表10-2比较了五种情景下是否有轧差的风险敞口的值，并分析了不同情况下，轧差的作用。

表10-2 轧差分析

| | 交易价值 | | 正敞口 | | 负敞口 | |
| --- | --- | --- | --- | --- | --- | --- |
| | 交易A | 交易B | 无轧差 | 轧差 | 无轧差 | 轧差 |
| 情景1 | 60 | 20 | 80 | 80 | 0 | 0 |
| 情景2 | 40 | 10 | 50 | 50 | 0 | 0 |
| 情景3 | 30 | −10 | 30 | 20 | −10 | 0 |
| 情景4 | −20 | −10 | 0 | 0 | −30 | −30 |
| 情景5 | −30 | −20 | 0 | 0 | −50 | −50 |

如图10-15以更加形象的方式展示了两笔交易存在轧差和无轧差的对比。

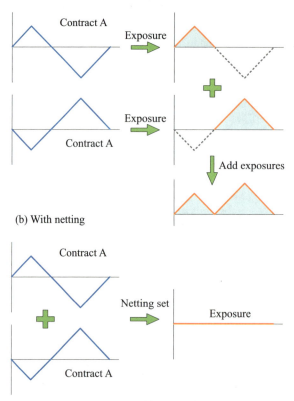

图10-15 存在轧差与无轧差比较图

**抵押品** (collateral) 和**保证金** (margin) 是又一种广泛应用于缓释金融风险的手段。在传统上，抵押品用于场外金融衍生品的交易之中，而保证金则用于场内金融衍生品的交易之中，它们代表了相似的意义。在现在一些金融领域的标准定义中，保证金的说法得到了更多的应用。

利用抵押品和保证金来缓释金融风险的道理显而易见。交易合同的初始阶段，其风险敞口通常相对较小，但是随着市场变动，风险敞口会随着时间变得难以预测和管控。通过预先以及周期性的要求交易方支付抵押品和保证金，可以极大地减小对应的风险敞口，从而降低交易对手风险。

当然，除了上面介绍的几种方法，在实际应用中还有更多缓释交易对手信用风险的手段。比如选择更加可靠的交易对手，一般来说与发达国家大型银行和金融公司等进行交易。另外，使交易对手多元化，也是规避交易对手风险的有效方法。

# 10.8 信用估值调整

**信用估值调整** (Credit Valuation Adjustment, CVA) 是指一个投资组合在不考虑风险以及考虑交易对手违约风险两种情况下价值的差，简单来说，它是交易对手风险的市场价值，如下式所示。

$$CVA = Value_{RiskFree} - Value_{Risk} \tag{10-13}$$

如果假设风险敞口与违约概率相互独立，即不考虑错向风险的情况下，如图10-16展示了信用估值调整的计算公式。

$$\text{CVA} = (1-R)\int_0^T \text{EE}^*(t)\,d\text{PD}(t)$$

图10-16　信用估值调整计算公式

图10-16中，$R$为**回收率**(recovery rate)，代表了交易对手违约时，可以从交易对手获得的补偿的资产比例。与之相应的为LGD，也就是**违约损失率**(Loss Given Default, LGD)，则代表了交易对手违约会给对方造成的资产损失比例，反映的是损失的严重程度。$\text{EE}^*(t)$为在**风险中性空间** (risk-neutral space) 中，在违约发生的时刻$t$时的折价预期敞口，与之对应的为EAD，即交易对手违约时的**风险敞口**(Exposure at Default, EAD)。PD代表违约概率，其微分形式代表了在微小时间段违约的**条件概率**(Marginal Probability of Default, Marginal PD)。

对于信用估值调整的模拟，则通常利用其离散表示式。

$$\text{CVA} = (1-R)\sum_{i=1}^{n} \text{DF}(t_i) \times \text{EE}(t_i) \times \text{PD}(t_{i-1}, t_i) \tag{10-14}$$

其中，DF为在时间$t_i$时的**折价因子** (Discount Factor, DF)，EE为在时间$t_i$时的**预期风险敞口** (Expected Exposure, EE)，PD代表$t_{i-1}$与$t_i$之间**违约概率** (Probability of Default, PD)。

如图10-17所示，为在计算信用估值调整时，每个时间段 $(t_{i-1}, t_i)$ 的风险敞口与违约概率。

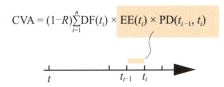

图10-17　信用估值调整计算示意图

可见，对于信用估值调整的计算，需要折价因子、预期风险敞口以及违约概率。继续前面的利率互换一节中的例子，预期风险敞口已经通过模拟得到。紧接前述代码，下面的代码产生折扣因子，并计算折扣净现值和折扣信用敞口的曲线。

```
B2_Ch10_5_H.py
```

```python
#generate the discount factors
discount_factors = np.vectorize(yts.discount)(time_grid)
#calculate discounted npvs
discounted_cube = np.zeros(npv_cube.shape)
discounted_cube = npv_cube * discount_factors
#calculate discounted exposure
discounted_exposure = discounted_cube.copy()
discounted_exposure[discounted_exposure<0] = 0
#calculate discounted expected exposure
discounted_ee = np.sum(discounted_exposure, axis=0)/sim_num

#plot discounted npv and exposure
fig, (ax1, ax2) = plt.subplots(2, 1)
```

```python
for i in range(0,15):
    ax1.plot(time_grid, discounted_cube[i,:])
for i in range(0,15):
    ax2.plot(time_grid, discounted_exposure[i,:])
ax1.set_xlabel("Time in years")
ax1.set_ylabel("Discounted npv")
ax1.set_title("(a) First 15 simulated discounted npv paths")
ax2.plot(time_grid,discounted_ee)
ax2.set_xlabel("Time in years")
ax2.set_ylabel("Discounted exposure")
ax2.set_title("(b) First 15 simulated discounted exposure paths")
plt.tight_layout()
```

如图10-18展示了折扣净现值和折扣信用敞口前15次的模拟路径。

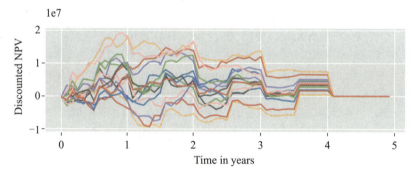

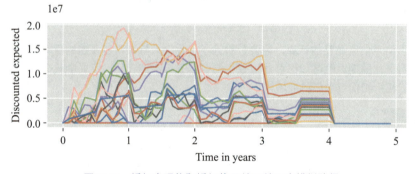

图10-18　折扣净现值和折扣信用敞口前15次模拟路径

运行下面的代码，则会生成折扣预期信用敞口的曲线。

`B2_Ch10_5_I.py`

```python
#plot discounted expected exposure
fig, ax1 = plt.subplots(1, 1)
ax1.plot(time_grid,discounted_ee)
ax1.set_xlabel("Time in years")
ax1.set_ylabel("Discounted expected exposure")
ax1.set_title("(b) Discounted expected exposure")
```

运行代码后，可生成图10-19。

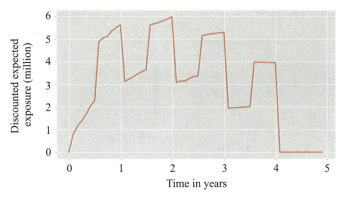

图10-19 折扣预期信用敞口

对于违约概率，可以通过市场上的CDS数据或者根据历史数据通过评级信息进行计算。这个例子中，为了简化，假定是一个常数的分段函数。然后，可以利用HazardRateCurve() 函数直接构建违约曲线，代码如下所示，展示了产生的各个相关曲线。

```
B2_Ch10_5_J.py

#build default curve
pd_dates = [today + ql.Period(i, ql.Years) for i in range(11)]
hzrates = [0.03 * i for i in range(11)]
pd_curve = ql.HazardRateCurve(pd_dates,hzrates,ql.Actual365Fixed())
pd_curve.enableExtrapolation()
#calculate default probs on grid and plot curve
times = np.linspace(0,25,100)
dp = np.vectorize(pd_curve.defaultProbability)(times)
sp = np.vectorize(pd_curve.survivalProbability)(times)
dd = np.vectorize(pd_curve.defaultDensity)(times)
hr = np.vectorize(pd_curve.hazardRate)(times)
f, ((ax1, ax2), (ax3, ax4)) = plt.subplots(2, 2)
ax1.plot(times, dp)
ax2.plot(times, sp)
ax3.plot(times, dd)
ax4.plot(times, hr)
ax1.set_xlabel("Time in years")
ax2.set_xlabel("Time in years")
ax3.set_xlabel("Time in years")
ax4.set_xlabel("Time in years")
ax1.set_ylabel("Probability")
ax2.set_ylabel("Probability")
ax3.set_ylabel("Density")
ax4.set_ylabel("Hazard rate")
ax1.set_title("Default probability")
ax2.set_title("Survival probability")
ax3.set_title("Default density")
ax4.set_title("Hazard rate")
```

运行代码后，生成图10-20。图中展示了违约概率、生存概率、违约密度和危害率曲线。

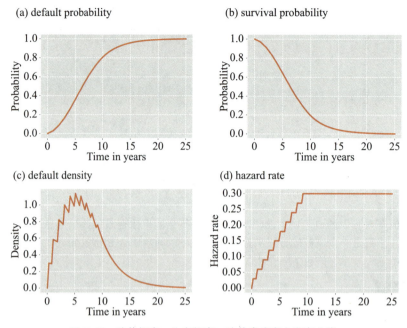

图10-20　违约概率、生存概率、违约密度和危害率曲线

借助上面得到的违约概率曲线，下面的代码计算了各个时间区间的违约概率。然后，假定回收率为40%，可以计算最终的信估值调整为579429.71。

```
B2_Ch10_5_K.py

#calculate default probs
PD_vec = np.vectorize(pd_curve.defaultProbability)
dPD = PD_vec(time_grid[:-1], time_grid[1:])
#calculate CVA
RR = 0.4
CVA = (1-RR) * np.sum(discounted_ee[1:] * dPD)
print ("CVA value: %.2f" % CVA)
```

信用估值调整如下。

```
CVA value: 579429.71
```

信用估值调整的模拟与估算比较复杂，希望这里的介绍能帮助读者理解。另外，因为例子中利用了蒙特卡罗模拟，只有模拟一定数量的次数，计算得到的信用估值调整才会趋于稳定值。感兴趣的读者可以调整模拟次数，加深理解。另外，对于信用估值调整，模型中的回归速度和波动率，对于最终的计算值也有很大影响，大家也可以自行尝试调整这些参数。

读者可能已经注意到，在前面讨论计算信用估值调整时，都是假设自身没有违约风险。这是因为对于大型的金融机构，一般不存在违约风险，即所谓的"大而不能倒(too big to fail)"。这种假设似乎是顺理成章的。但是，金融领域的不断发展，尤其是本章开始时介绍过的美国五大投资银行在金融风暴中破产以及违约，使人们开始怀疑这种观念。所以，在现在的交易对手信用风险中，通常需要把交易双方的违约风险考虑进去，因此对于交易对手方的信用价值调整，需要考虑自身违约的可能性导致的风险，这就是**债务价值调整** (Debt Value Adjustment, DVA)。

# 10.9 错向风险

在10.8节信用估值调整的介绍中，为了简化计算，有一个对于交易对手的信用敞口与交易对手的信用质量相互独立的假设，这实际上是规避了所谓的**方向风险** (Directional Way Risk, DWR)，即**错向风险** (Wrong Way Risk, WWR) 和**正向风险** (Right Way Risk, RWR)。错向风险反映的是信用敞口与交易对手违约概率反向相关时的一种风险。通俗地说，就是本章前面提到的风险的"雪上加霜"，即风险敞口增加的同时，交易对手的违约概率也在上升。相应地，如果信用敞口与交易对手违约概率呈正相关，则会导致正向风险。图10-21所示即为方向风险的示意图。

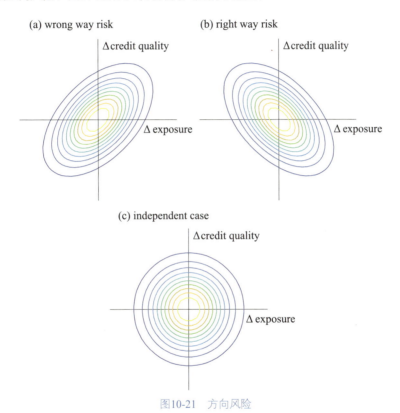

图10-21　方向风险

错向风险又分为**一般错向风险** (General Wrong Way Risk, GWWR) 和**特定错向风险** (Specific Wrong Way Risk, SWWR)。一般错向风险中信用质量的变动主要由诸如利率等宏观市场因素、政治的稳定与否以及通货膨胀等驱动因素导致。特定错向风险中信用质量的变动主要由交易对手的评级变化、经营状况等引起。下面通过几个具体的例子来理解。

例1：某交易员从A公司购买了以A公司股票为标的物的看跌期权，其行权价格为70美元。但是由于A公司评级下降，其股价跌至60美元，此时对于A公司的风险敞口增加到70-60=10美元，而同时A公司的评级下降，表明其违约概率也在增大。这个例子，就是一个典型的特定错向风险的例子。

例2：假设某美国银行A与某发展中国家银行B签订了一个**货币互换交易** (cross currency swap)。按照协议，B将交付给A美元，而同时A将支付给B当地货币。但是，由于该发展中国家经济状况恶化，当地货币大幅贬值。由此，对A来说，这份货币互换的价值大大提高，即信用敞口显著增大。而对于B来说，由于当地货币对美元的贬值，相当于需要更多的当地货币交付给A，这将增加它们的违约风险。可见，这种情况下，A的风险敞口与其交易对手的违约概率同时增大，构成了错向风险。并且，它是一个一般错向风险。

例3：银行A与某公司B签订了一份**股权收益互换** (total return swap)，银行A支付自身债券的分红收益给公司B，作为互换，银行A从公司B定期收取一笔浮动利率。如果由于利率的上升，公司B的信用质量恶化，那么公司B的违约概率随之增大。即这些股权收益互换交易产生了错向风险。

例4：油价波动对于航空公司营运成本具有很大影响，假设航空公司通过期货合同对冲油价的波动。假设油料供应商卖出40美元每桶原油期货，当交割期限临近时，油价上升到80美元每桶。这种情况下，油料供应商需要以远低于市场价格交付油料，因此会面临较大经营压力，其信用质量会下降。同时，由于油价上涨，航空公司的风险敞口显著增加，从而导致了错向风险。

另外，值得一提的是2008年的金融海啸展示了错向风险的巨大危害。在危机之前，保险机构向市场大量兜售**不动产抵押贷款** (Mortgage Backed Securities, MBS) 的**信用违约互换** (Credit Default Spread, CDS)。购买信用违约互换表面上似乎是万无一失的保险，即使标的资产违约，也可以收到赔偿金，对冲标的资产的损失，如图10-22所示。而贪婪的保险机构在缺乏监管的情况下，为了收取费用，向市场超量推销CDS。当金融危机到来时，房价的崩盘，导致MBS产品价值暴跌，极大地提高了CDS买家的信用敞口，众多买家的索赔挤兑，同进造成了自身的信用质量严重下降，并最终违约。这个经典的错向风险例子，给资本市场造成了极大的混乱。

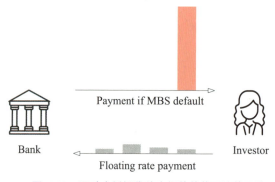

图10-22　不动产抵押贷款为标的的信用违约互换

与错向风险对应，下面介绍正向风险的例子。比如，在第一个例子中，银行和A签订的股权收益交易方向相反，即银行A支付股票的价格收益和分红收益，而投资者支付浮动利率，如图10-23所示，很容易理解，此时产生的是正向风险。

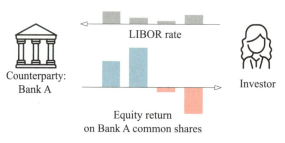

图10-23　正向风险例子

交易对手信用风险是2008年金融风暴以来，迅速引起金融监管和各大金融机构重视的一种金融风险，它的量化与管理牵扯到复杂的金融工程的课题。在本章中，对于交易对手风险的介绍，我们立足于基本概念，通过大量代码和图形对其中最常见的一些金融产品的交易对手信用风险进行了详细的讨论。另外，还深入地探讨了信用估值调整以及方向风险。交易对手信用风险还涉及更多的课题，比如更广泛的xVA等，限于篇幅，在这里没有做介绍，但是在掌握本章所介绍的这些基本知识要点的前提下，相信读者在进一步拓展这一领域时，会有一个坚实的基础。

# 第 11 章 投资组合理论 I
## Portfolio Theory I

在本书的金融计算章节讨论过一些常用的优化方法。本章将在此基础上,介绍这些方法在投资组合优化中的应用。投资组合优化是金融投资领域的一个重要课题,其中包含许多复杂的矩阵运算,为了方便理解,本章会先用基本代数方法讨论两个风险资产构成的投资组合优化,从而在视觉角度来帮助大家直观地理解投资组合优化中的一些技术细节。

将彼此间不相关的风险充分地多元化后,能够将投资组合的风险降至近似为零。
*Diversifying sufficiently among uncorrelated risks can reduce portfolio risk toward zero*
　　　　　　　　　　　　　　　　　　——哈里·马科维茨(Harry M. Markowitz)

### Core Functions and Syntaxes
### 本章核心命令代码

- `numpy.inv(A)` 计算方阵逆矩阵,相当于A^(-1)
- `pandas.read_excel()` 提取Excel中的数据
- `qpsolvers.solve_qp` 二次优化数值求解
- `scipy.optimize.Bounds()` 定义优化问题中的上下约束
- `scipy.optimize.LinearConstraint()` 定义线性约束条件
- `scipy.optimize.minimize()` 优化求解最小值

# 11.1 均值方差理论

现代投资组合理论的核心理念是通过数学模型寻找最佳投资组合，从而达到收益最大化和风险最小化的目标。回溯其发展史，1952年由**马科维茨** (Markowitz) 提出的**马科维茨均值方差投资组合理论** (Markowitz mean-variance portfolio theory) 是其中里程碑式的事件，这个理论第一次通过数学工具对金融投资领域提供了科学解释，奠定了现代投资组合分析的理论基础。从此，投资分析从"感性判断"迈入理性分析的新阶段。马科维茨本人也因此获得了诺贝尔经济学奖。

Harry M. Markowitz (1927 –) Prize motivation: "for their pioneering work in the theory of financial economics." Contribution: Constructed a micro theory of portfolio management for individual wealth holders. (Sources: https://www.nobelprize.org/prizes/economic-sciences/1990/markowitz/facts/)

马科维茨模型假设资产收益呈正态分布，尽管在实践中资产收益并不完全满足正态分布，这通常是一种合理的近似。在这种假设下，投资产品的收益率期望值即为所谓"均值"，而风险通过正态分布的波动率 (或标准差) 来计量。波动率的平方即为方差。因此，当讨论风险时，常常交替使用方差或者波动率。在实际过程中，考虑到实际分布的非正态特征，比如肥尾现象，往往会根据具体情况选择相应的风险指标来考量风险，比如选择使用历史VaR (Value at Risk) 或者ES (Expected Shortfall)。

本节通过最简单的双资产投资组合介绍均值方差理论。一个由双资产组成的**投资组合期望收益率** (expected return of a portfolio) 为：

$$E(r_p) = \boldsymbol{w}^T E(\boldsymbol{r}) = \begin{bmatrix} w_1 & w_2 \end{bmatrix} \begin{bmatrix} E(r_1) \\ E(r_2) \end{bmatrix} \tag{11-1}$$
$$= w_1 E(r_1) + w_2 E(r_2)$$

其中，向量 $\boldsymbol{w} = [w_1, w_2]^T$ 为组成资产的权重，$E(\boldsymbol{r})$ 为资产的期望收益。重要的线性等式约束为，资产1和资产2的权重之和 $w_1 + w_2$ 为1，即：

$$w_1 + w_2 = 1 \tag{11-2}$$

这个投资组合的**收益率方差** (portfolio variance) 为：

$$\sigma_p^2 = \boldsymbol{w}^T \boldsymbol{\Sigma}_r \boldsymbol{w}$$
$$= \begin{bmatrix} w_1 & w_2 \end{bmatrix} \begin{bmatrix} \text{var}(r_1) & \text{cov}(r_1, r_2) \\ \text{cov}(r_1, r_2) & \text{var}(r_2) \end{bmatrix} \begin{bmatrix} w_1 \\ w_2 \end{bmatrix} \tag{11-3}$$
$$= w_1^2 \sigma_1^2 + w_2^2 \sigma_2^2 + 2 w_1 w_2 \rho_{1,2} \sigma_1 \sigma_2$$

**收益率波动率** (portfolio volatility) $\sigma_p$ 为：

$$\sigma_p = \sqrt{\boldsymbol{w}^T \boldsymbol{\Sigma}_r \boldsymbol{w}} = \sqrt{w_1^2 \sigma_1^2 + w_2^2 \sigma_2^2 + 2 w_1 w_2 \rho_{1,2} \sigma_1 \sigma_2} \tag{11-4}$$

其中，$\rho_{1,2}$ 为双资产之间的**相关性系数** (correlation coefficient)。它是一个重要的参数。当 $\rho_{1,2} = 1$ 时：

$$\sigma_p = \sqrt{w_1^2 \sigma_1^2 + w_2^2 \sigma_2^2 + 2 w_1 w_2 \sigma_1 \sigma_2} = |w_1 \sigma_1 + w_2 \sigma_2| \tag{11-5}$$

当 $\rho_{1,2}=-1$ 时：

$$\sigma_p = \sqrt{w_1^2\sigma_1^2 + w_2^2\sigma_2^2 - 2w_1w_2\sigma_1\sigma_2} = |w_1\sigma_1 - w_2\sigma_2| \tag{11-6}$$

当 $\rho_{1,2}=0$ 时：

$$\sigma_p = \sqrt{w_1^2\sigma_1^2 + w_2^2\sigma_2^2} \tag{11-7}$$

马科维茨均值-方差模型关注收益和风险这两个维度，可以通过收益和风险的关系图来直观展示。在双资产中，资产2的权重$w_2$可以表达为$1-w_2$。因此，组合收益率期望值$E(r_p)$和组合波动率$\sigma_p$均可以表示为$w_1$的函数，可以画出组合收益率和波动率之间的关系图。

假设有如下两个资产组成投资组合，参数如下。

$$\begin{cases} E(r_1)=11\% \\ E(r_2)=16\% \end{cases}, \begin{cases} \sigma_1=25\% \\ \sigma_2=38\% \end{cases} \tag{11-8}$$

分别考虑相关性$\rho_{1,2}=-100\%$，$-50\%$，$0\%$，$50\%$，$100\%$。表11-1纵向列出$w_1$从$-30\%$到$150\%$的范围，横向考虑相关性的不同取值间的组合收益率和组合波动率。

表11-1　双资产收益和波动率的关系　　　　　　　　　　　　　　　单位：%

| | | | $\rho_{1,2}$ | | | | |
| --- | --- | --- | --- | --- | --- | --- | --- |
| | | | −100 | −50 | 0 | 50 | 100 |
| $w_1$ | $w_2$ | $E(r_p)$ | $\sigma_p$ | | | | |
| −30 | 130 | 17.50 | 56.90 | 53.55 | 49.97 | 46.11 | 41.90 |
| −20 | 120 | 17.00 | 50.60 | 48.29 | 45.87 | 43.32 | 40.60 |
| −10 | 110 | 16.50 | 44.30 | 43.10 | 41.87 | 40.61 | 39.30 |
| 0 | 100 | 16.00 | 38.00 | 38.00 | 38.00 | 38.00 | 38.00 |
| 10 | 90 | 15.50 | 31.70 | 33.02 | 34.29 | 35.52 | 36.70 |
| 20 | 80 | 15.00 | 25.40 | 28.23 | 30.81 | 33.18 | 35.40 |
| 30 | 70 | 14.50 | 19.10 | 23.76 | 27.64 | 31.04 | 34.10 |
| 40 | 60 | 14.00 | 12.80 | 19.79 | 24.90 | 29.12 | 32.80 |
| 50 | 50 | 13.50 | 6.50 | 16.73 | 22.74 | 27.47 | 31.50 |
| 60 | 40 | 13.00 | 0.20 | 15.10 | 21.36 | 26.15 | 30.20 |
| 70 | 30 | 12.50 | 6.10 | 15.39 | 20.89 | 25.21 | 28.90 |
| 80 | 20 | 12.00 | 12.40 | 17.49 | 21.40 | 24.69 | 27.60 |
| 90 | 10 | 11.50 | 18.70 | 20.86 | 22.82 | 24.62 | 26.30 |
| 100 | 0 | 11.00 | 25.00 | 25.00 | 25.00 | 25.00 | 25.00 |
| 110 | −10 | 10.50 | 31.30 | 29.58 | 27.76 | 25.81 | 23.70 |
| 120 | −20 | 10.00 | 37.60 | 34.43 | 30.95 | 27.01 | 22.40 |
| 130 | −30 | 9.50 | 43.90 | 39.46 | 34.44 | 28.56 | 21.10 |
| 140 | −40 | 9.00 | 50.20 | 44.59 | 38.16 | 30.40 | 19.80 |
| 150 | −50 | 8.50 | 56.50 | 49.80 | 42.04 | 32.48 | 18.50 |

如图11-1所示描绘了表11-1中的内容，横坐标为波动率，纵坐标为收益率。并且对比了不同相关性系数对收益率-波动率走势的影响。

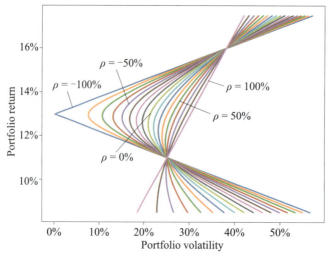

图11-1 双资产组合的收益率和风险，其中风险为波动率

读者需要注意的是资产的权重可以为负。负权重意味着卖空。两者权重相加必须为1，因此另一资产的权重必须大于100%。

通过分析收益率和组合波动率的公式，并结合图11-1和表11-1，可以得到以下结论。

- 当双资产相关性为1时，资产组合收益率和波动率呈线性关系。
- 当双资产相关性为-1时，在一定权重条件下，资产组合的波动率为0。并以此为分界点，收益率和波动率呈不同的线性关系。
- 当双资产相关性在(-1，1)之间时，收益率和方差为抛物线关系，因此收益率和波动率呈双曲线函数关系(只有右边部分，因为波动率一直为正)。

在这里，引入另一个概念，叫作**有效前沿**(efficient frontier)。马科维茨模型假设每个投资者都是理性的，那么，作为理性投资者，在相同的风险条件下，一定选择更高的收益。如图11-2实线部分所示，基于收益率和波动率的双曲线关系，有效前沿的斜率(或者对波动率的导数)必须非负。图11-2虚线部分为非有效组合。同时，显而易见的是，投资者不可能追求组合收益为负。因此当相关性为100%时，组合收益对于波动率斜率一直为正，它的有效前沿只取横轴以上的部分(观察图11-1中的直线)。

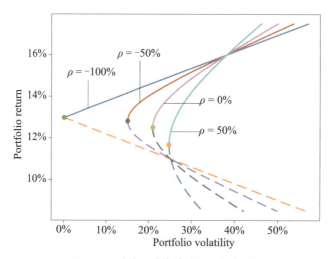

图11-2 双资产组合有效前沿为实线区段

上述在相关性取值为(-100%，100%)的区间时，投资组合收益和波动率呈双曲线关系。当波动

率为最小值时,即为曲线斜率由负变正的临界点。由于波动率对权重有函数关系,因此可以找出唯一解从而得到最小波动率。这个最小波动率即为有效前沿的起点。

方差即为波动率的平方,因此问题便归结为寻找最小方差。由于双资产权重相加为1,因此方差可以表达为只对于资产1的权重函数。

$$\mathop{\arg\min}_{w_1,w_2} \sigma_p^2 = w_1^2\sigma_1^2 + w_2^2\sigma_2^2 + 2w_1w_2\rho_{1,2}\sigma_1\sigma_2$$
$$\text{subject to: } w_1 + w_2 = 1 \tag{11-9}$$

根据等式关系 $w_2 = 1 - w_1$ 整理得到下式。

$$\sigma_p^2 = \left(\sigma_1^2 - 2\rho_{1,2}\sigma_1\sigma_2 + \sigma_2^2\right)w_1^2 + 2\sigma_2\left(\rho_{1,2}\sigma_1 - \sigma_2\right)w_1 + \sigma_2^2 \tag{11-10}$$

观察式(11-10)可以发现,最高项次系数 $\sigma_1^2 - 2\rho_{1,2}\sigma_1\sigma_2 + \sigma_2^2 \geq 0$;等于0的情况为相关性系数为1,且 $\sigma_1 = \sigma_2$,没有实际研究意义。因此一般情况下,两个风险资产构造的投资组合方差可以整理为以 $w_1$ 为变量的二次项系数大于0的二次函数,存在最大值。

对于一元二次函数,最值点位置处一阶导数为0,因此:

$$\frac{d\sigma_p^2}{dw_1} = 2\left(\sigma_1^2 - 2\rho_{1,2}\sigma_1\sigma_2 + \sigma_2^2\right)w_1^* + 2\sigma_2\left(\rho_{1,2}\sigma_1 - \sigma_2\right) = 0 \tag{11-11}$$

可以求得投资组合方差最值点处 $w_1$ 对应的具体表达为:

$$w_1^* = \frac{\sigma_2^2 - \rho_{1,2}\sigma_1\sigma_2}{\sigma_1^2 - 2\rho_{1,2}\sigma_1\sigma_2 + \sigma_2^2} \tag{11-12}$$

整理得到,投资组合方差最小值为:

$$\sigma_{p\_\min}^2 = \frac{\sigma_1^2\sigma_2^2\left(1-\rho_{1,2}^2\right)}{\sigma_1^2 - 2\rho_{1,2}\sigma_1\sigma_2 + \sigma_2^2} \tag{11-13}$$

因此,投资组合波动率最小值为:

$$\sigma_{p\_\min} = \sigma_1\sigma_2\sqrt{\frac{1-\rho_{1,2}^2}{\sigma_1^2 - 2\rho_{1,2}\sigma_1\sigma_2 + \sigma_2^2}} \tag{11-14}$$

循此规律,可以获得投资组合对应的收益率期望值为:

$$E(r_p)^* = \frac{\sigma_2^2 E(r_1) - 2\rho_{1,2}\sigma_1\sigma_2 E(r_1)E(r_2) + \sigma_1^2 E(r_2)}{\sigma_1^2 - 2\rho_{1,2}\sigma_1\sigma_2 + \sigma_2^2} \tag{11-15}$$

当相关性系数为-1时,投资组合波动率为:

$$\sigma_p = \left|(\sigma_1 + \sigma_2)w_1 - \sigma_2\right| \tag{11-16}$$

对于这个绝对值线性函数,最小值为0,而取得最小值处的 $w_1$ 对应的具体表达式为:

$$w_1^* = \frac{\sigma_2}{\sigma_1 + \sigma_2} \tag{11-17}$$

此时，投资组合波动率的最小值为：

$$\sigma_{p\_\min} = 0 \tag{11-18}$$

而对应的投资组合收益率期望值为 (读者可能注意到最值情况下的组合收益一定大于零)：

$$E(r_p)^* = \frac{\sigma_1 E(r_2) + \sigma_2 E(r_1)}{\sigma_1 + \sigma_2} \tag{11-19}$$

在本节的例子参数具体为：

$$\begin{aligned} w_1^* &= \frac{\sigma_2}{\sigma_1 + \sigma_2} = \frac{38\%}{25\% + 38\%} = 40\% \\ w_2^* &= 1 - w_1^* = 60\% \\ \sigma_{p\_\min} &= 0\% \\ E(r_p)^* &= \frac{\sigma_1 E(r_2) + \sigma_2 E(r_1)}{\sigma_1 + \sigma_2} = \frac{25\% \times 16\% + 38\% \times 11\%}{25\% + 38\%} = 12.98\% \end{aligned} \tag{11-20}$$

当相关性系数为1时，收益率和波动率的关系为同样为绝对值线性函数，最小值为0，而取得最小值处的 $w_1$ 对应的具体表达式为：

$$w_1^* = \frac{\sigma_2}{\sigma_2 - \sigma_1} \tag{11-21}$$

寻找有效前沿的起点同时需要满足组合收益大于0。

$$\begin{aligned} & E(r_p) \geq 0 \\ & \Rightarrow w_1^* \leq \frac{E(r_2)}{E(r_2) - E(r_1)} \end{aligned} \tag{11-22}$$

如果满足组合收益大于0的条件，那么此时投资组合波动率的最小值为：

$$\sigma_{p\_\min} = 0 \tag{11-23}$$

而对应的投资组合收益率期望值为：

$$E(r_p)^* = \frac{\sigma_2 E(r_1) - \sigma_1 E(r_2)}{\sigma_2 - \sigma_1} \tag{11-24}$$

在本节的例子中：

$$w_1^* = \frac{\sigma_2}{\sigma_2 - \sigma_1} = \frac{38\%}{38\% - 25\%} = 292\% \tag{11-25}$$

容易发现：

$$w_1 \leq \frac{E(r_2)}{E(r_2) - E(r_1)} = \frac{16\%}{16\% - 11\%} = 320\% \tag{11-26}$$

可以计算得到：

$$w_2^* = 1 - w_1^* = -192\% \tag{11-27}$$

从而得到：

$$\begin{cases} \sigma_{p\_\min} = 0\% \\ E(r_p)^* = \dfrac{\sigma_2 E(r_1) - \sigma_1 E(r_2)}{\sigma_2 - \sigma_1} = \dfrac{38\% \times 11\% - 25\% \times 16\%}{38\% - 25\%} = 1.38\% \end{cases} \tag{11-28}$$

表11-2列出了不同相关性条件下有效前沿的起点，即资产组合的最小波动率，及对应的组合权重和组合收益。

表11-2 不同相关性条件下最小波动率组合　　　　　　　　　　　单位：%

| $\rho_{1,2}$ | $w_1^*$ | $w_2^*$ | $E(r_p)$ | $\sigma_{p\_\min}$ |
|---|---|---|---|---|
| −100 | 60 | 40 | 12.98 | 0.00 |
| −50 | 64 | 36 | 12.82 | 14.97 |
| 0 | 70 | 30 | 12.51 | 20.89 |
| 50 | 87 | 13 | 11.67 | 24.59 |
| 100 | 292 | −192 | 1.38 | 0.00 |

图11-3中以资产1的权重w1为横坐标，纵坐标分别为投资组合的收益率[图11-3(a)]和不同相关性系数条件下的组合波动率[图11-3(b)]。方便读者更直观地感受参数间的相互关系和曲线走势。

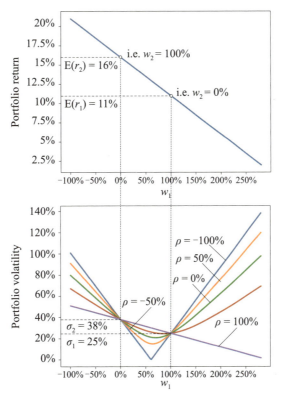

图11-3 组合收益率及波动率和资产1权重的关系

以下代码获得图11-1～图11-3。

```
B2_Ch11_1.py
```

```python
from numpy import sqrt, linspace
import matplotlib.pyplot as plt

#%% Specify Individual Assets' Returns, Volatilities, and Correlation

r1 = 0.11
r2 = 0.16
vol1 = 0.25
vol2 = 0.38

rho_range = [-1., -0.5, 0., 0.5, 1.]

#%% Two Assets Mean-Variance Framework
def TwoAssetPort(w1,w2,r1,r2,sigma1,sigma2,rho):
    PortReturn = w1*r1 + w2*r2
    PortVol = sqrt((w1*sigma1)**2+(w2*sigma2)**2+2*w1*w2*sigma1*sigma2*rho)
    return PortReturn,PortVol

#%% Plot Return-Volatility
w1 = linspace(-0.3,1.5,190)
w2 = 1- w1

fig,ax=plt.subplots()

for rho in linspace(-1,1,17):
    TwoAssetPort_Return,TwoAssetPort_Vol = TwoAssetPort(w1,w2,r1,r2,vol1,vol2,rho)
    #ax.plot(TwoAssetPort_Vol,TwoAssetPort_Return,label='rho = '+str(int(rho*100))+'%')
    ax.plot(TwoAssetPort_Vol,TwoAssetPort_Return)

ax.set(xlabel='Portfolio Volatility',ylabel='Portfolio Return')


#%% find GMVP of a Two-asset portfolio
def GMVP_TwoAssetPort(r1,r2,sigma1,sigma2,rho):
    w1_star = (sigma2**2-rho*sigma1*sigma2)/(sigma1**2-2*rho*sigma1*sigma2+sigma2**2)
    w2_star = 1-w1_star

    PortReturn = w1_star*r1 + w2_star*r2
    PortVol = sqrt((w1_star*sigma1)**2+(w2_star*sigma2)**2+2*w1_star*w2_star*sigma1*sigma2*rho)

    return PortReturn,PortVol,w1_star,w2_star

for rho in rho_range:
```

```python
    GMVP_return,GMVP_Vol,w1_star,w2_star = GMVP_TwoAssetPort(r1,r2,vol1,vol2,rho)
    
    print(rho,GMVP_return,GMVP_Vol,w1_star,w2_star)

#%%
fig,ax=plt.subplots()

for rho in rho_range[0:4]:
    
    GMVP_return,GMVP_Vol,w1_star,w2_star = GMVP_TwoAssetPort(r1,r2,vol1,vol2,rho)
    
    if r1 < r2:
        w1_under = linspace(w1_star,1.5,100)
        w2_under = 1 - w1_under
        w1 = linspace(-0.3,w1_star,100)
        w2 = 1 - w1
    else:
        w1 = linspace(w1_star,1.5,100)
        w2 = 1 - w1
        w1_under = linspace(-0.3,w1_star,100)
        w2_under = 1 - w1_under
    
    TwoAssetPort_Return_under,TwoAssetPort_Vol_under = TwoAssetPort(w1_under,w2_under,r1,r2,vol1,vol2,rho)
    
    TwoAssetPort_Return,TwoAssetPort_Vol = TwoAssetPort(w1,w2,r1,r2,vol1,vol2,rho)
    
    ax.plot(TwoAssetPort_Vol,TwoAssetPort_Return,'-',
            TwoAssetPort_Vol_under,TwoAssetPort_Return_under,'--',
            #label='rho = '+str(int(rho*100))+'%')
            )
    ax.plot(GMVP_Vol,GMVP_return,'o')

ax.set(xlabel='Portfolio Volatility',ylabel='Portfolio Return')


#%% Plot Weight 1 vs Return & Volatility
w1 = linspace(-1.0,2.8,190)
w2 = 1- w1

fig,ax=plt.subplots()

for rho in rho_range:
    
    TwoAssetPort_Return,TwoAssetPort_Vol =
```

```
TwoAssetPort(w1,w2,r1,r2,vol1,vol2,rho)

    ax.plot(w1,TwoAssetPort_Vol,label='rho = '+str(int(rho*100))+'%')

ax.set(xlabel='Weight 1',ylabel='Portfolio Volatility')
plt.legend()


fig,ax=plt.subplots()
ax.plot(w1,TwoAssetPort_Return)
ax.set(xlabel='Weight 1',ylabel='Portfolio Return')
plt.legend()
```

## 11.2 拉格朗日函数优化求解

投资组合规划问题的本质为**二次规划** (Quadratic programming) 的优化计算过程，对于它的求解，通常可以通过构建拉格朗日函数求解极值问题进行解决。本节将通过拉格朗日函数法对双资产组合进行优化求解。

回顾11.1节中的优化问题。

$$\underset{w_1,w_2}{\arg\min} \quad \sigma_p^2 = w_1^2\sigma_1^2 + w_2^2\sigma_2^2 + 2w_1w_2\rho_{1,2}\sigma_1\sigma_2$$
$$\text{subject to: } w_1 + w_2 = 1 \tag{11-29}$$

构建如下所示的拉格朗日函数。

$$L(w_1,w_2,\lambda) = w_1^2\sigma_1^2 + w_2^2\sigma_2^2 + 2w_1w_2\rho_{1,2}\sigma_1\sigma_2 + \lambda(1-w_1-w_2) \tag{11-30}$$

对 $w_1$、$w_2$ 和乘子 $\lambda$ 分别求导，使其等于0，可以求得：

$$\frac{\partial}{\partial w_1}L(w_1,w_2,\lambda) = 2w_1^*\sigma_1^2 + 2w_2^*\rho_{1,2}\sigma_1\sigma_2 - \lambda = 0$$
$$\frac{\partial}{\partial w_2}L(w_1,w_2,\lambda) = 2w_2^*\sigma_2^2 + 2w_1^*\rho_{1,2}\sigma_1\sigma_2 - \lambda = 0 \tag{11-31}$$
$$\frac{\partial}{\partial \lambda}L(w_1,w_2,\lambda) = w_1^* + w_2^* = 1$$

整理可得：

$$w_2^* = 1 - w_1^*$$
$$2w_1^*\sigma_1^2 + 2w_2^*\rho_{1,2}\sigma_1\sigma_2 = 2w_2^*\sigma_2^2 + 2w_1^*\rho_{1,2}\sigma_1\sigma_2 \tag{11-32}$$

继续整理，得到最值状态下，$w_1$ 和 $w_2$ 的取值为：

$$w_1^* = \frac{\sigma_2^2 - \rho_{1,2}\sigma_1\sigma_2}{\sigma_1^2 - 2\rho_{1,2}\sigma_1\sigma_2 + \sigma_2^2}$$
$$w_2^* = \frac{\sigma_1^2 - \rho_{1,2}\sigma_1\sigma_2}{\sigma_1^2 - 2\rho_{1,2}\sigma_1\sigma_2 + \sigma_2^2}$$
(11-33)

因此，组合的最小方差为：

$$\sigma_{p\_min}^2 = w_2^{*2}\sigma_1^2 + w_2^{*2}\sigma_2^2 + 2w_1^*w_2^*\rho_{1,2}\sigma_1\sigma_2$$
$$= \frac{\sigma_1^2\sigma_2^2(1-\rho_{1,2}^2)}{\sigma_1^2 - 2\rho_{1,2}\sigma_1\sigma_2 + \sigma_2^2}$$
(11-34)

循此规律，可以获得投资组合对应的收益率期望值为：

$$E(r_p)^* = w_1^* E(r_1) + w_2^* E(r_2)$$
$$= \frac{\sigma_2^2 E(r_1) - 2\rho_{1,2}\sigma_1\sigma_2 E(r_1) + \sigma_1^2 E(r_2)}{\sigma_1^2 - 2\rho_{1,2}\sigma_1\sigma_2 + \sigma_2^2}$$
(11-35)

与11.1节的推导结果做比较，是完全一样的。

类似的，三资产组合寻找最小组合方差，也同样可以用拉格朗日函数求解，但是其计算更加复杂。至于更加复杂的多资产组合，将借助矩阵的形式进行求解。

## 11.3 总体最小风险资产组合

本节通过矩阵的方式来推演在多资产条件下，寻找投资组合的最小风险以及各资产的权重。在这里，最小风险投资组合通常被称为**总体最小方差组合** (Global Minimum Variance Portfolio, GMVP)。

下面首先介绍需要用到的向量及方阵的表示：权重 $w$ 为 $n \times 1$ 的列向量，罗列了 $n$ 个可供选择资产的权重；类似的，这 $n$ 个资产预期收益率 $E_r$ 也为 $n \times 1$ 的列向量，$n$ 个资产间的方差-协方差矩阵 $\Sigma_r$ 为 $n \times n$ 的方阵，如图11-4所示。

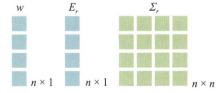

图11-4 资产权重列向量，预期收益率列向量，收益率方差-协方差矩阵

寻求GMVP的多资产组合优化问题，被归纳为：

$$\arg\min_{w} \sigma_p^2 = w^T \Sigma_r w$$
$$\text{subject to: } w^T \mathbf{1} = 1$$
(11-36)

由此可以构建拉格朗日函数为：

$$L(w,\lambda) = w^T \Sigma_r w + \lambda(1 - w^T 1) \tag{11-37}$$

其中，$\lambda$为拉格朗日乘子。下一步，对权重向量$w$和乘子$\lambda$分别求导，并使其等于0，可以得到最值处的权重向量$w^*$。

$$\frac{\partial}{\partial w}L(w,\lambda) = 2\Sigma_r w^* - \lambda 1 = 0$$
$$\frac{\partial}{\partial \lambda}L(w,\lambda) = 1 - w^{*T}1 = 0 \tag{11-38}$$

经过整理可得：

$$\begin{cases} 2\Sigma_r w^* - \lambda 1 = 0 \\ 1^T w^* = 1 \end{cases}$$
$$\Rightarrow \begin{bmatrix} 2\Sigma_r & -1 \\ 1^T & 0 \end{bmatrix} \begin{bmatrix} w^* \\ \lambda \end{bmatrix} = \begin{bmatrix} 0 \\ 1 \end{bmatrix} \tag{11-39}$$

如图11-5演示了计算矩阵的图像表达，助于读者理解。注意，图11-5中乘号 × 仅表达矩阵乘法。

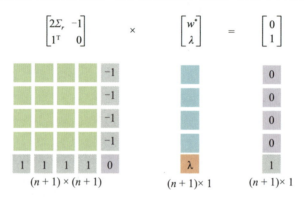

图11-5　GMVP权重的求解解析矩阵式

通过Python代码求解时，可以简单编写下面的矩阵，计算即可得出GMVP的权重向量$w^*$。

$$\begin{bmatrix} w^* \\ \lambda \end{bmatrix} = \begin{bmatrix} 2\Sigma_r & -1 \\ 1^T & 0 \end{bmatrix}^{-1} \begin{bmatrix} 0 \\ 1 \end{bmatrix} \tag{11-40}$$

下面将继续推导GMVP下权重、组合方差和组合收益率的表达式。注意以下推导只为方便大家理解，代码编写只需式(11-40)矩阵运算求解权重即可。

$$\begin{cases} 2\Sigma_r w^* - \lambda 1 = 0 \\ 1^T w^* = 1 \end{cases}$$
$$\Rightarrow w^* = \frac{\lambda}{2}\Sigma_r^{-1} 1$$
$$\Rightarrow 1^T \frac{\lambda}{2}\Sigma_r^{-1} 1 = 1 \tag{11-41}$$

由此可得到λ和权重$w^*$的取值为:

$$\lambda = \frac{2}{1^T \Sigma_r^{-1} 1}$$

$$w^* = \frac{\Sigma_r^{-1} 1}{1^T \Sigma_r^{-1} 1}$$

(11-42)

因此, 可以推导得出总体最小方差组合的方差表达为:

$$\begin{aligned}
\sigma_{p\_Global\_MVP}^2 &= w^{*T} \Sigma_r w^* \\
&= \left[\frac{\lambda}{2}\Sigma_r^{-1}1\right]^T \Sigma_r \left[\frac{\lambda}{2}\Sigma_r^{-1}1\right] \\
&= \frac{\lambda^2}{4} 1^T \Sigma_r^{-1} \Sigma_r \Sigma_r^{-1} 1 = \frac{\lambda^2}{4} 1^T \Sigma_r^{-1} 1 \\
&= \frac{1}{4}\left(\frac{2}{1^T \Sigma_r^{-1} 1}\right)^2 (1^T \Sigma_r^{-1} 1) \\
&= \frac{1}{1^T \Sigma_r^{-1} 1}
\end{aligned}$$

(11-43)

此时, GMVP下的组合收益期望值为:

$$\begin{aligned}
E(r_p)^* &= w^{*T} E(r) \\
&= \left[\frac{\lambda}{2}\Sigma_r^{-1}1\right]^T E(r) \\
&= \frac{\lambda}{2} 1^T \Sigma_r^{-1} E(r) \\
&= \frac{1^T \Sigma_r^{-1} E(r)}{1^T \Sigma_r^{-1} 1}
\end{aligned}$$

(11-44)

也可推得GMVP的方差及其组合收益率期望值的关系为:

$$E(r_p) = \sigma_{p\_Global\_min}^2 1^T \Sigma_r^{-1} E(r)$$

(11-45)

由于收益率方差-协方差方阵可写作波动率和相关性系数方阵的乘积, 因此相关性对最小取值的影响很大。本节套用11.1节中的例子, 通过双资产的例子, 感受一下风险资产的单一相关性系数对于最小组合波动率的渐变影响, 如图11-7所示。

$$\begin{cases} E(r_1) = 11\% \\ E(r_2) = 16\% \end{cases}, \begin{cases} \sigma_1 = 25\% \\ \sigma_2 = 38\% \end{cases}$$

(11-46)

如图11-8所示, 描绘了相关性系数从-100%至100%的最小组合波动率, 以及它们对应的组合收益。可以看到, GMVP的收益率和相关性系数呈反比。很显然, 资产间相关性越高, 越难通过组合降低风险。GMVP的波动率在相关性系数由负转正的变化过程中, 逐渐上升, 而当相关性高于一定程度时 (这个例子中, 大约高于66%), 组合的波动率将会明显下降。这是因为组合主要通过卖空其中一个资产来对冲另一个资产的收益, 从而降低组合风险。而此时, 为了降低组合风险, 就要牺牲组合收益率。

因此, 好的投资组合需要由相互间相关性系数低, 甚至为负的资产来组合。

如图11-6所示为双资产间相关性系数和由此双资产而得GMVP组合收益率的关系。

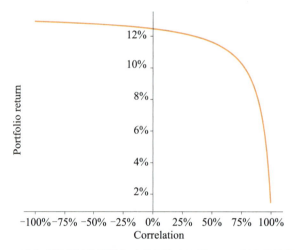

图11-6 双资产间相关性系数和由此双资产而得GMVP组合收益率的关系

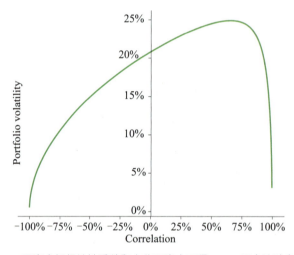

图11-7 双资产间相关性系数和由此双资产而得GMVP组合波动率的关系

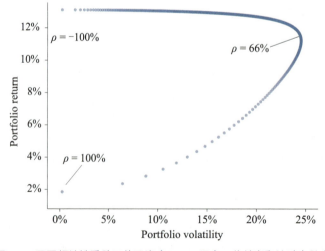

图11-8 不同相关性系数下的双资产GMVP组合，收益率和波动率散点图

以下代码可以获得图11-6～图11-8。

```
B2_Ch11_1.py
```

```python
#%% Plot Two-Asset GMVP
from numpy import matrix, dot, ones, array, linspace, append, sqrt
from numpy.linalg import inv
import matplotlib.pyplot as plt

r1 = 0.11
r2 = 0.16
vol1 = 0.25
vol2 = 0.38

rho_range = linspace(-1,1,500)
Vol_GMVP_range = array([])
R_GMVP_range = array([])

for rho in rho_range:
    CovM = matrix([[vol1**2, rho*vol1*vol2],[rho*vol1*vol2, vol2**2]])
    Var_GMVP = 1/dot(dot(ones(2),inv(CovM)),ones((2,1)))
    
    Vol_GMVP = sqrt(Var_GMVP)
    R_GMVP = Var_GMVP*dot(dot(ones(2),inv(CovM)),array([[r1],[r2]]))
    
    Vol_GMVP_range = append(Vol_GMVP_range,Vol_GMVP)
    R_GMVP_range = append(R_GMVP_range,R_GMVP)

fig,ax=plt.subplots()
ax.plot(rho_range,R_GMVP_range)
ax.set(xlabel='Correlation',ylabel='Portfolio Return')

fig,ax=plt.subplots()
ax.plot(rho_range,Vol_GMVP_range)
ax.set(xlabel='Correlation',ylabel='Portfolio Vol')

fig,ax=plt.subplots()
ax.plot(Vol_GMVP_range,R_GMVP_range,'o')
ax.set(xlabel='Portfolio Vol',ylabel='Portfolio Return')
```

## 11.4 有效前沿

在11.1节中已经提到过有效前沿，即认为在同等风险条件下，一位理性投资者一定会选择收益较大的投资组合。如图11-9所示，组合1和组合3具有相同风险，但组合3比组合1有较大的收益率，因此一位理性投资者一定会选取组合3。同样道理，在同一预期收益条件下，理性投资者一定选择风险 (即组合波动率) 较小的投资组合，如图11-9中，组合2和组合4具有相同收益率，但组合4比组合2有较小的波动率，因此一位理性投资者一定会选取组合4。

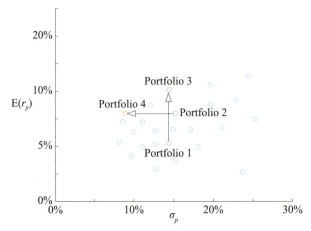

图11-9　各资产组合的收益率和波动率

因此在指定目标组合收益率的情况下，利用可选用的资产，一定能找到一个风险最小的投资组合。把这些组合在收益率-波动率的二维图中描绘出来，即为有效前沿。同样地，在11.1节已经讨论过，有效前沿的起点即为最小风险组合 (GMVP)，如图11-10所示。

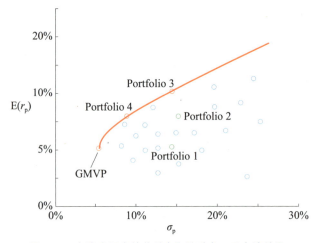

图11-10　各资产组合的收益率和波动率，及有效前沿

类似寻找GMVP的权重，寻找有效前沿的问题同样可归纳、优化问题为给定目标收益，最小化风险。因此比起11.3节讨论最小风险资产组合，此时多了一个目标收益的线性条件为：

$$\arg\min_{\boldsymbol{w}} \sigma_p^2 = \boldsymbol{w}^{\mathrm{T}} \boldsymbol{\Sigma}_r \boldsymbol{w}$$
$$\text{subject to:} \begin{cases} \boldsymbol{w}^{\mathrm{T}} \boldsymbol{1} = 1 \\ \boldsymbol{w}^{\mathrm{T}} \mathrm{E}(\boldsymbol{r}) = \mathrm{E}(r_p) \end{cases} \quad (11\text{-}47)$$

构建拉格朗日函数为：

$$L(\boldsymbol{w}, \lambda, \gamma) = \boldsymbol{w}^{\mathrm{T}} \boldsymbol{\Sigma}_r \boldsymbol{w} + \lambda \left(1 - \boldsymbol{w}^{\mathrm{T}} \boldsymbol{1}\right) + \gamma \left(\mathrm{E}(r_p) - \boldsymbol{w}^{\mathrm{T}} \mathrm{E}(\boldsymbol{r})\right) \quad (11\text{-}48)$$

对权重向量$w$和乘子$\lambda$与$\gamma$分别求导，使其等于0。可以得到最值处的权重向量$w^*$为：

$$\frac{\partial}{\partial w}L(w,\lambda,\gamma)=2\Sigma_r w^*-\lambda 1-\gamma \mathrm{E}(r)=0$$
$$\frac{\partial}{\partial \lambda}L(w,\lambda,\gamma)=1-w^{*\mathrm{T}}1=0 \quad (11\text{-}49)$$
$$\frac{\partial}{\partial \gamma}L(w,\lambda,\gamma)=\mathrm{E}(r_p)-w^{*\mathrm{T}}\mathrm{E}(r)=0$$

经过整理可得：

$$\begin{cases} 2\Sigma_r w^*-\lambda 1-\gamma \mathrm{E}(r)=0 \\ 1^{\mathrm{T}}w^*=1 \\ \mathrm{E}(r)^{\mathrm{T}}w^*=\mathrm{E}(r_p) \end{cases}$$
$$\Rightarrow \begin{bmatrix} 2\Sigma_r & -1 & -\mathrm{E}(r) \\ 1^{\mathrm{T}} & 0 & 0 \\ \mathrm{E}(r)^{\mathrm{T}} & 0 & 0 \end{bmatrix}\begin{bmatrix} w^* \\ \lambda \\ \gamma \end{bmatrix}=\begin{bmatrix} 0 \\ 1 \\ \mathrm{E}(r_p) \end{bmatrix} \quad (11\text{-}50)$$

如图11-11展示了计算矩阵的图像表达。

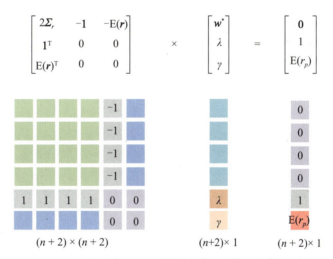

图11-11 目标组合收益率下，寻找最低方差组合的权重求解解析矩阵式

同样地，通过Python求解时，可以简单编写下面的矩阵计算便可得出目标组合收益下，最小风险组合的权重$w^*$为：

$$\begin{bmatrix} w^* \\ \lambda \\ \gamma \end{bmatrix}=\begin{bmatrix} 2\Sigma_r & -1 & -\mathrm{E}(r) \\ 1^{\mathrm{T}} & 0 & 0 \\ \mathrm{E}(r)^{\mathrm{T}} & 0 & 0 \end{bmatrix}^{-1}\begin{bmatrix} 0 \\ 1 \\ \mathrm{E}(r_p) \end{bmatrix} \quad (11\text{-}51)$$

本节将公式继续推导下去。注意以下推导只是作为分析用，用Python编写代码时只需对式(11-51)矩阵求解即可。

由对权重$w$的偏导为0，可以得出权重对乘子$\lambda$与$\gamma$的表达。

$$2\Sigma_r w^* = \begin{bmatrix} 1 & E(r) \end{bmatrix} \begin{bmatrix} \lambda \\ \gamma \end{bmatrix}$$
$$\Rightarrow$$
$$w^* = \frac{1}{2}\Sigma_r^{-1} \begin{bmatrix} 1 & E(r) \end{bmatrix} \begin{bmatrix} \lambda \\ \gamma \end{bmatrix} \tag{11-52}$$

而对拉格朗日乘子$\lambda$与$\gamma$的偏导为0，可以得出：

$$\begin{bmatrix} 1^T \\ E(r)^T \end{bmatrix} w^* = \begin{bmatrix} 1 \\ E(r_p) \end{bmatrix} \tag{11-53}$$

由此，结合式(11-52)和式(11-53)可得乘子$\lambda$和$\gamma$为：

$$\begin{bmatrix} 1 \\ E(r_p) \end{bmatrix} = \begin{bmatrix} 1^T \\ E(r)^T \end{bmatrix} \frac{1}{2}\Sigma_r^{-1} \begin{bmatrix} 1 & E(r) \end{bmatrix} \begin{bmatrix} \lambda \\ \gamma \end{bmatrix}$$
$$\Rightarrow$$
$$\begin{bmatrix} \lambda \\ \gamma \end{bmatrix} = \frac{\begin{bmatrix} 1 \\ E(r_p) \end{bmatrix}}{\frac{1}{2}\begin{bmatrix} 1^T \\ E(r)^T \end{bmatrix} \Sigma_r^{-1} \begin{bmatrix} 1 & E(r) \end{bmatrix}} \tag{11-54}$$

将此乘子的表达列向量带入权重列向量表达式中，可以得到最小方差的权重列向量$w^*$为：

$$w^* = \frac{\frac{1}{2}\Sigma_r^{-1}\begin{bmatrix} 1 & E(r)\end{bmatrix}\begin{bmatrix} 1 \\ E(r_p)\end{bmatrix}}{\frac{1}{2}\begin{bmatrix} 1^T \\ E(r)^T\end{bmatrix}\Sigma_r^{-1}\begin{bmatrix} 1 & E(r)\end{bmatrix}}$$
$$= \frac{\Sigma_r^{-1}\begin{bmatrix} 1 & E(r)\end{bmatrix}}{\begin{bmatrix} 1^T \\ E(r)^T\end{bmatrix}\Sigma_r^{-1}\begin{bmatrix} 1 & E(r)\end{bmatrix}}\begin{bmatrix} 1 \\ E(r_p)\end{bmatrix}$$
$$\Rightarrow$$
$$w^* = \frac{\Sigma_r^{-1}\begin{bmatrix} 1 & E(r)\end{bmatrix}}{\begin{bmatrix} 1^T\Sigma_r^{-1}1 & 1^T\Sigma_r^{-1}E(r) \\ E(r)^T\Sigma_r^{-1}1 & E(r)^T\Sigma_r^{-1}E(r) \end{bmatrix}}\begin{bmatrix} 1 \\ E(r_p) \end{bmatrix} \tag{11-55}$$

权重向量$w^*$的分母为一个2×2的矩阵，这里可暂且用$M$来表示。

$$M = \begin{bmatrix} 1^T \\ E(r)^T \end{bmatrix} \Sigma_r^{-1} \begin{bmatrix} 1 & E(r) \end{bmatrix}$$
$$= \begin{bmatrix} 1^T\Sigma_r^{-1}1 & 1^T\Sigma_r^{-1}E(r) \\ E(r)^T\Sigma_r^{-1}1 & E(r)^T\Sigma_r^{-1}E(r) \end{bmatrix} \tag{11-56}$$

继续推导目标组合收益下的最小风险，即最小可能组合方差的表达式。

$$\begin{aligned}
\sigma^2_{p\_min} &= \boldsymbol{w}^T \boldsymbol{\Sigma}_r \boldsymbol{w} \\
&= \begin{bmatrix} 1 & E(r_p) \end{bmatrix} \boldsymbol{M}^{-1} \begin{bmatrix} 1 & E(r) \end{bmatrix}^T \boldsymbol{\Sigma}_r^{-1} \boldsymbol{\Sigma}_r \boldsymbol{\Sigma}_r^{-1} \begin{bmatrix} 1 & E(r) \end{bmatrix} \boldsymbol{M}^{-1} \begin{bmatrix} 1 \\ E(r_p) \end{bmatrix} \\
&= \begin{bmatrix} 1 & E(r_p) \end{bmatrix} \boldsymbol{M}^{-1} \boldsymbol{M} \boldsymbol{M}^{-1} \begin{bmatrix} 1 \\ E(r_p) \end{bmatrix} \\
&= \begin{bmatrix} 1 & E(r_p) \end{bmatrix} \boldsymbol{M}^{-1} \begin{bmatrix} 1 \\ E(r_p) \end{bmatrix}
\end{aligned} \tag{11-57}$$

这里可以观察到，组合最小方差和给定的目标组合收益为抛物线关系。为了便于继续推导，把矩阵 $\boldsymbol{M}$ 的4个元素写作：

$$\boldsymbol{M} = \begin{bmatrix} x & y \\ y & z \end{bmatrix}$$

where:
$$\begin{cases} x = \boldsymbol{1}^T \boldsymbol{\Sigma}_r^{-1} \boldsymbol{1} \\ y = \boldsymbol{1}^T \boldsymbol{\Sigma}_r^{-1} E(\boldsymbol{r}) \\ z = E(\boldsymbol{r})^T \boldsymbol{\Sigma}_r^{-1} E(\boldsymbol{r}) \end{cases} \tag{11-58}$$

矩阵 $\boldsymbol{M}$ 的逆矩阵即为：

$$\boldsymbol{M}^{-1} = \frac{1}{xz - y^2} \begin{bmatrix} z & -y \\ -y & x \end{bmatrix} \tag{11-59}$$

因此，目标组合收益 $E(r_p)$ 下的最小方差的计算为：

$$\begin{aligned}
\sigma^2_{p\_min} &= \begin{bmatrix} 1 & E(r_p) \end{bmatrix} \boldsymbol{M}^{-1} \begin{bmatrix} 1 \\ E(r_p) \end{bmatrix} \\
&= \frac{1}{xz - y^2} \begin{bmatrix} 1 & E(r_p) \end{bmatrix} \begin{bmatrix} z & -y \\ -y & x \end{bmatrix} \begin{bmatrix} 1 \\ E(r_p) \end{bmatrix} \\
&= \frac{x E(r_p)^2 - 2y E(r_p) + z}{xz - y^2}
\end{aligned} \tag{11-60}$$

整理可得：

$$\begin{aligned}
\sigma^2_{p\_min} &= \frac{x}{xz - y^2} \left[ E(r_p)^2 - \frac{2y}{x} E(r_p) + \frac{z}{x} \right] \\
&= \frac{x}{xz - y^2} \left( E(r_p) - \frac{y}{x} \right)^2 + \frac{1}{x}
\end{aligned} \tag{11-61}$$

推导至此，由于 $x$、$y$ 和 $z$ 都是能通过已知的参数可得的常数。因此，可以描绘出最小方差以目标收益为变量的抛物线，如图11-12所示。同时读者思考一下，为什么 $\dfrac{x}{xz - z^2}$ 大于0？

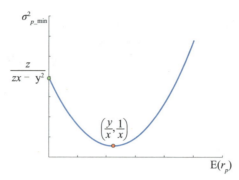

图11-12　组合最小方差以目标收益为变量的抛物线

此时，GMVP的方差取值和对应的组合收益率期望值为：

$$\sigma_{p\_Global\_min}^2 = \frac{1}{x} = \frac{1}{\mathbf{1}^T \boldsymbol{\Sigma}_r^{-1} \mathbf{1}}$$
$$\text{when}$$
$$E(r_p)^* = \frac{y}{x} = \frac{\mathbf{1}^T \boldsymbol{\Sigma}_r^{-1} E(\mathbf{r})}{\mathbf{1}^T \boldsymbol{\Sigma}_r^{-1} \mathbf{1}} \tag{11-62}$$

而此时推导可得权重 $\mathbf{w}^{*\text{GMVP}}$ 列向量为：

$$E(r_p) = \mathbf{w}^{*\text{GMVPT}} E(\mathbf{r}) = \frac{\mathbf{1}^T \boldsymbol{\Sigma}_r^{-1} E(\mathbf{r})}{\mathbf{1}^T \boldsymbol{\Sigma}_r^{-1} \mathbf{1}}$$
$$\Rightarrow$$
$$\mathbf{w}^{*\text{GMVP}} = \frac{\boldsymbol{\Sigma}_r^{-1} \mathbf{1}}{\mathbf{1}^T \boldsymbol{\Sigma}_r^{-1} \mathbf{1}} \tag{11-63}$$

读者可以比较列 $\mathbf{w}^{*\text{GMVP}}$ 权重向量和11.3节的最小方差表达式，可见它们是一致的。

另外，通过最小方差的表达式，可以将其进一步改写为组合收益率期望值和最小波动率的双曲线表达式为：

$$\sigma_p^2 = \frac{x}{xz-y^2}\left(E(r_p) - \frac{y}{x}\right)^2 + \frac{1}{x}$$
$$\Rightarrow$$
$$\frac{\sigma_p^2}{1/x} - \frac{\left(E(r_p) - \frac{y}{x}\right)^2}{(xz-y^2)/x^2} = 1 \tag{11-64}$$

因此，可以将这段双曲线表达描绘在由组合收益为纵坐标，投资组合波动率为横坐标的坐标系中。投资组合的最小波动率一定大于零，所以这段双曲线方程表达了双曲线的右半部分，如图11-13所示。有效前沿即为GMVP的上半段。通过推导，可以得到这段双曲线的渐近线为：

$$\begin{cases} E(r_p) = \sqrt{\dfrac{xz-y^2}{x}}\sigma_p + \dfrac{y}{x} \\ E(r_p) = -\sqrt{\dfrac{xz-y^2}{x}}\sigma_p + \dfrac{y}{x} \end{cases} \tag{11-65}$$

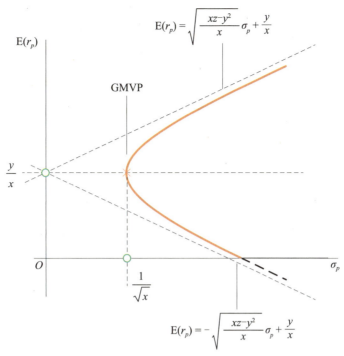

图11-13　目标收益和组合最小波动率的关系图

这里的推导，表明了有效前沿曲线在收益率—波动率的坐标系中，是一条符合以上渐近线所包含的双曲线右半部分的非负部分。当然，GMVP为有效前沿曲线的起点。

本节包含较多的数学推导，在这里总结一下有效前沿的求解过程。求解的目标为在收益率—波动率的坐标系中，描绘出有效前沿。

> ◂ 已知量为$n$个资产的各自预期收益率，方差-协方差矩阵和目标投资组合收益；
> ◂ 求解每个对应目标投资组合的最小波动率，以及对应的权重列向量。由此可得最小波动率和目标组合收益率的双曲线函数。

有效前沿的解析式方程非常烦琐，读者没有必要去记忆，而理解整个推导过程有助于了解背后的数学意义。

注意，本节讨论的有效前沿，只有权重相加为1这一个条件。当条件为等式时，优化过程的解有解析式。如果条件为不等式，优化解没有解析式，只能得到数值解。

## 11.5 有效前沿实例

本节将选取10支来自不用行业的美股，计算由这10支美股组成的有效前沿。表11-3列出了这10支美股的收益率和波动率，这里的收益率由历史平均年化月收益率来代替收益率预期。数据的计算基于2001年至2019年的月收益。为了避免同行业之间可能存在的高关联性，这10支个股来自9个不同的行业大类。而来自同一消费者非必需品行业 (Consumer discretionary) 的麦当劳 (MCD) 和蒂芙尼 (TIF) 也属于完全不同的细分领域，前者为食品快餐类，后者为奢侈品类。

表11-3  10支个股名称，收益率，波动率列表

| Ticker | Return | Vol | Long Name | Sector |
|---|---|---|---|---|
| BA | 12.4% | 27.9% | Boeing | Industrials |
| COST | 12.5% | 19.9% | Costco | Consumer Staples |
| DD | 7.2% | 36.7% | DuPont de Nemours | Materials |
| DIS | 11.3% | 23.4% | Walt Disney Company | Communication Services |
| JPM | 10.2% | 28.9% | JPMorgan | Financials |
| MCD | 11.0% | 18.5% | McDonald's | Consumer Discretionary |
| MSFT | 13.6% | 25.6% | Microsoft | IT |
| PFE | 0.9% | 18.5% | Pfizer | Healthcare |
| TIF | 14.4% | 36.8% | Tiffany | Consumer Discretionary |
| XOM | 4.0% | 17.5% | Exxon Mobil Corp | Energy |

在收益率—波动率的坐标图中，大致描绘出了这10支个股的分布，可以看出散点图基本上呈现高风险高收益的总体走势，如图11-14所示。

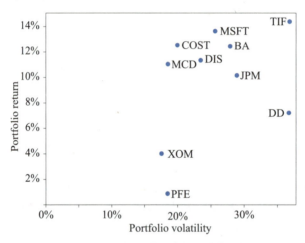

图11-14  10支美股在收益率—波动率散点图

10支股票之间的相关系数方阵是方差-协方差系数的重要成分，如表11-4所示。

表11-4  10支个股间的相关性系数矩阵                              单位：%

| Correlation | BA | COST | DD | DIS | JPM | MCD | MSFT | PFE | TIF | XOM |
|---|---|---|---|---|---|---|---|---|---|---|
| BA | 100 | 26 | 47 | 51 | 35 | 33 | 22 | 31 | 41 | 35 |
| COST | 26 | 100 | 32 | 40 | 34 | 28 | 36 | 22 | 44 | 16 |
| DD | 47 | 32 | 100 | 56 | 54 | 23 | 34 | 27 | 47 | 28 |
| DIS | 51 | 40 | 56 | 100 | 49 | 38 | 38 | 31 | 53 | 30 |
| JPM | 35 | 34 | 54 | 49 | 100 | 36 | 49 | 42 | 51 | 27 |
| MCD | 33 | 28 | 23 | 38 | 36 | 100 | 25 | 34 | 27 | 34 |
| MSFT | 22 | 36 | 34 | 38 | 49 | 25 | 100 | 28 | 45 | 29 |
| PFE | 31 | 22 | 27 | 31 | 42 | 34 | 28 | 100 | 26 | 33 |
| TIF | 41 | 44 | 47 | 53 | 51 | 27 | 45 | 26 | 100 | 28 |
| XOM | 35 | 16 | 28 | 30 | 27 | 34 | 29 | 33 | 28 | 100 |

回顾方差-协方差矩阵 $\Sigma_r$ 为：

$$\Sigma_r = \sigma^T R_r \sigma \tag{11-66}$$

其中，$\sigma$ 为资产波动率的列向量，方阵 $R_r$ 为相关系数方阵，其中的对角线元素都为100%。

在11.3节中，我们学习过计算总体最小方差组合GMVP，通过Python编写计算过程得出GMVP条件下的权重 $w^*$，如图11-15所示。

$$\begin{bmatrix} w^* \\ \lambda \end{bmatrix} = \begin{bmatrix} 2\Sigma_r & -1 \\ I^T & 0 \end{bmatrix}^{-1} \begin{bmatrix} 0 \\ 1 \end{bmatrix} \tag{11-67}$$

有了权重 $w^*$，即可得出最小组合波动率12.2%及相应的组合收益7.05%。

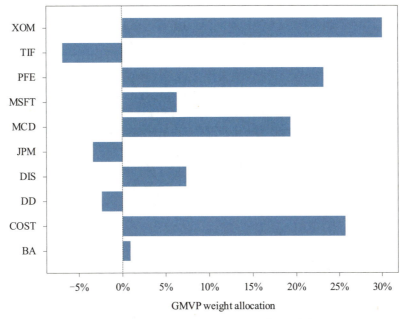

图11-15　允许卖空条件下，GMVP的权重分布

在这10支美股中，奢侈品公司蒂芙尼 (TIF) 的权重为最大的负权重，达到-7%，意味着卖空蒂芙尼能很大程度上帮助投资组合减小风险。回顾它们的波动率表11-3和相关系数方阵表11-4，蒂芙尼的波动率在这10支美股中最大，而且它和另外9支美股的相关性系数都偏高，其中不少系数都在40%或50%以上。因此卖空蒂芙尼能有效达到降低组合风险的效果。另外，组合也需要卖空摩根大通 (JPM) 和杜邦公司 (DD)。两者都具有较高波动性，同时摩根大通和其他股票具有较高的相关性。

接下来，回顾11.4节学习的有效前沿内容，给定一系列目标组合收益，可以计算出有效前沿。通过Python编写以下公式计算各目标组合收益下的最小风险组合权重。

$$\begin{bmatrix} w^* \\ \lambda \\ \gamma \end{bmatrix} = \begin{bmatrix} 2\Sigma_r & -1 & -E(r) \\ 1^T & 0 & 0 \\ E(r)^T & 0 & 0 \end{bmatrix}^{-1} \begin{bmatrix} 0 \\ 1 \\ E(r_p) \end{bmatrix} \tag{11-68}$$

节选部分组合的权重及其对应的组合收益和波动率，如表11-5所示。

表11-5 允许卖空条件下，目标收益最小波动率组合的权重　　　　　　　　　　　　单位：%

| Ticker | Weights | | | | | | | |
|---|---|---|---|---|---|---|---|---|
| BA | 3 | 5 | 7 | 9 | 11 | 13 | 15 | 16 |
| COST | 27 | 29 | 31 | 33 | 35 | 37 | 38 | 39 |
| DD | -4 | -5 | -6 | -7 | -9 | -10 | -11 | -11 |
| DIS | 8 | 9 | 9 | 10 | 10 | 11 | 12 | 12 |
| JPM | -3 | -2 | -2 | -1 | -1 | -1 | -1 | -1 |
| MCD | 22 | 25 | 28 | 31 | 33 | 36 | 39 | 41 |
| MSFT | 8 | 11 | 13 | 15 | 17 | 20 | 22 | 23 |
| PFE | 18 | 12 | 6 | 0 | -6 | -12 | -18 | -20 |
| TIF | -7 | -6 | -6 | -6 | -6 | -5 | -5 | -5 |
| XOM | 27 | 24 | 20 | 17 | 14 | 10 | 7 | 6 |
| Portfolio return | 8.00 | 9.00 | 10.00 | 11.00 | 12.00 | 13.00 | 14.00 | 14.38 |
| Portfolio volatility | 12.3 | 12.5 | 12.9 | 13.4 | 14.1 | 14.8 | 15.7 | 16.0 |

这些在有效前沿上的资产组合都卖空了蒂芙尼(TIF)、杜邦(DD)和摩根大通(JPM)。但随着组合目标收益增大，组合中相应地加持了麦当劳 (MCD)、微软 (MSFT)、波音 (BA)和开市客 (COST)。这4支美股最大的特点就是收益率较高，而且波动率适中。相比而言，迪斯尼 (DIS) 也有适中的波动率和较高的收益率，却没有明显地加持，这是因为迪斯尼和另外几支美股的相关性系数较高，而麦当劳、微软、波音、开市客则并不与其他个股具有较高的相关性。

将GMVP组合和以上的有效前沿组合，还有10支美股，分别描绘在同一个收益率—波动率坐标系中，如图11-16所示。

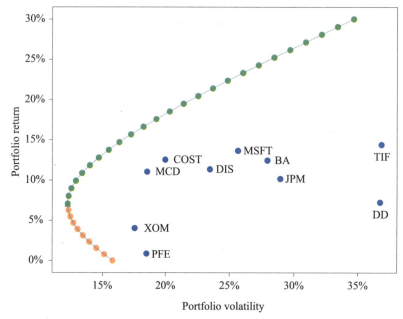

图11-16　允许卖空条件下，有效前沿组合，个股的收益率—波动率散点图

另外，图11-16中也描绘出了GMVP组合之下的目标收益下最小风险组合的波动率，它呈现出双曲线函数的性质。同时，观察图像，可以形象直观地看到通过组合，在大幅度降低风险的同时，可以将收益率维持在很高的水平。

以下代码可以生成表11-3～表11-5数据以及图11-14～图11-16。

代码需要从Excel表格中读取数据,读者注意要在pandas.read_excel()函数中加入文件路径。

B2_Ch11_2.py

```python
from numpy import array, sqrt, dot, linspace, ones, zeros, size, append
from pandas import read_excel, DataFrame
from numpy.linalg import inv

import matplotlib.pyplot as plt

#%% Read data from excel
data = read_excel(r'insert_directory\Data_portfolio_1.xlsx')

#%% Return Vector, Volatility Vector, Variance-Covariance Matrix, Correlation Matrix
Singlename_Mean = DataFrame.mean(data)*12
Singlename_Vol = DataFrame.std(data)*sqrt(12)
CorrelationMatrix = DataFrame.corr(data)
CovarianceMatrix = DataFrame.cov(data)*12

#%% Scatter plot
tickers = Singlename_Mean.index.tolist()

fig,ax=plt.subplots()
ax.scatter(Singlename_Vol,Singlename_Mean,color="blue")

for x_pos, y_pos, label in zip(Singlename_Vol, Singlename_Mean, tickers):
    ax.annotate(label,
                xy=(x_pos, y_pos),
                xytext=(7, 0),
                textcoords='offset points',
                ha='left',
                va='center')

ax.set(xlabel='Portfolio Volatility',ylabel='Portfolio Return')


#%% GMVP portfolio
CalMat = ones((size(Singlename_Mean)+1,size(Singlename_Mean)+1))
CalMat[0:-1,0:-1] = 2*CovarianceMatrix.to_numpy()
CalMat[0:-1,-1] = - CalMat[0:-1,-1]
CalMat[-1,-1] = 0.0

Vec1 = zeros((size(Singlename_Mean)+1))
Vec1[-1] = 1

SolutionVec1 = dot(inv(CalMat),Vec1)

Weight_GMVP = SolutionVec1[0:-1]
```

```python
Port_Vol_GMVP = sqrt(dot(dot(Weight_GMVP,CovarianceMatrix.to_numpy()),Weight_GMVP))
Port_Return_GMVP = dot(Weight_GMVP,Singlename_Mean.to_numpy())

#%% bar chart GMVP weight
fig,ax=plt.subplots()

ax.barh(tickers,Weight_GMVP)
ax.set(xlabel='GMVP Weight Allocation',ylabel='Names')

#%% MVP portfolio, fixed return
Port_Return = 0.30
CalMat = ones((size(Singlename_Mean)+2,size(Singlename_Mean)+2))
CalMat[0:-2,0:-2] = 2*CovarianceMatrix.to_numpy()
CalMat[0:-2,-2] = - CalMat[0:-2,-2]
CalMat[0:-2,-1] = - Singlename_Mean.to_numpy()
CalMat[-1,0:-2] = Singlename_Mean.to_numpy()
CalMat[-2:,-2:] = zeros((2,2))

Vec2 = zeros((size(Singlename_Mean)+2))
Vec2[-2] = 1
Vec2[-1] = Port_Return

SolutionVec2 = dot(inv(CalMat),Vec2)

Weight_MVP = SolutionVec2[0:-2]

#%% Efficient Frontier

CalMat = ones((size(Singlename_Mean)+2,size(Singlename_Mean)+2))
CalMat[0:-2,0:-2] = 2*CovarianceMatrix.to_numpy()
CalMat[0:-2,-2] = - CalMat[0:-2,-2]
CalMat[0:-2,-1] = - Singlename_Mean.to_numpy()
CalMat[-1,0:-2] = Singlename_Mean.to_numpy()
CalMat[-2:,-2:] = zeros((2,2))
Vec2 = zeros((size(Singlename_Mean)+2))
Vec2[-2] = 1


#=====================================================================
#Efficient Frontier
#=====================================================================
EF_vol = array([])
#Rp_range =  linspace(0.07,0.3, num=24)
Rp_range =  linspace(Port_Return_GMVP,0.3, num=25)

for Rp in Rp_range:
    Vec2[-1] = Rp
    SolutionVec2 = dot(inv(CalMat),Vec2)
```

```python
    Weight_MVP = SolutionVec2[0:-2]
    
    Port_vol = sqrt(dot(dot(Weight_MVP,CovarianceMatrix.to_numpy()),Weight_MVP))
    EF_vol = append(EF_vol,array(Port_vol))


#==============================================================================
#In-efficient
#==============================================================================
InEF_vol = array([])
Rp_range_inEF =  linspace(0.0,Port_Return_GMVP, num=10)

for Rp in Rp_range_inEF:
    Vec2[-1] = Rp
    SolutionVec2 = dot(inv(CalMat),Vec2)
    
    Weight_MVP = SolutionVec2[0:-2]
    
    Port_vol = sqrt(dot(dot(Weight_MVP,CovarianceMatrix.to_numpy()),Weight_MVP))
    InEF_vol = append(InEF_vol,array(Port_vol))
#==============================================================================
#Hyperbola curve
#==============================================================================
Hcurve_vol = array([])
Rp_range_Hcurve =  linspace(0.0,0.3, num=100)

for Rp in Rp_range_Hcurve:
    Vec2[-1] = Rp
    SolutionVec2 = dot(inv(CalMat),Vec2)
    
    Weight_MVP = SolutionVec2[0:-2]
    
    Port_vol = sqrt(dot(dot(Weight_MVP,CovarianceMatrix.to_numpy()),Weight_MVP))
    Hcurve_vol = append(Hcurve_vol,array(Port_vol))

#%% plot Efficient Frontier portfolios
fig,ax=plt.subplots()
ax.plot(Hcurve_vol,Rp_range_Hcurve)
ax.scatter(Port_Vol_GMVP,Port_Return_GMVP, marker='^')
ax.scatter(InEF_vol,Rp_range_inEF)
ax.scatter(EF_vol,Rp_range)
ax.scatter(Singlename_Vol,Singlename_Mean,color="blue")

for x_pos, y_pos, label in zip(Singlename_Vol, Singlename_Mean, tickers):
    ax.annotate(label,
                xy=(x_pos, y_pos),
                xytext=(7, 0),
                textcoords='offset points',
```

```
            ha='left',
            va='center')

ax.set(xlabel='Portfolio Volatility',ylabel='Portfolio Return')
```

Python提供了qpsolvers运算包对此问题直接求解。区别于上述通过公式计算得出的结果。qpsolvers通过数值计算，能够应对更加复杂的不等式条件。下面给出使用qpsolvers运算包来生成上述的图像和表格数据。感兴趣的读者，可以比较一下得出的结果是否和公式解析法得出的结果相同。请读者参考以下网站关于qpsolvers工具包的介绍：

◂ https://pypi.org/project/qpsolvers/1.5/#description

作者在此给出以下代码供读者参考。

`B2_Ch11_3.py`

```python
from numpy import array, sqrt, dot, linspace, append, zeros_like, ones_like
from pandas import read_excel, DataFrame
from qpsolvers import solve_qp
import matplotlib.pyplot as plt

#%% Read data from excel
data = read_excel(r'insert_directory\Data_portfolio_1.xlsx')

#%% Return Vector, Volatility Vector, Variance-Covariance Matrix, Correlation Matrix
Singlename_Mean = DataFrame.mean(data)*12
Singlename_Vol = DataFrame.std(data)*sqrt(12)
CorrelationMatrix = DataFrame.corr(data)
CovarianceMatrix = DataFrame.cov(data)*12

#%% Scatter plot
tickers = Singlename_Mean.index.tolist()

fig,ax=plt.subplots()
ax.scatter(Singlename_Vol,Singlename_Mean,color="blue")

for x_pos, y_pos, label in zip(Singlename_Vol, Singlename_Mean, tickers):
    ax.annotate(label,
                xy=(x_pos, y_pos),
                xytext=(7, 0),
                textcoords='offset points',
                ha='left',
                va='center')

ax.set(xlabel='Portfolio Volatility',ylabel='Portfolio Return')

#%% GMVP portfolio
```

```python
Weight_GMVP=solve_qp(
    CovarianceMatrix.to_numpy(),
    zeros_like(Singlename_Mean),
    None,None,
    ones_like(Singlename_Mean),
    array([1.]))

Port_Vol_GMVP = sqrt(dot(dot(Weight_GMVP,CovarianceMatrix.to_numpy()),Weight_GMVP))
Port_Return_GMVP = dot(Weight_GMVP,Singlename_Mean.to_numpy())

#%% bar chart GMVP weight
fig,ax=plt.subplots()

ax.barh(tickers,Weight_GMVP)
ax.set(xlabel='GMVP Weight Allocation',ylabel='Names')

#%% MVP portfolio, fixed return
Port_Return = 0.30
Weight_MVP=solve_qp(
    CovarianceMatrix.to_numpy(),
    zeros_like(Singlename_Mean),
    None,None,
    array([ones_like(Singlename_Mean),Singlename_Mean.to_numpy()]),
    array([1.,Port_Return]).reshape(2,))

fig,ax=plt.subplots()
tickers = Singlename_Mean.index.tolist()
ax.barh(tickers,Weight_MVP)
ax.set(xlabel='Weight',ylabel='Names')


#%% Efficient Frontier

#==============================================================================
#Efficient Frontier
#==============================================================================
EF_vol = array([])
#Rp_range =  linspace(0.07,0.3, num=24)
Rp_range =  linspace(Port_Return_GMVP,0.3, num=25)

for Rp in Rp_range:
    Weight_MVP=solve_qp(
        CovarianceMatrix.to_numpy(),
        zeros_like(Singlename_Mean),
        None,None,
        array([ones_like(Singlename_Mean),Singlename_Mean.to_numpy()]),
        array([1.,Rp]).reshape(2,))
    Port_vol = sqrt(dot(dot(Weight_MVP,CovarianceMatrix.to_numpy()),Weight_MVP))
```

```python
        EF_vol = append(EF_vol,array(Port_vol))

#=============================================================================
#In-efficient
#=============================================================================
InEF_vol = array([])
Rp_range_inEF = linspace(0.0,Port_Return_GMVP, num=10)

for Rp in Rp_range_inEF:
    Weight_MVP=solve_qp(
        CovarianceMatrix.to_numpy(),
        zeros_like(Singlename_Mean),
        None,None,
        array([ones_like(Singlename_Mean),Singlename_Mean.to_numpy()]),
        array([1.,Rp]).reshape(2,))
    Port_vol = sqrt(dot(dot(Weight_MVP,CovarianceMatrix.to_numpy()),Weight_MVP))
    InEF_vol = append(InEF_vol,array(Port_vol))
#=============================================================================
#Hyperbola curve
#=============================================================================
Hcurve_vol = array([])
Rp_range_Hcurve = linspace(0.001,0.3, num=100)

for Rp in Rp_range_Hcurve:
    Weight_MVP=solve_qp(
        CovarianceMatrix.to_numpy(),
        zeros_like(Singlename_Mean),
        None,None,
        array([ones_like(Singlename_Mean),Singlename_Mean.to_numpy()]),
        array([1.,Rp]).reshape(2,))
    Port_vol = sqrt(dot(dot(Weight_MVP,CovarianceMatrix.to_numpy()),Weight_MVP))
    Hcurve_vol = append(Hcurve_vol,array(Port_vol))

#%% plot Efficient Frontier portfolios
fig,ax=plt.subplots()
ax.plot(Hcurve_vol,Rp_range_Hcurve)
ax.scatter(Port_Vol_GMVP,Port_Return_GMVP, marker='^')
ax.scatter(InEF_vol,Rp_range_inEF)
ax.scatter(EF_vol,Rp_range)
ax.scatter(Singlename_Vol,Singlename_Mean,color="blue")

for x_pos, y_pos, label in zip(Singlename_Vol, Singlename_Mean, tickers):
    ax.annotate(label,
                xy=(x_pos, y_pos),
                xytext=(7, 0),
                textcoords='offset points',
                ha='left',
                va='center')
```

```
ax.set(xlabel='Portfolio Volatility',ylabel='Portfolio Return')
```

## 11.6 不可卖空有效前沿

前面的介绍都只有唯一的限定条件，即组合权重相加为100%。在实际投资决策中，往往会有更多更复杂的条件。一个常见的条件便是不可卖空。由此，寻找GMVP的问题便成为：

$$\arg\min_{w} \sigma_p^2 = w^T \Sigma_r w$$
$$\text{subject to:} \begin{cases} w^T 1 = 1 \\ I_n w \geq 0 \end{cases} \tag{11-69}$$

其中，$I_n$为$n \times n$的单位矩阵。条件中的第二个不等式，规定了每一个权重都需要大于0。

回到上面的例子，这次直接套用Python中的qpsolvers运算包求解。可得出最小组合波动率12.5%及相应的组合收益7.07%。对应的权重如图11-17所示。

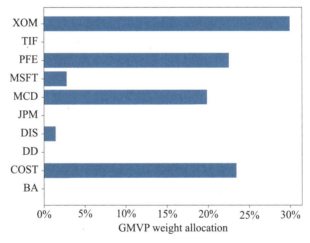

图11-17　不可卖空条件下，GMVP的权重分布

比较图11-15中的权重分配，蒂芙尼(TIF)、摩根大通(JPM)和杜邦(DD)的权重都为负，而此时为了满足所有资产权重为非负，它们的权重分配为0，意味着资产组合中不需要购入。另外，波音(BA)的权重此时也为0，主要因为它自身的波动率偏高，而且同其他9支美股的相关性并不低。

类似地，找出GMVP组合之后，继续画出有效前沿。而此时，问题被归纳为：

$$\arg\min_{w} \sigma_p^2 = w^T \Sigma_r w$$
$$\text{subject to:} \begin{cases} w^T 1 = 1 \\ I_n w \geq 0 \\ w^T E(r) = E(r_p) \end{cases} \tag{11-70}$$

加入不等式后，没有解析解。通过qpsolvers运算包，可以得到数值解。工具包中的不等式条件式为：

$$Gx \leqslant h \qquad (11\text{-}71)$$

为了符合qpsolvers运算包的定义习惯，可以将矩阵$G$和条件列向量$h$定义为：

$$\begin{cases} G = -I_n \\ h = 0 \end{cases} \qquad (11\text{-}72)$$

这样，将第二条件改写作：

$$-I_n w \leqslant 0 \qquad (11\text{-}73)$$

或者，不可卖空条件的另一种定义方法可以直接指定权重列向量的各个元素为：

$$0 \leqslant w \leqslant 1 \qquad (11\text{-}74)$$

这种定义方式符合工具包中对变量列向量中各个元素的上限和下限的条件定义。节选部分组合的权重及其对应的组合收益和波动率，如表11-6所示。

表11-6　不可卖空条件下，目标收益最小波动率组合的权重　　　　　　　单位：%

| Ticker | Weight | | | | | | | |
|---|---|---|---|---|---|---|---|---|
| BA | 0 | 2 | 4 | 6 | 9 | 14 | 0 | 0 |
| COST | 26 | 27 | 29 | 31 | 34 | 39 | 0 | 0 |
| DD | 0 | 0 | 0 | 0 | 0 | 0 | 0 | 0 |
| DIS | 2 | 2 | 3 | 3 | 2 | 0 | 0 | 0 |
| JPM | 0 | 0 | 0 | 0 | 0 | 0 | 0 | 0 |
| MCD | 23 | 27 | 30 | 33 | 37 | 3 | 0 | 0 |
| MSFT | 5 | 8 | 10 | 13 | 17 | 37 | 51 | 0 |
| PFE | 17 | 10 | 4 | 0 | 0 | 0 | 0 | 0 |
| TIF | 0 | 0 | 0 | 0 | 0 | 7 | 49 | 100 |
| XOM | 27 | 23 | 20 | 13 | 2 | 0 | 0 | 0 |
| Portfolio return | 8.00 | 9.00 | 10.00 | 11.00 | 12.00 | 13.00 | 14.00 | 14.38 |
| Portfolio volatility | 12.6 | 12.8 | 13.2 | 13.8 | 14.6 | 17.6 | 26.6 | 36.8 |

由于不可卖空资产，因此所有可能组合能达到的最大收益为10支美股中的独自最大收益。其中蒂芙尼具有最高收益14.38%，因此最大组合收益为100%权重分配至蒂芙尼，组合的收益为14.38%，波动率为36.8%。由于不能做空任何资产，其图像不再呈现双曲线的特点。

图11-18描绘出了在不可卖空的情况下，资产组合可以达到的有效前沿曲线。

比较表11-5中的有效前沿，当组合目标上升时，有效前沿曲线的斜率下降很快。由于不能卖空，组合中的资产不能进行有效对冲，降低风险，因此组合波动率增加很快。

将图11-16和图11-18进行整合，更好地比较允许卖空和无卖空条件下有效前沿曲线的区别，得到图11-19。

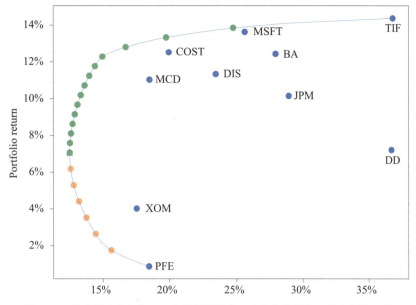

图11-18　不允许卖空条件下，有效前沿组合，个股的收益率—波动率散点图

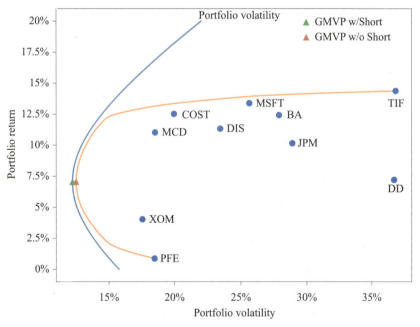

图11-19　有效前沿组合，个股的收益率-波动率散点图

表11-6，图11-17和图11-18由以下代码生成。

`B2_Ch11_4.py`

```python
from numpy import array, sqrt, dot, linspace, append, zeros_like, ones_like, size, identity
from pandas import read_excel, DataFrame
from qpsolvers import solve_qp
import matplotlib.pyplot as plt
```

第 11 章　投资组合理论 I ｜ Portfolio Theory I　357

```python
#%% Read data from excel
data = read_excel(r'insert_directory\Data_portfolio_1.xlsx')

#%% Return Vector, Volatility Vector, Variance-Covariance Matrix, Correlation Matrix
Singlename_Mean = DataFrame.mean(data)*12
Singlename_Vol = DataFrame.std(data)*sqrt(12)
CorrelationMatrix = DataFrame.corr(data)
CovarianceMatrix = DataFrame.cov(data)*12

#%% Scatter plot
tickers = Singlename_Mean.index.tolist()

fig,ax=plt.subplots()
ax.scatter(Singlename_Vol,Singlename_Mean,color="blue")

for x_pos, y_pos, label in zip(Singlename_Vol, Singlename_Mean, tickers):
    ax.annotate(label,
                xy=(x_pos, y_pos),
                xytext=(7, 0),
                textcoords='offset points',
                ha='left',
                va='center')

ax.set(xlabel='Portfolio Volatility',ylabel='Portfolio Return')


#%% GMVP portfolio
Weight_GMVP=solve_qp(
    CovarianceMatrix.to_numpy(),
    zeros_like(Singlename_Mean),
    -identity(size(Singlename_Mean)),
    zeros_like(Singlename_Mean),
    ones_like(Singlename_Mean),
    array([1.]))

Port_Vol_GMVP = sqrt(dot(dot(Weight_GMVP,CovarianceMatrix.to_numpy()),
Weight_GMVP))
Port_Return_GMVP = dot(Weight_GMVP,Singlename_Mean.to_numpy())

#%% bar chart GMVP weight
fig,ax=plt.subplots()

ax.barh(tickers,Weight_GMVP)
ax.set(xlabel='GMVP Weight Allocation',ylabel='Names')
```

```python
#%% MVP portfolio, fixed return
Port_Return = 0.1
Weight_MVP=solve_qp(
    CovarianceMatrix.to_numpy(),
    zeros_like(Singlename_Mean),
    -identity(size(Singlename_Mean)),
    zeros_like(Singlename_Mean),
    array([ones_like(Singlename_Mean),Singlename_Mean.to_numpy()]),
    array([1.,Port_Return]).reshape(2,))


#%% Efficient Frontier

#==============================================================================
#Efficient Frontier
#==============================================================================
EF_vol = array([])
#Rp_range =  linspace(0.07,0.3, num=24)
Rp_range =  linspace(Port_Return_GMVP,max(Singlename_Mean), num=15)

for Rp in Rp_range:
    Weight_MVP=solve_qp(
        CovarianceMatrix.to_numpy(),
        zeros_like(Singlename_Mean),
        -identity(size(Singlename_Mean)),
        zeros_like(Singlename_Mean),
        array([ones_like(Singlename_Mean),Singlename_Mean.to_numpy()]),
        array([1.,Rp]).reshape(2,))
    Port_vol = sqrt(dot(dot(Weight_MVP,CovarianceMatrix.to_numpy()),Weight_MVP))
    EF_vol = append(EF_vol,array(Port_vol))


#==============================================================================
#In-efficient
#==============================================================================
InEF_vol = array([])
Rp_range_inEF =  linspace(min(Singlename_Mean),Port_Return_GMVP, num=8)

for Rp in Rp_range_inEF:
    Weight_MVP=solve_qp(
        CovarianceMatrix.to_numpy(),
        zeros_like(Singlename_Mean),
        -identity(size(Singlename_Mean)),
        zeros_like(Singlename_Mean),
        array([ones_like(Singlename_Mean),Singlename_Mean.to_numpy()]),
        array([1.,Rp]).reshape(2,))
    Port_vol = sqrt(dot(dot(Weight_MVP,CovarianceMatrix.to_numpy()),Weight_MVP))
    InEF_vol = append(InEF_vol,array(Port_vol))
```

```python
#=================================================================
#Hyperbola curve
#=================================================================
Hcurve_vol = array([])
Rp_range_Hcurve = linspace(min(Singlename_Mean),max(Singlename_Mean), num=50)

for Rp in Rp_range_Hcurve:
    Weight_MVP=solve_qp(
        CovarianceMatrix.to_numpy(),
        zeros_like(Singlename_Mean),
        -identity(size(Singlename_Mean)),
        zeros_like(Singlename_Mean),
        array([ones_like(Singlename_Mean),Singlename_Mean.to_numpy()]),
        array([1.,Rp]).reshape(2,))
    Port_vol = sqrt(dot(dot(Weight_MVP,CovarianceMatrix.to_numpy()),Weight_MVP))
    Hcurve_vol = append(Hcurve_vol,array(Port_vol))

#%% plot Efficient Frontier portfolios
fig,ax=plt.subplots()
ax.plot(Hcurve_vol,Rp_range_Hcurve)
ax.scatter(Port_Vol_GMVP,Port_Return_GMVP, marker='^')
ax.scatter(InEF_vol,Rp_range_inEF)
ax.scatter(EF_vol,Rp_range)
ax.scatter(Singlename_Vol,Singlename_Mean,color="blue")

for x_pos, y_pos, label in zip(Singlename_Vol, Singlename_Mean, tickers):
    ax.annotate(label,
                xy=(x_pos, y_pos),
                xytext=(7, 0),
                textcoords='offset points',
                ha='left',
                va='center')

ax.set(xlabel='Portfolio Volatility',ylabel='Portfolio Return')
```

图11-19由以下代码生成。

`B2_Ch11_5.py`

```python
from numpy import array, sqrt, dot, linspace, append, zeros_like, ones_like, size, identity
from pandas import read_excel, DataFrame
from qpsolvers import solve_qp
import matplotlib.pyplot as plt

#%% Read data from excel
data = read_excel(r'insert_directory\Data_portfolio_1.xlsx')
```

```python
#%% Return Vector, Volatility Vector, Variance-Covariance Matrix, Correlation Matrix
Singlename_Mean = DataFrame.mean(data)*12
Singlename_Vol = DataFrame.std(data)*sqrt(12)
CorrelationMatrix = DataFrame.corr(data)
CovarianceMatrix = DataFrame.cov(data)*12

#%% GMVP portfolio w short
Weight_GMVP_wShort=solve_qp(
    CovarianceMatrix.to_numpy(),
    zeros_like(Singlename_Mean),
    None,None,
    ones_like(Singlename_Mean),
    array([1.]))

Port_Vol_GMVP_wShort = sqrt(dot(dot(Weight_GMVP_wShort,CovarianceMatrix.to_numpy()),Weight_GMVP_wShort))
Port_Return_GMVP_wShort = dot(Weight_GMVP_wShort,Singlename_Mean.to_numpy())

#%% GMVP portfolio wo short
Weight_GMVP_woShort=solve_qp(
    CovarianceMatrix.to_numpy(),
    zeros_like(Singlename_Mean),
    -identity(size(Singlename_Mean)),
    zeros_like(Singlename_Mean),
    ones_like(Singlename_Mean),
    array([1.]))

Port_Vol_GMVP_woShort = sqrt(dot(dot(Weight_GMVP_woShort,CovarianceMatrix.to_numpy()),Weight_GMVP_woShort))
Port_Return_GMVP_woShort = dot(Weight_GMVP_woShort,Singlename_Mean.to_numpy())

#%% Efficient Frontier
#==============================================================================
#Hyperbola curve
#==============================================================================
Hcurve_vol = array([])
Rp_range_Hcurve =  linspace(0.00,0.2, num=200)

for Rp in Rp_range_Hcurve:
    Weight_MVP=solve_qp(
        CovarianceMatrix.to_numpy(),
        zeros_like(Singlename_Mean),
        None,None,
        array([ones_like(Singlename_Mean),Singlename_Mean.to_numpy()]),
        array([1.,Rp]).reshape(2,))
    Port_vol = sqrt(dot(dot(Weight_MVP,CovarianceMatrix.to_numpy()),Weight_MVP))
    Hcurve_vol = append(Hcurve_vol,array(Port_vol))
#==============================================================================
```

```python
#Hyperbola curve - wo short
#==========================================================================
Hcurve_vol_woshort = array([])
Rp_range_Hcurve_woshort =  linspace(min(Singlename_Mean),max(Singlename_Mean),
num=100)

for Rp in Rp_range_Hcurve_woshort:
    Weight_MVP=solve_qp(
        CovarianceMatrix.to_numpy(),
        zeros_like(Singlename_Mean),
        -identity(size(Singlename_Mean)),
        zeros_like(Singlename_Mean),
        array([ones_like(Singlename_Mean),Singlename_Mean.to_numpy()]),
        array([1.,Rp]).reshape(2,))
    Port_vol = sqrt(dot(dot(Weight_MVP,CovarianceMatrix.to_numpy()),Weight_MVP))
    Hcurve_vol_woshort = append(Hcurve_vol_woshort,array(Port_vol))

#%% plot Efficient Frontier portfolios
tickers = Singlename_Mean.index.tolist()
fig,ax=plt.subplots()
ax.plot(Hcurve_vol,Rp_range_Hcurve)
ax.plot(Hcurve_vol_woshort,Rp_range_Hcurve_woshort)
#ax.scatter(Port_Vol_GMVP,Port_Return_GMVP, marker='^')
#ax.scatter(InEF_vol,Rp_range_inEF)
#ax.scatter(EF_vol,Rp_range)
ax.plot(Port_Vol_GMVP_wShort,Port_Return_GMVP_wShort,'^',label='GMVP w/ Short')
ax.plot(Port_Vol_GMVP_woShort,Port_Return_GMVP_woShort,'^',label='GMVP w/o Short')

ax.scatter(Singlename_Vol,Singlename_Mean,color="blue")

for x_pos, y_pos, label in zip(Singlename_Vol, Singlename_Mean, tickers):
    ax.annotate(label,
                xy=(x_pos, y_pos),
                xytext=(7, 0),
                textcoords='offset points',
                ha='left',
                va='center')
ax.set(xlabel='Portfolio Volatility',ylabel='Portfolio Return')
plt.legend()


#%% MVP portfolio, fixed return, w/o short
Port_Return = 0.30
Weight_MVP=solve_qp(
    CovarianceMatrix.to_numpy(),
    zeros_like(Singlename_Mean),
    None,None,
```

```python
        array([ones_like(Singlename_Mean),Singlename_Mean.to_numpy()]),
        array([1.,Port_Return]).reshape(2,))

fig,ax=plt.subplots()
ax.barh(tickers,Weight_MVP)
ax.set(xlabel='Weight',ylabel='Names')
```

值得注意的是，在无卖空条件下，有效前沿起始于GMVP，终止于最高收益率资产。而在允许做空的情况下，可以实现高得多的组合收益率。例如，假设组合收益率为30% (远高于任何个股的收益率)，图11-20描绘出了各资产的权重。

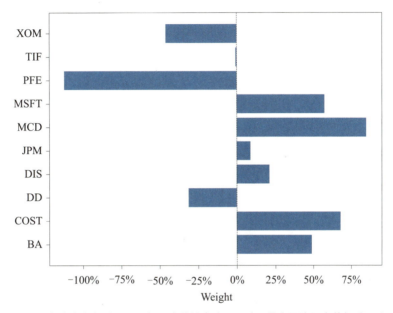

图11-20  允许卖空条件下，目标组合收益率为30%时，最小风险组合的权重配比

读者可以观察到，组合大量地卖空辉瑞 (PFE)、埃克森美孚 (XOM) 和杜邦公司 (DD)。这几个公司的最大特点是收益率很低，但又有一定程度的波动性。因此大量卖空这几支股票可以帮助降低组合风险。由于卖空，因此有更多的资金可以投入到例如麦当劳 (MCD)、开市客 (COST)、波音 (BA) 等具有较高收益、风险适中的选择。

另外，也可以使用scipy.optimize工具包来计算GMVP的权重分布，读者可以将代码和结果同qpsolvers做比较，感受异同。

```
B2_Ch11_6.py

from numpy import sqrt, dot, zeros_like, ones_like
from pandas import read_excel, DataFrame
from scipy.optimize import minimize, LinearConstraint, Bounds
import matplotlib.pyplot as plt

#%% Read data from excel
data = read_excel(r'insert_directory\Data_portfolio_1.xlsx')

#%% Return Vector, Volatility Vector, Variance-Covariance Matrix, Correlation Matrix
```

```python
Singlename_Mean = DataFrame.mean(data)*12
Singlename_Vol = DataFrame.std(data)*sqrt(12)
CorrelationMatrix = DataFrame.corr(data)
CovarianceMatrix = DataFrame.cov(data)*12

#%% Scatter plot
tickers = Singlename_Mean.index.tolist()

fig,ax=plt.subplots()
ax.scatter(Singlename_Vol,Singlename_Mean,color="blue")

for x_pos, y_pos, label in zip(Singlename_Vol, Singlename_Mean, tickers):
    ax.annotate(label,
                xy=(x_pos, y_pos),
                xytext=(7, 0),
                textcoords='offset points',
                ha='left',
                va='center')

ax.set(xlabel='Portfolio Volatility',ylabel='Portfolio Return')


#%% define portfolio variance
w0= zeros_like(Singlename_Vol)
w0[1]=1

def MinVar(weight, *args):
    CovMatrix = args
    
    obj = dot(dot(weight,CovMatrix),weight)
    return obj

#%% GMVP portfolio
linear_constraint = LinearConstraint(ones_like(Singlename_Vol),[1],[1])

res = minimize(MinVar, w0,
               args=(CovarianceMatrix.to_numpy()),
               method='trust-constr',
               constraints=[linear_constraint])

Weight_GMVP = res.x

Port_Vol_GMVP = sqrt(dot(dot(Weight_GMVP,CovarianceMatrix.to_numpy()),Weight_GMVP))
Port_Return_GMVP = dot(Weight_GMVP,Singlename_Mean.to_numpy())

#%% bar chart GMVP weight
fig,ax=plt.subplots()
```

```
ax.barh(tickers,Weight_GMVP)
ax.set(xlabel='GMVP Weight Allocation',ylabel='Names')


#%% GMVP portfolio w/o short
linear_constraint = LinearConstraint(ones_like(Singlename_Vol),[1],[1])
bounds = Bounds(zeros_like(Singlename_Vol), ones_like(Singlename_Vol))
res = minimize(MinVar, w0,
               args=(CovarianceMatrix.to_numpy()),
               method='trust-constr',
               bounds = bounds,
               constraints=[linear_constraint])

Weight_GMVP = res.x

Port_Vol_GMVP = sqrt(dot(dot(Weight_GMVP,CovarianceMatrix.to_numpy()),Weight_GMVP))
Port_Return_GMVP = dot(Weight_GMVP,Singlename_Mean.to_numpy())

#%% bar chart GMVP weight w/o short
fig,ax=plt.subplots()

ax.barh(tickers,Weight_GMVP)
ax.set(xlabel='GMVP Weight Allocation (w/o Short)',ylabel='Names')
```

  本章结合不同的资产组合形式系统地探讨了均值方差理论，对于均值方差理论在实际中的应用，可以看到有效前沿 (或者GMVP) 的计算结果对于输入变量E(r) 资产收益率期望值列向量和方差-协方差矩阵 $\Sigma_r$ 中的各个元素 (波动率和相关性系数) 都是非常敏感的。同时，均值-方差模型假定资产的收益率分布符合高斯分布，但是实际中一般不会满足，因此方差-协方差矩阵并不能很好地体现风险。另外，还需要注意，在本节的例子中，E(r) 使用的是历史平均收益率，而实际应用中，理应使用资产的期望收益率，而期望收益率的预测和计算需要对宏观经济有较好的把握，并对微观行业运作、公司治理有较好的理解。

  针对这些问题，Black和Litterman提出了Black-Litterman Model，结合了总体市场隐含的收益率和主观的短期预期，较好地处理了均值方差模型对于参数敏感以及假设不成立的问题。有兴趣的读者可以做更深入的了解。

  此外，方差矩阵也可拆解为波动率和相关性系数矩阵。至于波动率的计算，也可八仙过海各显神通。读者可以回顾本书第1章介绍的波动率的各种计算方法。

  尽管均值方差模型有种种不足，但并不妨碍它在实际工作中帮助投资者理解市场，了解投资组合，并做出有效的决策。因此，这就更加需要每一个投资者更加合理、智慧地利用模型所揭示的信息。

# 第12章 投资组合理论 II

## Portfolio Theory II

第11章讨论过投资组合中求解最佳风险组合的解析计算，但是投资组合仅包含风险产品。本章会以此为基础，进一步介绍投资组合包含无风险产品时最佳风险投资的计算，并且会借助无差别效用曲线介绍最佳完全组合。最后则以CAPM为例，介绍资产定价理论。

基于投资组合理论，金融理财师通常建议在股票、债券、现金产品中平衡选择，以达到合适自己的风险忍耐度。

*Portfolio theory, as used by most financial planners, recommends that you diversify with a balance of stocks and bonds and cash that's suitable to your risk tolerance.*

—— 哈里·马科维茨(Harry Markowitz)

## Core Functions and Syntaxes
## 本章核心命令代码

- `numpy.corrcoef()` 计算数据的相关性系数
- `numpy.inv(A)` 计算方阵逆矩阵，相当于A^(-1)
- `pandas.read_excel()` 提取Excel中的数据
- `qpsolvers.solve_qp` 二次优化数值求解
- `scipy.optimize.Bounds()` 定义优化问题中的上下约束
- `scipy.optimize.LinearConstraint()` 定义线性约束条件
- `scipy.optimize.minimize()` 优化求解最小值

## 12.1 包含无风险产品的投资组合

在第11章对于投资组合的讨论中,主要涉及由**风险资产** (risky assets) 构成的**风险投资组合** (risky portfolio)。在本节中,将要讨论含有无风险资产的投资组合。

假设一个投资组合$C$由一个风险资产组合$P$和一个**无风险资产** (risk-free asset) 组成,那么这个总投资组合可以表示为:

$$E(r_c) = \begin{bmatrix} w_p & w_{rf} \end{bmatrix} \begin{bmatrix} E(r_p) \\ r_f \end{bmatrix} = w_p E(r_p) + w_{rf} r_f$$
$$= r_f + w_p \left( E(r_p) - r_f \right) \tag{12-1}$$

其中,$E(r_p)$为风险资产组合$P$的收益率期望值。$\boldsymbol{w} = [w_p, w_{rf}]^T$为组成资产的权重向量。$w_p$为风险资产$P$的权重,$w_{rf}$为无风险资产的权重。两者权重之和为1,即:

$$w_p + w_{rf} = 1 \tag{12-2}$$

此时,总投资组合的收益率方差为:

$$\sigma_c^2 = \begin{bmatrix} w_p & w_{rf} \end{bmatrix} \begin{bmatrix} \text{var}(r_p) & \text{cov}(r_p, r_f) \\ \text{cov}(r_p, r_f) & \text{var}(r_f) \end{bmatrix} \begin{bmatrix} w_p \\ w_{rf} \end{bmatrix}$$
$$= \begin{bmatrix} w_p & w_{rf} \end{bmatrix} \begin{bmatrix} \sigma_p^2 & 0 \\ 0 & 0 \end{bmatrix} \begin{bmatrix} w_p \\ w_{rf} \end{bmatrix}$$
$$= w_p^2 \sigma_p^2 \tag{12-3}$$

由于无风险资产的波动率为0,风险资产$P$和无风险资产的协方差即为0。因此,总投资组合的波动率等于风险资产的比重乘以其波动率。

$$\sigma_c = w_p \sigma_p \tag{12-4}$$

在图12-1中,读者可以看到风险资产组合$P$和带有无风险产品的总投资组合$C$的相对位置。

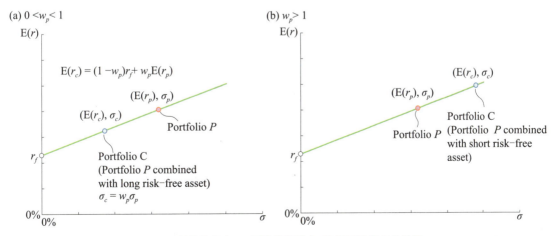

图12-1 总投资组合$C$,风险投资组合$P$和无风险资产的关系

这里需要注意其中默认的假设,即风险资产组合$P$的收益率期望值一定大于无风险收益率。

在投资组合中加入无风险产品，计算有效前沿问题同样可归结为优化问题——给定目标收益，最小化风险。

由于总投资组合$C$的波动率即为风险资产组合$P$的波动率，而风险资产组合$P$的波动率由$n$个风险资产组成。因此最小化总投资组合$C$的方差即等同于最小化风险组合$P$的方差。优化问题的等式线性条件为：

$$w_p \mathrm{E}(r_p) + w_{rf} r_f = \mathrm{E}(r_c) \tag{12-5}$$

由于：

$$w_p + w_{rf} = 1 \tag{12-6}$$

因此：

$$\begin{aligned} w_p \mathrm{E}(r_p) &= \boldsymbol{w}^\mathrm{T} \mathrm{E}(\boldsymbol{r}) \\ w_{rf} r_f &= (1 - w_p) r_f = (1 - \boldsymbol{w}^\mathrm{T} \mathbf{1}) r_f \end{aligned} \tag{12-7}$$

其中$\mathbf{1}$是全1向量。由此，等式线性条件可以改写为：

$$\boldsymbol{w}^\mathrm{T} \mathrm{E}(\boldsymbol{r}) + (1 - \boldsymbol{w}^\mathrm{T} \mathbf{1}) r_f = \mathrm{E}(r_c) \tag{12-8}$$

归纳以上，总投资组合$C$的有效前沿求解，可归结为优化问题。

$$\begin{aligned} &\underset{\boldsymbol{w}}{\arg\min}\ \sigma_p^2 = \boldsymbol{w}^\mathrm{T} \boldsymbol{\Sigma}_r \boldsymbol{w} \\ &\text{subject to: } \boldsymbol{w}^\mathrm{T} \mathrm{E}(\boldsymbol{r}) + (1 - \boldsymbol{w}^\mathrm{T} \mathbf{1}) r_f = \mathrm{E}(r_c) \end{aligned} \tag{12-9}$$

经过整理，可以得到：

$$\begin{aligned} &\underset{\boldsymbol{w}}{\arg\min}\ \boldsymbol{w}^\mathrm{T} \boldsymbol{\Sigma}_r \boldsymbol{w} \\ &\text{subject to: } \boldsymbol{w}^\mathrm{T} (\mathrm{E}(\boldsymbol{r}) - r_f \mathbf{1}) = \mathrm{E}(r_c) - r_f \end{aligned} \tag{12-10}$$

构建拉格朗日函数为：

$$L(\boldsymbol{w}, \lambda) = \boldsymbol{w}^\mathrm{T} \boldsymbol{\Sigma}_r \boldsymbol{w} + \lambda \left[ (\mathrm{E}(r_c) - r_f) - \boldsymbol{w}^\mathrm{T} (\mathrm{E}(\boldsymbol{r}) - r_f \mathbf{1}) \right] \tag{12-11}$$

对$\boldsymbol{w}$，$\lambda$分别求导，使其等于0，可以得到最值处的权重向量$\boldsymbol{w}^*$为：

$$\begin{aligned} \frac{\partial}{\partial \boldsymbol{w}} L(\boldsymbol{w}, \lambda) &= 2\boldsymbol{\Sigma}_r \boldsymbol{w}^* - \lambda (\mathrm{E}(\boldsymbol{r}) - r_f \mathbf{1}) = 0 \\ \frac{\partial}{\partial \lambda} L(\boldsymbol{w}, \lambda) &= (\mathrm{E}(r_c) - r_f) - \boldsymbol{w}^{*\mathrm{T}} (\mathrm{E}(\boldsymbol{r}) - r_f \mathbf{1}) = 0 \end{aligned} \tag{12-12}$$

经过整理可得：

$$\begin{cases} 2\boldsymbol{\Sigma}_r \boldsymbol{w}^* - \lambda (\mathrm{E}(\boldsymbol{r}) - r_f \mathbf{1}) = 0 \\ (\mathrm{E}(\boldsymbol{r}) - r_f \mathbf{1})^\mathrm{T} \boldsymbol{w}^* = \mathrm{E}(r_c) - r_f \end{cases} \\ \Rightarrow \begin{bmatrix} 2\boldsymbol{\Sigma}_r & -(\mathrm{E}(\boldsymbol{r}) - r_f \mathbf{1}) \\ (\mathrm{E}(\boldsymbol{r}) - r_f \mathbf{1})^\mathrm{T} & 0 \end{bmatrix} \begin{bmatrix} \boldsymbol{w}^* \\ \lambda \end{bmatrix} = \begin{bmatrix} 0 \\ \mathrm{E}(r_c) - r_f \end{bmatrix} \tag{12-13}$$

通过Python求解时，可以编写下面的矩阵计算，从而得出目标组合收益下，总投资组合C的最小风险组合中风险资产的权重$w^*$为：

$$\begin{bmatrix} w^* \\ \lambda \end{bmatrix} = \begin{bmatrix} 2\Sigma_r & -(E(r)-r_f 1) \\ (E(r)-r_f 1)^T & 0 \end{bmatrix}^{-1} \begin{bmatrix} 0 \\ E(r_c)-r_f \end{bmatrix} \tag{12-14}$$

本节在此继续推导，由矩阵中第一个等式可以得出：

$$2\Sigma_r w^* - \lambda(E(r)-r_f 1) = 0$$
$$\Rightarrow w^* = \frac{\lambda}{2}\Sigma_r^{-1}(E(r)-r_f 1) \tag{12-15}$$

和第二个等式相结合，可以得出$\lambda$：

$$(E(r)-r_f 1)^T w^* = E(r_c)-r_f$$
$$\Rightarrow (E(r)-r_f 1)^T \frac{\lambda}{2}\Sigma_r^{-1}(E(r)-r_f 1) = E(r_c)-r_f \tag{12-16}$$
$$\Rightarrow \lambda = \frac{2(E(r_c)-r_f)}{(E(r)-r_f 1)^T \Sigma_r^{-1}(E(r)-r_f 1)}$$

将$\lambda$带入式(12-16)，得到最小风险组合的权重$w^*$为：

$$w^* = (E(r_c)-r_f)\frac{\Sigma_r^{-1}(E(r)-r_f 1)}{(E(r)-r_f 1)^T \Sigma_r^{-1}(E(r)-r_f 1)} \tag{12-17}$$

由于分母为一常数，假设为$\Omega$，可以将权重向量$w^*$改写为：

$$w^* = \frac{E(r_c)-r_f}{\Omega}\Sigma_r^{-1}(E(r)-r_f 1) \tag{12-18}$$

此时利用得到的权重$w^*$求得总投资组合C的最小方差为：

$$\begin{aligned}\sigma_{c\_min}^2 &= w^{*T}\Sigma_r w^* \\ &= \left(\frac{E(r_c)-r_f}{\Omega}\Sigma_r^{-1}(E(r)-r_f 1)\right)^T \Sigma_r \frac{E(r_c)-r_f}{\Omega}\Sigma_r^{-1}(E(r)-r_f 1) \\ &= \left(\frac{E(r_c)-r_f}{\Omega}\right)^2 (E(r)-r_f 1)^T \Sigma_r^{-1}\Sigma_r\Sigma_r^{-1}(E(r)-r_f 1) \\ &= \left(\frac{E(r_c)-r_f}{\Omega}\right)^2 z \\ &= \frac{(E(r_c)-r_f)^2}{\Omega} \end{aligned} \tag{12-19}$$

由此，总投资组合C的最小波动率为：

$$\sigma_{c\_\min} = \frac{\mathrm{E}(r_c) - r_f}{\sqrt{\Omega}}$$

$$= \frac{\mathrm{E}(r_c) - r_f}{\sqrt{\left(\mathrm{E}(\boldsymbol{r}) - r_f \boldsymbol{1}\right)^{\mathrm{T}} \boldsymbol{\Sigma}_r^{-1} \left(\mathrm{E}(\boldsymbol{r}) - r_f \boldsymbol{1}\right)}} \qquad (12\text{-}20)$$

可以将式(12-20)改写为：

$$\mathrm{E}(r_c) = r_f + \sqrt{\Omega}\, \sigma_{c\_\min} \qquad (12\text{-}21)$$

显而易见，在收益率—波动率的二维图中，加入无风险资产的投资组合C的有效前沿为一条截距为无风险收益率$r_f$，斜率为$\sqrt{\Omega}$的直线。当然为了满足有效前沿的意义，它的起点，即GMVP，为100%权重于无风险资产，波动率为0。如图12-2中的蓝色直线即为此时的有效前沿。

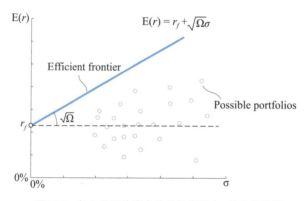

图12-2　加入无风险资产的总投资组合C的有效前沿

如果对权重向量$\boldsymbol{w}^*$中的元素按比例做缩放，可以使其各个元素相加为1。

$$\text{when } \boldsymbol{1}^{\mathrm{T}} \boldsymbol{w} = 1$$

$$\boldsymbol{w}_P^* = \frac{1}{\boldsymbol{1}^{\mathrm{T}} \boldsymbol{w}^*} \boldsymbol{w}^* = \frac{\boldsymbol{\Sigma}_r^{-1} \left(\mathrm{E}(\boldsymbol{r}) - r_f \boldsymbol{1}\right)}{\boldsymbol{1}^{\mathrm{T}} \boldsymbol{\Sigma}_r^{-1} \left(\mathrm{E}(\boldsymbol{r}) - r_f \boldsymbol{1}\right)} \qquad (12\text{-}22)$$

在此权重下，投资组合中没有无风险资产，称为投资组合$P^*$。对比第11章介绍的风险资产组合P的有效前沿为一段双曲线的右半部分。这里讨论的是加入无风险资产的总投资组合C的有效前沿，为一条直线。那么投资组合$P^*$即为两条有效前沿的相切点。

这里来推导一下投资组合$P^*$的收益率期望值和波动率为：

$$\mathrm{E}(r_{p^*}) = \boldsymbol{w}_P^{*\mathrm{T}} \mathrm{E}(\boldsymbol{r})$$

$$= \frac{\mathrm{E}(\boldsymbol{r})^{\mathrm{T}} \boldsymbol{\Sigma}_r^{-1} \left(\mathrm{E}(\boldsymbol{r}) - r_f \boldsymbol{1}\right)}{\boldsymbol{1}^{\mathrm{T}} \boldsymbol{\Sigma}_r^{-1} \left(\mathrm{E}(\boldsymbol{r}) - r_f \boldsymbol{1}\right)}$$

$$\sigma_{p^*} = \frac{\sqrt{\Omega}}{\boldsymbol{1}^{\mathrm{T}} \boldsymbol{\Sigma}_r^{-1} \left(\mathrm{E}(\boldsymbol{r}) - r_f \boldsymbol{1}\right)} \qquad (12\text{-}23)$$

$$= \frac{\sqrt{\left(\mathrm{E}(\boldsymbol{r}) - r_f \boldsymbol{1}\right)^{\mathrm{T}} \boldsymbol{\Sigma}_r^{-1} \left(\mathrm{E}(\boldsymbol{r}) - r_f \boldsymbol{1}\right)}}{\boldsymbol{1}^{\mathrm{T}} \boldsymbol{\Sigma}_r^{-1} \left(\mathrm{E}(\boldsymbol{r}) - r_f \boldsymbol{1}\right)}$$

有兴趣的读者可以验证一下,投资组合$P^*$正好也在第11章学习的双曲线有效曲线上,并且斜率为$\sqrt{\Omega}$。

如图12-3描绘出各种可能的风险资产组合和投资组合$P^*$,还有只包含风险资产的投资组合$P$的有效前沿,与包含无风险资产的总投资组合$C$的有效前沿。

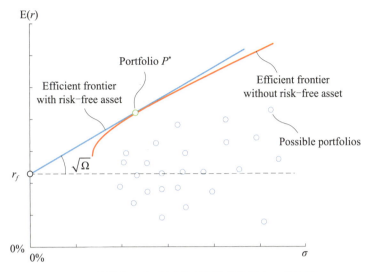

图12-3 总投资组合$C$的有效前沿和投资组合$P^*$的关系

## 12.2 最佳风险投资组合及实例分析

本节将会涉及几组重要的概念:最佳风险投资组合、资本市场线、资本分配线和夏普比率。

**资本分配线** (capital allocation line),通常简写为CAL,定义为风险资产或者风险资产组合和无风险资产所连接的直线,如图12-4所示。

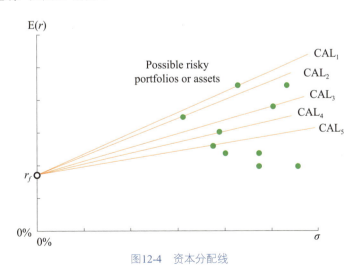

图12-4 资本分配线

投资组合的收益率期望方程式为：

$$E(r_c) = r_f + \left(\frac{E(r_i) - r_f}{\sigma_i}\right)\sigma_c \tag{12-24}$$

其中，$E(r_i)$为某风险资产组合或者风险资产$i$的收益率期望值，$E(r_c)$为结合风险资产$i$和无风险资产而成的投资组合$C$的收益率期望值。方程式的斜率说明沿着这条资产分配线而得的所有投资组合$C$的收益/风险比率相等。

那么所有资本分配线中的最佳分配线为**资本市场线**（capital market line），通常简写为CML，定义为投资组合$P$（只由风险资产组成）的可能区域和无风险利率的切线。通过之前的学习，我们知道投资组合$P$的可能区域即为被投资组合$P$的有效前沿包裹的半椭圆形区域。这块区域和无风险利率的切线即为12.1节讨论的总投资组合$C$（包含无风险产品）的有效前沿。

如图12-5所示，蓝色直线即为资本市场线。其用方程式为：

$$E(r_c) = r_f + \left(\frac{E(r_M) - r_f}{\sigma_M}\right)\sigma_c \tag{12-25}$$

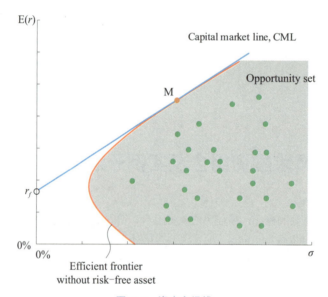

图12-5　资本市场线

图12-5中相切点M投资组合，即为12.1节讨论的投资组合$P^*$，它也有另外一个名称，叫**最佳风险投资组合**（optimal risky portfolio）。所谓最佳风险投资，顾名思义，就是所有风险资产组合中的最佳选择，何以见得，这便引入了下一个概念，叫**夏普比率**（Sharpe ratio）。

夏普比率是比较投资优异的一种计量方式，它的计算公式为：

$$SR_p = \frac{E(r_p) - r_f}{\sigma_p} \tag{12-26}$$

它将风险度量计入投资表现的评判中。比率的分子为投资组合的**超额收益**（excess rate of return），通过组合的收益率期望值和无风险资产收益率的差来表达，分母为组合的波动率。夏普比率体现了在一定投资组合下，投资者承担每单位风险所能换取的超额收益。将不同投资产品或组合放在同一风险量下比较，对于理性投资者来说，夏普比率越高，意味着这个投资组合越优越，投资产品表现越好。

夏普比率由诺贝尔经济学奖获得者夏普 (William Sharpe) 提出。

因此，最佳风险投资组合M是投资组合P中夏普比率最高的。大家可以注意到，12.1节介绍的总投资组合C的有效前沿，它的斜率$\sqrt{\Omega}$即为夏普比率。

$$\sqrt{\left(\mathrm{E}(r)-r_f 1\right)^{\mathrm{T}} \Sigma_r^{-1}\left(\mathrm{E}(r)-r_f 1\right)} \tag{12-27}$$

同时，也意味着资本市场线是所有资本分配线中斜率最高的。

当投资者寻找到最佳风险组合，即夏普比率最高的投资组合时，投资者即可通过与无风险产品相结合，在合理的风险承受下找到理想的投资组合，如图12-6所示。

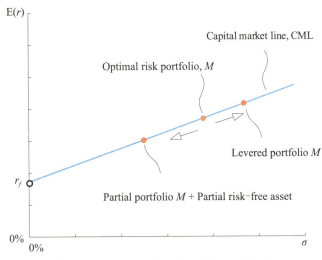

图12-6　结合最佳风险资产组合和无风险资产

下面套用第11章10支美股的例子，来求得最佳风险资产组合，即最高夏普比率。假设无风险利率为2%。表12-1中列出了10支美股各自的收益率、波动率及夏普比率。其中开市客 (COST) 的夏普比率最高，达到0.53。麦当劳 (MCD)、微软 (MSFT)、迪斯尼 (DIS) 的夏普比率也都达到0.4以上。辉瑞 (PFE) 的夏普比率为负，杜邦 (DD) 和埃克森美孚 (XOM) 的夏普比率都很低，如表12-1所示。

表12-1　10支个股名称、收益率、波动率及夏普比率列表

| Ticker | Return | Vol | Long Name | Sharpe Ratio |
| --- | --- | --- | --- | --- |
| BA | 12.4% | 27.9% | Boeing | 0.37 |
| COST | 12.5% | 19.9% | Costco | 0.53 |
| DD | 7.2% | 36.7% | DuPont de Nemours | 0.14 |
| DIS | 11.3% | 23.4% | Walt Disney Company | 0.40 |
| JPM | 10.2% | 28.9% | JPMorgan | 0.28 |
| MCD | 11.0% | 18.5% | McDonald's | 0.49 |
| MSFT | 13.6% | 25.6% | Microsoft | 0.45 |
| PFE | 0.9% | 18.5% | Pfizer | -0.06 |
| TIF | 14.4% | 36.8% | Tiffany | 0.34 |
| XOM | 4.0% | 17.5% | Exxon Mobil Corp | 0.12 |

从上文中学习到，寻找最佳风险组合归结为如下优化问题。

$$\underset{w}{\arg\min}\ w^T \Sigma_r w$$
$$\text{subject to: } w^T(E(r)-r_f 1)=E(r_c)-r_f \quad (12\text{-}28)$$

通过Python编写代码得到最佳风险资产组合的权重 $w_p^*$，如图12-7所示。

$$\begin{bmatrix} w^* \\ \lambda \end{bmatrix} = \begin{bmatrix} 2\Sigma_r & -(E(r)-r_f 1) \\ (E(r)-r_f 1)^T & 0 \end{bmatrix}^{-1} \begin{bmatrix} 0 \\ E(r_c)-r_f \end{bmatrix}$$

then

$$w_P^* = \frac{1}{1^T w^*} w^* \quad (12\text{-}29)$$

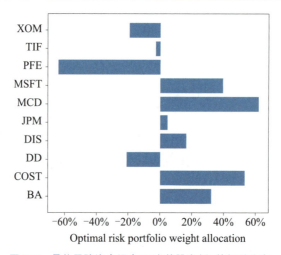

图12-7 最佳风险资产组合(10支美股实例)的权重分布

最佳风险资产组合中包含大量具有高夏普比率的资产，比如麦当劳 (MCD)、开市客 (COST) 和微软 (MSFT)，和大量卖空最低夏普比率的辉瑞 (PFE)。同时具有较低夏普比率的杜邦 (DD) 和埃克森美孚 (XOM) 也得到一定程度上的卖空。

有了权重 $w_p^*$，即可得出最佳风险组合波动率为24.3%，及相应的组合收益率为21.92%。从而得到最高夏普比率为 (21.92% -2%)/24.3% = 0.82。

如图12-8描绘出此时的资本市场线。

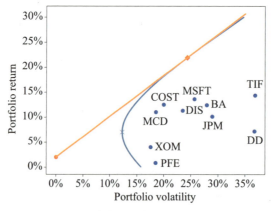

图12-8 资本市场线(10支美股实例)

如果在不可卖空的条件下，优化问题为：

$$\underset{w}{\arg\min}\ w^{\mathrm{T}} \Sigma_r w$$

$$\text{subject to:} \begin{cases} w^{\mathrm{T}}\left(\mathrm{E}(r)-r_f 1\right)=\mathrm{E}(r_c)-r_f \\ I_n w \geq 0 \end{cases}$$

then

$$w_P^* = \frac{1}{1^{\mathrm{T}} w^*} w^* \tag{12-30}$$

套用Python中的qpsolvers运算包，继而进行缩放，求解得到最佳风险资产组合的权重$w_p^*$，如图12-9所示。

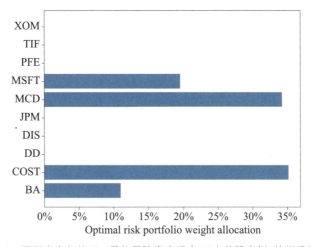

图12-9　不可卖空条件下，最佳风险资产组合(10支美股实例)的权重分布

此时，在不可卖空条件下，最佳资产组合只挑选了具有最高夏普比率的资产，有麦当劳 (MCD)、开市客 (COST)、微软 (MSFT) 和波音 (BA)。其中开市客的比重最大。

得到权重$w_p^*$，即可得出最佳风险组合波动率为14.8%，及相应的组合收益为12.2%。从而得到最高夏普比率为 (12.2% −2%)/14.8% = 0.69。图12-10描绘出此时的资本市场线。

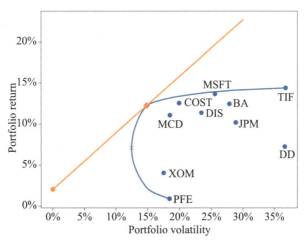

图12-10　不可卖空条件下，资本市场线(10支美股实例)

## 12.3 无差别效用曲线

投资者**效用** (Utility) 衡量了投资者的满意程度。这本是一个非常感性的概念,但一定理论假设下,它是可以被量化的。通常在金融领域,比较流行的表达投资者效用的方程式为:

$$U = E(r) - \frac{1}{2}A\sigma^2 \tag{12-31}$$

其中,$U$ 表示满意程度,即效用,$E(r)$ 为某投资者追求的收益率期望值,方差 $\sigma^2$ 代表风险,$A$ 为常数,代表了风险厌恶,称为风险厌恶系数。方程式中的常数 1/2 没有具体意义,只是为了便于其他衍生计算。因此,这个方程式表达维持满意度 $U$,投资者愿意承担的风险。

风险厌恶系数 $A$ 的取值可以将市场上的投资者分为三类。

- ◀ **风险寻求者** (risk-seeking investors):他们追求更高风险更快乐的理念,为了更高的风险甚至可以牺牲收益率期望值。对于这样的投资者,风险厌恶系数 $A$ 取值为负。这样的投资者可称为赌徒。
- ◀ **风险中性者** (risk-neutral investors):风险高低对于他们是无感的,只要投资的收益率期望值不变。此时,风险厌恶系数 $A$ 取值为 0。这样的投资者在实际中并不常见。
- ◀ **风险厌恶者** (risk-averse investors):为了维持相同的满意度,当增加一部分风险,必须寻求相应更高的收益率期望值,来补偿增加的风险。这符合市场上大部分理性投资者的行为。风险厌恶系数 $A$ 的取值为正。

如图 12-11 描绘出了三种投资者在收益率—波动率的二维坐标下的效用曲线,其中的投资者都有着相同的投资满意度 $U$。在无风险时,即波动率为 0 时,他们有着相同的收益率期望值来达到满意度 $U$。图中对风险厌恶者又细分为了三类,越厌恶风险的投资者,风险厌恶系数 $A$ 越高,曲线的斜率上升越快。

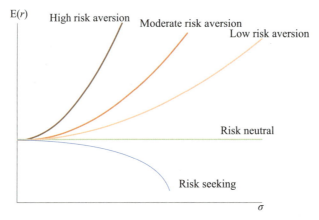

图12-11  五类投资者的风险规避特征

由于绝大多数理性投资者表现出风险厌恶,对于效用的讨论也更加关注风险厌恶投资者。风险厌恶投资者在收益率期望值和风险 (波动率) 中需要权衡。对于任何一个风险厌恶投资者而言,在一个收益率—波动率的二维坐标系里,他们一定会更愿意选择最靠近左上角的投资项目。图 12-12 中有一投资组合 $m$,它的收益率期望值和波动率达到了某一投资者的效用 $U$。相比较投资组合 $m$,毫无疑问,板块 A 中的投资选项一定更受青睐,因为板块 A 中的投资组合比组合 $m$ 的风险低,并且收益率预期要更高,因此效用高于 $U$。同样地,相比组合 $m$,该投资者一定不会选择板块 C 中的任何选项,它们的效用都要低于 $U$。

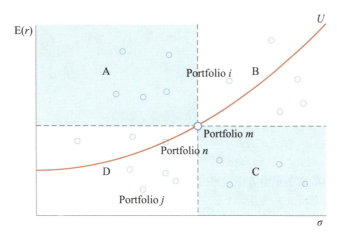

图12-12 无差异效用曲线$U$

而在板块B和板块D中,需要通过收益和风险的取舍,达到投资者的满意度。例如组合$j$的收益过于低,不能达到投资者的效用$U$。而组合$i$的收益更高,或者风险相较更低,达到比效用$U$更高的效用。组合$n$和组合$m$在同一效用曲线$U$上,代表它们的效用是相同的。

下面,作者列举两组无差异效用曲线,帮助读者更好地理解。图12-13中描绘出四条效用曲线,它们有相同的风险厌恶系数$A$,但是$U_4 > U_3 > U_2 > U_1$,很有可能这是来源于同一位投资者,不同满意程度的效用曲线组。

图12-14中描绘出三条效用曲线,它们有不同的风险厌恶系数$A$,并且$U_1 > U_2 > U_3$。这些效用曲线来自不同投资者。$U_1$投资者比$U_2$、$U_3$具有较低的风险厌恶,但$U_1$的效用满意要求比$U_2$、$U_3$都要高,这从无差异效用曲线$U$和收益率期望值的截距中可以判断。

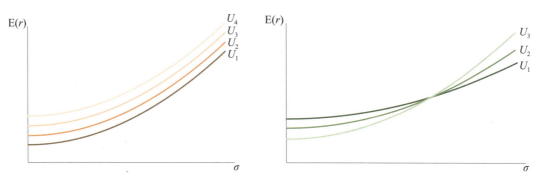

图12-13 第一组无差异效用曲线$U$    图12-14 第二组无差异效用曲线$U$

下式将效用的方程式改写为对收益率期望值的表达式。其中的效用$U$设定为常数。

$$E(r) = \frac{1}{2}A\sigma^2 + U \tag{12-32}$$

对波动率求导,则可以求得收益率相对于波动率的变化和波动率自身的关系,即为曲线的斜率。

$$\frac{dE(r)}{d\sigma} = A\sigma \tag{12-33}$$

收益变化率对于波动率水平呈线性递增关系,如图12-15所示,这个斜率即为$A$。换句话说,风险厌恶者在风险水平不断提高的情况下,每增加一单位需要补偿更多的收益率要求。而这个递增的速率为$A$,因此越讨厌风险的人,$A$越大。

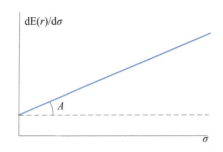

图12-15　收益率相对于波动率的变化和波动率的关系图

在实际运用中，$A$的取值更为复杂，通常认为与一个人的财富程度有关系。越富裕的人，更愿意承担风险去追求利润，因此$A$的取值相较于贫穷的人要低。

另外，无差别曲线也不一定为二次函数的形式，也可能为圆锥曲线函数，或者更为复杂的高次函数。本章以二次函数为例，便于读者理解和应用。

# 12.4 最佳完全投资组合实例分析

通过风险资产及其组合，与无风险产品可以找出**最佳风险投资组合** (optimal risky portfolio)，即夏普比率最高的风险投资组合，继而描绘出**资本市场线** (capital market line)。假设一个投资者有不同满意度的效用曲线，即$A$相同，但是$U$和收益率期望值$y$轴的截距不同。越靠上的效用曲线表示满意度越高（截距越高）。那么如何找出让投资者满意度最高的组合？这需要满足以下两点要求。

◂ 投资组合一定会在资本市场线上，因为能达到最高夏普比率。
◂ 寻找$U$最大的无差别效用曲线。

如图12-16所示，资本市场线和$U_6$有一交点，为组合$Y$。资本市场线和$U_5$有一交点，为组合$Z$。由于$U_5$比$U_6$高，因此投资者对组合$Z$的满意度要高于组合$Y$。类似地，资本市场线和$U_4$也有两个交点。而$U_3$和资本市场线有唯一的切线交点。资本市场线和更高效用的$U_2$和$U_1$曲线都没有交点，意味着无论如何分配最佳风险投资组合和无风险产品的权重，都将无法达到$U_1$和$U_2$可以达到的满意度。因此有唯一切点的$U_3$是现有资本市场线可以达到的最大效用。组合$X$是唯一的最高效用组合，我们称它为**最佳完全投资组合** (optimal complete portfolio)。

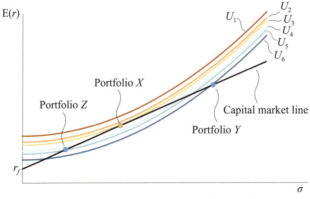

图12-16　无差异效用曲线$U$和资本市场线

由之前的学习我们知道，调整最佳风险投资组合和无风险资产的比重，即可得到最佳完整组合。如果假设最佳风险投资组合的权重为$y$，则可以得到资本市场线上的任意投资组合的收益率期望值和波动率表达为：

$$E(r) = (1-y)r_f + y E(r_p)$$
$$\sigma = y\sigma_p \tag{12-34}$$

此时，资本市场线为一条资本分配线。通过求得无差别效用曲线和资本市场线交点，可将效用$U$表达为关于最佳风险投资组合的权重$y$的函数，即：

$$\begin{aligned} U &= E(r) - \frac{1}{2} A\sigma^2 \\ &= (1-y)r_f + y E(r_p) - \frac{1}{2} A\left(y\sigma_p\right)^2 \\ &= \left(-\frac{A\sigma_p^2}{2}\right) y^2 + \left(E(r_p) - r_f\right) y + r_f \end{aligned} \tag{12-35}$$

显而易见，$U$为以权重$y$为变量的敞口向下抛物线，如图12-17所示。

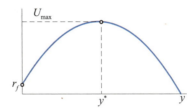

图12-17　效用$U$对于最佳风险投资组合权重$y$的曲线图

函数$U$对$y$求导为0，可以得出$U$的最大值和此时权重$y$的值为：

$$y^* = \frac{E(r_p) - r_f}{A\sigma_p^2} = \frac{SR_p}{A\sigma_p}$$
$$U_{max} = r_f + \frac{\left(E(r_p) - r_f\right)^2}{2A\sigma_p^2} = r_f + \frac{SR_p^2}{2A} \tag{12-36}$$

从$y^*$表达式可以知道，当$A$越大时，也就是风险厌恶越大时，最佳完全投资组合中无风险资产的比重越高，最大效用$U_{max}$越低。相反地，当$A$越小时，也就是风险厌恶越小，最佳完全投资组合中风险资产组合的比重越高，甚至需要卖空无风险产品 (当$y^* > 1$) 来达到最大效用，这样能够达到的最大效用$U_{max}$将会更大。这种关系表现如图12-18所示。

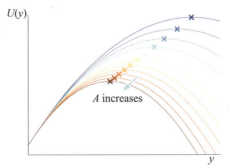

图12-18　风险厌恶$A$递增时，效用$U$函数曲线变化

得到 $y^*$ 之后，可以求得最佳完全投资组合的收益率表示为：

$$E(r_{c^*}) = (1-y^*)r_f + y^* E(r_{p^*})$$
$$= \left(1 - \frac{E(r_{p^*}) - r_f}{A\sigma_{p^*}^2}\right)r_f + \frac{E(r_{p^*}) - r_f}{A\sigma_{p^*}^2} E(r_{p^*}) \tag{12-37}$$

若加入夏普比率，可表示为：

$$E(r_{c^*}) = \left(1 - \frac{SR_{p^*}}{A\sigma_{p^*}}\right)r_f + \frac{SR_{p^*}}{A\sigma_{p^*}} E(r_{p^*})$$
$$= r_f + \frac{SR_{p^*}^2}{A} \tag{12-38}$$

此时，最佳完全投资组合的波动率表示为：

$$\sigma_{c^*} = y^* \sigma_{p^*}$$
$$= \frac{E(r_{p^*}) - r_f}{A\sigma_{p^*}^2} \sigma_{p^*}$$
$$= \frac{E(r_{p^*}) - r_f}{A\sigma_{p^*}} \tag{12-39}$$

若加入夏普比率，可表示为：

$$\sigma_{c^*} = \frac{SR_{p^*}}{A} \tag{12-40}$$

如图12-19将有效前沿、最小风险组合、最佳风险投资组合、资本市场线、无差别效用曲线和最佳完全投资组合描绘在同一平面中。需要指出的是，最佳完全投资组合在卖空无风险产品的情况下，在最佳风险投资组合的上方。

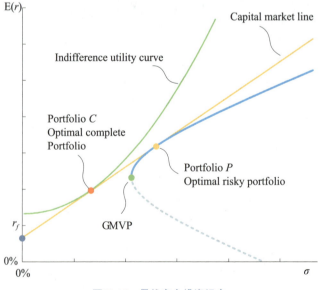

图12-19　最优完全投资组合

结合上文中的例子,下面将介绍加入无差别效用曲线,来求得最佳完整投资组合。假设有两个投资者,一个投资者的风险厌恶系数$A$为3,另一个投资者的风险厌恶系数$A$为5。

当$A$为5时,最佳完全投资组合中,最佳风险投资组合的权重为67%,收益率为15.4%,波动率为16.4%。而当$A$为3时,投资者愿意承担更多风险,在其最佳完全投资组合中,最佳风险投资者组合的比重为112%,意味着需要卖空12%的无风险产品。此时,最佳完全投资组合的收益率为24.4%,波动率为27.3%。如图12-20描绘出$A$分别为3和5时的效用曲线和两者的最佳完全投资组合。

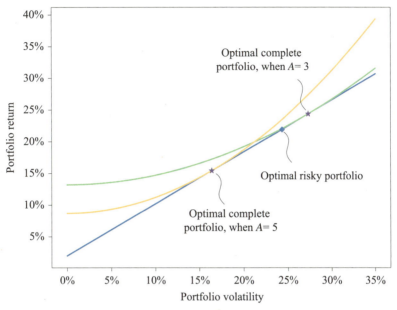

图12-20　无差别曲线实例

图12-21展示了10支美股的实例中所得到的最佳风险投资组合、最佳完全投资组合、效用曲线、市场资本线和有效前沿。

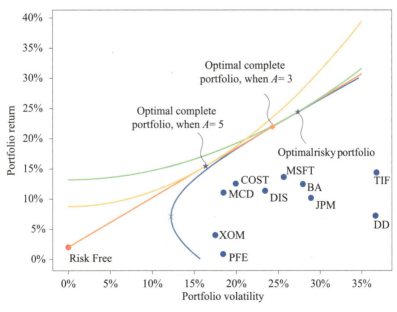

图12-21　最佳完全投资组合实例

在风险资产不卖空的情况下，$A$为5时，最佳完全投资组合中，最佳风险投资组合的权重为93%，收益率为11.5%，波动率为13.8%。而当$A$为3时，投资者愿意承担更多风险，在其最佳完全投资组合中，最佳风险投资者组合的比重为155%，意味着需要卖空55%的无风险产品。此时，最佳完全投资组合的收益率为17.8%，波动率为23%。如图12-22描绘出$A$分别为3和5时的效用曲线和两者的最佳完全投资组合。

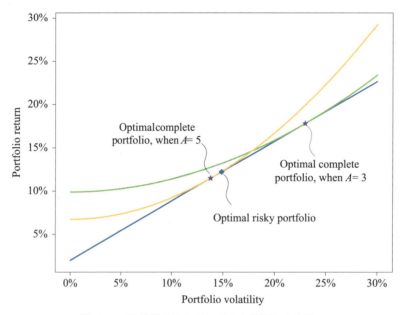

图12-22　无差别曲线实例，不卖空风险资产情况下

图12-23展示了10支美股的实例中所得到的最佳风险投资组合、最佳完全投资组合、效用曲线、市场资本线和有效前沿。

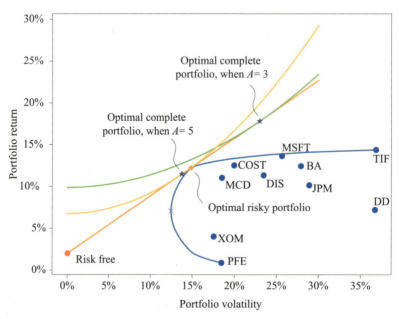

图12-23　最佳完全投资组合实例，不卖空风险资产情况下

通过第11章和本章前几节的学习，可以依此归纳总结出寻找最佳投资组合的流程，如表11-2所示。

表11-2 最佳完全投资组合的求取过程

| | Inputs | Output | Chart |
|---|---|---|---|
| Step 1 | Individual risky assets Expected return, Variance-Covariance matrix | Opportunity set, Efficient frontier, GMVP | |
| Step 2 | Risk free rate | Capital market line, Optimal risky portfolio | |
| Step 3 | Risk aversion coefficient | Indifference utility curves | |
| Step 4 | N/A | Optimal complete portfolio | |

图12-7和图12-8由以下代码生成。

```
B2_Ch12_1.py
```

```python
from numpy import array, sqrt, dot, linspace, ones, zeros, size, append
from pandas import read_excel, DataFrame
from numpy.linalg import inv

import matplotlib.pyplot as plt

#%% Read data from excel
data = read_excel(r'insert_directory\Data_portfolio_1.xlsx')

#%% Return Vector, Volatility Vector, Variance-Covariance Matrix, Correlation Matrix
Singlename_Mean = DataFrame.mean(data)*12
Singlename_Vol = DataFrame.std(data)*sqrt(12)
CorrelationMatrix = DataFrame.corr(data)
CovarianceMatrix = DataFrame.cov(data)*12

#%% Define Risk Free asset
RF = 0.02

#%% Scatter plot
tickers = Singlename_Mean.index.tolist()

fig,ax=plt.subplots()
ax.scatter(Singlename_Vol,Singlename_Mean,color="blue")
ax.scatter(0,RF,color="red")

for x_pos, y_pos, label in zip(Singlename_Vol, Singlename_Mean, tickers):
    ax.annotate(label,
                xy=(x_pos, y_pos),
                xytext=(7, 0),
                textcoords='offset points',
                ha='left',
                va='center')

ax.set(xlabel='Portfolio Volatility',ylabel='Portfolio Return')

#%% GMVP portfolio
CalMat = ones((size(Singlename_Mean)+1,size(Singlename_Mean)+1))
CalMat[0:-1,0:-1] = 2*CovarianceMatrix.to_numpy()
CalMat[0:-1,-1] = - CalMat[0:-1,-1]
CalMat[-1,-1] = 0.0

Vec1 = zeros((size(Singlename_Mean)+1))
Vec1[-1] = 1
```

```python
SolutionVec1 = dot(inv(CalMat),Vec1)

Weight_GMVP = SolutionVec1[0:-1]

Port_Vol_GMVP = sqrt(dot(dot(Weight_GMVP,CovarianceMatrix.to_numpy()),Weight_GMVP))
Port_Return_GMVP = dot(Weight_GMVP,Singlename_Mean.to_numpy())

#%% bar chart GMVP weight
fig,ax=plt.subplots()

ax.barh(tickers,Weight_GMVP)
ax.set(xlabel='GMVP Weight Allocation',ylabel='Names')

#%% MVP portfolio, fixed return
Port_Return = 0.30
CalMat = ones((size(Singlename_Mean)+2,size(Singlename_Mean)+2))
CalMat[0:-2,0:-2] = 2*CovarianceMatrix.to_numpy()
CalMat[0:-2,-2] = - CalMat[0:-2,-2]
CalMat[0:-2,-1] = - Singlename_Mean.to_numpy()
CalMat[-1,0:-2] = Singlename_Mean.to_numpy()
CalMat[-2:,-2:] = zeros((2,2))

Vec2 = zeros((size(Singlename_Mean)+2))
Vec2[-2] = 1
Vec2[-1] = Port_Return

SolutionVec2 = dot(inv(CalMat),Vec2)

Weight_MVP = SolutionVec2[0:-2]

#%% Efficient Frontier

CalMat = ones((size(Singlename_Mean)+2,size(Singlename_Mean)+2))
CalMat[0:-2,0:-2] = 2*CovarianceMatrix.to_numpy()
CalMat[0:-2,-2] = - CalMat[0:-2,-2]
CalMat[0:-2,-1] = - Singlename_Mean.to_numpy()
CalMat[-1,0:-2] = Singlename_Mean.to_numpy()
CalMat[-2:,-2:] = zeros((2,2))
Vec2 = zeros((size(Singlename_Mean)+2))
Vec2[-2] = 1

#=============================================================
#Efficient Frontier
#=============================================================
EF_vol = array([])
#Rp_range = linspace(0.07,0.3, num=24)
Rp_range = linspace(Port_Return_GMVP,0.3, num=25)
```

```python
for Rp in Rp_range:
    Vec2[-1] = Rp
    SolutionVec2 = dot(inv(CalMat),Vec2)
    
    Weight_MVP = SolutionVec2[0:-2]
    
    Port_vol = sqrt(dot(dot(Weight_MVP,CovarianceMatrix.to_numpy()),Weight_MVP))
    EF_vol = append(EF_vol,array(Port_vol))


#==============================================================
#In-efficient
#==============================================================
InEF_vol = array([])
Rp_range_inEF = linspace(0.0,Port_Return_GMVP, num=10)

for Rp in Rp_range_inEF:
    Vec2[-1] = Rp
    SolutionVec2 = dot(inv(CalMat),Vec2)
    
    Weight_MVP = SolutionVec2[0:-2]
    
    Port_vol = sqrt(dot(dot(Weight_MVP,CovarianceMatrix.to_numpy()),Weight_MVP))
    InEF_vol = append(InEF_vol,array(Port_vol))
#==============================================================
#Hyperbola curve
#==============================================================
Hcurve_vol = array([])
Rp_range_Hcurve = linspace(0.0,0.3, num=100)

for Rp in Rp_range_Hcurve:
    Vec2[-1] = Rp
    SolutionVec2 = dot(inv(CalMat),Vec2)
    
    Weight_MVP = SolutionVec2[0:-2]
    
    Port_vol = sqrt(dot(dot(Weight_MVP,CovarianceMatrix.to_numpy()),Weight_MVP))
    Hcurve_vol = append(Hcurve_vol,array(Port_vol))

#%% Optimal Risky portfolio
Er_initial = 0.15
CalMat = zeros((size(Singlename_Mean)+1,size(Singlename_Mean)+1))
CalMat[0:-1,0:-1] = 2*CovarianceMatrix.to_numpy()
CalMat[0:-1,-1] = -(Singlename_Mean.to_numpy()-RF)
CalMat[-1,0:-1] = Singlename_Mean.to_numpy()-RF

Vec3 = zeros((size(Singlename_Mean)+1))
```

```python
Vec3[-1] = Er_initial-RF

SolutionVec3 = dot(inv(CalMat),Vec3)

Weight_ORP = SolutionVec3[0:-1]/sum(SolutionVec3[0:-1])

Port_Vol_ORP = sqrt(dot(dot(Weight_ORP,CovarianceMatrix.to_numpy()),Weight_ORP))
Port_Return_ORP = dot(Weight_ORP,Singlename_Mean.to_numpy())

SR = (Port_Return_ORP-RF)/Port_Vol_ORP

#%% bar chart ORP weight
fig,ax=plt.subplots()

ax.barh(tickers,Weight_ORP)
ax.set(xlabel='Optimal Risk Portfolio Weight Allocation',ylabel='Names')


#%% plot Efficient Frontier portfolios
fig,ax=plt.subplots()
ax.plot(Hcurve_vol,Rp_range_Hcurve)
ax.scatter(Port_Vol_GMVP,Port_Return_GMVP, marker='x')
#ax.scatter(InEF_vol,Rp_range_inEF)
#ax.scatter(EF_vol,Rp_range)
ax.scatter(0,RF,color="red")
ax.scatter(Port_Vol_ORP,Port_Return_ORP, marker='D')
ax.plot([0,Port_Vol_ORP],[RF,Port_Return_ORP])
ax.scatter(Singlename_Vol,Singlename_Mean,color="blue")

for x_pos, y_pos, label in zip(Singlename_Vol, Singlename_Mean, tickers):
    ax.annotate(label,
                xy=(x_pos, y_pos),
                xytext=(7, 0),
                textcoords='offset points',
                ha='left',
                va='center')

ax.set(xlabel='Portfolio Volatility',ylabel='Portfolio Return')
```

另外,图12-7和图12-8也可利用qpsolver运算包生成,参考以下代码。运行代码后,也同时生成图12-21和图12-22。

`B2_Ch12_2.py`

```python
from numpy import array, sqrt, dot, linspace, append, zeros_like, ones_like
from pandas import read_excel, DataFrame
from qpsolvers import solve_qp
import matplotlib.pyplot as plt
```

```python
#%% Read data from excel
data = read_excel(r'insert_directory\Data_portfolio_1.xlsx')

#%% Return Vector, Volatility Vector, Variance-Covariance Matrix, Correlation Matrix
Singlename_Mean = DataFrame.mean(data)*12
Singlename_Vol = DataFrame.std(data)*sqrt(12)
CorrelationMatrix = DataFrame.corr(data)
CovarianceMatrix = DataFrame.cov(data)*12

#%% Define Risk Free asset
RF = 0.02

#%% Scatter plot
tickers = Singlename_Mean.index.tolist()

fig,ax=plt.subplots()
ax.scatter(Singlename_Vol,Singlename_Mean,color="blue")
ax.scatter(0,RF,color="red")

for x_pos, y_pos, label in zip(Singlename_Vol, Singlename_Mean, tickers):
    ax.annotate(label,
                xy=(x_pos, y_pos),
                xytext=(7, 0),
                textcoords='offset points',
                ha='left',
                va='center')

ax.set(xlabel='Portfolio Volatility',ylabel='Portfolio Return')


#%% GMVP portfolio
Weight_GMVP=solve_qp(
    CovarianceMatrix.to_numpy(),
    zeros_like(Singlename_Mean),
    None,None,
    ones_like(Singlename_Mean),
    array([1.]))

Port_Vol_GMVP = sqrt(dot(dot(Weight_GMVP,CovarianceMatrix.to_numpy()),Weight_GMVP))
Port_Return_GMVP = dot(Weight_GMVP,Singlename_Mean.to_numpy())

#%% bar chart GMVP weight
fig,ax=plt.subplots()

ax.barh(tickers,Weight_GMVP)
ax.set(xlabel='GMVP Weight Allocation',ylabel='Names')
```

```python
#%% MVP portfolio, fixed return
Port_Return = 0.30
Weight_MVP=solve_qp(
    CovarianceMatrix.to_numpy(),
    zeros_like(Singlename_Mean),
    None,None,
    array([ones_like(Singlename_Mean),Singlename_Mean.to_numpy()]),
    array([1.,Port_Return]).reshape(2,))

fig,ax=plt.subplots()
tickers = Singlename_Mean.index.tolist()
ax.barh(tickers,Weight_MVP)
ax.set(xlabel='Weight',ylabel='Names')


#%% Efficient Frontier

#===============================================================
#Efficient Frontier
#===============================================================
EF_vol = array([])
#Rp_range =  linspace(0.07,0.3, num=24)
Rp_range =  linspace(Port_Return_GMVP,0.3, num=25)

for Rp in Rp_range:
    Weight_MVP=solve_qp(
        CovarianceMatrix.to_numpy(),
        zeros_like(Singlename_Mean),
        None,None,
        array([ones_like(Singlename_Mean),Singlename_Mean.to_numpy()]),
        array([1.,Rp]).reshape(2,))
    Port_vol = sqrt(dot(dot(Weight_MVP,CovarianceMatrix.to_numpy()),Weight_MVP))
    EF_vol = append(EF_vol,array(Port_vol))

#===============================================================
#In-efficient
#===============================================================
InEF_vol = array([])
Rp_range_inEF =  linspace(0.0,Port_Return_GMVP, num=10)

for Rp in Rp_range_inEF:
    Weight_MVP=solve_qp(
        CovarianceMatrix.to_numpy(),
        zeros_like(Singlename_Mean),
        None,None,
        array([ones_like(Singlename_Mean),Singlename_Mean.to_numpy()]),
        array([1.,Rp]).reshape(2,))
    Port_vol = sqrt(dot(dot(Weight_MVP,CovarianceMatrix.to_numpy()),Weight_MVP))
```

```python
    InEF_vol = append(InEF_vol,array(Port_vol))
#===============================================================
#Hyperbola curve
#===============================================================
Hcurve_vol = array([])
Rp_range_Hcurve =  linspace(0.001,0.3, num=100)

for Rp in Rp_range_Hcurve:
    Weight_MVP=solve_qp(
        CovarianceMatrix.to_numpy(),
        zeros_like(Singlename_Mean),
        None,None,
        array([ones_like(Singlename_Mean),Singlename_Mean.to_numpy()]),
        array([1.,Rp]).reshape(2,))
    Port_vol = sqrt(dot(dot(Weight_MVP,CovarianceMatrix.to_numpy()),Weight_MVP))
    Hcurve_vol = append(Hcurve_vol,array(Port_vol))

#%% Optimal Risky portfolio
Er_initial = 0.15
Solution=solve_qp(
    CovarianceMatrix.to_numpy(),
    zeros_like(Singlename_Mean),
    None,None,
    array([Singlename_Mean.to_numpy()-RF]),
    array([Er_initial-RF]))

Weight_ORP = Solution/sum(Solution)

Port_Vol_ORP = sqrt(dot(dot(Weight_ORP,CovarianceMatrix.to_numpy()),Weight_ORP))
Port_Return_ORP = dot(Weight_ORP,Singlename_Mean.to_numpy())

SR = (Port_Return_ORP-RF)/Port_Vol_ORP

#%% bar chart ORP weight
fig,ax=plt.subplots()

ax.barh(tickers,Weight_ORP)
ax.set(xlabel='Optimal Risk Portfolio Weight Allocation',ylabel='Names')


#%% Capital Market Line
vol_range = linspace(0,0.35,100)
CML = RF + SR*vol_range

#%% plot Efficient Frontier portfolios
fig,ax=plt.subplots()
ax.plot(Hcurve_vol,Rp_range_Hcurve)
```

```python
ax.scatter(Port_Vol_GMVP,Port_Return_GMVP, marker='x')
#ax.scatter(InEF_vol,Rp_range_inEF)
#ax.scatter(EF_vol,Rp_range)
ax.scatter(0,RF,color="red")
ax.scatter(Port_Vol_ORP,Port_Return_ORP, marker='D',color="red")
ax.plot(vol_range,CML)
ax.scatter(Singlename_Vol,Singlename_Mean,color="blue")

for x_pos, y_pos, label in zip(Singlename_Vol, Singlename_Mean, tickers):
    ax.annotate(label,
                xy=(x_pos, y_pos),
                xytext=(7, 0),
                textcoords='offset points',
                ha='left',
                va='center')

ax.set(xlabel='Portfolio Volatility',ylabel='Portfolio Return')


#%% Optimal Indifference Utility Curve 1
A1 = 3
U_max_1 = RF + SR**2/(2*A1)
Weight_P_1 = SR/(A1*Port_Vol_ORP)


R1 = 1/2*A1*(vol_range**2) + U_max_1


E_c1 = RF+SR**2/A1
Vol_c1 = Weight_P_1*Port_Vol_ORP


#%% bar chart OCP1 weight
fig,ax=plt.subplots()

ax.barh(tickers,Weight_ORP*Weight_P_1)
ax.set(xlabel='Optimal Risk Portfolio Weight Allocation with A = '+ str(A1),ylabel='Names')

#%% Optimal Indifference Utility Curve 2
A2 = 5
U_max_2 = RF + SR**2/(2*A2)
Weight_P_2 = SR/(A2*Port_Vol_ORP)

R2 = 1/2*A2*(vol_range**2) + U_max_2

E_c2 = RF+SR**2/A2
Vol_c2 = Weight_P_2*Port_Vol_ORP


#%% bar chart OCP2 weight
```

```python
fig,ax=plt.subplots()

ax.barh(tickers,Weight_ORP*Weight_P_2)
ax.set(xlabel='Optimal Risk Portfolio Weight Allocation with A = '+ str(A2),ylabel='Names')

#%% plot Capital Market Line and Indifference Utility Curves
fig,ax=plt.subplots()
ax.plot(vol_range,CML)
ax.plot(vol_range,R1,color="green")
ax.plot(vol_range,R2,color="green")
ax.scatter(Port_Vol_ORP,Port_Return_ORP, marker='D')

ax.scatter(Vol_c1,E_c1, marker='*', color="purple")
ax.scatter(Vol_c2,E_c2, marker='*', color="purple")

ax.set(xlabel='Portfolio Volatility',ylabel='Portfolio Return')

#%% plot everything
fig,ax=plt.subplots()
ax.plot(Hcurve_vol,Rp_range_Hcurve)
ax.scatter(Port_Vol_GMVP,Port_Return_GMVP, marker='x')
#ax.scatter(InEF_vol,Rp_range_inEF)
#ax.scatter(EF_vol,Rp_range)
ax.scatter(0,RF,color="red")
ax.scatter(Port_Vol_ORP,Port_Return_ORP, marker='D')
ax.plot(vol_range,CML)

ax.plot(vol_range,R1,color="green")
ax.plot(vol_range,R2,color="green")

ax.scatter(Vol_c1,E_c1, marker='*', color="purple")
ax.scatter(Vol_c2,E_c2, marker='*', color="purple")

ax.scatter(Singlename_Vol,Singlename_Mean,color="blue")
for x_pos, y_pos, label in zip(Singlename_Vol, Singlename_Mean, tickers):
    ax.annotate(label,
                xy=(x_pos, y_pos),
                xytext=(7, 0),
                textcoords='offset points',
                ha='left',
                va='center')

ax.set(xlabel='Portfolio Volatility',ylabel='Portfolio Return')
```

在不可卖空风险资产的条件下，图12-9、图12-10、图12-22和图12-23可以由以下代码生成。

`B2_Ch12_3.py`

```python
from numpy import array, sqrt, dot, linspace, append, zeros_like, ones_like, size, identity
from pandas import read_excel, DataFrame
from qpsolvers import solve_qp
import matplotlib.pyplot as plt

#%% Read data from excel
data = read_excel(r'insert_directory\Data_portfolio_1.xlsx')

#%% Return Vector, Volatility Vector, Variance-Covariance Matrix, Correlation Matrix
Singlename_Mean = DataFrame.mean(data)*12
Singlename_Vol = DataFrame.std(data)*sqrt(12)
CorrelationMatrix = DataFrame.corr(data)
CovarianceMatrix = DataFrame.cov(data)*12

#%% Define Risk Free asset
RF = 0.02

#%% Scatter plot
tickers = Singlename_Mean.index.tolist()

fig,ax=plt.subplots()
ax.scatter(Singlename_Vol,Singlename_Mean,color="blue")
ax.scatter(0,RF,color="red")

for x_pos, y_pos, label in zip(Singlename_Vol, Singlename_Mean, tickers):
    ax.annotate(label,
                xy=(x_pos, y_pos),
                xytext=(7, 0),
                textcoords='offset points',
                ha='left',
                va='center')

ax.set(xlabel='Portfolio Volatility',ylabel='Portfolio Return')


#%% GMVP portfolio
Weight_GMVP=solve_qp(
    CovarianceMatrix.to_numpy(),
    zeros_like(Singlename_Mean),
    -identity(size(Singlename_Mean)),
    zeros_like(Singlename_Mean),
    ones_like(Singlename_Mean),
    array([1.]))

Port_Vol_GMVP = sqrt(dot(dot(Weight_GMVP,CovarianceMatrix.to_numpy()),Weight_GMVP))
```

```python
Port_Return_GMVP = dot(Weight_GMVP,Singlename_Mean.to_numpy())

#%% bar chart GMVP weight
fig,ax=plt.subplots()

ax.barh(tickers,Weight_GMVP)
ax.set(xlabel='GMVP Weight Allocation',ylabel='Names')

#%% MVP portfolio, fixed return
Port_Return = 0.1
Weight_MVP=solve_qp(
    CovarianceMatrix.to_numpy(),
    zeros_like(Singlename_Mean),
    -identity(size(Singlename_Mean)),
    zeros_like(Singlename_Mean),
    array([ones_like(Singlename_Mean),Singlename_Mean.to_numpy()]),
    array([1.,Port_Return]).reshape(2,))


#%% Efficient Frontier

#===============================================================================
#Efficient Frontier
#===============================================================================
EF_vol = array([])
#Rp_range =  linspace(0.07,0.3, num=24)
Rp_range =  linspace(Port_Return_GMVP,max(Singlename_Mean), num=15)

for Rp in Rp_range:
    Weight_MVP=solve_qp(
        CovarianceMatrix.to_numpy(),
        zeros_like(Singlename_Mean),
        -identity(size(Singlename_Mean)),
        zeros_like(Singlename_Mean),
        array([ones_like(Singlename_Mean),Singlename_Mean.to_numpy()]),
        array([1.,Rp]).reshape(2,))
    Port_vol = sqrt(dot(dot(Weight_MVP,CovarianceMatrix.to_numpy()),Weight_MVP))
    EF_vol = append(EF_vol,array(Port_vol))

#===============================================================================
#In-efficient
#===============================================================================
InEF_vol = array([])
Rp_range_inEF =  linspace(min(Singlename_Mean),Port_Return_GMVP, num=8)

for Rp in Rp_range_inEF:
    Weight_MVP=solve_qp(
        CovarianceMatrix.to_numpy(),
```

```python
        zeros_like(Singlename_Mean),
        -identity(size(Singlename_Mean)),
        zeros_like(Singlename_Mean),
        array([ones_like(Singlename_Mean),Singlename_Mean.to_numpy()]),
        array([1.,Rp]).reshape(2,))
    Port_vol = sqrt(dot(dot(Weight_MVP,CovarianceMatrix.to_numpy()),Weight_MVP))
    InEF_vol = append(InEF_vol,array(Port_vol))
#==============================================================================
#Hyperbola curve
#==============================================================================
Hcurve_vol = array([])
Rp_range_Hcurve = linspace(min(Singlename_Mean),max(Singlename_Mean), num=50)

for Rp in Rp_range_Hcurve:
    Weight_MVP=solve_qp(
        CovarianceMatrix.to_numpy(),
        zeros_like(Singlename_Mean),
        -identity(size(Singlename_Mean)),
        zeros_like(Singlename_Mean),
        array([ones_like(Singlename_Mean),Singlename_Mean.to_numpy()]),
        array([1.,Rp]).reshape(2,))
    Port_vol = sqrt(dot(dot(Weight_MVP,CovarianceMatrix.to_numpy()),Weight_MVP))
    Hcurve_vol = append(Hcurve_vol,array(Port_vol))

#%% Optimal Risky portfolio
Er_initial = 0.05
Solution=solve_qp(
    CovarianceMatrix.to_numpy(),
    zeros_like(Singlename_Mean),
    -identity(size(Singlename_Mean)),
    zeros_like(Singlename_Mean),
    array([Singlename_Mean.to_numpy()-RF]),
    array([Er_initial-RF]))

Weight_ORP = Solution/sum(Solution)

Port_Vol_ORP = sqrt(dot(dot(Weight_ORP,CovarianceMatrix.to_numpy()),Weight_ORP))
Port_Return_ORP = dot(Weight_ORP,Singlename_Mean.to_numpy())

SR = (Port_Return_ORP-RF)/Port_Vol_ORP

#%% bar chart ORP weight
fig,ax=plt.subplots()

ax.barh(tickers,Weight_ORP)
ax.set(xlabel='Optimal Risk Portfolio Weight Allocation',ylabel='Names')
```

```python
#%% Capital Market Line
vol_range = linspace(0,0.3,100)
CML = RF + SR*vol_range

#%% plot Efficient Frontier portfolios
fig,ax=plt.subplots()
ax.plot(Hcurve_vol,Rp_range_Hcurve)
ax.scatter(Port_Vol_GMVP,Port_Return_GMVP, marker='x')
#ax.scatter(InEF_vol,Rp_range_inEF)
#ax.scatter(EF_vol,Rp_range)
ax.scatter(0,RF,color="red")
ax.scatter(Port_Vol_ORP,Port_Return_ORP, marker='D',color="red")
ax.plot(vol_range,CML)
ax.scatter(Singlename_Vol,Singlename_Mean,color="blue")

for x_pos, y_pos, label in zip(Singlename_Vol, Singlename_Mean, tickers):
    ax.annotate(label,
                xy=(x_pos, y_pos),
                xytext=(7, 0),
                textcoords='offset points',
                ha='left',
                va='center')

ax.set(xlabel='Portfolio Volatility',ylabel='Portfolio Return')


#%% Optimal Indifference Utility Curve 1
A1 = 3
U_max_1 = RF + SR**2/(2*A1)
Weight_P_1 = SR/(A1*Port_Vol_ORP)

R1 = 1/2*A1*(vol_range**2) + U_max_1

E_c1 = RF+SR**2/A1
Vol_c1 = Weight_P_1*Port_Vol_ORP

#%% bar chart OCP1 weight
fig,ax=plt.subplots()

ax.barh(tickers,Weight_ORP*Weight_P_1)
ax.set(xlabel='Optimal Risk Portfolio Weight Allocation with A = '+ str(A1),ylabel='Names')

#%% Optimal Indifference Utility Curve 2
A2 = 5
U_max_2 = RF + SR**2/(2*A2)
Weight_P_2 = SR/(A2*Port_Vol_ORP)
```

```python
R2 = 1/2*A2*(vol_range**2) + U_max_2

E_c2 = RF+SR**2/A2
Vol_c2 = Weight_P_2*Port_Vol_ORP

#%% bar chart OCP2 weight
fig,ax=plt.subplots()

ax.barh(tickers,Weight_ORP*Weight_P_2)
ax.set(xlabel='Optimal Risk Portfolio Weight Allocation with A = '+
str(A2),ylabel='Names')

#%% plot Capital Market Line and Indifference Utility Curves
fig,ax=plt.subplots()
ax.plot(vol_range,CML)
ax.plot(vol_range,R1,color="green")
ax.plot(vol_range,R2,color="green")
ax.scatter(Port_Vol_ORP,Port_Return_ORP, marker='D')

ax.scatter(Vol_c1,E_c1, marker='*', color="purple")
ax.scatter(Vol_c2,E_c2, marker='*', color="purple")

ax.set(xlabel='Portfolio Volatility',ylabel='Portfolio Return')

#%% plot everything
fig,ax=plt.subplots()
ax.plot(Hcurve_vol,Rp_range_Hcurve)
ax.scatter(Port_Vol_GMVP,Port_Return_GMVP, marker='x')
#ax.scatter(InEF_vol,Rp_range_inEF)
#ax.scatter(EF_vol,Rp_range)
ax.scatter(0,RF,color="red")
ax.scatter(Port_Vol_ORP,Port_Return_ORP, marker='D')
ax.plot(vol_range,CML)

ax.plot(vol_range,R1,color="green")
ax.plot(vol_range,R2,color="green")

ax.scatter(Vol_c1,E_c1, marker='*', color="purple")
ax.scatter(Vol_c2,E_c2, marker='*', color="purple")

ax.scatter(Singlename_Vol,Singlename_Mean,color="blue")
for x_pos, y_pos, label in zip(Singlename_Vol, Singlename_Mean, tickers):
    ax.annotate(label,
                xy=(x_pos, y_pos),
                xytext=(7, 0),
                textcoords='offset points',
                ha='left',
```

```
                    va='center')

ax.set(xlabel='Portfolio Volatility',ylabel='Portfolio Return')
```

## 12.5 资产定价理论

**资本资产定价模型** (capital asset pricing model) 是现代金融理论的重要基石，通常简称为CAPM模型。这个模型由现代金融理论开拓者威廉·夏普 (W. Sharpe)、约翰·林特纳 (J Lintner)、简·莫辛 (J. Mossin) 分别提出。其中，夏普也因其贡献而获得诺贝尔经济学奖。

 William F. Sharpe (1934 –) Prize motivation: "for their pioneering work in the theory of financial economics." Contribution: Developed a general theory for the pricing of financial assets. (Sources: https://www.nobelprize.org/prizes/economic-sciences/1990/sharpe/facts/)

在CAPM模型下，将风险资产**超额收益率** (excess return)，即 $r_i - r_f$，通过**市场超额收益率** (market excess rate of return)，即 $r_m - r_f$，来线性表达。

$$r_i - r_f = \alpha_i + \beta_i(r_m - r_f) + e_i \tag{12-41}$$

可用 $R_i$ 和 $R_m$ 来代表超额收益率。

$$\begin{aligned} R_i &= r_i - r_f \\ R_m &= r_m - r_f \end{aligned} \tag{12-42}$$

因此，表达式也可以简化写为：

$$R_i = \alpha_i + \beta_i R_m + e_i \tag{12-43}$$

其中，$\alpha$ 为常数；$e$ 为误差项，它体现了风险资产收益率自身带有的独立随机性；$\beta$ 为**荷载** (loading)，代表了市场超额收益率对于风险资产超额收益率的敏感度；$R_m$ 代表了总体资本市场的表现，例如对于美国股票的分析，可以利用S&P500指数表现来大致反映市场状况。荷载 $\beta_i$ 可以通过如下推导得到。

$$\begin{aligned} \mathrm{cov}(R_i, R_m) &= \mathrm{cov}(\alpha_i + \beta_i R_m + e_i, R_m) \\ &= \mathrm{cov}(\beta_i R_m, R_m) + \mathrm{cov}(e_i, R_m) \\ &= \beta_i \mathrm{var}(R_m) = \beta_i \sigma_{R_m}^2 \end{aligned} \tag{12-44}$$

因此，可以得出：

$$\beta_i = \frac{\mathrm{cov}(R_i, R_m)}{\sigma_{R_m}^2} = \rho \frac{\sigma_{R_i}}{\sigma_{R_m}} \tag{12-45}$$

在CAPM模型理想情况下，$\alpha$常数近似为0，可以忽略。因此，得到下式。

$$E(R_i) = \beta_i E(R_m) \tag{12-46}$$

或者写为：

$$E(r_i) = r_f + \beta_i \left[ E(r_m) - r_f \right] \tag{12-47}$$

这个表达式即为**证券市场线** (security market line)。它是CAPM模型的理论体现。证券市场线在收益率期望值—荷载$\beta$的二维图中定位风险资产的收益与风险相对位置，如图12-24所示。证券市场线基于相对市场风险系数$\beta$的定位，给出了理论上风险资产的收益率期望值，并且所有风险资产都应落在证券市场线上。

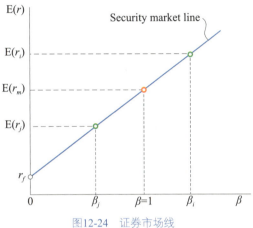

图12-24 证券市场线

证券市场线体现的是风险资产的收益率期望值和相对市场风险之间（由$\beta$所体现）的关系。$\beta$越大，相对市场的风险越大，相对市场的波动率也越大。

根据证券市场线表明的信息，理论上可用于判断一个风险资产的回报是否被高估或者低估。风险资产$i$位于证券市场线上方，意味着相较于证券市场线提供的理论收益率期望值，它具有较高的回报，因此风险资产$i$价值被低估，可以买入资产$i$。另外，风险资产$j$位于证券市场线下方，意味着相较于证券市场线提供的理论收益率期望值，它具有较低的回报，因此风险资产$j$价值被低估，可以卖出资产$j$。

另外，CAPM模型揭示了风险资产和市场之间方差的关系。

$$\sigma_{R_i}^2 = \beta_i^2 \sigma_{R_m}^2 + \sigma_{e_i}^2 \tag{12-48}$$

比较上文所讨论的**资本分配线** (capital allocation line) 和**资本市场线** (capital market line)，读者需要注意的是**证券市场线** (security market line) 所处二维图的风险指标为$\beta$，代表相对市场的风险，并非资产的总风险$\sigma_{R_i}^2$。证券市场线并不体现公司自身的风险$\sigma_{e_i}^2$，这也是容易混淆的地方。相对风险小的资产并不意味着总风险小，而相对风险大的资产并不意味着总风险大。

$\beta$所揭示的相对市场风险也称为**系统风险** (systematic risk)。而未被系统风险所解释的，源于资产自身的特定性风险为**非系统性风险** (idiosyncratic risk或non-systematic risk)。根据现代金融理论，通过增加投资组合中风险资产的个数，并使之**多样化** (diversification)，可以大大降低组合的非系统性风险。读者可以回顾第11章的相关内容，充分理解多样化对于降低风险的作用。

如表12-3列出了10支美股的$\beta$。可以观察到辉瑞 (PFE) 和麦当劳 (MCD) 具有相同的总风险 (波动率都为18.5%)，但麦当劳具有较小的相对风险，它的$\beta$为0.59，而辉瑞的$\beta$为0.63。

表12-3  10支个股名称、收益率、波动率、$\beta$列表

| Ticker | Excess return Vol | Long Name | $\beta$ | $\beta_i \sigma_{R_m}$ | $\dfrac{\beta_i^2 \sigma_{R_m}^2}{\sigma_{R_i}^2}$ |
|---|---|---|---|---|---|
| BA | 28.0% | Boeing | 1.11 | 16.4% | 34% |
| COST | 20.0% | Costco | 0.71 | 10.5% | 28% |
| DD | 36.7% | DuPont de Nemours | 1.61 | 23.9% | 42% |
| DIS | 23.5% | Walt Disney Company | 1.11 | 16.4% | 49% |
| JPM | 28.9% | JPMorgan | 1.35 | 20.0% | 48% |
| MCD | 18.5% | McDonald's | 0.59 | 8.7% | 22% |
| MSFT | 25.6% | Microsoft | 1.03 | 15.3% | 36% |
| PFE | 18.5% | Pfizer | 0.63 | 9.3% | 25% |
| TIF | 36.8% | Tiffany | 1.77 | 26.2% | 50% |
| XOM | 17.5% | Exxon Mobil Corp | 0.62 | 9.1% | 27% |

这10支美股中，蒂芙尼 (TIF) 和杜邦 (DD) 具有最高的$\beta$，意味着它们有最高的相对风险，这也基本体现在它们的总风险波动率中。表12-3中列出了$\beta \times \sigma_{mkt}$，体现了每个风险资产中系统风险的波动率，即CAPM模型所表达出的波动率。市场超额收益的波动率$\sigma_{R_m}$为15%。表12-3最后一列中列出了每支美股的总风险被系统风险所解释的比重，而未被解释的部分来自股票自身的非系统性风险。

CAPM模型对风险资产的理解带来了许多好处。然而，它只通过单一因子市场超额收益率及其荷载来描述单一风险资产的收益率期望值和风险。通过表12-3，读者或许已感受到单一市场因子所揭示信息的局限性。但是，基于CAPM模型多因子模型也不断被开发和应用。

在多因子模型中，风险资产的收益率期望值通过线性模型将一系列相关**因子** (factor) 结合它们的**敏感度** (sensitivity) 来表达。

例如，某风险资产$i$，通过$m$个因子来表达其超额收益率。

$$R_i = \alpha_i + \beta_{i,1} F_1 + \beta_{i,2} F_2 + \cdots + \beta_{i,m} F_m + e_i \tag{12-49}$$

其中，$F$为因子的变化量。

Fama-French三因子模型在CAPM模型基础上加入了第二项$R_S - R_L$和第三项$R_H - R_L$。其中第二项因子也叫 SMB (Small Minus Big)，它代表了市场中由市值大小区分的大公司和小公司之间的收益差。第三项因子也叫HML (High Minus Low)，它代表了市场上具有较大账面-市值比 [**市净率** (Price-Book value) 的倒数] 的公司和较小账面-市值比的公司之间的收益差，它的表达式为：

$$R_i = \alpha_i + \beta_{i1} R_M + \beta_{i2} SMB + \beta_{i3} HML + e_i \tag{12-50}$$

感兴趣的读者可以通过以下免费网站下载Fama-French模型的研究数据：https://mba.tuck.dartmouth.edu/pages/faculty/ken.french/data_library.html
并了解更多不用版本的多因子模型。

表11-3由以下代码生成。

`B2_Ch12_4.py`

```python
from numpy import sqrt, linspace, corrcoef, zeros
from pandas import read_excel, DataFrame

#%% Read data from excel
data = read_excel(r'insert_directory\Data_portfolio_2.xlsx')

#%% CAPM beta
Mean = DataFrame.mean(data)*12
Vol = DataFrame.std(data)*sqrt(12)


Singlename_Return = data.iloc[:,1:-2]

MktExcess = data.iloc[:,-2]
RF = data.iloc[:,-1]

Singlename_ExcessReturn = Singlename_Return

n= len(Singlename_Return.columns)

Correlation_v_Mkt = zeros(n)

for k in linspace(0,n-1,n):
    k=int(k)
    Singlename_ExcessReturn.iloc[:,k] = Singlename_Return.iloc[:,k] - RF
    Correlation_v_Mkt[k] = corrcoef(Singlename_ExcessReturn.iloc[:,k].to_numpy(),
                                    MktExcess.to_numpy())[1,0]


Vol_Excess = DataFrame.std(Singlename_ExcessReturn)*sqrt(12)
Vol_Mkt = DataFrame.std(MktExcess)*sqrt(12)


Beta = zeros(n)
Sys_exp_Vol = zeros(n)
Sys_exp_prct = zeros(n)

for k in linspace(0,n-1,n):
    k=int(k)
    Beta[k] = Correlation_v_Mkt[k]*Vol_Excess[k]/Vol_Mkt
    Sys_exp_Vol[k] = Beta[k]*Vol_Mkt
    Sys_exp_prct[k] = Sys_exp_Vol[k]**2/Vol_Excess[k]**2
```

本章延续第11章的内容，继续探讨现代投资组合理论，详细讨论了包含无风险产品的投资组合以及无差别效用曲线的内容。这些理论体现了现代投资理念的核心观点，在很大程度上改变了很多投资者的思维方式。它可以为投资者提供量化的理论依据，从而帮助投资者很好地理解投资组合的风险，并在此基础上追求高收益。

第11章介绍过组合权重的计算结果对于方差-协方差矩阵和收益率期望值的敏感度极高。这导致了资本市场的波动将会引起预期参数的变化，因而需要调整权重。本章限于篇幅，并未深入讨论**投资组合配置再平衡** (portfolio rebalancing)，有兴趣的读者可以自己参考相关书籍。

本章最后介绍了资产定价理论，以CAPM模型为代表，通过因子的加入，尝试通过对因子的收益和风险的量化理解，来揭示风险资产的收益率期望值和风险。这些理论将繁杂丰富的风险资产归纳为若干个重要的因子，从而进一步将管理上千个风险资产的问题归结为若干**因子暴露** (factor exposure) 的管理。资产定价理论不仅适用于单支股票的微观应用，也可用于揭示某一投资市场或某一**资产类别** (asset class) 的宏观理解。

# Cheatsheet
# 备忘

## A-C

`append()` 在列表末尾添加新的对象

`arch.arch_model().fit()` ARCH模型拟合

`arch.archmodel.params` 打印输出模型参数

`ax.axhline()` 绘制水平线

`ax.axvline()` 绘制竖直线

`ax.contour()` 绘制平面等高线

`ax.contourf()` 绘制平面填充等高线

`ax.fill_between()` 填充线条之间的区域

`ax.get_xlim()` 获取x轴范围

`ax.get_xticklabels()` 获得x轴的标度

`ax.get_ylim()` 获取y轴范围

`ax.grid(True)` 在图像中显示网格

`ax.hist()` 绘制柱状图

`ax.plot_surface()` 绘制三维曲面图

`ax.plot_wireframe()` 绘制线框图

`ax.scatter3D()` 绘制三维立体散点图

`ax.set_xlim()` 设定x轴取值范围

`ax.zaxis._axinfo["grid"].update()` 修改三维网格样式

`cumprod()` 计算累积概率

## D-I

DataFrame.cumprod() 计算累积回报率

DataFrame.ewm() 计算指数权重移动平均

DataFrame.expanding().std() 产生扩展标准差

DataFrame.ffill() 按前差法补充数据

DataFrame.pct_change() 生成回报率

fig.canvas.draw() 更新绘图

hist() 生成直方图

import numpy 导入运算包numpy

isoweekday() 返回一星期中的每几点，星期一为1

## M

matplotlib.pyplot.annotate() 在图中绘制箭头

matplotlib.patches.Rectangle() 绘制通过定位点以及设定宽度和高度的矩形

matplotlib.pyplot.axes(projection='3d') 定义一个三维坐标轴

matplotlib.pyplot.gca().xaxis.set_major_formatter() 设定主标签格式

matplotlib.pyplot.stem(x,y) 绘制离散数据棉棒图，x是位置，y是长度

matplotlib.pyplot.style.use() 选择绘图使用的样式

matplotlib.pyplot.tight_layout() 自动调整子图参数，以适应图像区域

mcint.integrate() 计算蒙特卡罗积分

mdates.DayLocator() 设定日期选择

# N

`norm.cdf()` 计算标准正态分布累积概率分布值CDF

`norm.fit()` 正态分布拟合

`norm.pdf()` 计算标准正态分布概率分布值PDF

`norm.ppf()` 正态分布分位点

`np.linspace()` 产生连续均匀向量数值

`np.meshgrid()` 产生以向量x为行，向量y为列的矩阵

`np.vectorize()` 向量化函数

`numpy.arange()` 根据指定的范围以及设定的步长，生成一个等差数组

`numpy.concatenate()` 将多个数组进行连接

`numpy.corrcoef()` 计算数据的相关性系数

`numpy.cumsum()` 产生沿某一轴的数据元素的相加累积值

`numpy.dot()` numpy阵列间点乘

`numpy.exp()` 计算括号中元素的自然指数

`numpy.floor()` 计算括号中元素的向下取整值

`numpy.inv(A)` 计算方阵逆矩阵，相当于$A^{-1}$

`numpy.linalg.cholesky()` Cholesky分解

`numpy.max()` 计算括号中元素的最大值

`numpy.meshgrid(x,y)` 产生以向量x为行，向量y为列的矩阵

`numpy.min()` 计算括号中元素的最小值

`numpy.random.choice()` 从一组数据中随机选取元素，并将选取结果放入数组中返回

`numpy.sqrt()` 计算括号中元素的平方根

`numpy.zeros()` 返回给定形状和类型的新数组，用零填充

## P-Q

pandas.date_range() 指定日期范围

pandas.get_dummies() 转换为指示变量

pandas.read_excel() 提取Excel中的数据

pandas.Timedelta() 设定时间增量

pandas.to_datetime() 转换为日期格式

pandas.to_datetime(date, format = "%Y-%m-%d") 依照设定格式转换产生日期格式数据

plot_wireframe() 绘制三维单色线框图

plotly.graph_objects.Figure() 创建图形对象

plotly.io.renderers.default = "browser" 设定浏览器输出生成的表格或图形

plt.rcParams["font.family"] = "Times New Roman" 修改图片字体

plt.rcParams["font.size"] = "10" 修改图片字号

Prettytable.prettytable() 创建打印表格

qpsolvers.solve_qp 二次优化数值求解

quantile() 计算分位数

QuantLib.DiscountingSwapEngine() 把所有的现金流折扣到评估日期，并计算两端当前值的差

QuantLib.FlatForward().enableExtrapolation() 使用外差法处理曲线

QuantLib.Gsr() GSR模型
(Gaussian short rate) 模拟产生未来的收益率曲线

QuantLib.HazardRateCurve() 构建违约曲线

QuantLib.Settings.instance().setEvaluationDate 设定评估日期

## S-T

scipy.optimize.Bounds() 定义优化问题中的上下约束

scipy.optimize.LinearConstraint() 定义线性约束条件

scipy.optimize.minimize() 优化求解最小值

scipy.special.comb(n,k) 从n个元素中取出k个元素的所有组合的个数

scipy.stats.spearmanr() 计算spearman相关系数

seaborn.countplot() 绘制个数统计图

seaborn.countplot() 绘制条形图

seaborn.distplot() 绘制分布图

seaborn.heatmap() 绘制热图

seaborn.set() 可视化个性化设置

Series.resample() 对序列重新组合，可选择周、双周、月等参数

Series.rolling().std() 产生流动标准差

sklearn.ensemble.RandomForestRegressor() 随机森林法填充缺失值

sklearn.linear_model.Lasso() 套索回归拟合

sklearn.linear_model.LinearRegression() 线性回归拟合

sklearn.linear_model.Ridge() 岭回归拟合

sklearn.metrics.auc() 计算AUC值

sklearn.metrics.confusion_matrix() 评估模型结果

sklearn.metrics.mean_squared_error() 计算均方误差值

sklearn.metrics.r2_score() 计算决定系数值

sklearn.metrics.roc_curve() 产生ROC曲线

sklearn.model_selection.train_test_split() 将数据划分为训练数据和测试数据

sklearn.pipeline.Pipeline() 按顺序打包并处理各个节点的数据

sklearn.preprocessing.PolynomialFeatures() 生成多项式特征

slope,intercept,r_value,p_value,std_err = scipy.stats.linregress() 计算最小二乘线性回归，并返回参数值

sns.distplot() Seaborn运算包绘制分布图

to_series() 创建一个索引和值都等于索引键的序列